Leben und Weisheit
der
Glückseligen Mutter Ânandamayî Mâ

© der 3. überarbeiteten deutschsprachigen Ausgabe 2021
Edition Maitri Ch.D.Schang, Wilhelmsfeld

Übersetzung aus dem Englischen und Zusammenstellung:
Chandravali D.Schang

Mit Dank an Richard Lannoy und Sadanand
Photographer
für die Abdruckerlaubnis von Bildern in diesem Buch

Herstellung: FontFront.com, Roßdorf

ISBN 978-3-9820260-0-8

www.edition-maitri.de

Leben und Weisheit der Glückseligen Mutter Ânandamayî Mâ

Edition Maitri Ch. D. Schang

INHALTSVERZEICHNIS

Zur Aussprache der Sanskritworte

Kurze und lange Vokale (z. B. **a** und **â**) werden klar unterschieden. Bei den behauchten Konsonanten wie **bh**, **dh** und **th** ist das **h** klar vernehmbar. Sanskrit **c**, bzw. **ch**, entspricht dem deutschem **tsch(h)**; **j** = **dsch**; **ñ** = **nj**; **s** = **ss**; **v** = **w**; **y** = **j**.

Sofern die Sanskritbegriffe nicht direkt im Text erklärt sind, können sie im Anhang nachgeschlagen werden.

Vorwort

Wann haben wir das Gefühl, dem Puls des Lebens ganz nah zu sein? Wenn wir uns solche Momente alle zusammen in einer hochkonzentrierten Form vorstellen, so entspricht es vielleicht annähernd einer Begegnung mit einem wahrhaft erleuchteten oder heiligen Menschen.

1977 brachte mich Gnade – auch wenn sich so ein Wort heute kaum noch unbefangen aussprechen lässt – zu Ânandamayî Mâ. Auch 1980 und 1981 durfte ich ihr begegnen und sie segnete diese Übersetzung zweimal, indem sie mit unnachahmlich zarter Geste die Manuskripte segnend berührte.

Diese Begegnung, diese Verbindung ist wie die jähe Vertikale aus der Transzendenz ins Zeitliche hinein. Eine Zündschnur, die mal sanft schwelt, mal lebhafter aufglüht, doch letztlich unabwendbar explosiv ist.

Mâ sagt an einer Stelle dieses Buches: „Aus heiligen Schriften gewonnene Lehren können uns nie so machtvoll beeinflussen wie ein lebendiges Vorbild." Die Begegnung mit einer befreiten Seele ist ein zutiefst tragender „Beweis" göttlicher Existenz. Gleichzeitig ist ein wahrer Lehrer nicht auf seinen Körper begrenzt und wirkt auch nach dessen Verscheiden weiter, manchmal hunderte oder tausende von Jahren, wenn ein Herz mit seinem geistigen Impuls in Resonanz schwingt.

Dieses Buch ist die umfassendste deutsche Zusammenstellung von Ânandamayî Mâ's Aussagen. Sie wurden aus der gesamten englischsprachigen Literatur über Mâ, d.h. Büchern und Zeitschriften, zusammengestellt und für die Neuauflage durch etwa 50 Seiten neues Material ergänzt. Fast alle Übersetzungen wurden seinerzeit von Âtmânanda, einer österreichischen Brahmacârinî, die sowohl Hindi als auch Bengali sprach und die Originalquellen vor sich hatte, sorgfältig verglichen und überprüft.

Die ausführliche Biographie von Mâ könnte dem westlichen Leser das Gefühl geben, dass sich dieses außergewöhnliche Leben in einem Raum oder einer Zeit abspielte, die völlig jenseits unserer jetzigen Erfahrungsrealität liegen. Aber wir dürfen unsere Sensoren für Heiliges deshalb nicht abstumpfen oder verkümmern lassen, weil sie einem solchen Format heute kaum noch begegnen.

Dasselbe gilt für viele solcher Äußerungen Mâ's, die auf den ersten Blick nur an Hindus gerichtet zu sein scheinen. Immer lässt sich daraus eine Essenz entnehmen, die sicherlich auch einen Richtwert für unser Leben darstellen kann. Die Aussagen kreisen manchmal um ähnliche Themen und wiederholen sich auch – sie sind ein Blumenbouquet, aus dem der Leser das entnehmen kann, was ihn anzieht. Er darf mitschwingen, staunen, nachdenken, Geheimnisse offen lassen, darüber meditieren und sich berühren lassen von der Glückseligkeit und Weisheit von Ânandamayî Mâ.

Jay Mâ!
Danke

Chandrâvalî Schang
September 2010

Bei Fragen zu diesem Buch oder wenn Sie den Aufbau einer Stätte unterstützen möchten, die Ânandamayî Mâ gewidmet ist, wenden Sie sich gern an EditionMaitri@web.de

TEIL 1

Über Shrî Ânandamayî Mâ

„**Erzähl mir bitte etwas aus Deinem Leben!**" So bat Yogânanda Ânandamayî Mâ bei einer Begegnung im Jahre 1936. „Vater, es gibt wenig zu berichten", sagte sie. „Mein Bewusstsein hat sich nie mit diesem vergänglichen Körper identifiziert. Ehe ich auf diese Erde kam, war ich die gleiche. Als kleines Mädchen war ich die gleiche. Ich wuchs zur Frau heran und war immer noch die gleiche. Als die Familie, in der ich geboren wurde, Vorkehrungen traf, diesen Körper[1] zu verheiraten, war ich die gleiche. Jetzt vor Dir, Vater, bin ich die gleiche. Und in alle Ewigkeit, wie sich der Tanz der Schöpfung um mich herum auch verändern mag, werde ich die gleiche sein."

---

[1] Mâ bezeichnete ihre Person häufig als *dieser Körper, ein kleines Kind* oder *kleines Mädchen* und nannte Kinder und Unverheiratete ihre *Freunde* und Verheiratete *Vater* oder *Mutter*.

Bhâijî, einer der ersten und hingebungsvollsten Schüler Mâ's, fragte sie einst: „Mâ, bitte sag mir, wer bist Du in Wirklichkeit?" Sie lachte laut und sagte liebevoll: „Wie kommen dir solche kindischen Fragen in den Sinn? Visionen von Göttern und Göttinnen ereignen sich in Übereinstimmung mit euren Samskâras (Glaubensmustern, inneren Tendenzen)[2]. Ich bin, was ich war und was ich sein werde. Ich bin all das, was du dir vorstellst, denkst oder sagst. Doch steht ganz fest, dass dieser Körper nicht aufgrund der Auswirkungen vergangener Handlungen (Karma) entstanden ist. Warum fasst du es nicht so auf, dass dieser Körper die materielle Verdichtung all eures Sehnens und all eurer Vorstellungen ist? Ihr habt ihn alle gewünscht, und nun habt ihr ihn. So spielt einige Zeit mit dieser Puppe. Weitere Fragen werden vergeblich sein."

–„Diese Worte von Dir, Mâ, befriedigen mein Verlangen nicht."

Daraufhin erwiderte sie etwas heftig: „Sag doch, was wünschst du mehr?"

Und augenblicklich ging eine blendende Flut himmlischen Lichts von ihrem Antlitz aus. Bhâijî war sprachlos vor Ehrfurcht und Staunen. All seine Zweifel waren behoben worden.

---

[2] Samskâras haben sich aus den Eindrücken, Neigungen und psychischen Prägungen gebildet, die jede Erfahrung im Geist hinterlässt und die oft aus früheren Leben mitgebracht werden.

Die Jahre der Kindheit
1896 – 1909

*Mâ's Eltern * Vorzeichen einer ungewöhnlichen Geburt * Wesenszüge der kleinen Nirmalâ*

Shrî Ânandamayî Mâ wurde an einem Donnerstag, dem 30. April 1896, dem 19. Tag des indischen Mondmonats Vaishakh (April/Mai) um 3.30 Uhr in dem kleinen ostbengalischen Dorf Kheora[3] im heutigen Bangla Desh geboren. Sie erhielt den Namen *Nirmalâ Sundarî Devî*. *Nirmalâ* bedeutet Reine, Makellose, Unbefleckte, *Sundarî*, die Schöne, und *Devî* Göttin.

Beide Eltern entstammten edlen Brahmanenfamilien und waren sehr fromme Vaishnavas[4]. Ihr Vater Bipin Bihârî Bhattâcârya neigte zu Askese und Entsagung und liebte es über alles, Gott durch hingebungsvolles Singen (Kîrtana) anzurufen. Obwohl er verheiratet war, fühlte er sich innerlich sehr losgelöst vom Familienleben und verbrachte die meiste Zeit mit religiösen Übungen. Oft war er lange Zeit fort von zuhause auf Pilgerreisen oder schloss sich umherziehenden Kîrtanagruppen an. Nach der Geburt seiner ersten Tochter blieb er drei Jahre fort und konnte nur anlässlich des Todes dieses Kindes mühsam davon überzeugt werden, nach Hause zurückzukehren. Eine Weile nach seiner Rückkehr wurde Mâ geboren[5]. „Bevor dieser Körper erschien", sagte Mâ später, „hatte Vater sein Heim verlassen. Er hatte sogar eine Weile das orangene Mönchsgewand angelegt und verbrachte Tag und Nacht mit dem Singen religiöser Lieder. Dieser Körper erschien während seinem Zustand der Entsagung."

---

[3] Kheora befindet sich nur wenige Kilometer westlich von der Landesgrenze nach Burma, die nächstgrößere Stadt ist Comilla.

[4] Verehrer Vishnus, des Erhalters des Universums, die Ihn als persönlichen, gestalthaften Gott in Seinen Inkarnationen als Krishna, Râma u.ä. verehren.

[5] Mâ bemerkte dazu später einmal: „Wenn die Menschen das hören, werden sie fälschlich schlussfolgern, dass dieser irdische Körper aus dem normalen Verkehr zwischen meinen Eltern hervorgegangen ist." Daraufhin verstummte sie. Einige Tage später drängte Didi, die Frau, die jahrelang für Mâ sorgte, sie erneut, das Geheimnis ihrer Geburt zu erklären, die nicht das Ergebnis des natürlichen biologischen Ablaufs zwischen Mann und Frau war. Schließlich sagte Mâ langsam, auch abgesehen von ihrem eigenen Körper sei es durchaus möglich für eine Frau, ein Kind ohne die herkömmliche körperliche Verbindung zwischen den Eltern zu empfangen. „Nichts ist auf jener spirituellen Ebene unmöglich", fügte sie hinzu.

Mâ's Mutter (*Didimâ*), Mokshadâ Sundarî Devî, kam aus einer wohlhabenden Familie, die zahlreiche gelehrte Pandits hervorgebracht hatte. Mit Didimâ's Heirat im Alter von zwölf Jahren begann für sie ein Leben, das von großer Armut und schweren Heimsuchungen gekennzeichnet war: Von ihren acht Kindern starben die älteste Tochter, drei junge Söhne und später noch zwei Töchter in rascher Folge. Trotzdem behielt Didimâ ihr Gottvertrauen, gab ihren überlebenden Kindern eine gute Erziehung und schuf eine spirituelle Atmosphäre in der Familie. Ihre Persönlichkeit vereinigte alle menschlichen Tugenden in sich und strahlte große Weisheit, Geduld, Würde und Kraft aus.

Vor Mâ's Geburt hatte Bipin's Mutter den berühmten Kâlî Tempel von Kasba (eine Stunde von Agartala, der Hauptstadt des Staates Tripura, entfernt) besucht, um für die Geburt eines Enkelsohns zu beten. In diesem Tempel wird eine wunderschöne Form der Göttlichen Mutter verehrt, die die Gestalt Durgâs und Kâlîs[6] in sich vereint und nirgendwo in ähnlicher Weise dargestellt ist. Seltsamerweise kamen jedoch aus dem Mund der Großmutter die entgegengesetzten Worte: „Mögen Bipin und seine Frau eine *Tochter* bekommen!" Bald danach wurde Mâ geboren.[7]

Mâ's Mutter pflegte jeden Abend ein Licht neben der Tulsipflanze anzuzünden. Als sie eines Abends wieder das Licht anzündete, sah sie etwas Wunderbares: Da, wo sonst die Tulsipflanze war, stand eine scheue, wunderschöne Gestalt einer Göttin, die den Platz erhellte wie die aufgehende Sonne. Sodann trat ein einzigartiger Glanz an die Stelle der Gestalt der Göttin, der wie ein Lichtkranz rotierte und sich dann im Körper von Mokshasasundari niederließ. Die Mutter fiel in Ohnmacht zu Boden. Danach manifestierte sich Mâ.

Ihre Mutter schien von übernatürlicher Schönheit und leuchtendem Glanz erfüllt zu sein, als sie Mâ in sich trug. Zwei bis drei Monate vor der Geburt und noch mehrere Tage danach hatte Didimâ sowohl im Wachzustand als auch in Träumen häufige Visionen von Göttern und Göttinnen, die zu ihrer

---

[6] *Durgâ*: Name der Göttlichen Mutter und Allbeschützerin; *Kâlî*: die Göttliche Mutter als Zerstörerin der bösen Mächte

[7] Mâ's Mutter gab einmal ihrer Besorgnis Ausdruck, dass Nirmalâ ihren menschlichen Körper wieder aufgeben würde, wenn man sie nach Agartala brächte. Einige enge Schüler (Didi, Swâmi Paramânanda und andere) wussten ebenfalls davon. Als sie einmal von einigen Anhängern dorthin eingeladen wurde, nahm sie die Einladung nicht an. Im April 1982 jedoch reiste sie nach Agartala. Danach blieb sie nur noch vier Monate in ihrem menschlichen Körper.

Hütte kamen. Unter den strahlenden Erscheinungen waren Râma, Krishna, Buddha, Caitanya, Vishnu, Nârâyana, Shiva, Durgâ, Kâlî, Sarasvatî, Lakshmî und Ganesha, große Heilige, Weise und königliche Yogis. Didimâ konnte die Erhabenheit dieser Erlebnisse nicht in Worten ausdrücken, doch in allen Gestalten offenbarte sich ihr Mâ. All diese Gottheiten, Seher und Weise verneigten sich mit zusammengelegten Händen. Auch viele Personen, die später bei Mâ lebten, wurden Didimâ sichtbar.[8]

Nirmalâ war das zweite Kind der Familie. Bei der Geburt hatte ihre Mutter nur etwa zehn Minuten leichte Schmerzen. Vielleicht sollte man eher von der „Manifestation eines menschlichen Körpers" als einer „menschlichen Geburt" sprechen. Das Baby schrie nicht und blieb nach der Geburt völlig ruhig liegen. Als man Mâ 1975 einmal danach fragte, warum sie bei ihrer Geburt nicht geschrien habe, meinte sie lächelnd: „Nun ja, warum sollte ich geschrien haben?" Und als der fragenden Person plötzlich innerlich klar wurde, dass es in „Ânandamayî", in der „Verkörperung der Glückseligkeit", keinen Anlass zum Weinen geben kann, auch nicht bei der Geburt, lächelte Mâ zustimmend. Sie fügte noch hinzu, dass sie zu jenem Zeitpunkt einen Mangobaum durch die Öffnungen des Zauns beobachtet habe und erinnerte sich erstaunlicherweise an Begebenheiten, die direkt nach der Geburt stattgefunden hatten, z.B. an den Besuch eines Verwandten am dreizehnten Tag nach ihrer Geburt, ein Ereignis, dessen sich ihre Mutter erst nach längerem Nachdenken entsinnen konnte.

Viele außergewöhnliche Begebenheiten ereigneten sich in Mâ's Kindheit, die von ihren Angehörigen erst später mehr verstanden wurden.

Als Nirmalâ etwa neun oder zehn Monate alt war, erschien ein eindrucksvoll aussehender fremder Sâdhu[9] mit einer überaus leuchtenden Ausstrahlung in Didimâ's Haus in Vidyakut. Die kleine Nirmalâ kroch auf dem Boden herum. Schnell kam sie auf ihn zu, guckte und lachte ihn an, als ob sie ihn gut kennen würde. Auch der Sâdhu schloss im Nu Freundschaft mit ihr. Sein Blick ruhte lächelnd auf ihr, als ob er in Meditation versunken sei. Dann liebkoste er sie, stellte ihre Füßchen ehrfürchtig auf verschiedene Tei-

---

[8] Wenn später in Mâ's Gegenwart über diese Ereignisse gesprochen wurde, veränderte sich ihr Ausdruck schlagartig. Sie wurde sehr ernst, die Augen schlossen sich, ihr Körper wurde wie versteinert, dann folgte ein Schwall von Tränen. Ihre Hände streckten sich aus und ballten sich dann fest zusammen, und jeder fasste dies als ein unnachgiebiges Verbot auf, weiter über dieses Geheimnis göttlicher Manifestation zu sprechen.
[9] Wandermönch oder Asket, der unabhängig von Familie und Berufsleben all seine Zeit und Energie dem Streben nach Gott widmet.

le seines Körpers und setzte sie schließlich auf seinen Schoß. Er verehrte sie mit Mantras[10]. Nachdem er mit Mantras eine Pûjâ vollzogen hatte, verneigte er sich vor dem Kind und sagte dann zu Didimâ: „Wen siehst Du hier vor Dir? Die MUTTER, den innewohnenden Geist nicht nur von Männern und Frauen, sondern vom ganzen Universum und noch jenseits davon. Es ist Ihr nicht bestimmt, in den Fesseln einer Familie zu bleiben." Mit diesen Worten verschwand er genauso plötzlich, wie er erschienen war.

Bereits früh äußerte sich Nirmalâs Vorliebe für Kîrtan, das Singen von Gottes Namen. Als kleines Kind ging sie in eine Art Bhâva Samâdhi[11], wenn sie nur von fern religiöse Gesänge hörte. Sie sagte: „Dieser Körper versank in einen seltsamen Zustand. Doch der Raum war dunkel, und so bemerkten Vater und Mutter dies nicht. Außerdem hatte ich das Gefühl, es sollte niemandem enthüllt werden. So blieb es ein Geheimnis." Als Nirmalâ zwei Jahre und zehn Monate alt war, ging ihre Mutter mit ihr im Arm zum Kîrtan bei einem Nachbarn. Nirmalâ konnte nicht sitzenbleiben, ihr Körper vermochte scheinbar nicht das Gleichgewicht zu behalten und sank zusammen. Didimâ wies sie zurecht und sagte: „Warum schläfst du ein? Hör dem Gesang zu." Viele Jahre nach dieser Begebenheit bemerkte Mâ: „Der Zustand, der jetzt bei Kîrtan eintritt, ist genau derselbe wie damals. Er wurde damals nicht offenbar, weil die richtige Zeit dafür noch nicht gekommen war."

Nirmalâ wuchs zu einem äußerst schönen und liebenswerten Mädchen heran, das der Liebling der benachbarten Hindus und Moslems war. Ihr Eifer zu helfen und ihr Sinn für Verantwortung waren außergewöhnlich. Sie passte auf ihre kleineren Brüder auf und half mit großer Freude im Haushalt mit. Ihre Mutter konnte sich nicht daran entsinnen, dass Nirmalâ jemals um etwas für sich selbst bat. Ein hervorstechendes Merkmal war ein absoluter Gehorsam, der ihre Eltern und Bekannten manchmal fast beunruhigte. Viele Begebenheiten wissen von dieser Eigenschaft zu berichten.

Als ihre Mutter sie einmal bat, eine Tasse im Teich abzuwaschen und sah, dass Nirmalâ sie etwas nachlässig hielt, wollte sie ihre Tochter darauf aufmerksam machen und sagte: „Gleich kann sie dir hinfallen, und dann kannnst du sie wiederauflesen." Das meinte sie als Warnung, halb ernst

---

[10] Mantras sind Laute von großer Kraft, d.h. die klanglichen Repräsentationen einer Gottheit. Name und Form sind unzertrennlich, wenn daher der Name mit Leben erfüllt ist, muss sich die Form, die er repräsentiert, offenbaren, wenn die Übung wirklich intensiv ist.

[11] spirituelle Ekstase auf den höheren Stufen des Pfads der Hingabe

und halb im Scherz. Nirmalâ jedoch nahm es ernst und wörtlich. Mâ beschrieb später selbst, was dann passierte. Sie ging mit der Tasse zum Teich, und dort wurde sie so von der Unterhaltung mit einem Baum in Anspruch genommen, dass sie es nicht bemerkte, als ihr die Tasse aus der Hand fiel und in Stücke zerbrach. So brachte sie Scherben zurück. Didimâ fragte sie, was sie da hätte, und sie antwortete: „Du wolltest doch, dass ich die zerbrochene Tasse zurückbringe. Hier ist sie, alle Teile habe ich eingesammelt." Didimâ wusste wirklich nicht, ob sie böse oder belustigt über Nirmalâ sein sollte.

Einmal nahm eine Tante Nirmalâ zum Bazar mit und befahl dem Mädchen, vor einem Shivatempel auf ihre Rückkehr zu warten. In der Geschäftigkeit des Bazars vergaß die Tante Nirmalâ und blieb lange Zeit fort. Plötzlich erinnerte sie sich jedoch bestürzt an ihre Nichte, eilte zurück und erblickte schließlich Nirmalâ, die sich keinen Zentimeter vom Fleck gerührt hatte und in die Luft starrte.

Nirmalâs Vater gab seiner Tochter Unterricht im Lesen und brachte ihr bei, nur bei einem Punkt Pause zu machen. Wenn Nirmalâ zu einem langen Satz kam, wand sich ihr ganzer Körper in der Bemühung, in einem Atemzug bis zum Punkt zu kommen. Wenn sie zwischendurch Luft holen musste, pflegte sie wieder von neuem zu beginnen. Obwohl dieser extreme Gehorsam ihre Mutter oft beunruhigte, schalt sie das Kind nicht, da seine guten Absichten so offensichtlich waren.

Von Zeit zu Zeit bemerkte man eine Geistesabwesenheit an ihr – mitten im Spiel, bei der Arbeit oder beim Essen hielt sie plötzlich inne, verharrte regungslos wie eine Statue und blickte starr in den Raum. Später bemerkte sie dazu, dass sie sich des öfteren mit Bäumen, Tieren oder unsichtbaren Wesen unterhalten habe. Gelegentlich schien sie auch so entrückt und unbeteiligt zu sein, dass sie nicht mehr wusste, wo sie war oder was sie vor wenigen Minuten gesagt oder getan hatte. Ihre Mutter schalt sie dann und rief sie laut beim Namen, doch es dauerte oft längere Zeit, bis man sie wieder zu normalem Bewusstsein brachte. Manchmal befürchtete man deshalb, sie sei etwas im Verstand zurückgeblieben, doch liebte ein jeder ihre sonnige Natur.

Beim Anblick eines offenen Hofes oder Feldes begann Nirmalâ oft, Luftsprünge zu machen und jubelnd zu tanzen und zu singen. In einer offenen Umgebung schien sie sich weder an Sonne, noch an Regen zu stören, vielmehr waren Himmel, Luft, Licht und Wasser für sie wie ihre Spielgefährten. Wenn sie allein auf einer Straße ging, bewegte sie sich sehr leicht und frei. Manchmal waren ihre Augen emporgerichtet, und sie hüpfte, lachte,

rannte oder nahm etwas in die Hände, warf es hoch und fing es wieder auf.
Manchmal tanzte sie und sang dazu laut oder leise summend. Manchmal
stand sie ganz still oder ging langsam und unterhielt sich mit der Erde, den
Bäumen usw. Manchmal sammelte sie Zweige, Blätter und Blüten auf und
schlang sie um sich. Sie behandelte sie mit solcher Zuneigung, Liebe und
Zärtlichkeit, als ob sie ihre Begleiter wären. Andere Kinder schauten all
dem mit einer Mischung von Neugierde und Furcht zu, denn manchmal
schienen sich auch die Bäume zu bewegen, als antworteten sie Nirmalâ.
Wenn sie ihre Hände erhob oder herabhängen ließ und sich wie ein Kreisel
drehte, staunten die Leute nur über die Schönheit und Anmut ihrer Bewegungen. Wenn sie jedoch still wurde, wurde sie so reglos und ernst wie eine
Statue. Oft schaute ihr Gesicht unverwandt zum Himmel, so dass Didimâ
sie manchmal „Kamelgesicht" nannte. Nirmalâ guckte sich daraufhin das
Bild von einem Kamel in einem Kinderbuch an.

*Nirmala mit ihrem Vater, Sri Bipin Bihari Bhattacharya, und ihrer Mutter, Shrî
Mokshadâ Sundarî Devî*

Auch mit Tieren schien sie sich oft zu unterhalten, als ob sie sich seit Ewigkeit kennen würden, und sie nickten mit ihren Köpfen hin und her, als ob sie Nirmalâs Worte verstehen würden. Sogar mit Insekten wie z.B. mit einer Reihe Ameisen redete und lachte sie und winkte ihnen zu wie ihren besten Freunden. Wenn dieses liebevolle Spiel vorüber war, ging sie jedoch völlig unangehaftet, ohne sich auch nur einmal umzusehen, weiter.

Als Nirmalâ ein Kind von vier oder fünf Jahren war, saß sie einmal mit ihrer Mutter draußen beim Mittagessen. Didimâ sah, dass ihre Tochter überhaupt nicht bemerkte, wie ihr Essen serviert wurde. Sie starrte die ganze Zeit nur völlig abwesend zum Himmel empor. Didimâ konnte nicht begreifen, was es damit auf sich hatte. Jahre später verriet Mâ, sie habe damals die Göttin Durgâ und ihre Dienerinnen am Himmel gesehen, wie sie aus dem Altarraum des Nachbarhauses, in dem gerade Durgâ Pûjâ gefeiert wurde, aufstieg.

Im selben Alter etwa pflegte Nirmalâ frühmorgens immer zu einer älteren Frau zu gehen, um Dickmilch von ihr zu holen. Einmal, als sie kam, wurde die alte Frau ärgerlich, als sie das Mädchen schon wieder sah, und wollte ihr nichts mehr geben. Im selben Augenblick brach das Gefäß, in dem sie die Dickmilch gequirlt hatte, entzwei. Von da an enthielt sie dem kleinen Mädchen nie wieder Dickmilch vor.

Einmal wurde Kheora von einem Sturm heimgesucht, der einen Teil des Strohdachs vom Hause riß, in dem Nirmalâs Familie lebte. Alle waren entsetzt, aber Nirmalâ lachte, tanzte und klatschte in ihre Hände. Sie jubelte ihrer Mutter zu, nun könne man den Himmel mit den leuchtenden Sternen sehen, ohne extra aus dem Haus gehen zu müssen, Innen und Außen seien jetzt ganz gleich geworden! Kurz darauf stürzte das Dach auf beiden Seiten des Hauses ganz zu Boden. Selbst dieses äußere Geschehen war dem Kind ein Symbol für die Einheit des individuellen Selbst mit dem universellen Selbst, für die Einheit von eingegrenztem Raum mit dem alldurchdringenden Raum.

Einmal kamen christliche Missionare zu dem Haus ihres Onkels. Nirmalâ fühlte sich sehr von ihren Liedern und Gebeten angezogen, lief zu ihrem Zelt, als sie ihre Abendandacht hielten und bettelte zu ihrer Mutter, ihr eines ihrer Bücher zu kaufen. Damals hatte sie kaum lesen gelernt, aber sie schien ganz in das Buch vertieft zu sein. Sie kümmerte sich nicht darum, um welche Religion es sich handelte, alles, was sich auf Gott bezog, faszinierte sie.

Nirmalâ äußerte nie irgendwelche Wünsche, was Essen oder Kleidung betraf. Wenn ihr Vater vor einer Reise fragte, was er ihr mitbringen sollte, sagte sie entweder, „was Du willst" oder schwieg ganz. Wenn Händler ihre Waren anboten, bestürmten alle anderen Kinder ihre Eltern wegen diesem und jenem, doch Nirmalâ zeigte nie Interesse für so etwas. Auch konnte man nie von ihr hören: „Ich bin hungrig." Man musste sie rufen und ihr zu essen geben. Andere verlangen von ihren Müttern oft verschiedene Lieblingsspeisen, aber das kam bei Nirmalâ nie vor. Sie nahm nie etwas von sich aus zu sich.

Da Nirmalâs Vater weltlichem Erfolg eher gleichgültig gegenüberstand, lebte die Familie in äußerst dürftigen finanziellen Verhältnissen und konnte es sich nicht leisten, Nirmalâ regelmäßig die Schule besuchen zu lassen. So dauerte ihr Schulbesuch kaum zwei Jahre. Wenn man sie später bat, ein Buch mit einem Autogramm zu versehen, signierte sie, obwohl sie schreiben konnte, mit einem Punkt und bemerkte manchmal dazu: „Darin ist alles enthalten." Während ihrer kurzen Schulzeit erwarb sich Nirmalâ die Anerkennung ihrer Lehrer keineswegs absichtlich. Später sagte sie einmal lachend darüber: „Irgendwie ergab es sich immer so, dass ich unweigerlich zuhause gerade die Fragen nachsah, die der Lehrer dann auch stellte, und folglich fand er mich trotz häufiger Abwesenheit immer gut vorbereitet."

Die Ehrlichkeit des kleinen Mädchens war so entwaffnend, dass selbst ihre Lehrerin davon lernen musste. Als der Schulinspektor einmal den Unterricht überprüfte und auch Nirmalâ etwas fragte, die lange nicht zur Schule gekommen war, versuchte die Lehrerin, ihr von draußen in Zeichensprache die Antwort zu zeigen. Nirmalâ fragte laut: „Was? Was?" und die Lehrerin trat peinlich berührt und beschämt zurück. Dennoch gab Nirmalâ dem Inspektor die richtige Antwort, und als die Lehrerin sie auf ihr undiplomatisches Verhalten aufmerksam machte, wies Nirmalâ sie auf den Widerspruch hin, einerseits Kindern Wahrheitsliebe einzuprägen, doch andererseits selbst List anzuwenden.

Als Nirmalâ etwa zehn Jahre alt war, verlor sie drei jüngere Brüder in rascher Folge, von denen ein jeder sehr an ihr hing. Als man sie später fragte, ob sie nicht darunter gelitten habe, sagte sie nachdrücklich, ihr Tod habe ihr kein Leid verursacht. Auf die Frage, warum sie dann überhaupt geweint habe, antwortete sie, dass sie den Verlust ihrer Brüder als Gesetzmäßigkeit hingenommen und so für sie kein Grund zur Klage bestanden habe. Wenn sie geweint habe, dann aus einem Pflichtgefühl ihrer trauernden Mutter gegenüber, die dann natürlich versuchte, das Kind zu trösten und zu beruhigen, obwohl dies in Wirklichkeit überhaupt nicht notwendig war. Diese Rolle des mitklagenden Kindes spielte Nirmalâ immer, wenn Didimâ traurig war, und ihr Schluchzen zwang Didimâ automatisch, sich um das „verzweifelte" Kind zu kümmern, so dass sie ihren eigenen Kummer vergaß. Nirmalâs ältester Bruder war im Alter von sieben Jahren nach einer langen Krankheit gestorben[12].

Oft wurde Nirmalâ von ihrer Mutter in den Altarraum geschickt, um dort kleine Handreichungen zu besorgen, jedoch mit der Anweisung, auf keinen Fall die steinerne Repräsentation der Familiengottheit zu berühren; dies war zu jener Zeit nur bestimmten privilegierten Personen erlaubt. Obwohl Nirmalâ sonst sehr gehorsam war, handelte sie in diesem Fall gegen Didimas Anweisung. Häufig geschah es, dass die Gottheit ganz unwillkürlich von ihr berührt wurde. Mâ sagte viel später darüber: „Mutter pflegte mich zu ermahnen, dass die Gottheit nicht berührt werden sollte. Aber seltsamerweise, ich weiß nicht wie, fand die Berührung der Gottheit doch statt. Dieser Körper tut nichts aus eigener Initiative heraus. Besonders in diesem Fall war da ja das Verbot meiner Mutter. Es fiel mir sofort ein – was ist denn das? Gleich danach kam mir die Antwort in den Sinn: Dies war nicht bewusst von mir getan worden. Wenn ich aus dem Altarraum kam, nachdem ich meine Arbeit dort beendet hatte, blieb von der Tatsache, dass ich die Gottheit berührt hatte, keine Erinnerung in meinem Geist. Ich pflegte alles völlig zu vergessen. So kam es gar nicht dazu, dass ich die Begebenheit irgendjemandem erzählte." – In einer orthodoxen Hindufamilie hat so eine „Entweihung" schwerwiegende Folgen und muss normalerweise mit komplizierten Ritualen wiedergutgemacht werden, doch Nirmalâ hatte keine Gewissensbisse. Ihre Beziehung zu der Gottheit spielte sich offensichtlich auf einer Ebene ab, die ihr ungewöhnliches Verhalten rechtfertigte.

Einmal wurde Nirmalâ mit der Anweisung in den Altarraum geschickt, für ihr eigenes Wohlergehen zu beten. Obwohl sie angemessen unterwiesen war, redete sie die Gottheit nicht so an, wie man es ihr beigebracht hatte. Sie tat es auf ihre eigene unbefangene Weise. Und was sagte sie? „Oh Gott, tue das, was Dir Glückseligkeit (Ânanda) gibt."

---

[12] Er war einmal sehr geschlagen worden und hatte sich dabei am Arm verletzt, der dementsprechend verwachsen wurde. Viele Jahre später kam Mâ einmal mit ihren Eltern und ihrem Mann nach Kalkutta. Ein Professor aus einer Arztfamilie kam zusammen mit seinem Sohn zu ihrem Darshan. Sein Sohn war sieben oder acht Jahre alt, und einer seiner Arme war etwas verkrümmt. Mâ sagte allen Anwesenden, dass sich ihr erster Bruder, der vor langer Zeit mit einem verkrüppelten Arm gestorben war, als Sohn des Professors wieder inkarniert habe.

Das Leben mit Bholânâths Familie und
erste Offenbarungen von Bhâva Samâdhi
1909 – 1918

*Heirat * Das Leben bei der Familie ihres Schwagers * Die Beziehung zwischen Nirmalâ und Bholânâth * Erste ekstatische Zustände während Kîrtan in Ashtagrâm * Umzug nach Bajîtpur*

Am 7. Februar 1909 wurde Nirmalâ der damaligen Sitte entsprechend im Alter von zwölf Jahren und zehn Monaten mit dem Brahmanen Ramani Mohan Cakravartî aus dem Dorf Atpara verheiratet. Er war ein Shâkta[13] und erhielt später von Mâ den Namen Bholânâth, einen der Namen Shivas. Auf dem Land ist es in Indien üblich, dass die Braut nach der Vermählung entweder zu ihren Eltern zurückkehrt oder wie eine Tochter bei der Familie ihres Ehemanns lebt, bis sie erwachsen ist. Auf jeden Fall darf sie ihre eigene Familie oft besuchen, da sie sonst leicht Heimweh bekommt, und so kann sie sich allmählich an ihre neue Umgebung gewöhnen. Die ersten vier Jahre nach der Hochzeit lebte Bholânâth weiterhin in Atpara, wo er beruflich tätig war. Nirmalâ blieb nach der Hochzeit noch etwa ein Jahr bei ihren Eltern. 1910 wurde sie im Alter von 14 Jahren zur Familie ihres Mannes geschickt, um dort auf ihre künftigen Haushaltspflichten vorbereitet zu werden. Da Bholânâths Mutter zwei Jahre vor seiner Heirat gestorben war, kam sie zur Familie seines ältesten Bruders Revati Mohan in Shrîpur, dessen Frau ihr gegenüber die Verantwortung und Stellung der Schwiegermutter einnahm. Dort blieb Nirmalâ etwa vier Jahre. Sie erledigte praktisch alle Hausarbeiten, holte Wasser vom Teich, kochte, beaufsichtigte die Kinder und machte die Besorgungen, so dass die Familie sehr mit ihrer Geschicklichkeit und ihrem liebevollen, gehorsamen Betragen zufrieden war. Nirmalâ lernte schnell und bewirtete die Gäste der Familie bald ausgezeichnet. Flecht- und Nadelarbeiten fühte sie sehr kunstfertig aus. Vor Fremden und älteren Familienmitgliedern blieb sie dicht verschleiert, so wie es einer jungverheirateten Schwiegertochter in einer konservativen Familie vorgeschrieben war.

---

[13] Verehrer der Göttlichen Mutter des Universums, vor allem in Form von Shivas Gemahlin Kâlî oder Durgâ.

Auch damals ging sie manchmal in Samâdhi[14], aber ihre Umgebung bemerkte es nicht als solches. Mehrmals kam ihre Schwägerin, angezogen vom Geruch angebrannten Essens, in die Küche und fand Nirmalâ bewusstlos auf dem Boden liegen. Nichtsahnend glaubte sie jedoch, dass Nirmalâ einfach erschöpft von der harten Arbeit eingeschlafen war.

1913 starb Nirmalâs Schwager Revati Mohan, und bald danach verbrachte sie nochmal sechs Monate bei ihren Eltern. 1914 begann ihr eigentliches Zusammenleben mit Bholânâth in Ashtagrâm, wo er damals bei der Verwaltung angestellt war.

Als Bholânâth Mâ heiratete, wusste er nicht im geringsten von ihrem Bewusstseinszustand. Er meinte, er hätte ein gewöhnliches Dorfmädchen geheiratet und war sogar etwas enttäuscht, dass sie anscheinend noch weniger Bildung als er selbst besaß. Zuerst sandte er ihr Bücher, um sie anzuregen, ihr Lesen zu verbessern, doch bald erkannte er, dass seine Frau keine Neigung zur Gelehrsamkeit besaß. Mâ bemerkte später einmal: „Wenn jemand wirklich Gott will und nichts als Gott, dann trägt er sein Buch in seinem eigenen Herzen. Er braucht kein gedrucktes Buch." Sie sagte auch: „Zu Beginn sah das Eheleben nach außen hin so aus wie die Beziehung zwischen einem Ehemann und einer Ehefrau. Auch ich pflegte so zu tun, als habe dieser Körper bei Bholanath Schutz gefunden und auch Bholanath akzeptierte diesen Körper als Ratgeberin."

Als Bholânâth zum ersten Mal einen physischen Annäherungsversuch gewagt haben soll, erhielt er angeblich einen so heftigen elektrisierenden Schock, dass er von da an jeden Gedanken an eine körperliche Beziehung aufgab. Die spirituelle Aura, die seine Frau umgab, schloss jeden weltlichen Gedanken aus. Er nahm sie so an, wie er sie fand: sanft, zuvorkommend und hart arbeitend, doch ohne die geringste Spur eines weltlichen Gefühls oder Wunsches. Mâ sagte: „Zu Anfang pflegte er zu sagen: ‚Du bist sehr jung und kindlich, es wird alles in Ordnung kommen, wenn du erwachsen bist' – aber es scheint, dass ich nie erwachsen wurde!" Die Beziehung zwischen Mâ und Bholânâth spielte sich somit ganz auf der spirituellen Ebene ab und war gleichsam eine Geschwisterehe. Bholânâths Familie konnte sich nicht so leicht mit Nirmalâs Lebensweise abfinden. Je mehr sich ihr Wesen offenbarte, desto offensichtlicher wurde es, dass Bholânâth nie ein normales Familienleben mit ihr würde führen können.

---

[14] tiefste Versenkung, in der der Geist völlig auf das Objekt der Meditation konzentriert ist (Savikalpa Samâdhi) oder aufhört, tätig zu sein, indem nur reines Bewusstsein übrigbleibt (Nirvikalpa Samâdhi)

Mâ und Bholânâth

Obwohl sie Nirmalâ gern hatten, lag ihnen Bholânâths Interesse am Herzen, und sie drängten ihn, sich von ihr zu trennen und neu zu heiraten. Doch Bholânâth konnte diesen Vorschlag nicht wirklich ernst nehmen. Er hatte bedingungslosen Glauben an Mâ und soll sich schon frühzeitig als ihr erster Jünger und Diener bezeichnet haben. Dabei war Mâ ihm sowohl eine ideale Gefährtin und Hausfrau als auch eine spirituelle Führung. Solange Bholânâth lebte, tat Mâ nichts ohne sein Einverständnis und seine Erlaubnis. Sie sagte: „Bei meiner Heirat sagte man mir, ich solle Bholânâth achten und gehorchen. So erwies ich ihm den Respekt und Gehorsam, der meinem Vater gebührt. Bholânâth war von Anfang an wie ein Vater für mich. Er hatte bedingungslosen Glauben an mich und schien davon überzeugt zu sein, dass alles, was ich tun würde, richtig sei."

In Ashtagrâm begannen sich die Merkmale von Nirmalâs spiritueller Identität deutlicher zu offenbaren. Sie strahlte soviel Freude aus, dass ihre Freunde sie *Ranga Didi*, „schöne Schwester", nannten. Als sie einmal, in einen roten Sârî gekleidet, einen Nachbarn besuchen wollte, wurde ein Freund von Bholânâth bei ihrem Anblick so von Ehrfurcht ergriffen, dass er ausrief: *„Devî Durgâ!"* (Göttin Durgâ). Die Mutter ihres Hauseigentümers sagte: „Wenn *Khushir Mâ* (die ‚fröhliche Mutter') zum Teich kam, wurden die Ghats (Ufertreppen) von ihrer strahlenden Schönheit erleuchtet." Der Bruder dieser Frau, Harakumâr Ray, empfand große Verehrung für Nirmalâ und unternahm alle möglichen Versuche, ihr näher zu kommen. Er hatte seine Mutter verloren, bevor Nirmalâ nach Ashtagrâm kam, und zufällig ergab es sich so, dass sie den Raum bewohnte, in dem seine Mutter gelebt hatte. Harakumâr begann Nirmalâ erstmals „Mâ" zu nennen. Sie war damals etwa 17 oder 18 Jahre alt. Von Außenstehenden wurde Harakumâr in seiner religiösen Inbrunst zuweilen für exzentrisch gehalten und behielt daher keine Anstellung sehr lange. Für ihn gab es jedoch keinen Zweifel, dass Nirmalâ die Göttliche Mutter war. Gemäß der Tradition ihrer konservativen Familie verhielt sich Nirmalâ aber völlig gleichgültig ihm gegenüber, selbst wenn er versuchte, ihr durch kleine Dienste wie Brennholz- und Gemüseholen behilflich zu sein. Er bestand darauf, sich in tiefer Ehrerbietung vor Nirmalâ zu verneigen, ja er bat sogar um ihr Prasâd (einen kleinen, übriggebliebenen Teil der Mahlzeit, von der Nirmalâ gegessen hatte). Es war seine Überzeugung, dass Nirmalâs Prasâd nicht gewöhnliche materielle Nahrung war, sondern geweihte Nahrung und somit ein direktes Mittel, um dem Verehrenden Shakti (Kraft) von Nirmalâ zu übertragen. Nirmalâ blieb jedoch ablehnend und schweigsam, bis Harakumâr Bholânâth um Vermittlung bat, welcher sie schließlich dazu überredete, Harakumâr etwas von ihrem Teller zu geben. Einmal sagte Harakumâr im Überschwang der Freude sehr zuversichtlich: „Du wirst sehen, ich habe angefangen, Dich Mutter zu nennen. Eines Tages wird die ganze Welt Dich so nennen."

Nirmalâs Zustände von Bhâva Samâdhi offenbarten sich in Ashtagrâm erstmals deutlicher, wenn Kîrtan in Gemeinschaft gesungen wurde. Wenn sie Gottes Namen hörte, versank sie in einen unbeschreiblichen Zustand und verlor das Bewusstsein für ihren Körper. Sie vertraute dies außer Bholânâth niemand anderem an. Mâ erzählte 1949: „Der Vater dieses Körpers liebte es, Kîrtan und religiöse Lieder zu singen. Er schlief sehr wenig und verbrachte seine Nächte zumeist damit, hingebungsvoll zu singen. Als dieser Körper vier oder fünf Jahre alt war, fragte er Vater: Bâbâ, warum singt man den Namen Gottes? Er antwortete: Wenn man Gott (Hari) ruft, wird man Ihn sehen. Ich fragte wieder: Ist Hari sehr groß? Er antwortete: Ja, sehr groß. – Ist er so groß wie dieses Feld hier vor uns? – Viel, viel größer. Warum rufst du Ihn nicht, dann wirst du selbst sehen können, wie groß Er ist. – Und so begann ich, Seinen Namen zu singen. Aber intensiv begann die Wiederholung des Namens, als Bholânâth mich nach Ashtagrâm holte."

28

Dort hatte Nirmalâ auf dem Innenhof des Hauses die heilige Tulasipflanze auf einen Sockel gestellt (Tulsi Mancha), und Harakumâr arrangierte als erster das Singen von Kîrtan vor dem Tulsi Mancha. Während sie im Haus am Krankenbett einer Frau saß, schaute sie durch einen Spalt in der Tür zum Kirtan und nahm wahr, wie sich das ganze Haus mit Licht füllte. Ihr Körper fiel zu Boden und rollte und einer ihrer Armreifen zerbrach. Die kranke Frau rief ihren Mann und die Kirtansänger herbei und alle meinten, Nirmala hätte einen Anfall und man sprengte Wasser auf ihre Augen und ihr Gesicht. Doch ihr Körper zitterte weiter und wurde mit einer Aufwärtsbewegung erhoben, die niemand unter Kontrolle bekam. Lachen und Weinen wechselten einander ab. Eine einzigartige Welle von Freude strömte im Rhythmus von Einatmen und Ausatmen durch ihren ganzen Körper. Jegliche Scheu oder Zurückhaltung waren verschwunden. Selbst diejenigen, die versuchten, sie in eine Sitzposition zu heben, schienen innerlich durch ihre Berührung verwandelt.

Mâ sagte später: „Glückselige Ekstase (Ânanda) drang aus jeder Pore dieses Körpers so wie Schweißtropfen aus dem menschlichen Körper rieseln. Nachdem ich so einen Zustand von spiritueller Ekstase (Bhâva) beim Kîrtan gehabt hatte, wurde das Singen von Gottes Namen regelmäßig durchgeführt; vorher geschah dies nur gelegentlich. In der Nähe lebte eine Zimmermannsfamilie, die Boote baute. Tagsüber arbeiteten sie hart, aber nach Sonnenuntergang sangen sie Kîrtan. Obwohl ihr Haus von einem Bambusgehölz verdeckt war, hörte ich doch den Klang des Kîrtans, und jedesmal reagierte dieser Körper intensiv darauf. Später hatte, allein wenn ich schon in die Richtung jenes Hauses sah, alles dort die Schwingung einer überirdischen Glückseligkeit. Und obwohl der soziale Kontakt mit ihnen nicht möglich war, bestand doch eine freudige Verbindung zu ihnen durch ihre Gesänge. Es passierte danach weiterhin, dass dieser Körper das Bewusstsein der äußeren Welt verlor, wenn er Kîrtan hörte. Zuerst wurde versucht, das zu verheimlichen, doch ohne viel Erfolg. Wenn die Flut von Bhâva sich einmal erhob, waren alle Bemühungen, sie zu unterdrücken, vergeblich. Die Tatsache, dass ich diese Bhâvas während Kîrtan hatte, belustigte einige Leute. Ich nahm ihre Kritik auf die leichte Schulter, indem ich scheinbar ihre Belustigung teilte. Folglich versuchte niemand, diese Bhâvas beim Kîrtan zu verhindern. Außer Bholânâth bemerkten die Leute kaum, was stattfand. Außerdem hatte ich damals das Kheyâla[15], dass meine Bhâvas so weit wie möglich der Umgebung verborgen bleiben sollten."

---

[15] spontane Eingebung oder Willensimpuls, der göttlich und daher frei ist.

Einmal kam eine bekannte Kîrtangruppe nach Ashtagrâm, die nach dem Kîrtan von Nirmalâ bewirtet werden sollte. Verschiedene Gerichte waren bereits vorher zubereitet worden. Als der Kîrtan begann, nahm Nirmalâ die feinstoffliche Erscheinung von zwei jungen Knaben wahr, die inmitten der Sänger tanzten. Auch sie verhielt sich plötzlich wie ein Kind, das rastlos hin und herlief, um nach dem Essen zu sehen. Irgendwann blieb sie jedoch reglos auf dem Bett liegen. Ein Hund hatte inzwischen die Gelegenheit genutzt, sich in die Küche zu stehlen, und hatte alles Essen verdorben. Bholânâth wurde sehr ärgerlich, aber Nirmalâ kam nicht wieder zu Bewusstsein. Die Nachbarn kochten rasch eine neue Mâhlzeit, Nirmalâ jedoch blieb die ganze Nacht über ohne äußeres Bewusstsein. Als sich ihr Zustand am nächsten Tag immer noch nicht verändert hatte, rief Bholânâth die Sänger zusammen, um den Kîrtan erneut zu beginnen. Um drei Uhr nachmittags kam Nirmalâ schließlich wieder zu sich. Von dieser Zeit an hielten die Leute ihre Bhâvas für eine Form von Hysterie.

Nachdem sie ein Jahr und vier Monate in Ashtagrâm verbracht hatte, wurde Nirmalâ krank. Nach ihrer Genesung begab sie sich heim nach Vidyakut, um sich noch weiter zu erholen. Mâ sagte: „Zu jener Zeit gab es nicht viel Hausarbeit für mich, da meine Schwestern groß genug waren, meiner Mutter zu helfen. Ich hatte viel Freizeit, in der ich Freunde oder Nachbarn besuchte oder einfach allein umherstreifte. Im Dunkeln nahm ich manchmal ein seltsames Leuchten wahr, das meinen Körper umhüllte und sich mit mir mitbewegte. Zuweilen erhellte dieses Licht die ganze Umgebung, als sei es jenes Licht, das die ganze Welt erhellt." Die Zustände, die Nirmalâ in Ashtagrâm erlebt hatte, setzten sich in Vidyakut fort, umso mehr, wenn sie ganz allein war. Zuweilen heilte sie auch die Leiden anderer Menschen, wenn es ihr Kheyâl war.

Ende 1917 wurde Bholânâth in die Stadt Bajîtpur versetzt, und Nirmalâ folgte ihm Anfang 1918. Dort hatte sie eine Freundin namens Usha, die sie regelmäßig besuchte. Ushas Schwiegermutter stand der Freundschaft mit so einem merkwürdigen Mädchen misstrauisch gegenüber. Einmal sagte Usha, als sie Nirmalâs ekstatischen Zustand wahrnahm: „Ich möchte Dich *Mâ* nennen. Ich empfinde mich nicht wie Deine Schwester. Ich habe das Gefühl, dass Du wie eine Mutter für mich bist." Nirmalâ war in Samâdhi (tiefster innerer Versenkung). Sie schwieg eine Weile und antwortete dann: „Weshalb du allein? Es wird ein Tag kommen, an dem unzählige Menschen auf dieser Welt diesen Körper *Mâ* nennen werden."

Das „Spiel spiritueller Übungen" (Sâdhanâ Lîlâ) 1918 – 1924

*Der Beginn regelmäßiger spiritueller Übungen * Wiederholung des Gottes-namens und spontane Offenbarung von Yogastellungen * Heilkräfte und Wunscherfüllungen * Selbst-Initiation * Nirmalas wirkliche Identität * Bholânâths Initiation * Das dreijährige Schweigen*

Mâ bezog sich später auf die Jahre in Bajîtpur (1917 – 1923) als die Peri-ode, in der es ihr Kheyâla war, die Rolle einer spirituellen Sucherin zu spie-len. „Lasst mich euch sagen, dass ich von Kindheit an gewesen bin, was ich bin. Doch als sich die verschiedenen Stufen von Sâdhanâ[16] durch diesen Körper manifestierten, geschah etwas wie eine Überlagerung von Unwis-senheit. Aber was für eine Art von Unwissenheit war das? Es war in Wirk-lichkeit Wissen, das sich als Unwissen verkleidete." Eines Tages, als sie in Bajîtpur zum Teich ging, um ihr Bad zu nehmen und sich Wasser über den Körper schüttete, kam ihr plötzlich das Kheyâla: „Wie wäre es, die Rolle einer Sâdhika (spirituellen Sucherin) zu spielen?" Und so begann das Spiel.

Tagsüber verrichtete Nirmalâ weiterhin geschickt alle normalen Hausar-beiten, sorgte für Bholânâth, kochte, wusch ab, reinigte das Haus usw. Sie hatte nicht in religiösen Büchern gelesen, wie man Sâdhanâ übt und ging so vor, wie sie ihre Mutter, Großmutter und andere fromme Frauen bei der abendlichen Verehrung gesehen hatte. Nach der Arbeit des Tages säuberte sie sorgfältig ihr Zimmer, bis kein Staubkorn mehr zu sehen war. Dann entzündete sie Räucherwerk, und in der Stille des Abends wurde die ganze Atmosphäre vom reinen Duft des Sandelholzes durchdrungen. Sie ließ sich in einer Ecke des Raums nieder, wo das Bild von Bholânâths Familiengott-heit Kâlî hing, und begann, den Namen Gottes „Hari Bol" zu wiederholen. Nach einigen Minuten formten sich ihre Gliedmaßen von selbst zu bestimm-ten Âsanas (Yogahaltungen). Sie selbst sah dabei nur zu und kannte die Bezeichnungen für diese Haltungen noch nicht. Viele Yoga Mudrâs und Kriyâs[17] manifestierten sich in jener Zeit der abendlichen Verehrung durch

---

[16] des spirituellen Weges bzw. den Übungen zum Zweck der Gottverwirklichung
[17] Yoga-Mudrâs: Bestimmte Körperhaltungen, welche eine besondere göttliche Kraft (Deva Shakti) ausdrücken, ohne die jene Kraft nicht arbeiten kann. Mudrâs sind not-wendig, um bestimmte Veränderungen im Geist oder Charakter zu bewirken. Oft ist

ihren Körper. Oft atmete sie beunruhigend schnell, und manchmal schien es Bholânâth, als ob sie ohnmächtig würde und fast stürbe.

Mâ erzählte später: „Gleich nachdem ich nach Bajîtpur gekommen war, hatte ich das Kheyâla, täglich regelmäßig Gottes Namen zu wiederholen (Japa). Das Zimmer, in dem ich wohnte, wurde immer makellos sauber gehalten. Ich achtete darauf, dass keinerlei direkte Berührung zwischen dem Raum und der Außenwelt, ja nicht einmal mit einem Grashalm, stattfand. Am Abend wurde brennendes Räucherwerk um das Haus herumgetragen, da der Raum ja ein Tempel war, in dem täglich der heilige Name rezitiert wurde. Initiation aber hatte noch nicht stattgefunden. Obwohl ich mich jeden Abend hinsetzte, um Japa zu machen, bestand dieses einfach nur aus Hari Bol. Alles, was dieser Körper bis dahin erreicht hatte, war durch den heiligen Namen geschehen."

Nirmalâ pflegte den Namen „Hari" nur deshalb zu wiederholen, weil ihr Vater als gläubiger Vaishnava es sie so gelehrt hatte. Bholânâth fühlte sich als Angehöriger einer anderen religiösen Tradition, nämlich der der Shâktas (Verehrer der Göttlichen Mutter), dadurch etwas gestört und fragte sie eines Tages: „Wir sind doch Shâktas, warum wiederholst du immer *Hari Bol, Hari Bol?* Das gehört sich nicht." Nirmalâ antwortete: „Was soll ich dann sagen? *Jai Shiva Shankara, Bom Bom Hara Hara?*" Mâ sagte später: „Dieser Körper kannte keine Mantras, ich gab einfach dem Ausdruck, was von innen kam. Bholânâth war zufrieden und sagte: Ja, rezitiere einfach das. Von da an wurde also *Jai Shiva Shankara* wiederholt. Bereits bei der Wiederholung von *Hari Bol* hatte dieser Körper spontan verschiedene Yogahaltungen eingenommen, und das war nach und nach immer intensiver geworden. Mit der Wiederholung von *Jai Shiva Shankara* wurden diese Manifestationen noch vielfältiger. So viele verschiedene Âsanas ereigneten sich eine nach der anderen von selbst – Siddhâsana, Padmâsana, Gomukhi Âsana usw. Das Merkwürdige war, dass während der Wiederholung des Namens eine plötzliche Veränderung im Körper stattfand: Yogastellungen formten sich spontan, und dann war ein deutliches Geräusch in der Wirbelsäule zu hören, und dieser Körper brachte sich ganz natürlich in eine absolut gerade Position. Das geschah völlig ohne Gewalt, Zwang oder Anstrengung. In jenem Zustand konnte dieser Körper in kein-

---

auch eine bestimmte Haltung der Hände bzw. Verschränkung der Finger gemeint, die eine bestimmte Bewusstseinsebene ausdrückt. – Kriyâs: rituelle Bewegungen, Handlungen zur Reinigung, meditative Vorgänge oder Yogahaltungen.

ster Weise mehr bewegt oder gebeugt werden. Es war, als hätte man ihn in dieser Stellung festgeschraubt. Dann hörte die Wiederholung des Namens von selbst auf, und eine Art Versenkung (Tanmaya Bhâva) folgte. Nach einiger Zeit in diesem Zustand wurde der Name wieder aufgenommen, die Sitzstellung entspannte sich, und der Körper kam zu seinem natürlichen Zustand zurück."

Für gewöhnlich ereigneten sich diese Kriyâs nach Einbruch der Dunkelheit, manchmal jedoch auch tagsüber. Nirmalâ schien immer mehr in sich zurückgezogen, und ihr Gesicht hatte einen abwesenden Ausdruck. Nachbarn und Freunde begannen, sie zu meiden. Die Nachbarn, die zufällig einige ihrer Kriyâs durch den Zaun gesehen hatten, meinten, sie sei von bösen Geistern besessen. Auch Bholânâth war zuerst von den immer auffälliger werdenden religiösen Ekstasen seiner jungen Frau beunruhigt und fragte verschiedene Exorzisten und Ärzte um Rat. Ein bekannter Exorzist begann sich bei dem Versuch, ihren „Geist" auszutreiben, plötzlich auf dem Boden zu wälzen und stöhnte, als habe er große Schmerzen. Vergeblich bemühte sich Bholânâth, ihn zu sich zu bringen. Schließlich ersuchte er Nirmalâ um Hilfe. Sofort kam der Mann wieder zu sich, warf sich vor Nirmalâ nieder und sagte: „Sie ist die Devî (Göttin). Es war töricht von mir, die Kühnheit zu besitzen, meine Kräfte an ihr zu erproben." Schließlich wurde Bholânâth von dem hervorragenden Arzt Dr. Mâhendra C. Nandi versichert, dass das, was man für Ohnmachtsanfälle oder Epilepsie hielt, in Wirklichkeit kennzeichnend für eine rauschhafte Gotteserfahrung sei. Erschüttert habe der Arzt bekannt, es gehe hier nicht darum, eine Besessene von Plagegeistern zu erlösen, sondern eine von der Unwissenheit befreite Seele (Jîvan-Mukta) zu verehren. Er riet Bholânâth auch, nicht uneingeschränkt alle Leute zu ihr zu lassen.

Mâ beschrieb diese Sâdhanâ-Phase ihres Lebens später mit folgenden Worten: „Ich hatte nicht die Art von Entsagung, wie ihr sie normalerweise versteht. Denn dieser Körper hat mit Vater, Mutter und Bholânâth gelebt. Dieser Körper hat dem Ehemann gedient, so mögt ihr ihn eine Ehefrau nennen. Er hat für alle die Mahlzeiten zubereitet, so mögt ihr ihn eine Köchin nennen. Er hat alle Reinigungsarbeiten und niedrigen Dienste ausgeführt, so mögt ihr ihn eine Dienerin nennen. Aber wenn ihr es von einem anderen Standpunkt aus betrachtet, werdet ihr erkennen, dass dieser Körper niemand anderem als Gott gedient hat. Denn wenn ich meinem Vater, meiner Mutter, meinem Mann und anderen diente, so betrachtete ich sie bloß als verschiedene Erscheinungsformen des Allmächtigen und diente ihnen als solchen. Wenn ich mich hinsetzte, um Essen zuzubereiten, so tat

34

ich es, als sei es ein Ritual, denn das gekochte Essen war schließlich für Gott bestimmt. Was auch immer ich unternahm, ich tat es in der Haltung eines Gottesdienstes. Ich hatte nur einen Wunsch: Gott in allen zu dienen, alles für Gott zu tun.

Damals lebte ich als jemand, der ein Schweigegelübde abgelegt hatte. Selbst nachdem ich all meine Arbeit im Haushalt beendet hatte, stand mir noch genug Zeit zur Verfügung. Usha lebte in der Nähe unseres Hauses. Sie pflegte jeden Mittag aus dem Mahâbhâratam (einem religiösen Epos) vorzulesen. Eines Tages ging ich hin, um zuzuhören. Sie reichte mir das Buch zum Lesen. Ich nahm es in meine Hände, doch konnte nicht lesen, denn zu jener Zeit sprudelte ständig Gottes Name aus mir wie aus einer Quelle. Irgendwie verband er sich mit meinem natürlichen Atemrhythmus. Folglich bekam ich bei jedem Versuch, das Buch zu lesen, keine Luft mehr. Um zu lesen, musste ich jedes Wort durchbuchstabieren. Als ich zu lesen versuchte, stellte ich fest, dass ich nicht zwei Silben gleichzeitig in mich aufnehmen konnte. Angenommen, ich sollte ‚ami' aussprechen. ‚A' konnte ich richtig aussprechen, aber wenn das Aussprechen von ‚mi' an die Reihe kam, stellte ich fest, dass ich das ‚a' vollkommen vergessen hatte, und die Erinnerung daran war so vollständig erloschen, dass keine Spur mehr davon in meinem Geist war. In diesem Zustand war kein intelligentes Lesen möglich. Doch wenn ich mich zum Spinnen hinsetzte, fand ich, dass es kein Hindernis darstellte, Gottes Namen zu wiederholen. Beides konnte gleichzeitig nebeneinander herlaufen. Ich habe recht viel Garn gesponnen. Als ich in Bajîtpur war, fertigte ich selbst ein Handtuch und mit Hilfe eines Webers ein paar Dhotis (Lendentücher) mit meinem handgesponnenen Garn an." – Eine Frau bemerkte an dieser Stelle: „Mâ, ich habe dich einmal singen und weinen gesehen."

Mâ: „Dieser Körper hat kein gleichbleibendes Verhalten. Svabhâva (die innere Natur) nimmt seinen ungehinderten Lauf. Das Singen und Weinen, von dem du sprichst, sind auf einer bestimmten Stufe des Sâdhanâ möglich. Angenommen, ich setzte mich hin, um zu singen. Dabei hatte ich das Gefühl, dass es durch Gottes Gnade geschah, dass ich Seinen Namen aussprach. Als ich fortfuhr, den Namen zu wiederholen, nahm ein anderer Gedanke von mir Besitz, und ich dachte: ‚Ach! Ich bete so inbrünstig und lange, und doch offenbart Gott sich mir nicht!' Dieses Gefühl der Enttäuschung tat meinem Herzen sehr weh, und sofort liefen Tränen die Wangen herab. Natürlich sind dies Stadien der Unwissenheit, denn wenn Erkenntnis aufgeht, enden Gebete und Sâdhanâ. Als sich die verschiedenen Stufen des Sâdhanâ durch diesen Körper manifestierten, was für eine Vielfalt von

Erfahrungen hatte ich da! Manchmal pflegte ich deutlich zu hören: ‚Wiederhole dieses Mantra.' Wenn ich das Mantra erhielt, kam die Frage in mir auf: ‚Wessen Mantra ist das?' Sofort kam die Antwort: ‚Es ist das Mantra von Ganesh oder Vishnu' oder ähnliches. Wieder kam die Frage von mir: ‚Wie sieht Er aus?' Sofort offenbarte sich die Gestalt. Auf jede Frage folgte eine unverzügliche Antwort, und alle Zweifel und Befürchtungen wurden sofort aufgehoben.

Eines Tages erhielt ich deutlich den Befehl: ‚Ab heute sollst du dich vor niemandem verneigen.' Ich fragte die unsichtbare Stimme: ‚Wer bist du?' Als Antwort kam: ‚Deine Shakti (Kraft).' Ich glaubte, dass in mir eine bestimmte Kraft wohnte und mich führte, indem sie von Zeit zu Zeit Anweisungen gab. Da sich all dies in der Phase des Sâdhanâ ereignete, wurde Jñâna (Erkenntnis) gleichsam Stück für Stück offenbar. Das vollständige Wissen, das dieser Körper schon von Anfang an besaß, war sozusagen in Teile gespalten, und da war etwas wie eine Überlagerung von Unwissenheit. Zu jener Zeit war ich mauni (Schweigen bewahrend). Damals besuchte mich der Vater dieses Körpers. Ich konnte mich nicht vor ihm verbeugen. Nicht, dass ich es absichtlich unterließ, aber dieser Körper weigerte sich, irgendetwas zu tun, was im Gegensatz zu den Anweisungen stand, die er von Zeit zu Zeit erhielt. Als der Vater dieses Körpers sah, dass ich meine Pflicht ihm gegenüber nicht erfüllte, nahm er es sich zu Herzen. Doch da ich damals schwieg, konnte ich ihm die Situation nicht erklären. Er begann misstrauisch zu werden. Er argumentierte, es bestehe kein Grund, mich respektlos denen gegenüber zu verhalten, denen Respekt gebührt, wenn meine verschiedenen Stimmungen und Erfahrungen spirituellen Ursprungs wären.

Unterdessen näherte sich das Shivarâtri-Fest[18]. Bei solchen Anlässen pflegte der Vater dieses Körpers die ganze Nacht aufzubleiben und Gott Shiva zu verehren. Entsprechend den vier Vierteln der Nacht pflegte er viermal Pûjâ (zeremonielle Verehrung) zu machen. Jede Pûjâ war für das Wohlergehen einer bestimmten Person bestimmt. Auch diesmal machte er die Pûjâ wie sonst, und ich wachte mit ihm, um die Vorbereitungen dafür zu treffen. Als er sich nach Beendigung der drei Pûjâs der ersten drei Viertel der Nacht anschickte, die Pûjâ für den vierten Teil zugunsten dieses Körpers zu voll-

---

[18] Fest zu Ehren Shivas am 14. Tag der dunklen Hälfte des Mondmonats Februar/März, an dem 24 Stunden völlig gefastet wird (auch kein Wasser) und in der Nacht bis zur frühen Morgendämmerung vier Pûjâs vollzogen werden.

ziehen, geschah etwas Merkwürdiges. Als er die Pûjâ machte, merkte er, dass dieser Körper laut und automatisch alle wichtigen Mantren und Gebete aussprach. Das überraschte ihn sehr. Obwohl er nichts sagte, konnte er nicht umhin, mich von Zeit zu Zeit anzublicken. Um jedoch mit der Beschreibung meines Sâdhanâs fortzufahren: Nach einiger Zeit hörte ich wieder die Stimme in mir, die mir sagte: ‚Wem willst du huldigen? Du bist alles.' Gleichzeitig erkannte ich, dass das ganze Universum meine eigene Manifestation war. Das teilweise Wissen wurde daraufhin von vollständigem Wissen abgelöst, und ich fand mich Angesicht zu Angesicht vor dem EINEN, das als Vielfalt erscheint. Da verstand ich, warum mir solange untersagt worden war, mich vor irgendjemandem zu verneigen." – Ein Devotee fragte: „Wie lang war die Zeitspanne, die zwischen diesen beiden Stufen lag?"

Mâ: „Recht lang. In der Zwischenzeit jedoch offenbarten sich verschiedene psychische Kräfte (Vibhûtis) durch diesen Körper. Diese Manifestationen geschahen wiederum auf verschiedene Weise: Manchmal wurden sie unwissentlich wirksam, d.h. ich stellte fest, dass ein Kranker im Nu wieder gesund wurde, sobald ich ihn berührte, ohne dass ich vorher wusste, dass er auf solche Weise geheilt werden würde. Manchmal ereignete sich die Manifestation in Wissen vermischt mit Unwissenheit, d.h. wenn ich einen Kranken sah, überlegte ich folgendermaßen: Ich weiß aus meiner früheren Erfahrung, dass meine Berührung eine heilende Wirkung hat. Wenn ich diesen Kranken berühre, dürfte er auch genesen. Um es nachzuprüfen, berührte ich ihn und entdeckte, dass er sofort geheilt war. Es kam jedoch auch vor, dass sich Manifestationen dieser außergewöhnlichen Fähigkeiten in meinem vollen Wissen und Bewusstsein ereigneten. So wusste ich sicher, dass ich eine Krankheit durch bloße Berührung heilen konnte, und ich berührte mit vollem Vertrauen auf Erfolg."

Es wird berichtet, dass Mâ damals in schneller Folge alle spirituellen Disziplinen praktiziert hat, die in den Hinduschriften wie auch in anderen Religionen beschrieben werden.

Im Mai 1922 wurde ihr Sâdhanâ noch intensiver. Einen Tag vor dem Vollmond im Monat Shravan (August/ September) 1922 schlug Bholânâth Nirmalâ vor, sich so bald wie möglich initiieren zu lassen. Eine Weile zuvor hatte seine Schwägerin ihm bereits geschrieben, er möge Nirmalâ doch raten, Mantra Dîkshâ[19] von dem Familienguru zu nehmen, dessen Adresse sie

---

[19] Initiation , bei der dem Schüler ein Mantra (Name Gottes, heilige Silbe von großer Kraft) zur täglichen Wiederholung gegeben wird.

in ihrem Brief angab. Bholânâth lud ihn schriftlich nach Bajîtpur ein, erhielt aber keine Antwort. Am 3. August 1922 jedoch initiierte Nirmalâ sich selbst. Als Bholânâth zu Bett gegangen war, setzte sie sich in einer bestimmten Haltung in die nordöstliche Ecke des Raums, nicht weit weg von Bholânâths Bett, und begann zu rezitieren *Jai Shiva Shankara Bom Bom Hara Hara, Hare Murare Râma Râma Hare Hare*. In ihrem Mahâbhâva[20] errichtete sie einen Havan Vedi (Feuerstelle) vor ihrem Sitz und schrieb darauf ein Mantra, welches sie zu wiederholen begann, nachdem sie mit allem notwendigen Zubehör (Havana Samagri), das sich ihr aus unsichtbarer Quelle manifestierte, Havana (ein Feueropfer) durchgeführt hatte. Nachdem sie das Mantra ausgesprochen hatte, begann sie, es zu wiederholen, indem sie den rechten Daumen über die Finger der rechten Hand gleiten ließ, wie es in den heiligen Schriften angegeben wird. Mâ hatte vorher nie etwas über den Vorgang von Mantra Dîkshâ gehört, noch hatte sie gesehen, wie jemand von einem Guru eingeweiht wurde. Alles, was sie spontan in jener Vollmondnacht tat, stimmte jedoch genau mit den Anweisungen der heiligen Schriften überein.

Später schilderte Mâ einmal selbst den Beginn ihres Sâdhanâs: „Zuerst lasst mich euch sagen, dass dieser Körper jetzt genau der gleiche ist wie in der Kindheit. Es gibt für diesen Körper nicht so etwas wie einen Anfang, ein darauf folgendes Stadium usw. Dennoch ereignete sich ein Spiel spiritueller Übungen für diesen Körper. Eine Zeitlang nahm er die Rolle eines spirituellen Suchers (Sâdhakas) an, und alle Zustände und Stufen, durch die ein Sâdhaka geht, offenbarten sich in diesem Körper. Sage ich nicht öfters, ich muss jetzt gehen und sehen, wie es Nani (einer kranken Besucherin) geht? Weiß ich nicht um ihr Befinden, während ich hier sitze, dass ich extra hinaufgehen muss, um sie zu sehen? Doch obwohl ich sehr gut weiß, wie es ihr geht, gehe ich doch immer wieder hin, um nach ihr zu sehen. Mein Sâdhanâ geschah in ähnlicher Weise.

Die Initiation dieses Körpers ereignete sich in der Nacht von Jhulan Pûrnimâ (Vollmondnacht des 3. August 1922). Viele Leute hatten früh zu Abend gegessen, um danach das Jhulan-Fest[21] zu besuchen. Auch Bholânâth hatte bereits seine Abendmahlzeit zu sich genommen. Eine Wasserpfeife wurde zubereitet und ihm gegeben. Er legte sich hin und beobachtete mich. Die Sorgfalt, mit der ich den Boden gewischt hatte und mich dann auf ein Âsa-

[20] höchste Stufe hingebungsvoller Liebe zu Gott
[21] Fest am Vollmond im August, bei dem die Statuen Râdhâs und Krishnas geschaukelt werden.

na (Sitzmatte) gesetzt hatte, fiel ihm auf. Doch nachdem er eine Weile zuge-schaut hatte, schlief er ein. Das Merkwürdige war dann, dass das Feueropfer und die Zeremonie (Yajña und Pûjâ), die zur Initiation gehören, spontan durch diesen Körper ausgeführt wurden. Die Feuerstelle befand sich zuvorderst, und all das Zubehör für die Pûjâ, d.h. Blumen, Obst, Wasser usw., war bereits da. Obwohl nicht jeder dies sehen konnte, bestand kein Zweifel über ihr tatsächliches Vorhandensein. Das Dîkshâ-(Einweihungs-) Mantra manifestierte sich aus dem Nabel und wurde mit der Zunge ausgesprochen. Dann wurde das Mantra mit der Hand auf das Yajñasthali (die Feuerstelle) geschrieben, und Pûjâ und Yajña wurden vorschriftsgemäß durchgeführt, d.h. alle von den heiligen Schriften für eine Initiation vorgeschriebenen Rituale wurden vollzogen. Als Guru offenbarte ich das Mantra, als Schüler akzeptierte ich es und begann es zu widerholen. Das Mantra ersetzte nun die Namen Gottes, die ich zuvor wiederholt hatte und ich erkannte, dass Guru, Ishta und Schüler eins sind. Als sich dann später meine Finger bewegten, um das Japa zu zählen, erwachte Bholânâth und sah, wie ich Japa machte. Zuvor hatte dieser Körper niemals Japa gemacht, indem er an den Fingern abzählte, noch hatte mich irgendjemand gelehrt, wie man es macht, doch die Finger machten die Bewegungen des Zählens ganz von selbst. Bholânâth war äußerst erstaunt über all das. Am nächsten Morgen jedoch, als ich aus eigenem Entschluss heraus Japa machen wollte, ging alles durcheinander. Aber bald versank dieser Körper wieder in den früheren Zustand, und das Japa ergab sich von selbst. Auf so eine Weise wurde dieser Körper initiiert. Das Selbst war der Guru und das Selbst war auch der Schüler."

Jemand fragte Mâ: „Das Dîkshâ-Mantra offenbarte sich natürlich, aber manifestierte sich der Guru ebenfalls?"

Mâ: „Ja, auch das geschah."

– „War der Guru klar zu sehen (pratyaksha)?"

Mâ: „Ja, so war es."

– „Bitte beschreibe den Guru ein wenig."

Mâ: „Ich sage immer, dass in der Kindheit Vater und Mutter dieses Körpers der Guru waren. Bei der Heirat sagten mir meine Eltern, nun sei mein Ehemann der Guru. Nach der Heirat wurde also der Ehemann zum Guru. Und nun sind alle, die in der Welt existieren, der Guru dieses Körpers. Von diesem Standpunkt aus kann ich sagen, dass der Âtmâ (das ewige Selbst im Innern) in Wirklichkeit der Guru ist, mit anderen Worten, dieser Körper selbst ist der Guru dieses Körpers. Und was Pûjâ betrifft, so sage ich immer, wenn eine bestimmte Gottheit verehrt werden soll, manifestiert sich diese besondere Gottheit aus diesem Körper und geht nach der Verehrung wieder in diesen Körper ein. Ähnliches könnt ihr auch im Fall des Gurus schlussfolgern. So habe ich eben erklärt, wie sich bei der Initiation Blumen, Früchte usw., ja alles Notwendige für Pûjâ und Yajña aus diesem Körper manifestierte; kann also der Guru nicht ebenso aus diesem Körper hervorgegangen sein?

Dieser Körper hat sich selbst die heilige Schnur verliehen. Sie hat von selbst begonnen, das Gâyatrî zu wiederholen. Sie hat keinen Guru angenommen. Sie hat das Gâyatrî nicht von irgendjemandem gehört. Es kam automatisch aus ihrem Herzen. Deshalb sagt dieser Körper: Dieses Mantra wohnt nicht nur in jedem gebildeten Menschen. Es ist nicht der Besitz eines Gelehrten. Es wohnt in einem jeden und wenn es sich enthüllt, scheint es vom Apaurusha zu fließen, nicht von einem Menschen, sondern von Gott."

– „Als das Mantra aus deinem Innern erklang, wusstest du, auf welche Gottheit es sich bezog?"

Mâ: „Nein, aber kaum hatte ich das Mantra erhalten, stieg die Frage in mir auf: Wessen Mantra ist es? Und dann kam ganz deutlich die Antwort, dass es zu der und der Gottheit gehört."

– „Kusum Brahmacari sagt, Dein Sâdhanâ sei kein richtiges Sâdhanâ gewesen, da all die Hindernisse und Schwierigkeiten, die bei uns auftauchen, wenn wir Sâdhanâ beginnen, bei Dir nicht vorhanden waren."

Mâ: „Warum sollte das der Fall sein? Lebte dieser Körper nicht mit vielen Menschen zusammen, als das Spiel des Sâdhanâ anfing? Dieser Körper lebte mitten in Bholânâths großer Familie und verrichtete alle möglichen Arten von Arbeit. Doch als er die Rolle eines spirituellen Suchers spielte, eignete er sich bis ins Detail alles an, was zu einem spirituellen Weg gehört. Zum Beispiel erschienen eines nach dem anderen Zeichen auf der Stirn wie Tîlak, Svarûpa und Tripundra[22]. Über die sich spontan formenden Yogastellungen habe ich euch bereits erzählt. Einige Menschen brauchen ein ganzes Leben, um die Kunst zu meistern, so ein Âsana vollkommen auszuführen. Doch als dieser Körper ein Sâdhaka wurde, konnte man sehen, wie sich ein Âsana nach dem anderen formte, und jedes vollendet.

---

[22] Zeichen aus Ton oder Lehm aus einem heiligen Fluss, die auf verschiedenen Teilen des Körpers aufgetragen werden und die Zugehörigkeit zu einem bestimmten spirituellen Weg symbolisieren. Mit *Tîlak* z.B. kennzeichnet ein Vaishnava zwölf Stellen des Körpers mit dem Symbol des Vishnu-Tempels und spricht dabei jeweils ein bestimmtes Gebet an Vishnu aus, während *Tripundra*, drei waagrechte Linien auf der Stirn, z.B. von den Verehrern Shivas und Shaktis aufgetragen werden.

All diese Yogastellungen führte ich nicht aus eigenem Antrieb aus. Ich wusste damals überhaupt nicht, was Âsanas waren. Bis dahin hatte mir niemand gesagt, wieviele verschiedene Arten von Âsanas es gab oder wie sie hießen. Nun konnte ich jedoch klar von innen her hören und verstehen, was geschah. Der Körper wurde bei diesen Âsanas so gedreht und gewendet, dass es schien, als ob er nur aus Fleisch und nicht aus Knochen bestehe, so biegsam war er. Er drehte sich auf unzählige Weisen. Manchmal neigte sich der Kopf nach hinten und blieb in der Mitte des Rückens. Hände und Füße verdrehten sich in atemberaubender Weise. Wenn die Scharniere einer Tür geölt sind, kann man sie ganz leicht bewegen; sind sie jedoch verrostet, ist es schwer, sie auch nur etwas zu bewegen. Genauso ist es, wenn die Gelenke des Körpers geschmeidig sind, so bewegt er sich automatisch in alle Richtungen. Wenn man sein Leben jedoch nur mit Sinnenbefriedigung verbringt und dann manchmal Âsanas macht, ist es sehr schwierig. Dann kann man die Arme und Beine nicht richtig halten, und es fühlt sich an, als seien sie ‚verrostet‘.“

1970 bemerkte Mâ einmal, sie sei während ihrer Selbst-Initiation 1922 in Bajîtpur von einer unsichtbaren Kraft von ihrem Sitz emporgehoben worden, während nur noch ein Finger von ihr den Boden berührte. Sie sagte, ihr Körper habe angefangen zu schweben und sie hätte das Gefühl gehabt, als werde sie wie magnetisch emporgezogen. Wie Luft sich im Raum verteilt, so fühlte sie, als ob ihr Körper in leeren Raum hineinverschmolz.

In den nächsten fünf Monaten wurde ihr Sâdhanâ sehr intensiv. Zuweilen strömten Mantren und Hymnen in Sanskrit von ihren Lippen. Sie selbst hatte vorher weder Sanskrit noch derartige Kompositionen gekannt. In dieser Zeit manifestierten sich die Gestalten vieler Götter und Göttinnen durch Nirmalâs Körper. Sie sah sie in Visionen und verehrte sie; dann verschwanden sie wieder ganz. Wenn die Verehrung einer Gottheit vollzogen war, erschien eine andere. Während der Verehrung fühlte sie oft, dass sie sowohl der Verehrende als auch die verehrte Gottheit und die Handlung der Verehrung war. Sie war gleichzeitig die Mantren und die Opfergaben. Mâ sagte: „Als sich Pûjâ und ähnliche Rituale genau entsprechend den Vorschriften vollzogen, manifestierten sich aus diesem Körper spontan die Shakti (Energie), die Âsanas, Mudrâs (rituelle Haltung der Hände bzw. Verschränkung der Finger), Gefühle und alles, was sonst noch zur Verehrung einer bestimmten Gottheit gehört, aus jenem Bhâva (einer Neigung aus der Vollkommenheit des Selbst) heraus. Weit davon entfernt, ein Spiel der Phantasie zu sein, war alles so klar, wie ihr jetzt vor mir sitzt. Jede Einzelheit war wunderschön arrangiert. Ja, alles was notwendig war, manifestierte sich

von selbst aus diesem Körper heraus. Die Mûrti (Gestalt) des Gottes oder der Göttin wurde aus diesem Körper genommen und veranlasst, Platz zu nehmen, und Pûjâ vollzog sich. Nach Beendigung der Pûjâ ging alles ebenso da wieder in diesen Körper ein, von wo aus es zuerst in Erscheinung getreten war."

Bei diesen Verehrungen existierten keine Absichten, noch bestand von Nirmalâs Seite her irgendein Wunsch, die Zeremonien auszuführen. Sobald sie an einem einsamen Ort saß, manifestierte sich alles, was physisch und geistig ein Bestandteil zeremonieller Verehrung ist, in geheimnisvoller Weise ganz von selbst. Später wurde von Personen, die wohlbewandert in den Ritualen der heiligen Schriften (Shâstras) waren, festgestellt, dass die Art und Weise, in der sie die Zeremonien vollzog, völlig in Übereinstimmung mit den Regeln der Shâstras war. Wenn jemand fragte, wie es für sie möglich sei, diese Riten so vollkommen auszuführen, war ihre einzige Antwort: „Fragt mich jetzt nicht, ihr werdet es zur rechten Zeit erfahren."

„Nach dem Spiel der Initiation", sagte Mâ, „gab es für mich kaum Zeit zu essen. Mein Körper war wie ein Automat. Ich durchlief die Bewegungen der täglichen Haushaltsroutine wie eine Maschine. Ich zündete ein Feuer an, ohne zu überlegen wofür. Dann vollzog ich wie ein Zuschauer die Handlungen des Kochens und Servierens." Sie hatte auch kein Gefühl für körperlichen Schmerz mehr. Wenn ihr Körper manchmal eine komplizierte Yogastellung einnahm, verwickelten sich ihre langen Haare und wurden mit den Wurzeln herausgerissen. In dieser Zeit konnte sie sich nicht um den Haushalt kümmern, so dass ein junges Dienstmädchen als Hilfe angestellt wurde. Schlaf, Hunger, Durst und andere körperliche Bedürfnisse blieben tagelang aus. Ihre Tage waren nicht mehr in Morgende, Abende und Nächte aufgeteilt – es war eine einzige, anhaltende Zeit unbeschreiblicher Glückseligkeit. In ihrem Mund fühlte sie den Geschmack einer honigähnlichen Substanz, die von innen kam und manchmal so anschwoll, dass sie sie hinunterschlucken musste. Manchmal fühlte sie, dass ihr Körper so leicht wie eine Feder war und sich vom Boden abhob. Zuweilen konnte sie nicht die Stufen einer Treppe hochgehen, weil sie das Empfinden hatte, sie setze ihren Fuß ins Leere und falle. Sie sagte, sie habe das Gefühl für eine Treppe verloren – ob sie nun hinauf oder hinuntergehen sollte. Andere Male jedoch konnte sich ihr Körper auch so schwer und unbeweglich wie ein Fels anfühlen.

Eines Nachts saß sie auf ihrem Bett, während Bholânâth neben ihr lag. Sie hatte das Gefühl, als sei ihr Körper zu größeren Ausmaßen geschwollen und bemerkte, dass er außergewöhnliche Stärke besaß. Zufällig berührte

43

ihre Hand Bholânâth. Er erwachte ruckartig in der Annahme, dass es die Hand eines Mannes sei und sich ein Räuber im Zimmer befände. Nirmalâ verbot ihm, die Begebenheit weiterzuerzählen und sagte ihm auch, dass er sich keine Sorgen zu machen brauchte.

Mâ sagte später: „Dieser Körper hat nicht nur ein bestimmtes Sâdhanâ geübt, sondern hat alle bekannten spirituellen Wege praktiziert. Er ist durch all die verschiedenen Disziplinen gegangen, die von den alten Weisen genannt werden. Er hat Nâma Sâdhanâ[23], Hatha Yoga[24] mit seinen verschiedenen Âsanas und verschiedene andere Yogaarten eine nach der anderen gemeistert. Um einen bestimmten Grad der Erleuchtung auf einem der Wege des Sâdhanâ zu erreichen, muss ein gewöhnlicher Mensch wieder und wieder geboren werden. Aber für diesen Körper war es nur eine Angelegenheit von Sekunden. Übrigens waren die verschiedenen Formen von Sâdhanâ, die ihr diesen Körper üben saht, nicht für diesen Körper bestimmt, sondern für euch alle. Was diesen Körper betrifft, so ist alles ganz von selbst geschehen. Vielleicht kommt es einmal in Millionen oder Billionen Fällen vor, dass sich alles spontan ergibt. Wie kann ich in so einem Fall behaupten, ohne einen Sadguru[25] könne nichts erreicht werden? Jedoch sollte man das Beispiel dieses Körpers lieber nicht heranziehen." Sie sagte auch einmal zu Personen, die über die Fülle ihrer Erfahrungen beim Sâdhanâ erstaunt waren, sie habe noch nicht einmal den tausendsten Teil dessen enthüllt, was wirklich stattgefunden habe.

Einmal betrat Bholânâth mit Nirmalâs Cousin Nishikanta ihr Zimmer, während sie gerade meditierte. Nishikanta war älter als Nirmalâ, und er drängte Bholânâth, Nirmalâ zu fragen, was sie da tue. Nirmalâ hob auf einmal ihren Schleier hoch, sah beide streng an und fragte in bestimmtem Ton: „Oh, was willst du wissen?" Nishikanta bemerkte ihren strengen Blick und ihre leuchtenden Augen, trat etwas zurück und fragte sie ehrerbietig mit gefalteten Händen, wer sie sei. Nirmalâ fragte ihn lächelnd, ob er Angst bekommen hätte, als er sie in so einem Bhâva gesehen habe. Dann sagte sie zu beiden kaum vernehmbar, sie sei Mahâdeva und Mahâdevî[26] (Shiva und

---

[23] spirituelle Übungen, bei denen vor allem die Wiederholung der Namen Gottes praktiziert wird.

[24] körperliche Yogaübungen, die dem Zweck dienen, den Körper zu reinigen und zu harmonisieren und damit die geistige Kontrolle und die Höherentwicklung des Bewusstseins zu erleichtern.

[25] einen vollkommenen Guru, der den Weg zur Verwirklichung der Wahrheit zeigt und selbst die höchste Bewusstseinsstufe erreicht hat.

[26] wörtlich: der große Gott und die große Göttin, Shiva und Parvati

die Göttliche Mutter) zusammen. Bholânâth fragte sie, was sie da tue. „Sandhya und Nama Japa[27]“, antwortete Nirmalâ. Bholanâth bemerkte, sie dürfe kein Sandhya oder Pûjâ machen, ohne von einem Guru initiiert zu sein. Daraufhin erklärte Nirmalâ, sie habe sich in der Nacht des Augustvollmonds selbst Mantra-Initiation gegeben. Bholânâth fragte Nirmalâ daraufhin, wann er selbst die Mantra-Einweihung nehmen solle und wer ihn einweihen würde. Nirmalâ erwiderte ohne Zögern, dass er am Mittwoch, dem 16. Tag des Monats Agrahayan (Dezember/Januar) initiiert werden würde und dass sie selbst ihn einweihen würde. Der Hindukalender wurde herangezogen, und man stellte fest, dass jener Tag sehr glückverheißend für eine Initiation war.

Janaki Babu, ein benachbarter Astrologe und Sanskritgelehrter, war herbeigerufen worden. Nirmalâs Aussehen überraschte ihn, und auch er fragte sie, wer sie sei. Ganz ruhig erwiderte sie: „Pûrna Brahma Nârâyana[28].“ Um sie ein wenig herauszufordern, sagte Janaki Babu zu ihr, das sei ungehörig. Nirmalâ erwiderte ruhig, sie sei, was sie gesagt habe, doch stehe ihnen frei, ihre eigenen Ansichten über sie beizubehalten. Man verlangte nach einem Beweis für ihre Behauptung, sie sei Pûrna Brahma Nârâyana. Sofort strömten viele Hymnen und Mantras von Nirmalâs Lippen, und ihr Ausdruck veränderte sich so sehr, dass Janaki Babu und Nishikanta erschrocken den Raum verließen, während Bholânâth von Nirmalâ die Anweisung erhielt, sich vor sie zu setzen. Dann berührte sie eine bestimmte Stelle auf seinem Kopf (Brahma Talu). Bholânâth sagte sofort „Om“ und fiel für mehrere Stunden in tiefe Versenkung. Sein Neffe begann zu weinen, und auch andere Familienmitglieder wurden sehr besorgt, als sie ihn scheinbar bewusstlos sahen. Janaki Babu und Nishikanta kehrten zurück und baten Nirmalâ, Bholânâth wieder zu normalem Bewusstsein zurückzubringen. Daraufhin berührte Nirmalâ wieder seinen Kopf. Bholânâth kam sofort wieder zu normalem Bewusstsein zurück und sagte, er habe während jener Zeit kein Körperbewusstsein gehabt und sei in unbeschreiblicher Glückseligkeit versunken gewesen.

Ein andermal hatte Nirmalâ auf die Frage, wer sie sei, geantwortet: „Pûrna Brahma Nârâyanî[29].“ Später bemerkte sie dazu: „Ich sage nichts absicht-

---

[27] Sandhya: die Gebete, die ein Brahmane morgens, mittags und abends verrichtet; Nâma Japa: die Wiederholung der Namen Gottes

[28] Pûrna: Fülle; Brahma: die Eine Höchste Wirklichkeit, die sowohl ruhend als auch dynamisch ist und doch über beidem steht, das Ganze, das mehr ist als die Summe all seiner Teile; Nârâyana: einer der Namen der Höchsten Göttlichen Person.

[29] weibl. Form von Nârâyana, Name der Göttlichen Mutter

lich. Ich äußerte es, weil ich es sagen musste." Als man sie fragte, warum sie sich einmal *Nârâyanî*, ein anderes Mal *Nârâyana* und dann wiederum *Mahâdevî* genannt habe, sagte Nirmalâ: „Meine Angehörigen betrachteten mich als eine Frau oder Schwester, und entsprechend ihrer Haltung wurde ein weiblicher Name geäußert. Eigentlich aber war *Nârâyana* das richtige Wort. Als wiederum *Pûjâ* vollzogen wurde, wurde *Mahâdeva* und *Mahâdevî* geäußert. Das war ein Gesichtspunkt. Im Grunde gibt es nichts Manifestes oder Unmanifestes, ich versuchte nur, das Vollkommene zu beschreiben. All dies ereignete sich am Montag nach Jhulan Pûrnimâ oder vielleicht drei bis vier Tage danach. Ich spiegelte die Haltung jedes Fragenden wider. Aber eigentlich war *Nârâyana* das Wort, das richtig herauskam. *Mahâdevî* sagte ich, weil ich damals *Pûjâ* machte, und der Gläubige, je nach dem, welchen Gott oder welche Göttin er verehrt, eine entsprechende Geisteshaltung annehmen muss. *Pûjâ* beinhaltet jedoch nicht notwendigerweise äußere Verehrung mit Blumen und Betelblättern. Viele solcher *Kriyâs* ereigneten sich nach der Initiation."

Der Tag, den Nirmalâ für Bholânâths Einweihung genannt hatte, kam näher. Obwohl sie nicht mehr darüber gesprochen hatte, erinnerte er sich an das Datum und eilte morgens ohne Frühstück zum Büro, um etwaigen Geschehnissen aus dem Weg zu gehen. Vom Schüler wird vollständiges Fasten erwartet, bis die Initiation vorbei ist. Ohne es zu wissen erfüllte Bholânâth diese Bedingung. Zum bestimmten Zeitpunkt ließ Nirmalâ ihn durch einen Boten rufen. Bholânâth antwortete, er habe zu tun und könne sein Büro nicht verlassen. Nirmalâ ließ ihm daraufhin ausrichten, wenn er nicht sofort kommen würde, würde sie selbst zum Büro gehen. Darauf wollte Bholânâth es nicht ankommen lassen und kam nach Hause. Nirmalâ gab ihm frische Kleidung, und wies ihn an, zu baden und sich dann auf eine Matte zu setzen, die sie für ihn bereit gehalten hatte. Bholânâth setzte sich und wartete gefasst auf das, was kommen würde. Inzwischen war Nirmalâ in einem ekstatischen inneren Zustand. Mantras strömten spontan von ihren Lippen. Etwas später hörte Bholânâth, wie sie nur noch ein Mantra leise wiederholte. Er neigte sich vor und konnte es hören. Er folgerte richtig, dass es für ihn bestimmt war. Nach der Trance gab Nirmalâ ihm detaillierte Anweisungen, wie er das Mantra benutzen sollte.

Auch spontane Heilungen begannen sich in dieser Zeit bereits durch Nirmalâ zu ereignen. Eine Choleraepidemie war in Bajîtpur ausgebrochen, und Bholânâth hatte sich angesteckt. Sein Zustand wurde bedenklich. Nirmalâ sagte: „Mögen alle Fingernägel meiner linken Hand abfallen, damit Pîtâjî (Vater) wieder gesund wird!" Sofort ging es Bholânâth besser, und in

Kürze war er genesen. Einige Tage später begannen sich die Fingernägel an Nirmalâs linker Hand zu lösen.

Während ihres Spiels des Sâdhanâs vollbrachte sie eine kurze Zeitlang Wunder in Form von Heilungen und Wunscherfüllungen der zu ihr kommenden Menschen. Sie erzählte z.B.: „Da war ein junger Mann in Bajîtpur. Er war verheiratet, doch hatte er keine Kinder. Deshalb wollte sein Vater, dass er sich neu verheirate, doch der Mann wollte lieber bei seiner ersten Frau bleiben. Als sein Vater ihn weiter unter Druck setzte, beschloss er, meine Füße nach der Pûjâ zu berühren und innerlich um einen Sohn zu bitten. Zu jener Zeit war es jedoch untersagt, meine Füße zu berühren. Nachdem er Bholânâth gefragt hatte, beschloss er jedenfalls, seine Gebete innerlich darzubringen, während er meine Füße berührte. Als ich mich also eines Tages von der Pûjâ erhob, kam er und berührte meine Füße. Sofort fiel er bewusstlos zu Boden und konnte daher nicht die beabsichtigten Gebete darbringen. Stunde um Stunde verging, aber er kam nicht wieder zu Bewusstsein. Bholânâth bekam Angst und bat mich, dafür zu sorgen, dass der Mann wieder normal würde. Er war ein Finanzbeamter und Bholânâths Freund. Als er nach einer langen Zeit wieder zu Bewusstsein kam, sagte er, er könne unmöglich die glückselige Ekstase beschreiben, in der er die ganze Zeit versunken war. Obwohl er nicht wie geplant um einen Sohn gebeten hatte, bekam er später Kinder, da er es im Sinn hatte, während er mich berührte."

Als Mâ in Bajîtpur bei ihren Verwandten lebte, besorgte sie alle Hausarbeiten einschließlich des Kochens. An einem Tag war das Brennholz aufgebraucht, und sie bat ihre Schwiegermutter um Holz zum Kochen. Die Schwiegermutter platzte zornig heraus, obwohl es nicht Mâ's Fehler war: „Es wird kein Brennholz geben, du musst mit deinen Händen und Füßen kochen." In jenen Tagen pflegte Mâ allen Befehlen der Älteren zu gehorchen. Sie setzte sich zum Ofen und schob ihre Beine hinein. Nach einigen Minuten kam die Schwiegermutter, um nachzuschauen, was Mâ tat. Zu ihrem Erstaunen sah sie, wie Feuer aus Mâ's Beinen kam und das Essen kochte ...

Einmal hatte Nirmalâ in Bajîtpur die Vision eines Baumes und dazu die Eingebung, er heiße der „Siddheshvarî Baum". Ein andermal fragte sie Bholânâth: „Was ist Arabien?" Sie fügte hinzu: „Ich sah zwei Fakire aus Arabien, einen Guru und seinen Schüler. Ich sah sie so deutlich, dass ich ihr Bild hätte malen können, wenn ich ein Künstler wäre." Beide Visionen hatten einen Bezug zu zwei Orten in Dhaka, die sie später besuchte.

Im Dezember 1922 begann Nirmalâ ein dreijähriges Schweigen. Wie alle anderen Veränderungen ergab sich auch diese spontan und unbeabsichtigt.

Ihr Schweigen schloss auch jegliche Gebärden aus, nicht einmal ihr Gesichtsausdruck veränderte sich, um Zustimmung oder Missbilligung auszudrücken. Manchmal unterbrach sie ihr Schweigen, indem sie mit dem Zeigefinger der rechten Hand einen imaginären Kreis (Kundali) um sich herum zog, einige Mantras äußerte und dann leise mit Leuten sprach, wenn es notwendig war. Dann wischte sie den Kreis aus und wurde wieder schweigsam.

Die „Mâ" des Shah-bagh-Gartens in Dhaka
1924 – 1932

*Extrem geringe Nahrungsaufnahme: Nirmalâ hört auf, sich selbst zu essen zu geben * Die ersten Devotees sammeln sich * Entdeckung des alten Kâlî-Tempels in Siddheshvarî * Kâlî Pûjâ-Fest 1925 * Bhâijî und Didi kommen zu Mâ * Mâ's Ekstase beim Kîrtan zur Sonnenfinsternis 1926 * Identifikation ihres Körpers mit Wasser, Wind, Raum, Klang u.ä. * Manifestation von Mantras und Hymnen * Samâdhi-Zustände * Yogische Fähigkeiten * Vasanti Pûja -Fest 1926 in Siddheshvarî * Die Verzückung von Mâ's Nichte Labanya * Kâlî Pûjâ-Fest 1926 * Bhâijî gibt Mâ den Namen „Ânanda-mayî" * Beginn häufiger Reisen * Gründung des Ramna Âshrams in Dhaka 1929 * Das Ende von Mâ's Haushaltsarbeit und ihre Krankheit * Reisen nach Südindien im Jahre 1930 * Endgültiger Abschied von Dhaka im Jahre 1932*

Im April 1924 hatte Bholânâth seine Anstellung in Bajîtpur verloren, da seine Arbeitgeber das Unternehmen dort aufgegeben hatten. In der Hoffnung, in einer größeren Stadt bessere Arbeit zu finden, zog er am 10. April 1924 nach Dhaka (der heutigen Hauptstadt von Bangla Desh). Schon bald erhielt er eine Anstellung als Aufseher des ausgedehnten Shah-bagh-Gartens, der dem moslemischen Provinzgouverneur gehörte. In dem Garten wuchsen verschiedene Obstbäume und Blumen, es gab eine Halle für Tänze und kulturelle Veranstaltungen, ein künstlich angelegtes Schwimmbekken und daneben ein kleines Haus mit drei Zimmern für den Aufseher. Die Anlage war so groß, dass viele Teile verwahrlost und ungepflegt waren. Bholânâths Aufgabe bestand darin, eine Gruppe von Arbeitern zu beaufsichtigen und sich um das Grundstück zu kümmern. Bald kam sein kleiner Neffe Ashu hinzu und wohnte bei ihm und Nirmalâ.

Nirmalâ behielt ihr Schweigen bei. Den größten Teil des Tages war sie in einem anderen Bewusstseinszustand und in ihre eigene Welt versunken. Dennoch bewerkstelligte sie es irgendwie, morgens früh aufzustehen, Essen für Ashu zuzubereiten und ihn zur Schule zu schicken. Danach wusch sie Töpfe und Geschirr im Teich ab und kochte erneut für die Mittagsmahlzeit. Mit der Zeit wurden ihre Ekstasen häufiger und länger. Wenn sie Essen servierte, hielt ihre Hand manchmal auf halbem Weg inne; wenn sie Geschirr am Teich reinigte, kam es vor, dass sie ins Wasser fiel und dort lange Zeit halbversunken liegen blieb, oder sie verbrannte sich am Küchenfeuer. Da Bholânâth täglich lange fortblieb, bat er seine verwitwete Schwester Matari, nach Shah-bagh zu ziehen und auf Nirmalâ achtzugeben. So kamen zwei neue Mitglieder zu der kleinen Familie in Shah-bagh hinzu, „Tante" Matari und ihr Sohn Amulya, und Nirmalâs Arbeit erleichterte sich durch ihre fröhliche Schwägerin sehr.

Seitdem ihr „Spiel spiritueller Übungen" in Bajîtpur begonnen hatte, hatte Nirmalâ nur sehr wenig Nahrung zu sich genommen. In Dhaka wurde dies noch extremer: Fünf Monate lang aß sie täglich nur eine Handvoll Reis gegen Ende der Nacht. Acht bis neun Monate lang nahm sie nur drei Mundvoll Reis am Tag und die gleiche Menge in der Nacht zu sich. Fünf bis sechs Monate lang bestand ihre tägliche Nahrung darin, dass sie zweimal etwas Obst und Wasser bekam. Ein andermal nahm sie monatelang nur zweimal die Woche etwas Reis zu sich. Einmal fastete sie auch völlig für sechzehn Tage und einmal für 23 Tage, indem sie weder Getränke noch Nahrung zu sich nahm. Am 24. Tag bat sie um einen Schluck Wasser und sagte: „Ich wollte sehen, wie es ohne Trinken geht, doch die bloße Notwendigkeit von Wasser verschwindet. Das geht nicht. Der Konvention halber muss ein Schein normalen Verhaltens gewahrt bleiben."

Gegen Ende 1924 verlor Nirmalâ die Fähigkeit, sich selbst zu essen zu geben. Ihre Hand hielt häufig auf halbem Weg inne oder die Nahrung glitt ihr einfach durch die Finger, wenn sie versuchte, sie zum Mund zu führen. Man beschloss, dass die Person, die Nirmalâ fütterte, ihr einmal am Tag und einmal in der Nacht gerade so viel Nahrung geben sollte, wie man mit zwei Fingerspitzen halten konnte. So vergingen vier bis fünf Monate. Jeden zweiten Tag trank sie auch etwas Wasser. Fünf bis sechs Monate nahm sie drei gekochte Reiskörner morgens und drei abends sowie zwei bis drei reife Früchte zu sich, die von selbst von den Bäumen des Shah-bagh-Gartens gefallen waren. Da dies hauptsächlich Mango- und Litchibäume waren, deren Früchte zu der Jahreszeit nicht reif waren, aß sie im Grunde kaum etwas. Wenn jemand gelegentlich und von selbst Obst mitbrachte, aß sie vielleicht etwas, aber es durfte nichts abgesprochen arrangiert werden. Bekam sie zufällig eine Menge Obst, erlaubte sie nicht, es bis zum nächsten Tag aufzubewahren. Es war offensichtlich, dass Nirmalâ die Nahrung nicht wirklich brauchte, sondern nur irgendwie die Gewohnheit beibehalten wollte, etwas zu sich zu nehmen. Manchmal erlaubte sie nur, dass die Nahrung gerade ihre Lippen berührte, dann wurde sie fallengelassen. Zwei bis drei Monate lang aß sie nur so viel, wie man in einem Atemzug in ihren Mund geben konnte.

Mâ sagte dazu: „Einmal lebte dieser Körper vier bis fünf Monate lang von drei Reiskörnern täglich. Niemand kann so lange von so einer spärlichen Kost leben. Es sieht wie ein Wunder aus. Aber bei diesem Körper war es so. Es war so, weil es so sein kann. Der Grund dafür ist, dass nicht alles, was wir essen, notwendig für uns ist. Der Körper nimmt nur die Essenz der Nahrung auf, der Rest wird ausgeschieden. Als Ergebnis von Sâdhanâ wird der Körper so umgewandelt, dass er, auch wenn physisch keine Nahrung aufgenommen wird, aus der Umgebung all das aufnehmen kann, was für seine Erhaltung notwendig ist.

Auf dreierlei Art und Weisen kann der Körper ohne Nahrung erhalten werden: Auf eine Art wurde eben hingewiesen, nämlich dass der Körper die für seine Erhaltung notwendige Nahrung aus der Umgebung aufnehmen kann. Zweitens kann man von Luft allein leben. Denn ich habe gerade gesagt, dass in jedem Element alle anderen Elemente enthalten sind, so dass die Eigenschaften anderer Elemente in gewissem Maße auch in der Luft vorhanden sind. Daher erhalten wir schon dadurch, dass wir nur Luft aufnehmen, die Essenz anderer Elemente. Dann wiederum ist es möglich, dass der Körper überhaupt nichts zu sich nimmt und doch ungeschwächt bleibt wie im Zustand von Samâdhi. Folglich kann man feststellen, dass es als Ergebnis von Sâdhanâ durchaus möglich ist, ohne das zu leben, was wir Nahrung nennen."

Ein andermal bemerkte sie dazu: „Wenn ein Drachen in der Luft fliegt, kommt er in einen Zustand der Schwebe, so dass auch der hölzerne Rahmen, an dem er befestigt ist, in der Luft im Gleichgewicht gehalten wird, obwohl er sonst herunterfallen würde. Ebenso existiert ein Zustand der Schwebe, in dem der Atemrhythmus so ist, dass sechs Monate sechs Stunden entsprechen können. Als dieser Körper von einer so spärlichen Kost lebte, war seine Gesundheit ausgezeichnet. Er konnte stundenlang gehen und steigen, ohne außer Atem zu kommen. Für gewöhnlich keuchen die Leute, wenn sie einen steilen Berg hochgehen, doch zu jener Zeit fühlte dieser Körper keinerlei Müdigkeit oder Anstrengung. Wäre das Kheyâl da gewesen, so hätte er jahrelang oder ein ganzes Leben in diesem Zustand bleiben können. Aber auch das ist nur ein Zustand, nämlich der Zustand eines Yogis. Da dieser Körper nichts aus persönlichem Willen heraus tut, benimmt er sich jetzt wie andere menschliche Wesen: Er bekommt Bauchweh, einen Schmerz am Fuß usw., es ist einerlei. – Ein anderer Punkt ist: Durch das Essen nimmt man die Energie des Getreidekorns oder der Frucht in sich auf. Aber wenn diese Energie auf direktere Weise erreichbar ist, braucht man keine Nahrung. Wo die Kraft zu schaffen, zu erhalten und zu zerstören gegenwärtig ist – was bedeutet es da, nicht zu essen? Gar nichts. All dies ist nur ein winziger Bruchteil der ganzen Sache."

Nachdem Nirmalâ es ganz aufgegeben hatte, Reis zu essen, konnte sie ihn nicht einmal erkennen. Einmal sah sie ein Dienstmädchen in Shah-bagh Reis essen und meinte lächelnd: „Was isst sie denn da? Wie schön sie es kaut und schluckt! Ich werde auch mit ihr essen!" Ein andermal sah sie, wie ein Hund Reis aß und fing kläglich an zu bitten: „Ich will essen, ich will essen." Wenn solche „Wünsche" nicht erfüllt wurden, legte sie sich wie ein quengelndes kleines Mädchen auf den Boden. Einmal bemerkte sie: „Der Mensch versucht, alte Gewohnheiten aufzugeben. Aber bei mir ist es völlig anders. Ich erfinde Mittel und Wege, damit sich meine alten Gewohnheiten wieder einstellen. Ihr müsst mich mit drei Reiskörnern täglich füttern, sonst verliere ich die Angewohnheit, Reis zu essen, ebenso wie ich es vergessen habe, wie ich meine Hände zum Essen benutzen soll."

Um zu verhindern, dass sie ihren Körper verließ, wurde sie seitdem gefüttert. Sie hätte nie selbst etwas genommen oder jemanden darum gebeten. Die Personen, die Mâ fütterten, mussten ein reines Leben der Selbstkontrolle führen; die Koch- und Eßutensilien mussten peinlich sauber und rein gehalten werden. Sonst konnte sie das Essen nicht schlucken, ihr Gesicht wandte sich ab, oder sie verließ automatisch ihren Sitz. Sie sagte: „Es gibt keinen Unterschied zwischen diesem Körper und einem Erdklumpen. Ich kann Essen zu mir nehmen, das auf dem Boden oder auch woanders stand, wie es euch beliebt. Doch sind Berücksichtigung der Hygiene, die Beachtung von Sauberkeit und andere Regeln und gesellschaftliche Vorschriften notwendig für eure Erziehung, und so befolgt mein Körper automatisch jene Regeln."

Vier oder fünf Jahre, nachdem sie aufgehört hatte, mit ihrer eigenen Hand zu essen, baten einige Devotees sie sehr, es doch noch einmal zu tun. Sie willigte in den Versuch ein und setzte sich vor die aufgetragenen Speisen. Sie nahm einen Bissen in den Mund, doch den Rest gab sie anderen oder verrieb ihn auf dem Boden. Sie sagte: „Ich hatte das Kheyâl, dass ich mit allem eins war. In jener Zeit gab ich allem, was sich vor mir befand, zu essen. Manchmal rieb ich sogar die Erde mit Reis und Gemüse ein. Als Bholânâth mich dabei sah, nahm er das Essen weg und fütterte mich wie ein Kind, das den Gebrauch seiner Finger zum Essen noch nicht gelernt hat." Sie konnte nicht selbst essen. Danach bat niemand sie mehr darum, ihre eigene Hand zum Essen zu benutzen. Sie pflegte zu sagen: „Ich sehe alle Hände als meine eigenen an, in Wirklichkeit esse ich immer mit meiner eigenen Hand."

Zuweilen geschah es aber auch, dass Nirmalâ außergewöhnlich große Mengen Nahrung zu sich nahm. Ihr Devotee Bhâijî war anfangs beunruhigt, dass Nirmalâ so wenig aß. Heimlich sandte er Mehl und Ghi (Butterschmalz) nach Shah-bagh und bat Matari Pishima, täglich davon einige Purîs (frittierte Weizenfladen) zuzubereiten. Da Nirmalâ das Lagern von Lebensmitteln auf Vorrat nicht guthieß, sollten diese Vorkehrungen verschwiegen werden. Eine Weile lang schien sie nichts zu bemerken, doch nach ein paar Tagen ließ sie Bhâijî holen und bat Matari Pishima, von allem Mehl Purîs zuzubereiten. Nachdem etwa 70 Purîs fertig waren, aß sie alle auf und sagte lächelnd zu Bhâijî: „Wenn mehr davon dagewesen wären, hätte ich sie alle aufgegessen. Wenn ich einmal zu essen anfange, kann keiner für mich sorgen, wie reich er auch sein mag. Deshalb rate ich euch, nicht solche Vorkehrungen für mich zu treffen." Ein anderes Mal aß sie das Essen für acht bis neun Personen und einmal Reispudding, der aus 20 Litern Milch hergestellt war, und als alles aufgegessen war, rief sie: „Ich möchte mehr essen, bitte gebt mir mehr Pudding!" Dem Volksglauben entsprechend sprenkelte man einige Tropfen der Süßspeise auf den Sârî, der ihr Haupt bedeckte, damit der „böse Blick" der Leute, die Zeugen der Begebenheit waren, ihr keine Krankheit verursache. Nachher stellte man fest, dass die Stellen, auf welche die Tropfen gefallen waren, wie von Feuer versengt aussahen. Nach dem Essen solcher ungewöhnlichen Mengen sagte sie: „Zur Zeit des Essens wusste ich nicht, dass ich soviel Nahrung schluckte. Durch euch erfuhr ich erst davon. Zu der Zeit wäre alles, was auch immer ihr mir angeboten hättet, ob gut oder schlecht, selbst Gras und Blätter, aufgegessen worden." Trotzdem bemerkte man nach solchen Begebenheiten keine körperlichen Störungen an ihr.

Oft schien Nirmalâ dem Essen, das ihr gefüttert wurde, kaum Aufmerksamkeit zu schenken. Übereifrig wollte einmal die Person, die sie bediente, diese Abwesenheit ausnutzen und fütterte ihr viel mehr als gewöhnlich. Schließlich hielt sie inne, und Nirmalâ sagte: „Nanu, hast du aufgehört?" Wenn man nicht aufpasste, schluckte sie auch Kerne und Schalen der Früchte, und wenn man ihr Vorhaltungen machte, sagte sie überrascht: „Ihr batet mich zu essen, und das tat ich. Ihr sagtet mir nicht, was ich nehmen oder verweigern sollte." Einmal bat sie die Person, die sie gefüttert hatte, etwas vom Khir (süßen Milchreis) zu probieren, der ihr gereicht worden war. Das Mädchen konnte trotz Nirmalâs Gegenwart nicht umhin, die Speise auszuspucken, weil sie so furchtbar heiß war, dass sie sie weder schlucken, noch im Mund behalten konnte. Nirmalâ öffnete lächelnd ihren Mund und zeigte ihr die wunden, roten Stellen am Gaumen. Sie litt monatelang an dieser

Wunde. Gerade weil sie alles gleichmütig annahm und keine Ansprüche stellte, war es manchmal sehr schwierig, ihr persönlich Dienst zu erweisen.

Allmählich sprach es sich unter den Menschen herum, dass Nirmalâ vom Shah-bagh-Garten eine spirituell außergewöhnliche, junge Frau war. Zwei ehemalige Arbeitskollegen von Bholânâth waren ebenfalls nach Dhaka gezogen, und von ihnen und einigen anderen zufälligen Besuchern hörten weitere Menschen von ihr. Einige Sucher fühlten sich so angezogen, dass sie immer wieder kommen mussten. Männer konnten sie damals nur aus einiger Entfernung und verschleiert sehen. Zumeist handelte es sich um Besucher der gebildeten Gesellschaftsschicht, die nicht unbedingt sehr religiös waren. Dennoch zeigten ihr viele Menschen eine so tiefe Ehrerbietung, wie sie nur einer erhabenen spirituellen Persönlichkeit zukommt, und sie wurde nun meistens ehrfürchtig *Mâ* („Mutter") genannt. Wenn Bholânâth sie bat, zu den Leuten zu sprechen, tat sie es, sonst schwieg sie. Einmal sagte sie zu ihm: „Du solltest es dir zweimal überlegen, bevor du die Tore zur Welt öffnest. Denk daran, du wirst die Flut nicht aufhalten können, wenn sie überwältigend wird."

Ein Philosophieprofessor aus Kalkutta gab ein Bild von der Atmosphäre, die Mâ in Shah-bagh umgab: „Es war ein kalter Dezemberabend 1924, als ich von Rai Bahadur Pran Gopâl Mukherji nach Shah-bagh zum Darshan[30] der Mutter mitgenommen wurde. Wir wurden geradewegs in das Zimmer geführt, in dem Mâ allein in tiefer Meditation versunken saß. Eine schwache Lampe brannte vor ihr, und das war wohl der einzige Gegenstand im Raum. Mâ's Angesicht war unserem Blick gänzlich verborgen, da sie es in jenen Tagen genau wie ein neuverheiratetes Dorfmädchen zu verhüllen pflegte. Nachdem wir etwa eine halbe Stunde dort gewartet hatten, löste sich der Schleier, und Mâ's Gesicht, von leuchtendem Glanz umgeben, wurde sichtbar. Sie begann Hymnen mit zahlreichen Keimmantren in ungewöhnlichem Akzent zu rezitieren, welche einen wunderbaren Widerhall erzeugten, der die ganze Umgebung durchdrang. Die Stille der kalten Dezembernacht, die Einsamkeit des Shah-bagh-Gartens und vor allem die Erhabenheit und Feierlichkeit der Atmosphäre in Mâ's Raum – alles zusammen erzeugte ein Gefühl von Heiligkeit. Solange wir uns im Raum aufhielten, fühlten wir ein unbeschreibliches Erhobensein, eine Stille und Tiefe, die nie zuvor erfahren wurde, einen Frieden, der alles Verstehen übersteigt."

Die frühen Besucher von Mâ mussten die skeptische Kritik von Angehörigen und Freunden auf sich nehmen. „Warum musst du jeden Tag zum

---

[30] der segenspendende Anblick eines Heiligen oder einer Gottheit

Shah-bagh-Garten gehen? Du kannst auch zuhause deine Religion ausüben",
meinte eine Schwiegermutter zu ihrer Schwiegertochter. Wie konnte diese
ihr verständlich machen, dass sie keine religiösen Bestrebungen hatte, sondern einfach nicht zuhause bleiben konnte, solange sie Mâ nicht wenigstens einmal am Tag gesehen hatte?

Einmal kam Mâ bei einem Spaziergang durch den Shah-bagh-Garten an
einem kleinen Grabmal vorbei. Die Arbeiter sagten ihr, vor vielen Jahren
seien zwei Fakire, ein Guru und sein Schüler, aus Arabien nach Dhaka gekommen. Der moslemische Regent und seine Familie hatten sie sehr verehrt und sie gebeten, in Shah-bagh zu bleiben. Nach ihrem Tod waren sie in
Shah-bagh bestattet worden. In Bajîtpur hatte Mâ eine Vision dieser beiden
Fakire gehabt sowie die Vision eines Baumes, der „Siddheshvarî-Baum"
hieß.

Nachdem sie nach Shah-bagh gekommen war, fragte Mâ Bholânâth eines Tages, ob er etwas über den Siddheshvarî-Baum gehört habe. Bholânâth
wusste nichts davon und bot an, Nachforschungen anzustellen, aber Mâ
sagte ihm, es sei nicht notwendig. Der Shah-bagh-Garten lag in der Nähe
des ehemaligen Polospielfelds von Ramna. Auf der anderen Seite der Grün-
fläche befand sich ein Kâlî-Tempel, den Mâ häufig mit einigen Begleitern
besuchte. Ein Freund von Mâ und Bholânâth pflegte auf dem Rückweg oft
auf einen verwilderten Pfad abzubiegen. Auf Bholânâths Frage, wo er denn
hingehe, sagte er: „Es gibt einen Kâlî-Tempel in Siddheshvarî, etwas weiter
weg von hier. Es ist ein sehr alter, schöner Ort. Ich würde Euch beide gern
einmal dorthin mitnehmen." Mâ machte Bholânâth Zeichen, nichts über
ihre Vision des „Siddheshvarî-Baums" zu enthüllen, so blieb Bholânâth
still. Einige Tage später gingen sie mit ihrem Freund Baaul nach Siddheshvarî. Es gab keinen richtigen Weg dorthin, und sie mussten durch Dickicht
und Dschungel hindurch, bis sie zu einem sehr alten Kâlî-Tempel kamen.
Davor lag ein riesiger umgefallener Pipal-Baum. Mâ erkannte in ihm den
Baum ihrer Vision und berührte ihn liebevoll mit ihrer Hand. Der Platz
war ein Siddhapîtha, ein sehr heiliger Platz, an dem verschiedene spirituelle
Sucher strenge Askese geübt und Siddhi oder Vollendung erlangt hatten. Es
hieß, dass sogar Shankara, der berühmte Vedânta-Philosoph, sich hier aufgehalten haben sollte. Vor Hunderten von Jahren standen nur drei Bäume
dort, weshalb der Ort auch Tintiri genannt wurde. Nun war nur noch der
umgefallene Baum da. Als er umstürzte, soll ein Licht aus ihm erschienen
sein, das mit der Gestalt Kâlîs im Tempel verschmolz.

Von September 1924 an blieb Mâ häufig längere Zeit auch über Nacht
im Siddheshvarî Kâlî Tempel. Tagsüber blieb ihr Vater bei ihr, abends kam

Bholânâth von der Arbeit dorthin. So ergab es sich ganz natürlich, dass sowohl Mâ's Vater als auch ihr Ehemann einige Tage wie heimatlose Asketen in einem Tempel blieben. Ohne es zu wissen, hatten beide einen neuen Weg eingeschlagen. Am achten Tag ihres Aufenthalts ging Mâ mit Bholânâth morgens zu einer bestimmten Stelle nördlich des Tempels. Auf einer kleinen Lichtung in der Wildnis angekommen, umschritt sie die Stelle dreimal, so wie man es bei einem Heiligtum tut. Dann zog sie einen Kreis und setzte sich mit dem Gesicht nach Süden gewandt, während Mantras von ihren Lippen kamen. Als sie ihren rechten Arm auf den Boden stützte, versank er plötzlich in der Erde, als ob diese Schicht für Schicht beiseitegleite, bis der Arm bis zur Schulter im Boden steckte. Bholânâth bekam Angst und zog ihren Arm wieder heraus. Ein warmes, rötliches Wasser kam aus dem Loch. Mâ hatte mit ihrer Hand auch etwas aus dem Loch gezogen. Bholânâth nahm es ihr schnell weg und warf es in den Teich. Mâ beruhigte seine Angst und überredete ihn, auch seine Hand hineinzustecken. Es fühlte sich warm und hohl an. Bald danach pflanzte Bholânâths Freund einige blühende Sträucher und eine heilige Tulasi-Pflanze bei dieser Stelle, und eine altarartige Erhebung (Vedi) wurde über dem Loch gebaut, die mit einem Bambuszaun eingezäunt wurde. Mâ kam nun sehr oft nach Siddheshvarî und setzte sich auf den Vedi. In der Nähe befand sich ein Erdhügel. Mâ offenbarte, dass Bholânâth an jenem Platz in der Vergangenheit Sâdhanâ geübt habe. Er habe die Göttin Durgâ verehrt und ihre Statue im Teich dieses Kâlî-Tempels versenkt. Alle 5000, 500 und 5 Jahre kämen verschiedene spirituelle Sucher zu diesem Ort, sagte Mâ.

Im Jahre 1925 baten einige Devotees sie, Kâlî Pûjâ[31] zu vollziehen, da sie gehört hatten, dass ihre Art, die Pûjâ auszuführen, wunderbar sei. Sie antwortete: „Ich verstehe wenig von den Regeln und Ritualen der Shâstras. Wendet euch lieber an einige ausgebildete Priester." Später jedoch erklärte sie sich auf Bitten Bholânâths hin bereit, die Pûjâ auszuführen.

Wenn die Devotees Mâ verehren durften, kannte ihre Freude keine Grenzen. Doch wenn sie selbst eine Göttin zum Heil der Devotees verehrte,

---

[31] Zeremonielle Verehrung der Göttlichen Mutter Kâlî, der Zerstörerin der bösen Mächte, die vor allem in Bengalen sehr verehrt wird. Kâlî hat eine dunkle Gestalt, langes, schwarzes Haar und vier Arme, deren Hände ein abgeschlagenes Haupt und ein Schwert halten bzw. Gesten der Segnung und Furchtlosigkeit ausdrücken. Sie lehrt den Menschen auf diese Weise, die Ganzheit der Schöpfung in ihren guten und schreckenerregenden Aspekten anzunehmen, ja zu lieben und zu verehren, und zerstört das Vergängliche nur, um den unsterblichen Geist und die Allliebe in jedem Wesen freizulegen.

nahm die Würde und Feierlichkeit einer solchen Verehrung tausendfach zu. Es konnte nicht in Worten ausgedrückt werden – alle Devotees fühlten eine unaussprechliche Freude bei der Schönheit und Festlichkeit dieser Zeremonie.

Ein Standbild von Kâlî wurde gebracht. Mâ saß in absoluter Stille ganz in sich versunken auf dem Boden. Wie überwältigt von Hingabe begann sie dann die Pûjâ, indem sie die Mantras sang, Blumen auf ihr eigenes Haupt legte und sich selbst mit Sandelpaste salbte, anstatt beides der Gottheit darzubringen. All ihre Handlungen glichen den Bewegungen einer Puppe, als ob eine unsichtbare Hand ihren Körper als williges Werkzeug für den Ausdruck des Göttlichen benutzte. Nur gelegentlich streute sie einige Blumen vor die Kâlî-Statue. Auf diese Weise wurde die Pûjâ dargebracht.

Eine Ziege sollte geopfert werden. Sie wurde in Wasser gebadet. Man brachte sie Mâ, und sie nahm sie auf den Schoß, während sie sanft ihren Körper streichelte und dabei weinte. Dann sprach sie einige Mantras, berührte dabei gleichzeitig alle Körperteile des Tieres und flüsterte ihm etwas ins Ohr. Die Ziege streckte sich aus und ging ganz von selbst zur Opferstelle. Dann verehrte Mâ das Messer, mit dem die Ziege geopfert werden sollte. Sie legte sich ausgestreckt zu Boden und setzte das Messer an ihren eigenen Nacken. Dreimal kam ein Klagelaut von ihren Lippen, der wie der Schrei der Opfertiere klang. Als das Tier später geopfert wurde, wehrte es sich nicht und gab auch keinen Laut von sich. Nicht eine Spur von Blut fand sich an seinem Körper. Nur mit großer Schwierigkeit konnte man ihm schließlich einen einzigen Blutstropfen entnehmen. Die ganze Zeit über leuchtete Mâ's Gesicht in einer ungewöhnlich intensiven Schönheit. Alle Anwesenden waren wie gebannt von jener Atmosphäre der Heiligkeit und tiefen Versunkenheit. Später sagte Mâ zu den Devotees, während sie die Ziege auf ihrem Schoß gehabt habe, hätte sie ihre Lebensenergie in sich hineingenommen, so dass kein wirkliches Leben mehr in der Ziege war, als sie geopfert wurde. Sie sagte auch einmal: „Es besteht kein Unterschied zwischen diesem Körper und dem Körper von Kâlî."

Zwischen 1924 und 1925 kamen einige der Menschen zu Mâ, die später sehr ergebene Devotees wurden und eine wichtige Rolle im Kreis von Mâ's Anhängern spielten. Jyotish Candra Ray, später von den meisten einfach „Bhâijî", verehrter Bruder, genannt, traf Mâ gegen Ende 1924. Er arbeitete in der Abteilung für Landwirtschaft der bengalischen Regierung und besaß eine sehr zurückhaltende, edle Persönlichkeit. 1908 war er vom Guru seiner Familie in ein Mantra der Göttlichen Mutter eingeweiht worden und hatte immer nach einer lebendigen Verkörperung dieses Mantras gesucht.

57

Er war durch Indien gereist und hatte Pilgerorte und Heilige aufgesucht, doch seine Suche blieb unerfüllt, bis er Mâ's Darshan erhielt. Seine erste Begegnung mag mit seinen eigenen Worten wiedergegeben werden: „Eines Morgens ging ich demütig und voll heiliger Erwartung nach Shah-bagh und hatte das Glück, Mâ durch die freundliche Vermittlung ihres Mannes, den die Leute ,Pîtâjî' oder ,Vater' nannten, zu sehen. Ihre erhabene Yogahaltung, gepaart mit der Zurückhaltung und Anmut eines soeben vermählten, jungen Mädchens ließ mein Herz zutiefst erbeben. Blitzartig wurde mir klar, dass das Wesen, nach dem ich mich jahrelang gesehnt hatte und weswegen ich zu so vielen heiligen Plätzen gereist war, vor mir saß! Mein ganzes Sein wurde von Freude überströmt, und jede Faser meines Körpers vibrierte in Ekstase. Ich wollte mich ihr zu Füßen werfen und unter Tränen ausrufen: „Mâ, warum hast Du mich so lange, lange Jahre von Dir ferngehalten?" Nach einigen Minuten fragte ich sie: „Habe ich irgendeine Chance zu spirituellem Fortschritt?" Sie antwortete: „Dein Verlangen nach dem Geistigen ist noch nicht stark genug."

Nach dieser ersten Begegnung ging Bhâijî fast ein Jahr nicht mehr nach Shah-bagh. Er hatte keinen Zweifel daran, dass Mâ alles verkörperte, wonach er strebte, aber ihre Position als junge Hausfrau erschien ihm ein unüberwindliches Hindernis. Er dachte bei sich: „Wenn das ihr Wille ist, so sei es so. Offensichtlich möchte sie es im Moment nicht, dass wir uns ihr nähern. Wenn sie aus ihrer Zurückgezogenheit herauskommt, wird unsere Zeit kommen. Wie kann ich mich zu ihren Füßen hingeben, solange sie mich nicht an sich zieht wie meine eigene Mutter und ihren Schleier hebt?" Nach etwa einem Jahr ließ er Mâ durch einen Boten ein kleines Buch überbringen, das er in dieser Zeit über spirituelle Lebensweise verfasst hatte. Mâ ließ ihn zu sich und Bholânâth rufen und lobte sein Buch. Bhâijî fühlte eine unbeschreibliche Freude und Geborgenheit, wie ein Kind in Gegenwart seiner Eltern. Er begann nun regelmäßig nach Shah-bagh zu kommen trotz der Skepsis seiner eigenen Familie. Seine Konzentration auf Mâ war so tief, dass er sie oft zuhause oder sogar im Büro vor sich sah. Sie erschien ihm und schien zu sagen: „Du riefst mich, deshalb bin ich gekommen." Bhâijî war keineswegs eine leichtgläubige Person. Er pflegte immer die Zeit der Vision zu notieren und sie danach auf ihre Richtigkeit hin zu prüfen. Einmal kam er frühmorgens zu Ma's Zimmer. Plötzlich öffnete sich die Tür und eine wunderschöne, sanfte Göttin stand da, deren Hautfarbe der Morgenröte ähnelte. Einen Augenblick später sah er Ma an derselben Stelle stehen. Sie hatte die Form der Göttin in ihren eigenen Körper zurückgezogen.

Mâ sagte auch einmal zu Bhaiji: „Denk daran, dass du wirklich ein Brahmane bist und dass ein sehr subtiles, enges spirituelles Band zwischen diesem Körper und dir besteht."

Ende 1925/Anfang 1926 kamen Dr. Shashanka Mohan Mukherji, ein hochangesehener pensionierter Chirurg und seine Tochter Adarini Devî zu Mâ. Shashanka Mohan war damals bereits 60 Jahre alt. Seine Tochter war ein scheues, sehr religiöses Mädchen, das nicht heiraten wollte. Als sie Mâ zum ersten Mal begegnete, sagte sie: „Vor Mâ fühlte ich mich nicht scheu. Ich ging vertrauensvoll zu ihr und stand in ihrer Nähe, als ob ich sie schon immer gekannt hätte. Es übersteigt meine Fähigkeit, die Persönlichkeit zu beschreiben, die ich sah. Ein Anblick jener strahlend schönen Gestalt, und mein Haupt verneigte sich von selbst in Anbetung." Mâ sagte zu ihr: „Wo bist du die ganze Zeit gewesen? Gott hat dich geschickt. Dieser Körper ist jetzt unfähig, alle Arbeiten auszuführen, und so hat Gott dich zur Hilfe gesandt." Sehr bald fiel „Didi" („ältere Schwester") spontan die Aufgabe zu, für Mâ zu sorgen und auf sie zu achten, wenn sie in Samâdhizustände versank oder bei Kîrtans in Ekstase fiel. Sie half, die riesigen Mahlzeiten für den wachsenden Besucherstrom von Devotees zu kochen und führte auch ein Tagebuch über Mâ's Leben.[32]

Die Menschen in Dhaka hatten verschiedene Meinungen über Mâ. Die einfachen Leute glaubten, sie sei eine Inkarnation der Göttin Kâlî und sie nannten sie oft „Manusha Kâlî", „Kâlî in menschlicher Form". Die gebildeteren Menschen glaubten, sie sei ein selbstverwirklichtes Wesen mit außerordentlicher spiritueller Kraft. Die meisten Menschen kamen, weil sie in ihrer intensiven spirituellen Gegenwart sein wollten. Manche suchten Unterweisung, andere Heilung ihrer Beschwerden.

Im Januar 1926 wollten die Devotees anlässlich einer Sonnenfinsternis eine größere Kîrtan-Veranstaltung durchführen. Mâ saß zusammen mit anderen Frauen in einem Raum, der an die Kîrtanhalle grenzte. Plötzlich wiegte sich ihr ganzer Körper im Rhythmus der Musik. Ihr Sârî rutschte vom Kopf. Ihre Augen waren geschlossen. Sie erhob sich, bzw. es schien, als ob etwas sie emporzog, während sich ihr Körper weiter im Rhythmus des Kîrtans bewegte. Es wirkte so, als habe Mâ ihren Körper verlassen, der nun das Werkzeug in den Händen einer unsichtbaren Kraft geworden war. Es war für alle offensichtlich, dass ihre Bewegungen nicht eigenem Willen entsprangen. Sie war in so einem selbstvergessenen Zustand, dass sie nicht

---

[32] Mâ offenbarte später, dass Didi in ihrem früheren Leben die erste Tochter von Mâ's Eltern, d.h. ihre ältere Schester, war, die vor Mâ's Geburt früh gestorben war.

merkte, wie sich ihr Sârî fast löste. Normalerweise trug sie damals keine Bluse und hatte den Sârî so fest gebunden, dass ihre Schultern nicht sichtbar waren. Die Frauen banden ihr ein Tuch fest um ihren Körper. Wie vom Wind getragen, bewegte sie sich kreisförmig im Raum. Manchmal wollte ihr Körper zu Boden fallen, doch kurz davor richtete er sich wieder auf, wie ein Blatt, das im Wind zu Boden flattert und dann erneut von einer frischen Brise aufgehoben und weitergeblasen wird. Ihr Körper schien gar kein Gewicht oder Substanz zu haben. Niemand war zuvor Zeuge solcher Zustände gewesen, über die man höchstens in Büchern über Râmakrishna[33] und Shrî Caitanya[34] nachlesen konnte. Mâ überquerte die Veranda, betrat die Kîrtanhalle und näherte sich den Kîrtansingenden. Sie drehte sich in ihrer Mitte, während ihr Gesicht in einem himmlischen Licht glühte. Ihr Blick war unbeweglich nach oben gerichtet, und ihr Körper leuchtete in einem roten Schein. Plötzlich fiel sie zu Boden, aber schien sich nicht verletzt zu haben. Mit ungeheurer Geschwindigkeit rollte ihr Körper weiter wie ein Blatt oder ein Papier in einem Wirbelsturm. Einige Frauen versuchten sie festzuhalten, aber sie vermochten es nicht, jene Kraft auch nur annähernd unter Kontrolle zu bringen.

Nach einer Weile hielt ihr Körper von selbst inne, und sie setzte sich aufrecht hin. Sie saß regungslos wie eine Statue mit geschlossenen Augen, und ihr Gesicht glühte. Dann begann sie sehr sanft zu singen: „Hare Murâre Madhu Kaitabhâre Gopâla Govinda Mukunda Shaure[35]." Tränen liefen ihre Wangen herab. Die Herzen der Anwesenden waren völlig ergriffen von ihrer Stimme und dem wunderbaren Gesang. Sie standen mit zusammengelegten Händen wie vor einer Gottheit. Viele rezitierten Hymnen an die Göttin Durgâ.

---

33 Großer Heiliger aus Bengalen (1836-1886), der durch seine Liebe zur Göttlichen Mutter Kâlî höchste Verwirklichung erfuhr und durch seine Praxis verschiedenster religiöser Disziplinen bestätigte, wie sich das Eine Ziel durch alle Religionen erreichen lässt.

34 Shrî Caitanya Mahâprabhu erschien 1486 in Navadvîp, Bengalen und verschied 1534 in Puri, Orissa. Er gilt als „verschleierte" göttliche Inkarnation oder als „goldener Avatâr des Kali Yuga", in welchem sich das göttliche Paar Râdhâ und Krishna in einer Person verkörpert. Er schenkte allen Liebe zu Gott, indem er das gemeinsame Singen des göttlichen Namens predigte (vor allem *Hare Krishna Hare Krishna Krishna Krishna Hare Hare, Hare Râma Hare Râma Râma Râma Hare Hare*), ungeachtet der Kastenunterschiede, und zeigte dabei am eigenen Körper zahllose Manifestationen höchster Gottesliebe (Bhâvas).

35 verschiedene Namen Vishnus oder Krishnas, des „Feindes der Dämonen Madhu und Kaitabha", die Er besiegte.

Etwas später sank Mâ's Körper wie leblos zu Boden. Lange Zeit lag sie so da. Bholânâth brachte sie unter großen Schwierigkeiten wieder ins Bewusstsein der Außenwelt. Er rief sie laut, wie wenn man jemanden von weitem zu sich ruft, und andere Frauen versuchten das gleiche. Mâ's Lider öffneten sich etwas und schlossen sich dann wieder. Allmählich setzte sie sich auf, doch war es offensichtlich, dass sie ihre Gliedmaßen noch nicht wieder unter Kontrolle hatte. Ihre Worte waren undeutlich, doch ihr wunderbares Lächeln wich nicht von ihrem Antlitz. Nachdem Mâ und Didi auf Bholânâths Geheiß Süßigkeiten und Früchte in die Kîrtanhalle gebracht hatten, setzten sie sich mit anderen Frauen in eine Ecke der Halle. Nach einiger Zeit erhob sich Mâ erneut und ging in die Mitte der Kîrtansingenden. Viele verschiedene Bhâvas offenbarten sich durch ihren Körper. In einem Moment schien es, als befinde sie sich in einem großen Kampf, ihr Gesichtsausdruck war grimmig und ihre Haut hatte sich verdunkelt, dann wieder sah es so aus, als ob sie mit ihrem ganzen Körper Aratî [36] ausführte, und ihr grimmiger Ausdruck von eben wurde zu einer wunderschönen Gebärde der Anbetung. Die Bhâvas waren zu vielfältig und wechselten einander so schnell ab, dass man nur einen flüchtigen Eindruck davon erhaschen konnte. Dann setzte sie sich. Obwohl sie völlig ruhig war, schien es, als ob sich etwas durch sie ausdrücken wollte. Einige Augenblicke später strömten mantragleiche Hymnen in einer sanskritähnlichen Sprache von ihren Lippen. Die Leute lauschten wie gebannt den heiligen Klängen, obwohl sie die Bedeutung nicht erfassen konnten. Schließlich verstummte Mâ und sank erneut zu Boden. Es war spät geworden, der Kîrtan hatte aufgehört, und die Devotees warteten auf das Prasâd. Bholânâth und einige Frauen massierten Mâ's Hände und Füße und riefen sie wiederholt, bis sie aufstand und das Prasâd an die Wartenden austeilte. Es wurde schon dunkel, als die letzten Besucher fortgingen. Alle Herzen waren zutiefst berührt, erhoben und inspiriert.

Die Musikinstrumente, die man für diesen Kîrtan besorgt hatte, blieben eine Weile in Shah-bagh. Mâ machte den Vorschlag, man könnte sie doch jeden Abend für einen kurzen Kîrtan benutzen. Ihre Neffen und Bholânâth nahmen die Anregung begeistert auf, und so wuchs eine sich ständig vergrößernde Kîrtangruppe heran. Fast jeden Tag nun offenbarten sich unzählige Zustände von Bhâva in Mâ's Körper. Kîrtan brauchte nicht notwendigerweise den Anlass dazu geben. Sie war tatsächlich öfter in Zuständen der Ekstase als in normalen Zuständen. Oft blieb sie die ganze Nacht hindurch

---

[36] Zeremonie zu Ehren Gottes, bei der Lichter und andere Gaben kreisförmig vor dem Bildnis geschwenkt werden.

wach und legte sich erst in der Morgendämmerung in eine Ecke auf den Boden. Nur sehr selten benutzte sie ihr Bett.

Augenzeugen berichten, dass Mâ's Bhâvas in jener Zeit unbeschreiblich gewesen seien. Ihre körperliche Gestalt, Hautfarbe und Gesichtsausdruck veränderten sich manchmal so blitzschnell, dass keiner folgen konnte. Wenn ihr Körper auf dem Boden rollte, wurde er zuweilen ungewöhnlich lang, andere Male schien er ganz klein zu werden, manchmal rollte er sich wie eine runde Masse zusammen, ein andermal schien er kaum Knochen zu besitzen und schnellte wie ein Gummiball hoch und runter. Ihr ganzer Körper schien so voll von ekstatischer Freude zu sein, dass sogar die Wurzeln der Haare auf ihrem Körper anschwollen und zu Berge standen. Das Unendliche wollte sich durch den engen Rahmen ihres Körpers ausdrücken, und die Schönheit des Göttlichen offenbarte sich in zahllosen anmutigen, rhythmischen Bewegungen.

Beim Anblick von Feuer, Wasser oder dem Horizont wollte ihr Körper mit den Elementen verschmelzen. Die kleinen Wellen im Kielwasser eines Bootes konnten sie so unwiderstehlich anziehen, dass ihr Körper zum Wasser zu fließen schien. Sobald sie ein Boot bestieg, fühlte sie sich eins mit den Wellen und wollte ins Wasser springen. Es wurde sehr schwierig, sie zurückzuhalten. Später erklärte Mâ: „Das Wasser zog mich so an, es war, als ob dieser Körper mit dem Wasser verschmelzen wollte – es gab kein Gefühl eines Unterschieds zwischen dem Wasser und diesem Körper."

Sie sagte auch: „Wisst ihr, wie es war? Ich betrachtete Wasser, doch das Wirken des Wassers war genau dem entgegengesetzt, wie es eigentlich war. Ebenso wie ich mich irgendwohin begab und Treppen hinauf oder herab ging, so ging dieser Körper ins Wasser, ohne dass er dann versuchte zu schwimmen oder wieder herauszukommen. Da die Natur des Wassers nicht in meinem Kheyâl existierte, blieb auch das entsprechende Bhâva aus. Es war genauso, wie wenn man auf dem Boden ging oder saß, das war alles. In jenem Zustand haben mich diese Leute (sie zeigte auf Didi) etliche Male wieder herausgetragen. Der Zustand, den ihr Menschen als Samâdhi bezeichnet, geschah mit diesem Körper im Wasser. Ebenso verhielt es sich mit Feuer. Die Hitze des Feuers wurde einfach nicht erfahren, doch hatte das Feuer die gleiche Wirkung auf den Körper, die es normalerweise hat. Aber ich merkte es überhaupt nicht. In jenem Zustand setzte ich Feuer auf meine Füße und Hände. Es fühlte sich an, als ob ich eine Blume auf die Handfläche legte und damit spielte. Beides unterschied sich nicht voneinander."

In einem anderen Bhâva konnte sie keine Treppen steigen. Sobald sie hochging, fiel sie in Samâdhi und konnte ihre Füße nicht auf den Stufen lassen. Sie versuchte, sie in die Luft zu setzen und fiel. Sie sagte selbst dazu: „Dieser Körper wird von leerem Raum angezogen. So wie Luft den Raum durchdringt, genauso fühlt es sich an, dass der Körper den Raum durchdringt. In dem Moment ist kein anderes Bewusstsein da, deshalb kann ich meinen Fuß nicht auf der Treppe lassen." Wenn Mâ in den ersten Stock hinauf oder heruntergebracht werden sollte, musste man sie halten und ihr hoch bzw. herunterhelfen. Mâ sagte immer: „Das Gefühl, dass ich mit Hilfe von Treppen hochsteigen und heruntergehen musste, gab es einfach nicht. Es war, als ob alles Leere war – auch dieser Körper."

Bei Sturm fühlte sie den Impuls, ihren Körper wie ein Stück dünnes Tuch fortfliegen zu lassen. Wenn sie den tiefen, anhaltenden Klang eines Muschelhorns hörte, begann ihr Körper gleichsam zu erstarren und unbeweglich wie Marmor zu werden. Wann immer irgendein Gedankenimpuls durch ihr Bewusstsein ging, manifestierte sich sogleich ein entsprechender physischer Ausdruck durch ihren ganzen Körper.

In jener Zeit, als Mâ häufig in Ekstase fiel, fing ihr Körper manchmal an zu tanzen, wenn sie nur große, dunkle Wolken erblickte. Eines Tages, als sie ein Bad in einem Teich nehmen wollte, kam das Kheyâl auf, mit dem Wasser zu verschmelzen. Sie sagte: „Im Wasser war ‚dies' (Mâ) Wasser, wenn es Wellen sah, war es die Wellen und angesichts des Windes wurde es Wind. Wer ist es, der als Wasser und Wind erscheint? ER und niemand anders. In jener Zeit ereignete sich das Spiel verschiedener Sâdhanâs. Manchmal entstand während Kîrtana ein Bhâva, bei dem dieser Körper wie trockene Blätter, die vom Wind verweht werden, umherrollte. Manchmal begannen, sobald dieser Körper in einer Yogahaltung ṣaß, ganz von selbst yogische Kriyâs. Manchmal schwebte der ganze Körper. Dann wieder wandelte dieser Körper, ohne den Boden dabei zu berühren oder wurde sogar unsichtbar. Als Bholânâth all diese seltsamen Ereignisse sah, war er erschrocken. Zuweilen begann sich während Kîrtana eine so intensive Kraft zu manifestieren, dass es schwierig wurde, diesen Körper zurückzuhalten, selbst wenn erhebliche, physische Kraft angewandt wurde."

Nach den Ekstasen offenbarten sich von selbst viele yogische Phänomene. Ein Summen kam aus ihrem Mund und wurde etwas später dröhnender, wie aufbrandende Wellen, die vom Sturm aufgepeitscht werden. Danach kam ein ununterbrochener, ungemein melodiöser Strom zahlreicher Sanskrithymnen von ihren Lippen. Es war, als ob sich von der himmlischen Ebene herab göttliche Wahrheiten in Klangsymbolen durch Mâ hindurch manifestierten. Die fehlerlose Aussprache, die freie, fließende Melodie und darüberhinaus die himmlische Ausstrahlung ihres Gesichtes bewegten die

Herzen der Zuhörer zutiefst. Selbst die klügsten Vedagelehrten hätten trotz erstklassiger Ausbildung und Praxis schwerlich eine so mühelose, flüssige Aussprache gehabt. Trotzdem konnte man die Hymnen kaum mitschreiben, weil sie oft rasend schnell sprach.

Vier solcher heiligen Hymnen, die teilweise mitgeschrieben wurden, sind überliefert. Als man Mâ später darum bat, die Richtigkeit der mitgeschriebenen Texte zu prüfen, sagte sie nur: „Wenn es geschehen soll, wird es geschehen. Im Augenblick ist kein Impuls dazu in mir."

Eine der vier Hymnen lautet:

Ehi bhâvanâyam bhâyam ehi yam sam tâni tâyam
bhâvamayam bhavamayaharanam he.
Yasmim stvaham bhâga paum ham vâm krîm âm he
bhâm hâm him haum ham hîm vam lam yam sam tvam
tâdarau bhâga sam vam lam he deva bhaktamayam mama he.
Sa tvam hi ham yam vam vâyam kam bhâvabhakti * *
bhâvamayam he.
Mahâtmayam bhavabhayam hara he.
Daivatam mayam me sam tam hîm mattastvam bhavo'yam
yastâni tvam târanamayam bhavabhayanâsham bhâvaya he
svabhâvasharanaâgatam pranavajâsanam.
Bhavânîbhavam bhavabhayanâshanam he,
harasharanâgatam * * tâyam vibhâvatah mamâyanam he.
Yastâranam tatra dvayarupam mayâhi sarvani svarûpamayâni
mayâ hi sarvah mayâhi sarvasharanam he.
Dâsanityam * * Pranavashrutakâranam
mahâmâyâ mahâbhâvamayamaya he.
Mama bho bhaktau taranam mâ mama sarvamayam he.
Yasyâ rudrarudratvam pranave râm r kritakâranam rudram naumi.
Prâm vâm hâm sâm âm him a
bhâvamayam he * * samsrshtah keshavah. [37]

---

[37] Am 20.Tag des Mondmonats Mai/Juni 1929 verließ Mâ den Ramna Âshram unerwartet nur 24 Stunden nach Einweihung des Standbildes von Kâlî. In jenen Augenblicken kam diese Hymne von ihren Lippen. Sie bat einige Devotees, die Hymne aufzuschreiben. Sie befand sich in einem ekstatischen Zustand, und nur ein Teil der Hymne konnte notiert werden. Man kann nicht für ihre Korrektheit bürgen, doch Mâ gab die Erlaubnis, sie am Anfang von Kîrtan mit Begleitung von Musikinstrumenten zu singen.

Übersetzt lautet sie etwa:

„Du bist das Licht des Universums
und der Geist, der es beherrscht und lenkt.
Erscheine in unserer Mitte!
Von Dir geht in jedem Augenblick
ein ganzes Gewebe von Welten aus.
Du Vertreiber aller Furcht, erscheine Du vor uns!
Du bist der Same, aus dem das Universum entsteht,
in Deinem Sein bin ich gegründet.
Du bist gegenwärtig in den Herzen all dieser Gläubigen.
Verbanne die Furcht aller Geschöpfe,
so wie Du hier vor mir stehst.
Du bist die Verkörperung aller Gottheiten und weit mehr.
Du bist aus mir entstanden, und in mir ist die ganze Schöpfung
zusammengefasst.
Lasst uns den wahren Ursprung des Universums
kontemplieren,
durch den die Welt Befreiung sucht.
Du ruhst in Deiner eigenen ewigen, grundlegenden Natur.
Du bist aus dem Pranava (OM) entstanden,
dem Keimwort und Urgrund allen Seins
und der Wahrheit alles Geschaffenen.
Die Veden sind nur Funken Deines ewigen Lichts.
Du symbolisierst das himmlische Paar, Kâma und Kâmeshvarî,
die zusammen in alldurchdringender
Höchster Glückseligkeit verschmelzen
und durch Nâda und Bindu dargestellt werden,
wenn sie getrennt sind, um Dein Spiel (Lîlâ) aufrechtzuerhalten.
Vertreibe die Furcht der Welt!
Ich suche Zuflucht in Dir.
Du bist mein Schutz und meine letztendliche Ruhestätte,
zieh Du mein ganzes Wesen in Deines.
Als Erlöser erscheinst Du in zweierlei Gestalt:
als Befreier und als der Gläubige, der Befreiung sucht.
Durch mich allein
und nach meinem Ebenbild wurde alles geschaffen.
Durch mich ist alles in die Welt gesandt worden,
und alles geht letztlich wieder in mich ein.

Ich bin die erste Ursache,
die in den Veden als Pranava (OM) bezeichnet wird.
Ich bin Mahâmâyâ und Mahâbhâva [38] zusammen.
Hingabe an mich führt zu Befreiung.
Alle sind Mein.
Mir verdankt Rudra [39] all Seine Macht,
und ich singe den Ruhm Rudras,
der sich in allen Handlungen und ihren Ursachen
offenbart." [40]

Mâ sagte einmal im Hinblick auf diese Hymnen: „Das Eine, Ewige Wort ist der Ursprung des Universums, und gleichzeitig mit der Entfaltung jenes ewigen Wortes vollzieht sich die ganze Entwicklung der materiellen Schöpfung."

Während jener Zeit in Mâ's Leben, als sich viele solcher Hymnen offenbarten, wurde ihre Stimme manchmal ganz scharf und durchdringend, andere Male war sie wie ein sanfter Abendwind. An bestimmten Tagen wiederum strahlte sie eine machtvolle Ruhe und tiefe Freude aus wie der weite Himmel in einer Vollmondmitternacht. Wenn sich die Melodie und Art und Weise des Gesangs änderte, wandelte sich sofort auch der Audruck ihrer Augen und ihres Gesichtes.

Manchmal waren die Hymnen, die von ihren Lippen kamen, begleitet von unaufhörlich strömenden Tränen. Ein wunderbar leuchtendes, sanftes Lächeln zusammen mit dem Wechselspiel von Lachen und Weinen, die einander wie Regen und Sonnenschein folgten, verlieh ihrem glückseligen Gesicht eine himmlische Anmut und Reinheit. Nach dem Singen jener Hymnen blieb sie entweder lange Zeit schweigsam oder lag völlig versunken auf

---

[38] *Mahâmâyâ*: Höchste göttliche Kraft, durch welche sich das Eine verbirgt und als Vielfalt erscheint, Name der Göttlichen Mutter des Universums. *Mahâbhâva*: Höchste Stufe der Selbsthingabe an das Göttliche; tiefe, ekstatische Liebe zu Gott.

[39] Name Gottes bzw. Shivas in Seinem furchterregenden Aspekt als Zerstörer

[40] Die Hymnen, die spontan über Mâ's Lippen kamen, sind weder in Sanskrit, noch in irgendeiner anderen, uns bekannten Sprache. Nur bestimmte Worte und Ausdrücke darin sind Sanskrit, und die Hymnen scheinen die Natur von Gebeten zu haben. Sie sollten als Mantras behandelt werden, bei denen jede Silbe ihre eigene Bedeutung hat und durch kein ähnliches Wort ersetzt werden kann. Die im Text gegebene Übersetzung sollte daher nicht als eine wörtliche Übertragung der Hymnen aufgefasst werden. Darüberhinaus wurden die Laute von Mâ's Lippen scheinbar nicht immer richtig wiedergegeben.

dem Boden. Die Leute folgerten, dass sie dann in Samâdhi war. Ein solcher Zustand trat jedoch nicht nur nach einer Ekstase ein, auch mitten in einer Unterhaltung oder bei der Arbeit konnte Mâ auf einmal in Samâdhi gehen. Bhâijî hatte das Glück, mehrmals Zeuge jenes Zustands sein zu dürfen. Er schrieb:

„Wenn Mâ an manchen Tagen umherging oder sich in einem Raum hinsetzte, den sie kurz zuvor betreten hatte oder wenn sie gerade gelacht und einige Worte gesagt hatte, konnte es unvermittelt geschehen, dass sich ihre Augen außergewöhnlich weiteten und ins Leere starrten, und all ihre Glieder entspannten sich auf so natürliche Weise, dass ihr Körper gleichsam auf dem Boden zu zerfließen schien.

Dann konnten wir beobachten, wie sich, ähnlich der sinkenden, goldenen Sonnenscheibe am Abendhorizont, nach und nach alles Leuchten, das ihr normales Verhalten und ihre Ausdrucksweise begleitete, von ihrem Antlitz in geheimnisvolle Tiefen zurückzog. Wenig später verlangsamte sich ihr Atem und hörte zuweilen ganz auf. Sie sprach nicht mehr, die Augen blieben geschlossen, und ihr Körper wurde kalt, ihre Hände und Füße wurden manchmal steif wie ein Brett, ein andermal hingen sie lose herab wie einzelne Bänder, die einfach in jede Richtung fallen, in die man sie legt.

Die Intensität der inneren Glückseligkeit ließ ihr Gesicht rot erglühen. Ihre Wangen glänzten in himmlischem Licht, und auf ihrer Stirn lag die klare Heiterkeit göttlicher Stille. Alle physischen Regungen setzten aus, doch aus jeder Pore ihres Körpers strahlte ein ungewöhnliches Leuchten wie eine schweigende Beredsamkeit stiller, innerer Offenbarung. Alle Anwesenden fühlten, dass Mâ in die Tiefe göttlicher Vereinigung sank. So vergingen zehn bis zwölf Stunden, bis man schließlich versuchte, sie durch Kîrtan und ähnliche Mittel wieder auf die irdische Ebene zurückzuholen – aber vergeblich.

Auch mir gelang es nicht, sie aus diesem Zustand der Selbstversunkenheit zu wecken. Es gab überhaupt keine Reaktion, wenn man ihre Hände oder Füße rieb oder gar mit scharfen Gegenständen piekte. Ihr Bewusstsein kam dann zurück, wenn die Zeit dafür gekommen war, unabhängig von äußeren Reizen.

Wenn Mâ wieder ins Körperbewusstsein kam, stellte sich auch der Atem wieder ein und wurde zunehmend tiefer, und gleichzeitig kehrte Leben in ihre Glieder zurück. Manchmal aber fiel ihr Körper kurz nach solchem Erwachen abermals in den vorherigen unbewegten Zustand zurück, als ob er wieder in Samâdhi erstarren wollte. Wenn die Augenlider mit den Fingern geöffnet wurden, lag ein leerer, teilnahmsloser Blick in ihren Augen, und bald schlossen sich die Lider wieder von selbst.

Wenn mehrere Symptome ihre Rückkehr zum normalen Zustand andeuteten, half man ihr, sich aufzusetzen und versuchte, sie durch lautes Rufen wieder auf die physische Ebene zu bringen und sie zum Sprechen zu veranlassen. In diesem halbwachen Zustand des Bewusstseins reagierte sie nur kurze Zeit auf den Ruf der Außenwelt, um dann wieder in die innersten Tiefen ihrer selbst zurückzugleiten. In so einem Zustand brauchte sie lange Zeit, um ihre normale Verfassung wiederzugewinnen.

Einmal brachte man sie nach so einem Samâdhi-Zustand unter großen Schwierigkeiten zum Gehen. Nachdem sie einen Mundvoll Essen zu sich genommen hatte, verlor ihr Körper jedoch erneut das äußere Bewusstsein und versank in einen bewegungslosen Zustand, der mehrere Stunden andauerte. Doch wenn sie nach dem Samâdhi tatsächlich wieder ihr normales Bewusstsein erlangte, schien ihr ganzer Körper von Freude durchdrungen zu sein. An der Schwelle des Wiedererwachens kam es vor, dass sie lachte oder sogar gleichzeitig lachte und weinte.

Während Samâdhi verlor ihr Gesicht alle Lebensfrische. Ihr Körper wirkte sehr schwach und zerbrechlich, und ihr ganzes Äußeres drückte weder Freude noch Schmerz aus. In diesem Zustand brauchte sie wesentlich länger, um wieder auf die normale Ebene zurückzukommen. Als sie 1930 den Ramna Âshram besuchte, schien sie während Samâdhi oft alle Lebenszeichen verloren zu haben, und vier oder fünf Tage vergingen, ohne dass sie auf irgendwelche äußeren Reize reagierte. Während der ganzen Zeit, vom Eintauchen in Samâdhi bis zum Ende, deutete absolut nichts daraufhin, dass sie noch lebte oder jemals wieder zum Leben zurückkehren könnte. Ihr Körper wurde eiskalt und blieb auch noch lange, nachdem das Bewusstsein zurückgekehrt war, kalt.

Wenn man sie nach ihrer Rückkehr in den Normalzustand fragte, wie sie sich während des Samâdhis gefühlt habe, pflegte sie nur zu sagen: ‚Es ist ein Zustand jenseits aller bewussten und überbewussten Ebenen, ein Zustand vollkommener Reglosigkeit aller Gedanken, Gefühle und Aktivitäten im Physischen und Geistigen – ein Zustand, der alle Lebensphasen hier unten transzendiert. Was ihr Savikalpa Samâdhi[41] nennt, dient ebenfalls nur als ein Mittel, um diesen Zustand zu erreichen, es ist nur ein vorübergehendes Stadium in eurem Sâdhanâ.

Tiefe Konzentration auf eines der fünf Grundelemente der Sinneswahrnehmung – des Hörens, des Fühlens, Riechens, Schmeckens und Sehens –

---

[41] völlige Konzentration des Bewusstseins auf das Objekt der Meditation, mit dem es auf diese Weise schließlich eins wird.

die sich hauptsächlich aus Luft, Erde, Wasser usw. ableiten, führt dazu, dass das Wesen des Menschen völlig darin aufgeht und der Körper bei noch tieferer Konzentration gleichsam nach und nach darin erstarrt. Dann durchdringt dieser jeweilige Gegenstand seiner Wahrnehmung sein ganzes Sein, und sein Ego löst sich allmählich darin auf und vereinigt sich mit dem Einen Universellen Sein. Hat sich dieser Zustand gefestigt, so löst sich selbst das Bewusstsein des Einen Universellen Selbst auf, und was dann bleibt, ist völlig jenseits von allen Worten, Ausdrucksweisen oder Erfahrungen.'

Manchmal traten auch ohne irgendeinen nennenswerten Anlass viele außergewöhnliche Symptome an Mâ auf. Ihr Atem wurde tief und langsam. Ihr ganzer Körper drehte sich nach rechts oder links, als sei er müde und erschöpft, dann legte sie sich zu Boden oder rollte sich wie eine Kugel zusammen. Dabei hatte sie äußeres Bewusstsein, und wenn man sie etwas fragte, gab sie ein oder zwei Worte mit sehr schwacher, zarter Stimme zur Antwort.

Als wir sie später fragten, erfuhren wir von ihr, dass sie in diesem Zustand einen feinen, fadengleichen Lebensstrom vom unteren Ende der Wirbelsäule bis zum höchsten Zentrum im Gehirn aufsteigen fühlte und gleichzeitig Schauer der Freude durch jede Faser ihres Körpers und sogar durch die Poren ihrer Haare rannen. Sie konnte dabei fühlen, wie jedes Teilchen ihres Körpers gleichsam in unendlichen Wellen der Glückseligkeit tanzte. Alles, was sie berührte oder sah, erschien ihr ein lebendiger Bestandteil ihrer selbst zu sein. Ihr eigener Körper stellte nach und nach all seine Funktionen ein. Wenn man dann ihr Rückgrat massierte oder lange Zeit die Gelenke ihres Körpers rieb, blieb sie eine Weile lang ruhig und kehrte dann wieder in ihren normalen Zustand zurück. Während dieses Stadiums sah man sie vor innerer Glückseligkeit strahlen, und ihre Blicke hatten alle Merkmale eines Menschen, der in universeller Liebe versunken ist.

Selbst mitten in der Routine des täglichen Lebens oder wenn Mâ dalag oder mit Leuten sprach und scherzte, die sie besuchten, konnten ihre Glieder eiskalt werden und Nägel und Zehen sich blau verfärben. Auch durch kräftige Massage konnte die Steifheit ihrer Glieder nicht gelockert werden, die Hände der Massierenden jedoch wurden vor Kälte starr. Einmal brauchte sie fast zwölf Stunden, bis sie ihre normale Körpertemperatur wieder erlangte."

Einmal fragte Bhâijî sie: „Siehst Du irgendeine göttliche Erscheinung, wenn Dein Körper in Samâdhi versunken ist?" Sie antwortete: „Es ist nicht notwendig, da ich kein vorgefasstes Ziel habe. Dieser Körper handelt nicht aus irgendeiner Absicht. Euer starker Wunsch, diesen Körper in Zuständen

von Samâdhi zu sehen, ist der Grund, warum sich diese Symptome manchmal zeigen. Wann immer ein Gedanke stärkste Intensität erreicht, wird seine materielle Verwirklichung unweigerlich folgen. Wenn man sich ganz in der Kontemplation des Göttlichen Namens verliert, kann man in den Ozean himmlischer Schönheit eintauchen. Gott und Seine Namen sind ein und dasselbe. Sobald das Bewusstsein der äußeren Welt verschwindet, findet die sich selbst offenbarende Kraft des NAMENS unweigerlich ihren sichtbaren Ausdruck."

Ein anderes Mal sagte sie: „Unter dem Einfluss von Sâdhanâ ereigneten sich verschiedenste Offenbarungen ... Jemand sagte: *Soham*. Und dieser Körper wurde von Hingabe überwältigt, Tränen strömten und der Körper sagte: ‚Oh, diese Worte tun so weh; besser zu sterben, als solche Worte zu äußern.' Ein merkwürdiges Gefühl war im Körper ... Als sich jedoch innerlich der Zustand von ‚Ich bin Das' oder *Soham* einstellte, erstrahlte das Selbst in seiner Ganzheit in wunderbarer Schönheit, Licht aus beiden Richtungen, alles in allem. Seine Gestalt ist eins, kein Raum für irgendetwas anderes."

1927 fragte ein Professor Mâ, wie sie sich während ihrer Bhâva Samâdhis fühle. Zuerst versuchte Mâ, die Antwort zu umgehen, dann sagte sie schließlich: „Wenn ihr in diesem Raum sitzt, könnt ihr alles dort draußen durch die Türen und Fenster sehen, doch wenn sie geschlossen sind, vermögt ihr es nicht. Dieser Körper hat das Gefühl, als seien all seine Fenster und Türen geschlossen. Wenn ihr eine Handvoll Schlamm nehmt und sie im Wasser eines Teiches wascht, merkt ihr, wie fein er sich auf dem Wasser ausbreitet. So fühlt sich dieser Körper." Der Professor fragte weiter, ob sie während ihrer Samâdhis die Gegenwart eines Gottes oder einer Göttin wahrnehme. Mâ versuchte eine Weile auszuweichen, indem sie sagte, Götter und Göttinnen könnten gesehen werden, wenn man es wünsche. Doch der Professor fragte beharrlich weiter: „Siehst Du sie?" Schließlich antwortete Mâ: „Sie wurden früher gesehen" – damit andeutend, dass alle Formen ins Formlose eingegangen waren.

Ein andermal bemerkte sie: „Für mich unterscheiden sich diese Zustände von Bhâva, wie ihr sie nennt, nicht von dem, was ihr einen normalen Zustand nennt."

Sie sagte auch des öfteren: „Wenn das Kheyâla, in den Körper zurückzukehren, nicht da ist, während er in jenem Zustand ist, kann das ganze Spiel möglicherweise zuende gehen. Deshalb ist es nur euer intensives Verlangen, das mich zurückkehren lässt. Wenn so ein Zustand eintritt, legt eure Hand auf meinen Körper und wiederholt innerlich den Namen Gottes." Didi verbrachte viele Nächte auf diese Weise. Mâ sagte auch: „Weil ihr alle sitzt und Japa macht, wird das Kheyâla hervorgerufen, in den Körper zurückzukehren. Wahrscheinlich ist es notwendig, zurückzukommen, und deshalb bin ich imstande, euch diese Anweisung zu geben."

Sie sagte einmal: „Seht, ich kann nicht richtig zwischen Feuer und Wasser unterscheiden. Wenn ihr gut auf diesen Körper achtgeben könnt, wird er weiterleben, sonst nicht."

Die Übergangslinie zwischen Mâ's normalem Zustand und dem Zustand von Samâdhi war unmerklich und fein. Sogar inmitten der gewöhnlichen Hausarbeit schien sie in ihre eigene glückselige Atmosphäre versunken. Wenn man eine Zeitlang nicht mit ihr sprach oder sie nichts fragte, wurde ihre Stimme undeutlich, als habe sie Mühe, ihre Stimmbänder zu benutzen. Einmal fand man sie auf dem Boden in Samâdhi liegen, während auf ihrem Gesicht und ihren Kleidern zahlreiche rote Ameisen krochen: „Als dieser Körper das Spiel des Sâdhanâ spielte, wurde die Hand, die die Speise darbrachte, eins mit der Opfergabe und mit der Opferhandlung, und als Folge lag dieser Körper stundenlang bewegungslos da. Viele große, rote Ameisen sammelten sich und blieben in seinem Haar hängen, aber nicht ein einziges Mal hat auch nur eine Ameise ihn gebissen. Als sich dieser Körper wieder erhob, hatte er das Gefühl, dass Gott in Gestalt der Ameisen gekommen war, um von den Opfergaben zu essen, dass ER es war, der über diesen ganzen Körper kroch, krabbelte, sprang und spielte, dass dieser Körper zum Königreich Gottes geworden war. Das fühlte er und keine Abscheu, dass die kleinen Tiere gekommen waren und das Prasâd aufgegessen hatten."

Sie sagte auch: „Für mich sind die Zustände, die ihr Bhâva nennt, nicht verschieden von dem, was ihr einen normalen Zustand nennt ... Jetzt gerade spreche ich, ich lache und meine Augen sind offen, nicht wahr? Wenn ich meine Augen schließe und aufhöre zu sprechen, so wie es schon oft vor euch geschehen ist, so nennt ihr es Samâdhi. Kann es kein Samâdhi mit offenen Augen und während man spricht, geben?" Mâ lachte, als sie das sagte.

Ein andermal sagte sie: „Im Zustand von Samâdhi gibt es weder Wissen noch Unwissenheit mehr. Es kommt ein Stadium, in dem der Sucher erkennt, dass er eins mit dem Objekt seiner Kontemplation ist. Von jener Ebene mag er wieder zur gewöhnlichen Ebene des Bewusstseins seiner selbst zurückkehren. Diese Art von Samâdhi muss noch überschritten werden. Der endgültige Zustand, der beispiellos ist, kann in keiner Sprache erklärt oder ausgedrückt werden. Er ist nur direkt erfahrbar."

Während Mâ's Bhâvas strahlte ihr Körper oft so eine göttliche Kraft aus, dass die Leute sich selbst vergaßen und in himmlischer Verzückung waren. Manche fielen bewusstlos zu Boden, wenn sie Mâ's Füße berührten. Die Stellen, auf denen Mâ lag oder saß, wurden sehr heiß. Manchmal ging ein so strahlendes Licht von ihr aus, dass sie ihren Körper mit einem zusätzlichen Tuch bedeckte und sich für lange Zeit ganz in einen einsamen Winkel des Hauses zurückzog. Sie sagte: „So ein strahlendes Licht leuchtete aus diesem Körper, dass der ganze Raum rundherum erhellt wurde. Jenes Licht schien sich allmählich zu verbreiten und das Universum einzuhüllen."

Einmal besuchte Mâ von Dhaka aus ein Dorf namens Noadda. Dort wurde regelmäßig Kîrtan gesungen, und Mâ war in Bhâva versunken. Sie war in einem so wunderbaren Zustand, dass es kaum zu beschreiben war. Sie saß auf der Veranda. Ganz plötzlich bewegte sich Mâ's Oberkörper mit ihrem Kopf in schlangengleicher Geschwindigkeit die Treppen in den Hof hinab, während der übrige Teil ihres Körpers auf der Veranda verblieb. Ihr Oberkörper war genauso schnell in den Hof herabgeglitten, wie Schlangen es zu tun pflegen. Das wäre unmöglich gewesen, hätte sich nicht Mâ's ganzer Körper ausgedehnt. Als sie sich schließlich, immer noch in einem ekstatischen Zustand, erhob und begann umherzugehen, schien aus jeder Pore ihres Körpers Blut auszutreten. Später einmal hat Mâ selbst erklärt, dass sie ein Bhâva gehabt hatte, in dem jede Pore zu bluten schien. Und jedes Haar stand so steif hoch, dass es wie ein Dorn war, so spitz war jedes einzelne Haar. Ein rotes Leuchten erfüllte den ganzen Körper. So war der Zustand von Mâ's Körper. Ähnliche Bhâvas drückten sich auch andere Male in ihm aus.

Mâ's Leben war in jener Zeit voll von außergewöhnlichen Geschehnissen. Wenn sie ständig in Samâdhi war, vergaß sie manchmal, wie man lacht, redet oder zwischen verschiedenen Lebensmitteln und Getränken unterscheidet. Übernatürliche yogische Fähigkeiten offenbarten sich spontan und vielfältig. Mâ sagte dazu: „Ich hatte das Kheyâla, wie ein Sâdhaka zu sein, so war es nur natürlich, dass die Merkmale, die kennzeichnend für ein intensives Sâdhanâ sind, sich spontan zeigten. Der ernsthafte Sucher misst diesen Fähigkeiten keinerlei Bedeutung zu und setzt sie möglicherweise auch gar nicht vorsätzlich ein. Dennoch können die Menschen großen Nutzen aus der Fülle an Offenbarungen schöpfen, welche die bewussten Bemühungen des Suchers bei seinem Sâdhanâ in vielfältigster Weise begleiten."

Zu Beginn ihres Lebens in Shah-bagh fühlte sich Bholânâth einmal versucht, Mâ zu fragen: „Es ist doch kein Unterschied für dich, was du isst. Kannst du etwas von diesem Chili-Pulver essen?" Mâ nahm eine Handvoll des roten Pulvers und aß es. Schon eine bloße Prise davon verbrennt gleichsam Mund und Gaumen eines normalen Menschen, aber Mâ's Gesicht veränderte seinen Ausdruck nicht. Nach einer Weile stand sie auf und machte ihre Hausarbeit weiter. Am selben Tag erkrankte Bholânâth an der Ruhr. Mehrere Tage lang litt er furchtbar. Mâ pflegte ihn unermüdlich und wich nie länger als ein paar Minuten von seinem Bett. Schließlich sagte sie eines Tages zu ihm: „Ich habe dich schon so oft gebeten, mich nicht auf diese Weise auf die Probe zu stellen." Bholânâth antwortete demütig: „Ich werde es nicht wieder tun." Nach und nach erholte er sich durch Mâ's Behandlung und Pflege von seiner Krankheit.

Eines Tages kam die Besitzerin des Shah-bagh Geländes nach Dhaka, die in einen Rechtsstreit um das Grundstück verwickelt war. Bholânâth wurde darum gebeten, Mâ nach den Details des in Kalkutta laufenden Prozesses zu fragen; man bat auch darum, dass die Besitzerin gewinnen möge. Mâ versuchte immer, Bholânâth zu gehorchen und beschrieb also die Vorfälle in Kalkutta und sagte, dass sie den Prozess gewinnen würde. Bevor sie die Fragen beantwortete, hatte sie eine glühende Kohle auf ihre Hand gelegt, ohne dass die anderen es bemerkten. Viel später erklärte sie diese freiwillige Verletzung: „Es ist möglich, eine bestimmte Handlung (Kriyâ) auszuführen, die eine konkrete Auswirkung in einer anderen Sphäre hat. Oder man sagt auch, dass der Sâdhaka, der absichtlich yogische Kräfte gebraucht, dafür Buße tun muss. Dieser Körper hatte manchmal das Verhalten eines Sâdhakas. Ich sage damit nicht, dass es sich in dem Fall so verhielt – aber diese oder andere Erklärungen sind auch möglich." Die Richtigkeit von Mâ's Aussagen bestätigten sich später.

Bhâijî sagte einmal beiläufig zu Mâ: „Es scheint, dass für Dich heiß und kalt dasselbe sind, Mâ. Würdest Du keinen Schmerz fühlen, wenn ein Stück glühender Kohle auf Deinen Fuß fallen würde?" Sie antwortete: „Probier es doch aus." Bhâijî ging nicht weiter auf den Punkt ein.

Einige Tage später nahm Mâ den Faden der vorangegangenen Unterhaltung wieder auf und legte ein Stück glühender Kohle auf ihren Fuß. Es entstand eine tiefe Brandwunde, die selbst nach einem Monat noch immer nicht verheilte. Bhâijî bereute seine dumme, unüberlegte Idee sehr. Eines Tages traf er Mâ mit ausgestreckten Beinen auf der Veranda sitzend an, während sie unbewegt in den Himmel blickte. Etwas Eiter hatte sich auf der Wunde gebildet. Er kniete zu ihren Füßen nieder und leckte den Eiter ab. Vom nächsten Tag an begann die Wunde zu heilen.

Er fragte Mâ danach, was sie gefühlt habe, als die glühende Kohle ihre Haut versengte. Sie antwortete: „Ich verspürte keinerlei Schmerz. Es sah wie ein Vergnügen aus. Mit großer Freude beobachtete ich, was die Kohle auf meinem Fuß anrichtete. Ich bemerkte, dass zuerst einige Haare versengten und dann die Haut. Es roch angebrannt, und allmählich verglühte die Kohle, nachdem sie ihr Werk getan hatte. Als sich später eine Wunde bildete, entwickelte sie sich dementsprechend, aber von dem Augenblick an, als du den starken Wunsch verspürtest, dass die Wunde heilen sollte, stellte sich sofort eine Besserung ein."

Einmal kämmte eine Begleiterin von Mâ ihre Haare. Als sie sie berührt hatte, kam sie aus Versehen mit der Hand an ihre Lippe und merkte, dass ihre Hand einen süßen Geschmack hatte. Sie dachte bei sich: Woher kommt das? Weshalb sind meine Hände süß? Ich habe doch nichts Süßes gegessen oder angefasst. Dann erinnerte sie sich daran, dass sie Mâ's Haare berührt hatte. Sie sagte: „Mâ, Deine Haare sind süß!" Mâ sagte: „Woher sollte ich das wissen?" Damals krabbelten tatsächlich viele Ameisen über ihren Körper, vielleicht, weil ihr Körper diese Süße besaß. Mâ sagte später: „Ich kümmerte mich nicht darum, sie wurden meine Gefährten und lebten auf meinem Körper unter den Kleidern. Der Körper war ein Zuhause für sie. Dieser Körper kämmte sich nie die Haare. Trotzdem waren sie nie verfilzt, sondern blieben in einer schönen Form, als wären sie gekämmt, jedes Haar war einzeln ... Die Farbe rührt von dieser Süße (Mâ hatte bis zu ihrem Mahâsamâdhi schöne schwarze Haare). So oft habe ich diese Süße sogar im Mund gefühlt."

Einmal fand Kîrtan in Shah-bagh statt, und Mâ tanzte in Bhâva. Ihre Augen funkelten, und ihr Gesicht erglühte in übernatürlichem Glanz. Plötzlich verließ sie den Kîrtanraum, durchquerte sehr schnell den Garten und gelangte zu dem großen Grabmal des arabischen Fakirs. Alle Leute liefen mit Lichtern hinter ihr her. Ein frommer Moslem war an jenem Tag mit Bhâijî zum Kîrtan gekommen. Mâ berührte ihn leicht am Rücken und machte ihm ein Zeichen, er möge sie begleiten. Er ging mit ihr und öffnete die Tür des Grabmals. Mâ ging hinein und begann sehr laut und deutlich Passagen aus dem Koran zu rezitieren. Der Moslem stand gesenkten Hauptes da. Alle Anwesenden waren tief berührt und wunderten sich, woher Mâ diese Strophen aus dem Koran gelernt hatte. Dann begann sie Namaz[42] auszuführen, so wie Moslems es tun. Normalerweise stehen sie dabei einmal auf, setzen sich, verneigen sich und erheben ihre Hände. Bei Mâ war jedes Glied ihres Körpers vollkommen an der Ausführung beteiligt. Auch der Moslem machte Namaz. Aber Mâ zeigte, wie diese Rituale mit völliger Hingabe des

---

[42] traditionelles Gebet der Moslems

ganzen Körpers, des Geistes und der Seele auszuführen sind. Später erklärte sie auch, wie jeder Körperteil bewegt werden muss. Sie sagte: „Dies hat eine sehr schöne Bedeutung. Aber für gewöhnlich weiß niemand davon. Alle tun es nur, um die Vorschriften zu befolgen." Hinsichtlich der Sprache des Korans sagte Mâ: „Ich kann nichts aus eigenem Willen heraus tun. Ich bemerkte, dass all dies von selbst aus dem Innern kam, die Worte, die Melodie und die Bedeutung. Euch wird dies nicht immer offenbart. Aber bei allem, was hier geschieht, enthüllt sich innerlich die Bedeutung sofort." Dann verließ sie das Grab und kehrte in den Kîrtanraum zurück. Prasâd wurde verteilt, und auch der Moslem aß davon. Er wollte Mâ eigenhändig füttern, und Mâ erlaubte es ihm.

Auf die liebevolle Bitte einer Moslem-Begum (Fürstin) vollzog Mâ das islamische Gebet noch ein anderes Mal am selben Grab. Die Begum war eine gebildete Frau. Sie sagte, es habe eine wundervolle Übereinstimmung zwischen Mâ's Gebeten und den heiligen Texten des Namaz bestanden. Mâ bemerkte einmal: „Als ich vor vier oder fünf Jahren in Bajîtpur wohnte, sah ich den feinstofflichen Körper des Fakirs, dessen Grab sich dort drüben befindet. Als wir nach Shah-bagh gekommen waren, traf ich ihn und einige seiner Schüler[43]. Er hatte eine kräftige Gestalt und war von arabischer Herkunft."

Einmal besuchte Mâ das Haus eines Devotees, in dem Kîrtan gesungen wurde. Plötzlich bemerkte man eine Veränderung an ihr. Etwa hundert Meter entfernt saß ein junger Moslem wie ein Hindu gekleidet gänzlich unbemerkt im Dunkeln. Mâ bahnte sich einen Weg zu dem jungen Mann und begann zu singen „Allah, Alla-hu-Akbar". Der junge Mann wurde zu Tränen gerührt und rezitierte das Gebet zusammen mit Mâ. Er sagte später: „Die Leichtigkeit und Deutlichkeit, mit der Mâ den Namen Allahs anrief, übertrifft unsere beste Fähigkeit bei weitem. Niemals zuvor habe ich solche Freude gespürt wie an jenem Tag, als ich Gottes Namen zusammen mit Mâ sprach."

Mâ führte den Namen „Hari" in eine sehr angesehene Moslem-Familie ein. Als sie den Namen rezitierten, wurden sie zu Tränen gerührt. Sie empfanden große Verehrung für Mâ. In diesem Zusammenhang äußerte Mâ einmal: „Hindus, Moslems und alle anderen religiösen Gemeinschaften in der Welt sind eins. Sie alle verehren ein Höchstes Wesen und rufen nach Seiner Gnade. Kîrtan und Namaz sind ein und dasselbe."

Viele Menschen kamen damals auch nach Shah-bagh, um sich von Krankheiten und körperlichen Leiden heilen zu lassen. Die Heilungen fanden durch

---

[43] in feinstofflicher Form

Blick, Berührung, eine Blume, ja auf zahllose Weise statt. Zum Beispiel brachte man ihr ein völlig gelähmtes Kind. Mâ war gerade dabei, einige Betelnüsse für eine religiöse Zeremonie aufzubrechen. Sie warf ihm ein Stück davon hin und sagte: „Fang!" Das Kind strengte sich sehr an und hob schließlich das Stück auf. Die Mutter berichtete nach einigen Tagen, dass sich das Kind allmählich wieder richtig bewegen konnte.

Für gewöhnlich versuchte Mâ jedoch nicht, jemanden zu heilen, sondern sagte: „Bette zu Gott. ER wird das tun, was für den Patienten am besten ist. Man kann nicht wissen, ob ER die Genesung des Körpers wünscht. Was ihr nur tun solltet, ist: nach besten Kräften für den Patienten sorgen und die beste medizinische Behandlung sicherstellen. Den Rest solltet ihr Gott anvertrauen." Manchmal bestanden die Leute darauf, dass sie einen Patienten besuchte, in der Hoffnung, er würde dadurch genesen. Dann mochte es geschehen, dass sie sagte: „Was meint ihr? Er bittet mich zu gehen, weil er denkt, dass der Patient durchkommt. Wird das eintreffen?" Meistens sagten ihre Gefährten dann entschieden: „Ja!" Und sie fuhr fort: „Wer weiß, wenn ihr alle dieser Meinung seid, schafft er es vielleicht." In solchen Fällen pflegte sich der Patient stets von der Krankheit zu erholen. Manchmal hingegen fingen ihre Gefährten auf ihre Frage hin an zu zögern und zu stottern, und Mâ sagte: „Warum zögert ihr so? Dann wird der Patient vielleicht nicht genesen." Und so verhielt es sich auch.

Es kam vor, dass Mâ die Krankheiten anderer auf sich nahm. In solchen Fällen wurde der Patient gesund, doch Mâ hatte seine Krankheit einige Stunden oder Tage. Solche Begebenheiten waren Bholânâth und anderen eine Lehre, Mâ nicht um Heilungen zu bitten. Sie sagte auch: „Bittet mich nicht darum, jemanden zu heilen. Betet ihr jemals darum, dass jemand krank wird? Jeder muss sein eigenes Schicksal erfüllen. Wenn man jemandem dabei bewusst Hindernisse in den Weg legt, können die Ergebnisse alles andere als heilsam ausfallen."

Im Frühling 1926 wurde eine Lehmhütte über der altarartigen Erhebung (Vedi) nördlich des Siddheshvarî Kâlî Tempels gebaut. Das war der Beginn des „Siddheshvarî Âshrams". Der Fußboden um die Plattform wurde so erhöht, dass der Vedi nunmehr eine viereckige Vertiefung bildete, in der Mâ häufig zu sitzen oder zu liegen pflegte. Manchmal offenbarten sich dann zahlreiche Bhâvas in ihr oder sie erklärte sich bereit, Fragen von Devotees zu beantworten, solange sie darin saß. Eines Tages ging sie mit mehreren Devotees dorthin und setzte sich in die Vertiefung. Ihre Begleiter saßen schweigend und in ihre eigenen Gedanken versunken um sie herum. Ihr Körper schien kleiner und kleiner zu werden, bis jeder den Eindruck

79

hatte, nur ihr Sârî sei noch zurückgeblieben. Die Leute hatten das Gefühl, nur die Anwendung yogischer Kräfte konnte es jemandem ermöglichen, sich auf so kleinem Raum zusammenzurollen. Niemand vermochte Mâ zu sehen. Ganz langsam regte es sich unter dem Tuch, allmählich und sanft nahm ein Körper Gestalt an, und sie erschien, aufrecht sitzend. Etwa eine halbe Stunde lang blickte sie unverwandt in den Himmel und sagte dann: „Damit sich das Ziel eures Lebens erfüllt, habt ihr diesen Körper herabgeholt."

Mâ sagt: „So wie ein Papierdrachen hoch in den Himmel emporfliegt und nur an einem dünnen Faden gehalten wird, so kann ein Yogi in der Luft schweben, während seine Existenz nur noch vom Lebensatem und einem dünnen Faden von Samskâra aufrechterhalten wird. Er kann seinen Körper zu einem Staubkörnchen verkleinern, eine riesige Gestalt annehmen oder sogar unsichtbar werden."

Mâ hatte vorgeschlagen, das Fest Vasanti Pûjâ (die alljährliche Verehrung der Göttlichen Mutter Durgâ im Frühling) in dem Raum von Siddheshvarî zu begehen. Als die Pûjâ begann, setzte sich Mâ in die Vertiefung, ganz nah beim Sitz des Priesters. Dort saß sie den ganzen ersten Tag über. Am Abend bewölkte sich der Himmel, und starke Windstöße kündigten einen heftigen Sturm an. Bholânâth und die anderen waren besorgt, dass die Statue von Mutter Durgâ Schaden erleiden könnte, da die Hütte nur mit Stroh gedeckt war. Er ging eilends zu Mâ und sagte: „Sorge dafür, dass dem Standbild (Pratima) nichts passiert." Schon in wenigen Minuten wütete ein Sturm um das kleine Haus. Der provisorische Anbau, in dem sich die Küche befand, fiel zusammen. Alle versammelten sich im Pûjâraum, um die Statue vor dem Regenguss zu schützen, und man befürchtete, dass sie jeden Moment einstürzen könnte. Mâ schien das Unwetter eher zu inspirieren. Ihr Verhalten änderte sich ganz plötzlich, und sie schien eins mit dem Sturm zu werden. Sie erhob sich von ihrem Sitz und wiegte sich im Rhythmus des Orkans. Ihre Nichte Labanya hatte ihre Tante noch nie zuvor so gesehen. „Was ist mit Kakima (Tante) passiert?" rief sie, lief auf sie zu und umklammerte sie mit beiden Armen. Kaum hatte sie Mâ berührt, fiel sie zu Boden, doch in der Menge bemerkte es niemand so richtig. Inzwischen hatten alle Leute begonnen, laut Kîrtan zu singen. Mâ trat in den strömenden Regen hinaus und ging, gefolgt von den Kîrtansingenden, zuerst zum Kâlî-Tempel und dann zu dem Haus, in dem sich die weiblichen Devotees aufhielten. Allmählich übertönten die Klänge des Kîrtans den wütenden Sturm, und dann legte sich das Unwetter so plötzlich wie es gekommen war. Die Leute zerstreuten sich, um sich trockene Kleider anzuziehen und kleinere Schäden auszubessern, die der Sturm angerichtet hatte.

Shashanka Mohan kehrte allein in den Pûjâraum zurück und war erstaunt, eine klare, wunderschöne Stimme zu hören, die Gottes Namen wie beim Kîrtan wiederholte ... „Hari bol, Hari bol, Hari bol ..." Einige Augenblicke war er wie gebannt von der Schönheit dieser Klänge. Da er niemanden sah, glaubte er fast, es sei eine himmlische Stimme. Er folgte der Richtung, aus der die Töne kamen und fand die kleine Labanya auf dem schlammigen Boden liegend. Man konnte sie kaum vom Erdboden unterscheiden, so sehr war sie von Schmutz bedeckt. Als er sie aufhob, schien sie sich ihrer Umgebung in keinster Weise bewusst zu sein. Ein ekstatischer Ausdruck lag auf ihrem Gesicht, und sie wiederholte ständig mit süßer Stimme den Namen Gottes. Sie wurde zu ihrer Mutter nach Hause gebracht, gebadet und trocken angezogen. Aber ihr Verhalten änderte sich nicht. Sie schien wie verzückt von dem Namen, den sie äußerte. Ihre Mutter wurde sehr beunruhigt, schalt sie und machte Mâ Vorhaltungen, sie solle Labanya wieder zu ihrem normalen Zustand zurückbringen. Labanya war nicht im geringsten beeindruckt davon. Sie sagte lächelnd zu Mâ: „Sieh, Tante, bin ich denn verrückt geworden, dass Mutter sich so aufführen muss? Was gibt es anderes in der Welt außer diesem NAMEN?"

Ihre Mutter verstand nichts davon. Sie bestand weiter darauf, dass Labanya zu ihrem normalen Zustand zurückgebracht werden sollte. Sie schimpfte mit ihrer Tochter: „Ich werde dich nicht wieder zu deiner Tante gehen lassen, wenn du dich so benimmst."

Da nahm Mâ Labanya mit sich in einen anderen Raum. Didi begleitete sie. Mâ sagte Didi, dass Labanya in diesen ekstatischen Zustand gekommen sei, nachdem sie Mâ zu Beginn des Kîrtans, als sie sich erhob, berührt hatte. Sie sagte auch: „Sieh, der Zustand, in dem sie sich befindet, ist selbst nach langer spiritueller Praxis nicht erreichbar. Sie ist so natürlich dazu gekommen, aber was kann ich tun? Ihre Mutter ist so entschlossen, dies nicht zuzulassen."

Mâ berührte Labanya dann und schien bestimmte, auf ihren Körper gerichtete Kriyâs zu machen. Vorübergehend änderte sich Labanyas Verhalten. Sie wurde eine Weile still, dann fiel sie erneut in Ekstase. Mâ kommentierte: „Siehst du, es ist wie beim Löschen eines Großbrands. Bekommt man ihn auf der einen Seite unter Kontrolle, lodert das Feuer auf der anderen Seite umso heftiger empor."

Nach einiger Zeit kam Labanya zu ihrem normalen Zustand zurück. Drei Tage lang hatte sie so in glückseliger Ekstase verbracht. Alle, die sie sahen, staunten und verwunderten sich. Mâ hatte Didi angewiesen, bei

Labanya zu bleiben und aufzupassen, ob sie wieder in den übernatürlichen Zustand zurückfalle. Einmal sagte Labanya zu Didi: „Sieh, das Standbild (der Göttlichen Mutter Durgâ) sieht genauso aus wie Tante." Didi erwiderte: „Was für ein Unsinn. Die Statue hat zehn Arme. Hat deine Tante zehn Arme?" Labanya antwortete mit schlichter Überzeugtheit: „Freilich, aber sie offenbart sich nicht jedem, und deshalb sehen die Menschen sie nicht so, wie sie ist."

Einige Jahre später starb Labanya. Vielleicht hatte sie auf diese Weise Einblick in eine Welt bekommen, die nicht mehr mit ihrem täglichen Leben vereinbar war.

Mâ ging nun öfter nach Siddheshvarî und saß in der Vertiefung. Manchmal offenbarten sich merkwürdige und ehrfurchtgebietende Bhâvas in ihrem Körper. Vielen häuslichen Arbeiten konnte sie nicht mehr nachkommen. Ihre Hand versagte ihren Dienst. Sie sagte: „Seht, nicht ich gebe die Hausarbeit auf. Sie verlässt mich." Es ging nicht von ihrem eigenen Willen aus. Sie hatte Bholânâth sonst stets eigenhändig versorgt, und nun, als es mit der rechten Hand nicht ging, kochte sie, so gut es ging, mit der linken, wenn Bholânâth darum bat. Einmal legte er sich nach der Mahlzeit hin und bat Mâ, seine Beine zu massieren. Mâ setzte sich und begann, doch ihre Hand verdrehte sich, und sie konnte es nicht. Bholânâth konnte das im Liegen nicht wahrnehmen und sagte: „Kräftiger bitte!" Da begann Mâ zu schluchzen wie ein kleines Kind und sagte: „Du weißt wohl nicht, dass ich es nicht tun *kann*." Bholânâth setzte sich sofort auf und sagte: „Es ist nicht nötig." Aber was nützte es? Mâ weinte und weinte, ging in Samâdhi und fiel dann zu Boden. Sie blieb die ganze Nacht in diesem Zustand und wurde erst spät am nächsten Morgen wieder zu Bewusstsein gebracht.

Im Mai 1926 besuchte Mâ mit Bholânâth und einigen Begleitern erstmals Kalkutta und Deoghar. Im Oktober 1926 kam ein Photograph aus Chittagong nach Dhaka, der Mâ gern photographieren wollte. Eines Morgens ging er mit Bhâijî nach Shah-bagh. Sie fanden Mâ in einem dunklen Raum in Samâdhi liegend. Da der Photograph nachmittags wieder abreisen musste, lag ihm sehr daran, die Aufnahmen morgens zu machen, so dass man Bholânâth um Hilfe bat. Bholânâth führte Mâ nach draußen. Sie war immer noch in einem Zustand völliger Versunkenheit. Der Photograph machte 18 Bilder. Bei der Entwicklung stellte er später erstaunt fest, dass auf den ersten Bildern nichts außer einer Lichtkugel zu erkennen war. Auf den nächsten sah man undeutliche Umrisse, jedoch nur das letzte Bild zeigte Mâ deutlich mit einem halbkreisförmigen Licht auf ihrer Stirn und Bhâijî im Hintergrund stehend. Bhâijî hatte jedoch nicht im Blickfeld der Kamera gestanden, als photographiert wurde. Die ganze Zeit über war der Photograph ziemlich nervös gewesen und hatte das Gefühl gehabt, dass etwas nicht klappte; erst bei der letzten Aufnahme fühlte er plötzlich eine überströmende Freude. Als man Mâ später nach einer Erklärung fragte, sagte sie: „Als dieser Körper fast erstarrt in einem dunklen Raum lag, wurde der ganze Raum von Licht überflutet. Als Bholânâth und Jyotish (Bhâijî) mich nach draußen brachten, hatte ich das Gefühl, dass mein Körper von einem sehr hellen Licht umgeben war. Das mag die ersten Aufnahmen verdorben haben. Allmählich schwächte sich das Licht ab, bis es sich schließlich nur noch auf der Stirn konzentrierte. Ich sah Jyotish nicht, aber ich hatte ein Kheyâl, dass er hinter mir stand."

Einmal ging Didi mit Mâ im Wald in Shah-bagh spazieren und drängte wiederholt, Mâ möge ihr doch ihre wahre Identität offenbaren. Mâ sagte : „Gib mir den Dorn eines Zitronenbaums." Eine kleine Beere mit purpurrotem Saft wurde aufgeschält und diente als Tintenfass. Der Dorn des Baumes war die Schreibfeder. Niemand war bei ihnen. Mit der improvisierten Tinte und Feder schrieb Mâ auf Didis Hand „Nârâyana". Aber sie verbot Didi damals, es zu enthüllen.

In der Zwischenzeit näherte sich das jährliche Kâlî Pûjâ-Fest (am Neumond im Oktober/November). Kâlî war die verehrte Gottheit von Bholânâths Familie. Nach dem wunderbaren Fest von 1925 verlangten die Devotees sehnsüchtig danach, dass Mâ wieder die Pûjâ vollziehen würde. Mâ sagte nichts dazu. Als sie später zum Haus eines Devotees gebracht wurde, erhob sie plötzlich ihre linke Hand und lächelte. Sie wiederholte diese Gebärde noch einmal, als sie sich zum Essen niederließ. Einige Tage später erklärte sie, dass sie auf dem Weg zum Haus des Devotees in einer Entfernung von etwa 115 Metern die lebende Göttin Kâlî etwa acht Meter hoch habe schweben gesehen, wie sie ihre Hände zu Mâ ausstreckte, als ob sie auf ihren Schoß kommen wollte. Beim Essen hatte die Gestalt erneut wie ein kleines Mädchen vor ihr gestanden. Deshalb hatte Mâ zweimal ihre linke Hand erhoben. Man erwarb daraufhin eine Kâlî-Statue für die Pûjâ, welche die von Mâ angezeigte Größe besaß. Bholânâth hatte im vorhergehenden Jahr gespürt, dass Mâ Tieropfer nicht befürwortete, und so waren Vorkehrungen für eine andere Form der Verehrung getroffen worden. Shah-bagh war überfüllt von Menschen, und Mitternacht näherte sich. Nachdem Didi und andere Mâ gebadet und umgezogen hatten, brachte Bholânâth sie in den Pûjâ-Raum und setzte sie vor das Standbild Kâlîs. Im angrenzenden Raum sangen die Leute Kîrtan. Die Atmosphäre war durchdrungen vom Duft der Blumen und Räucherstäbchen. Die Herzen der Versammelten erwarteten sehnlichst, dass Mâ die Gegenwart der Göttin anrufen möge.

Mâ begann, mit ihrer linken Hand bestimmte Kriyâs auszuführen. Dann stand sie plötzlich auf und sagte in bestimmtem Ton zu Bholânâth: „Ich werde meinen Platz einnehmen, du kannst die Pûjâ machen." Sie lachte laut und durchquerte wie ein Blitz die Menge, um sich neben das Standbild Kâlîs zu setzen. Bholânâth nahm an, Mâ habe ihn gebeten, die Pûjâ zu machen, weil sie diese nicht ausführen und nur bei den anderen Frauen sitzen wollte. Er hatte kaum Zeit zu sagen: „Nein, nein. Ich habe es Dir doch vorher schon gesagt, ich werde die Pûjâ nicht machen ...", als er an Mâ's Stelle plötzlich eine lebende Kâlî sah. Mâ's helle Haut war tiefschwarz geworden, ihre Augen wurden groß und starr, und ihre Zunge hing aus

84

dem Mund wie bei der Statue Kâlîs. Ohne noch weiter zu zögern nahm Bholânâth den Platz des Priesters ein, füllte seine Hände mit Blumen und begann, sie Mâ darzubringen, während er die Mantras für die zeremonielle Verehrung der Göttin rezitierte. Im nächsten Augenblick beugte sich Mâ nach vorne, so dass ihr ganzer Oberkörper flach auf dem Boden lag. Ohne sich aufzurichten, befahl sie: „Schließt alle die Augen, und wiederholt den Namen Gottes." Alle gehorchten. Aber dann sagte sie nochmals, ohne ihre Haltung zu verändern: „Mahâdeiya hat ihre Augen nicht geschlossen." Als man sich umsah, stand Mahâdeiya, die Frau eines Gärtners, draußen unter einem Baum und blickte in den Raum. Man sagte ihr Bescheid, und sie schloss ebenfalls ihre Augen.

All dies geschah innerhalb weniger Sekunden. Die Leute saßen still in Meditation. Nach einer Weile forderte Bholânâth sie auf, ihre Augen zu öffnen. Mâ saß wieder aufrecht und war von vielen bunten Blumen bedeckt. Die unaussprechliche Schönheit und Erhabenheit ihres Gesichtes erfüllte alle Herzen mit Ehrfurcht und Staunen. Sie glaubten zutiefst, dass ihnen in Mâ ein Anblick der Göttin zuteil geworden war.

Nachdem alle ihre Augen geöffnet hatten, merkte man, dass ein Anwalt namens Brindaban Chandra Basak bewusstlos auf dem Boden lag. Er sagte später: „Als ich in den Raum hineinsah, merkte ich, wie ein sehr intensiver Lichtschein von Mâ's Gesicht ausstrahlte. Er war so stark, dass ich ohnmächtig zu Boden fiel. Ich weiß nicht, was danach passierte."

Der letzte Teil der Pûjâ ist gewöhnlich ein Opferfeuer (Yajña), das mit der letzten Opfergabe (Pûrnâhuti) beendet wird. Mâ gab jedoch die Anweisung, keine letzte Opfergabe darzubringen, sondern das Feuer brennen zu lassen.

Am nächsten Morgen bat sie Didi plötzlich, ihr etwas von dem Feuer aus dem Pûjâraum zu bringen. Didi legte etwas von dem noch glühenden Holz des Opferfeuers in ein Gefäß und brachte es Mâ. Mâ bewegte es spielerisch und bemerkte: „Das Feuer eines Mahâyajñas wird von diesem Feuer entzündet werden." [44]

---

[44] Mahâyajña: großes Opfer. Dieses Feuer wurde später von Dhaka nach Vindhyachal und Benares gebracht, wo es immer noch in einem besonderen kleinen Tempel des letzteren Ashrams am Brennen erhalten wird. Es wurde auch nach Kalkutta und Dehradun gebracht. Eine Reihe von glücklichen Fügungen führte später zur Durchführung eines Savitri Mahâyajñas in Benares (1947–1950). Zur Entzündung jenes Opferfeuers waren Vorkehrungen strikt gemäß vedischen Regeln getroffen worden. Der Priester war kein Devotee von Mâ. Aber im letzten Augenblick, bedingt durch unvorhergesehene Umstände, musste er dieses Feuer zur Hilfe nehmen, das inzwischen schon 20 Jahre brannte. So erfüllten sich Mâ's Worte, obwohl sie persönlich nichts dazu beigetragen hatte.

Normalerweise wird ein Standbild, das speziell zu den jährlichen Festen verehrt wird, nach der Pûjâ dem Wasser eines Flusses übergeben. An dem vorhergesehenen Tag jedoch sagte eine der Frauen zu Mâ: „Mâ, die Statue ist so außergewöhnlich, es widerstrebt mir sehr, dass sie versenkt werden soll." Mâ antwortete: „Deine Worte weisen daraufhin, dass die Göttin möglicherweise nicht versenkt werden möchte. Lass Sie bleiben, wenn du so traurig darüber bist. Wir baten Sie nicht, zu kommen. Sie kam von sich aus. Lass Sie bleiben, solange Sie will." [45]

---

[45] Fünfmal wurde diese Statue an einen anderen Ort transportiert, bevor sie 1929 in einem kleinen Tempel des neugegründeten Ramna Ashrams installiert wurde. Einige Monate nach der Einweihungszeremonie befand sich Mâ in Cox's Bazar, einer Küstenstadt. Als sie am Neumond vom Haus eines Nachbarn den Strand zurückwanderte, begann sie plötzlich, einen Arm mit dem anderen zu verdrehen. Ihre Lippen zeigten ein Lächeln, aber ihre Augen waren voll Tränen. Die ganze Nacht schlief sie nicht und verdrehte des öfteren wieder ihren Arm. Auch am nächsten Morgen waren Tränen in ihren Augen. Nach einigen Tagen kam ein Brief von Bhâijî mit der Nachricht, dass Diebe zur Neumondnacht in den Kâlî-Tempel eingebrochen seien, den Goldschmuck der Göttin gestohlen und dabei einen Arm der Statue beschädigt hätten. Eine beschädigte Statue wird für gewöhnlich nicht mehr weiter verehrt, sondern in einem Fluss oder Teich versenkt. Mâ ließ Bhâijî an Pandits in Benares schreiben, was in diesem Fall zu tun sei. In dem Antwortbrief stand: „Diese Statue wurde für die tägliche Verehrung behalten, obwohl sie nur für die jährliche Pûjâ (Naimittika Pûjâ) bestimmt war. Diese Maßnahme wurde von einer hohen spirituellen Persönlichkeit (Mahâpurusha) getroffen. In so einem Fall kann man den gewöhnlichen Brauch außer Acht lassen und das tun, was der Mahâpurusha sagt." Als man Mâ daraufhin fragte, sagte sie: „Da ein Arm gebrochen ist, so repariert ihn. Ein Unfall dieser Art wäre für ein Lebewesen auch nicht tödlich. Wenn einer Person, die wir lieben, ein Unfall zustößt, werfen wir sie auch nicht weg. Weshalb sollten wir es mit der Statue tun? Es wäre anders, wenn sie ernstlich beschädigt gewesen wäre." Nach Mâ's Rückkehr wurde die Kâlî-Statue repariert und von Bholânâth wieder eingeweiht. Als man später über dem kleinen Schrein einen neuen Tempel baute, wurde eine Art unterirdische Zelle mit einer Tür und einer hinunterführenden Treppe daraus. Der Schrein wurde von da an nur einmal im Jahr für Pûjâ und Darshan geöffnet. Sieben Jahre lang konnten alle Devotees, unabhängig von Kaste und Glaubensrichtung, einmal jährlich Darshan von Kâlî im Ramna Ashram bekommen. Als man 1938 die Tür des Heiligtums öffnete, sah man, dass ein Arm der Statue erneut abgefallen war. Ein Telegramm wurde an Mâ in Dehradun gesandt, und sie befahl: „Diese Kâlî-Statue sollte nicht mehr sichtbar sein. Eine zerbrochene Statue braucht nicht verehrt zu werden." So wurde der Schrein für immer verschlossen. Während des Unabhängigkeitskriegs gegen Westpakistan, Anfang der siebziger Jahre, wurde der Ramna Ashram gänzlich zerstört. Möglicherweise ist der kleine unterirdische Schrein von Kâlî jedoch unversehrt geblieben, doch man weiß nicht mehr, wo er sich befindet.

Eines Mittags im Jahr 1926 ließ Mâ Bhâijî plötzlich nach Shah-bagh rufen. Er hatte gerade viel im Büro zu tun, und sein Vorgesetzter wurde an jenem Tag aus dem Urlaub zurückerwartet. Ohne auch nur einen Augenblick zu zögern, ließ er alle Papiere verstreut auf dem Schreibtisch liegen und ging, ohne jemandem Bescheid zu sagen, nach Shah-bagh. Als er dort ankam, sagte Mâ: „Lass uns zum Siddheshvarî Âshram gehen." Bhâijî begleitete Mâ und Bholânâth dorthin. Mâ setzte sich in die Vertiefung, und ihr lächelndes Gesicht strahlte vor Freude. Bhâijî rief Bholânâth zu: „Von heute an werden wir Mâ „Ânandamayî" (Glückselige Mutter) nennen. Bholânâth sagte sofort: „Ja, so soll es sein." Als sie alle gegen halb sechs abends zurückkehrten, fragte Mâ Bhâijî: „Du warst die ganze Zeit über so voller Freude, warum siehst du jetzt so blass aus?" Er sagte, der Gedanke an die Heimkehr habe ihn an die unerledigte Arbeit im Büro erinnert. Mâ sagte: „Darüber brauchst du dir keine Sorgen zu machen." Am nächsten Morgen sprach der Direktor Bhâijî nicht auf seine Abwesenheit an. Als Bhâijî Mâ fragte, warum sie ihn am Tag vorher so unvermutet gerufen habe, meinte sie: „Um zu prüfen, was für Fortschritte du in diesen paar Monaten gemacht hast." Und sie fügte unter herzlichem Lachen hinzu: „Wenn du nicht gekommen wärst, wer hätte diesem Körper sonst einen Namen gegeben?"

1927 begann Mâ, häufiger auf Reisen zu sein. Sie folgte Einladungen von Devotees in benachbarte Städte und reiste im April 1927 über Kalkutta zur Kumbha Mela nach Hardwar, sowie nach Rishikesh, Agra, Mathura und Vrindâvan. Bholânâth, Shashanka Mohan, Didi, Mâ's Eltern und andere begleiteten sie. Es war Mâ's erste lange Reise. Bei der Abreise von Hardwar befahl Mâ Didi und Shashanka Mohan, einige Monate dort zu bleiben und Sâdhanâ zu üben. Sie sagte: „Es ist für jeden notwendig, möglichst in Abgeschiedenheit sein Sâdhanâ zu üben."

Im August 1927 fuhr Mâ mit vielen Devotees zu den Stätten ihrer Kindheit in Vidyakut und Kheora. An der Stelle, an der sie geboren wurde, sagte sie zu den Besitzern des Landes: „Es wird gut für euch alle sein, wenn ihr diesen Platz nur für Gebet und Meditation benutzt."

Im Laufe der Zeit war die Lehmhütte in Siddheshvarî baufällig geworden. Didis Vater schlug vor, an ihrer Stelle ein haltbareres Haus zu errichten. Mâ sagte: „Ich merke, dass ihr die Heiligkeit des Orts, an dem die Vertiefung ist, nicht werdet bewahren können. Die Ereignisse müssen ihren eigenen Lauf nehmen. Wenn ihr ein festes Haus baut, so zieht zuerst eine Mauer um die Vertiefung herum und macht eine Plattform darüber, so dass niemand aus Versehen darauf tritt." Anfang 1928 wurde der neue Raum

fertiggestellt. Dies war der erste Âshram, in dem im Mai auch feierlich Mâ's 32.Geburtstag von den Devotees gefeiert wurde.

Im September 1928 reiste Mâ nach Benares. Sehr viele Menschen kamen zu ihrem Darshan, unter ihnen auch Mahâmahopadhyaya Gopinâth Kavirâj, einer von Indiens größten Sanskritgelehrten, der damals Rektor des Queen's College war. Er wurde einer von Mâ's engsten Devotees und verfasste später viele Veröffentlichungen über sie.

Anfang 1928 hatte der Shah-bagh-Garten den Eigentümer gewechselt, so dass Bholânâth seine Anstellung verlor. So wurde zuerst ein Haus im Stadtteil Tikatuli von den Devotees gemietet, in dem Mâ, Bholânâth, Mâ's Eltern, einige Devotees und auch das Standbild Kâlîs untergebracht wurden. Im Juni 1928 zogen alle erneut in ein anderes Haus namens „Uttama Kutir", da das erste Haus sich als nicht so geeignet erwiesen hatte. Im Dezember 1928 jedoch hatte Mâ das Kheyâl, mit Bholânâth, der Kâlî-Statue und dem Yajñafeuer ganz nach Siddheshvarî zu ziehen und das bequeme Haus aufzugeben. Vielleicht wollte Mâ Bholânâth, der ansonsten Geselligkeit liebte, in der Einsamkeit von Siddheshvarî einen Anstoß zu intensiverem Sâdhanâ geben. Die Devotees durften nicht länger als zehn Minuten zu Besuch kommen.

Im Siddheshvarî-Tempel hatte Bholânâth eine Vision der Göttin Kâlî ohne Kopf gehabt. Mâ hatte ihm daraufhin vorgeschlagen, er solle nach Târapîth reisen. Dies war ein einsamer Ort, der ein Heiligtum für Asketen der Shâkta-Tradition war, die dort auf dem Leichenverbrennungsplatz meditierten. Bholânâth reiste zuerst allein dorthin und wohnte auf der Veranda des Tempels von Târa Devî (einer Form der Göttin Kâlî). Zuerst sah er keine Ähnlichkeit zwischen der Târa-Statue und seiner Vision. Eines Abends jedoch war er anwesend, als die Priester der Statue den Schmuck und dann den Kopf selbst abnahmen, der morgens vor der Öffnung des Tempels immer wieder aufgesetzt wurde. Nur die Priester und ihre Familien wussten um dieses Geheimnis. Einige Tage später folgte Mâ Bholânâth nach. Bholânâth hatte offensichtlich große spirituelle Fortschritte in Târapîth gemacht. Tag und Nacht saß er, ohne sich um Kälte oder Insekten zu kümmern, in einem Zustand der Versenkung auf der offenen Tempelveranda, hatte das Rauchen aufgegeben und aß sehr wenig. Er erhielt die Anweisung, Târapîth in den nächsten drei Jahren jeweils einmal jährlich aufzusuchen.

Bereits 1926 hatten Mâ's Devotees ernsthafte Überlegungen hinsichtlich eines Âshrams für sie angestellt. Bhâijî hatte zu ihr gesagt: „Wir brauchen einen Âshram, wo wir uns versammeln und Kîrtan singen können. Das wird in Shah-bagh nicht für immer möglich sein." Mâ hatte geantwortet:

„Die ganze Welt ist ein Âshram. Warum braucht ihr noch einen besonderen dazu?" Aber Bhâijî bestand darauf, einen eigenen Ort zu haben. Mâ sagte daraufhin: „Wenn du es so sehr wünschst, dann versuche das Grundstück des alten Gemäuers, das du dort drüben siehst, zu erwerben. Es ist dein früheres Zuhause." Sie lachte und verstummte. Es handelte sich um die Ruine eines Shiva-Tempels auf dem Ramna-Gelände inmitten von Schutt und Dickicht, in dem zahlreiche Schlangen hausten. Ramna war ein großes Grundstück, das früher als Polospielfeld benutzt worden war. Mâ sagte, sie habe dort viele Heilige und Asketen in ihren feinstofflichen Körpern gesehen, die in der Vergangenheit dort gelebt und intensiv Sâdhanâ geübt hätten. Das Grundstück gehörte dem Priester des Ramna Kâlî Tempels, der allerdings sehr viel Geld dafür verlangte, so dass die Devotees zu dem Zeitpunkt nichts ausrichten konnten.

1929 jedoch gelang es Bhâijî und einigen Devotees, den Kauf abzuschließen, und eine kleine Lehmhütte wurde für Mâ errichtet. Am letzten Tag ihrer Geburtstagsfeierlichkeiten kam Mâ mit vielen Devotees zu dem neuen Âshram. Am Morgen danach sah Didi mit Besorgnis, wie Mâ im Âshram umherging und dann und wann die Mauern zärtlich berührte. Dasselbe hatte sie getan, bevor sie Shah-bagh für immer verließ. Eine merkwürdige Veränderung war in ihr vorgegangen. Normalerweise konnte jeder bei ihr sitzen und über alles sprechen, was ihm auf der Seele lag, aber nun war sie manchmal in so einem Bhâva, dass niemand es wagte, sie überhaupt anzusprechen, sogar die Devotees, die immer bei ihr waren, nicht. Plötzlich strömten Hymnen von ihren Lippen.[46] Dann sagte sie: „Ihr müsst mir erlauben, zu gehen. Ich werde Dhaka heute verlassen." Alle riefen: „Mâ, Mâ, warum?" Mâ begann, wie ein kleines Mädchen zu weinen und sagte: „Ihr dürft mir keine Hindernisse in den Weg legen. Wenn ihr mich nicht gehen lasst, werde ich den Körper hier lassen und weggehen, aber weggehen muss ich."

Niemand wagte etwas zu entgegnen, alle hatten Tränen in den Augen. Sie ließ sich dazu bewegen, ihren Vater als Begleitung im erstbesten Zug, der abfuhr, mitzunehmen. Als Bholânâth hinzukam und leichte Missbilligung zum Ausdruck brachte, sagte sie: „Wenn Du mich hinderst, wird dieser Körper hier und jetzt zu Deinen Füßen aufgegeben werden." – „Geh, ich verbiete es nicht", sagte Bholânâth schließlich. Mâ rief: „Das ist ein Befehl für mich." Später sagte sie: „Lange schon war dies Kheyâla da, so frei fortzugehen. Doch da Bholânâth nicht einwilligte, blieb es unerfüllt.

---

[46] s.S. 65

Wenn sich einem Bhâva ein Hindernis in den Weg stellt (während ich weiterhin Anweisungen befolge), verhält sich dieser Körper seltsam. Deshalb lag er oft reglos da, wenn sein Bhâva gehemmt wurde, und kam nicht wieder zu Bewusstsein trotz vieler Versuche. Ich tue alles, worum ihr mich bittet, egal wie es diesem Körper geht. "

Mâ reiste mit dem nächsten Zug fort und besuchte Cox Bazar, Adinath, Chandranath, Hardwar, Dehradun, Ayodhya, Varanasi, Kalkutta und Navadvip. Bholânâth und andere Devotees schlossen sich ihr teilweise später an. Mâ's Reisen gaben ihren Devotees mit der Zeit zu verstehen, dass sie nicht allein ihnen gehörte, sondern auch Fremden an ganz unbekannten Orten von ihrer Liebe und Weisheit zu schenken hatte. Obwohl sie die Bedürfnisse ihrer Devotees ernst nahm, konnte sie mit keinerlei Fesseln gebunden werden, die nicht durch Sâdhanâ begründet waren. Doch kehrte sie zunächst noch häufig nach Dhaka zurück.

Oft beantwortete sie nun auch Fragen zu tiefgehenden Themen vor größeren Versammlungen von Devotees. Eigentlich hatte sie kaum Übung im Lesen und Schreiben. Als man ihr nach ihrer Heirat ein Buch zum Lesen gegeben hatte, war sie nicht dazu imstande. Wenn man ihr in Âshtagram einen religiösen Text zum Lesen gab, fiel sie, kaum dass sie zu lesen begonnen hatte, in Samâdhi. Selbst wenn jemand anders ein religiöses Buch vorlas, ging sie in Samâdhi. Meist sprach sie damals wenig und war in Bhâva versunken. Nun jedoch drückte sich Tag für Tag ein reicherer Schatz an innerem Wissen durch ihre Worte aus. Sie war nicht mehr so verschleiert wie früher und diskutierte frei mit anderen. Vorher hatte sie die meiste Zeit in Samâdhi gelegen, dies wurde jetzt weniger. Sie verkehrte zunehmend mehr mit anderen Menschen, doch ging diese Veränderung so sanft und allmählich vor sich, dass selbst Bholânâth es kaum bemerkte. Als er sie eines Tages, als er aus irgendeinem Grund etwas ungehalten war, danach fragte, lächelte Mâ und antwortete: „Sieh mal, warum beklagst du dich? Zuerst lebte ich in einem Raum deines Hauses. Ich sprach mit niemandem ohne deine Anweisung. Ich mochte nie herauskommen, doch du bestandest darauf, dass ich vor die Menschen trat und drängtest mich immer wieder, mit ihnen über religiöse Themen zu sprechen. Nur auf deine Anweisung bin ich herausgekommen und habe mit ihnen gesprochen. Heute gehöre ich allen. Weshalb redest du jetzt also darüber? " Sie lachte und fügte hinzu: „Du hattest Wasser in einem Gefäß in deinen Händen. Du selbst hast es auf die Erde geschüttet. Nun kannst du es nicht wieder einsammeln und es in den Topf zurücktun. Selbst wenn du etwas Wasser wieder aufhebst, wird es trübe sein. "

Als sie von ihrer Reise nach Siddheshvarî zurückkehrte, sah Mâ nicht gesund aus. Sie versuchte, mit Hilfe ihrer Mutter und Schwägerin zu kochen und andere Hausarbeiten zu verrichten, aber es ging nicht. Sie hatte zu Didi einmal in Shah-bagh in anderem Zusammenhang gesagt, dass ein Mensch nichts vorsätzlich aufgeben brauche. Wenn die Zeit reif sei, würden alle ablenkenden Umstände von selbst wegfallen. Didi erkannte jetzt die Wahrheit dieser Aussage: Mâ konnte die Gegenstände nicht mehr fassen oder halten. Ihre Hände waren unkoordiniert wie bei einem Kind. Einst hatte sie allein die ganze Arbeit für eine große Familie geleistet – nun hatten dieselben Hände keine Kraft mehr. Seit ihrer Heirat hatte Bholânâth nie Mâ's Lebensweise oder ihr Verhalten zu beeinflussen versucht. In den letzten zwei Monaten hatten ihm viele Verwandte geraten, ein normales Leben zu führen und nicht wie ein Asket umherzuziehen bzw. es Mâ zu erlauben. Bholânâth ignorierte diesen Rat scheinbar nicht ganz. Mâ erzählte später einmal nach seinem Tod: „Nach fast drei Jahren wollte Bholânâth wieder, dass ich für ihn koche und für seinen Haushalt sorge wie früher. Erinnert ihr euch, wie ich einige Tage mit Mutters Hilfe in Siddheshvarî zu kochen versuchte? Ich hatte keine Einwände, für mich machte es keinen Unterschied. Da er mich darum bat, versuchte ich es, aber anscheinend sollte es nicht sein. Bholânâth wurde nach einigen Tagen krank, und dann wurde auch ich krank. So führte es schließlich zu gar nichts. Bholânâth hatte seine Verwandten sehr gern. Damals geriet er unter den Einfluss von weltlich gesinnten Familienmitgliedern. Er hatte immer großen Glauben an mich, aber zuweilen wurde er von seinem Ärger geblendet, der sein Urteilsvermögen trübte. Aber ihr wisst, dass diese Stimmung, ein normales Eheleben zu führen, nur einige Tage andauerte."

Der Konflikt in Bholânâth dauerte nicht lang. Währenddessen jedoch sah Mâ sehr krank aus. Ihr leuchtendes, strahlendes Aussehen war verschwunden. Außerdem schwieg sie permanent und sagte höchstens sehr leise ein, zwei Worte zu Bholânâth und manchmal zu anderen. Im August bekam sie hohes Fieber. Mit der Krankheit kehrte jedoch ihre Fröhlichkeit zurück. Ihr Körper aber wurde völlig kraftlos und wie gelähmt; war das kleinste Glied ohne Stütze, so hing es schon schlapp herunter, und sie musste getragen werden. „Warum hebt ihr den Körper so vorsichtig? Er ist wie ein Mehlsack geworden, den ihr schieben könnt", meinte sie. Didi flehte Mâ verzweifelt an: „Wir können für Deinen Körper in diesem Zustand nicht sorgen, bitte werde jetzt gesund!" Bald nach diesem verzweifelten Gebet sah man eines Abends, wie Mâ ihre Hand ohne Hilfe hochhob. Das war ihre erste freiwillige Bewegung nach vier oder fünf Tagen. Am näch-

sten Tag ging sie einige Schritte allein und konnte allmählich ihre Gliedmaßen wieder gebrauchen. Das Fieber jedoch blieb, und andere Symptome
wie Wassersucht und Ruhr kamen hinzu. Ihre Fröhlichkeit hielt jedoch
unvermindert an. Bholânâth hatte das Gefühl, wenn sie sich an ihrer Krankheit weiterhin so erfreue, würde sie nie das Kheyâla haben, wieder gesund
zu werden. So sagte er etwas ungeduldig zu ihr: „Krankheit ist kein Grund
dafür, so fröhlich zu sein. Werde jetzt gesund!" Daraufhin nahm sie den
Ausdruck eines ernsthaft kranken Patienten an. Sie blieb still und sprach
mit niemandem. Wenn die Devotees sie baten, gesund zu werden, sagte sie:
„Ich schicke euch doch auch nicht fort, wenn ihr kommt. Warum sollte ich
die Krankheiten wegschicken? Sie werden zu ihrer eigenen Zeit gehen."[47]
Langsam und allmählich klang die Krankheit dann ab.

In der Zwischenzeit hatten die Devotees den Wunsch, den Ramna-Âshram
zu erweitern. Bei Ausgrabungen zum Legen eines neuen Fundaments entdeckte man vier oder fünf Gräber, in denen sich sitzende oder liegende, z.T.
gut erhaltene Skelette befanden, sowie Asche von Opferfeuern und Ton-
lampen. Mâ sagte diesbezüglich zu Bhâijî: „Der ganze Ort strahlt eine besondere, heilige Atmosphäre aus. Einige Sannyâsis (Mönche) haben früher
hier gelebt. Du selbst warst einer von ihnen. Ich habe einige dieser Heiligen
auf dem Ramna-Gelände umherwandeln gesehen. Diese Sâdhus wünschen,
dass ein Tempel auf ihren Gräbern errichtet wird, so dass Menschen kommen und hier zu Gott beten mögen und so die Reinheit des Ortes für das
Wohlergehen der Bevölkerung aufrechterhalten. Das ist der Grund, weshalb du dazu neigtest, hier einen Âshram zu errichten. Die an diesem Unternehmen beteiligten Personen müssen irgendeine Verbindung mit den verstorbenen Heiligen gehabt haben." Bhâijî fragte Mâ: „Wenn ich bereits ein
Sannyâsi war, warum muss ich mich heute noch so abmühen?" Sie antwortete: „Man muss seine unvollendeten Aufgaben erfüllen, bis man sein Karma abgetragen hat."

Immer mehr Menschen wurden auf Mâ aufmerksam. Viele kamen zu
ihr, um mit ihr über ihre persönlichen Probleme oder philosophische Fragen zu sprechen. 1929 wurde der indische Philosophen-Kongress in Dhaka
abgehalten. Einige Delegierte kamen zu Mâ und hatten lange Gespräche
mit ihr. Jemand fragte sie z.B.: „Wenn sich der menschliche Charakter ver-

---

[47] Mâ sagte oft, dass alle Krankheitsformen ebenso wie andere Lebewesen feinstoffliche
Körper besäßen und deshalb genauso wie andere Wesen ihre Gesellschaft suchten. So
wie sie ihre Besucher nicht fortschickte, schickte sie auch die Krankheiten, die eine
Weile bei ihr sein wollten, oft nicht fort.

ändert und jeder selbstlos wird, wird die Welt dann vollkommen?" Sie antwortete sofort mit einem Lächeln: „Aber so ist sie doch schon." Es war offensichtlich für die Delegierten, dass sie vom Standpunkt ihrer Erfahrung sprach, in der alles der vollkommene Ausdruck des vollkommenen Wesens ist. Ein Professor des Wilson College leitete die etwa dreistündige Diskussion. Alle Arten von Fragen wurden gestellt, zumeist philosophischer Art, und Mâ antwortete spontan und ohne Umschweife. Sie musste nie überlegen und war nicht im geringsten nervös. Ihre Antworten trafen genau den Kern der Fragen, und alle Anwesenden waren von der Tiefe ihrer Weisheit, ihrer Redegewandtheit und ihrem strahlenden Lächeln tief beeindruckt.

Im August 1930 brachen Mâ und einige Devotees zu einer mehrere Monate währenden Reise nach Südindien auf. Stationen ihrer Reise waren Madras, Chidambaram, Srirangam, Kanchipuram, Madurai, Rameshvaram und Kanya Kumari. Mâ sprach keine der südindischen Sprachen, doch konnte sie immer wieder leicht Kontakt zur Bevölkerung finden und wurde von allen mit Ehrfurcht aufgenommen. Sie fühlte sich auch in Südindien ganz „zuhause" und wies ihre Begleiter oft auf die Verschiedenheiten in Kleidung, Gebräuchen, Architektur und Ritual hin, die sie interessiert wahrnahm. Über Trivandrum und Mangalore reisten sie nach Bombay, Dwarka, Vindhyachal, Jamshedpur und Kalkutta. Nach sechs Monaten kehrten sie nach Dhaka zurück. Nach den Geburtstagsfeierlichkeiten 1931 reiste sie nach Darjeeling, Kalkutta, Puri, Varanasi, Vindhyachal, Ayodhya und Cox's Bazar.

Auf Mâ's Anweisungen hin waren 1932 die Statuen der Gottheiten im Ramna-Âshram erneuert worden, während auf der Plattform über der Vertiefung im Siddheshvarî Âshram ein Shivalingam eingeweiht wurde. 21 Tage lang feierten die Devotees in jenem Jahr Mâ's Geburtstag. Einige Tage danach sagte Mâ plötzlich nachts um 23.30 Uhr: „Ich werde jetzt gehen." Zuvor hatte sie in Siddheshvarî zärtlich die Kâlî-Statue und den Pipalbaum berührt. Zu Didi sagte sie: „Sieh, innere Stärke ist das Hauptmerkmal eines Sâdhakas. Jetzt wird innere Stärke von dir verlangt. Verzweifle nicht. Ich habe Dhaka schon so oft verlassen. Doch weil ihr alle so traurig über mein Fortgehen seid, muss ich immer wieder zurückkommen. Lasst mich nach meinem Kheyâla handeln, ich kann es nicht tun, wenn ihr mir alle Hindernisse in den Weg legt." Diesmal sprach sie nicht wie sonst von einem „Ausflug" oder sagte, sie komme zurück, wenn jemand sie bräuchte. Bhâijî kam, und Mâ sagte zu ihm: „Du wirst heute Nacht mit uns kommen müssen." Er schwieg und Mâ sagte: „Was ist? Kannst du nicht?" Er antwortete: „Ich werde eben noch nach Hause gehen und etwas Geld für die Reise holen." „Nein, du kannst nicht nach Hause gehen", antwortete Mâ, „sammle etwas ein von dem, was die Männer dort drüben bei sich haben." Zu Fuß ging sie zum Bahnhof, nahm den erstbesten Zug und verließ auf diese Weise endgültig Dhaka am 2. Juni 1932, zusammen mit Bholânâth und Bhâijî.

„Mâtâjî" in Nordindien
1932 – 1982

Mâ, Bholânâth und Bhâijî leben wie Asketen in Raipur bei Dehradun * *Die Reise zum Berg Kailash* * *Bhâijîs Entsagung, Krankheit und Tod im Jahr 1937* * *Bholânâths Tod im Jahre 1938* * *Begegnung mit Mahâtmâ Gandhi* * *Reisen und Âshramgründungen* * *Mâ's Mahâsamâdhi im Jahr 1982*

Durch die Ebenen Nordindiens hindurch erreichten sie schließlich Dehradun und ließen sich in einem zerfallenem Shivatempel bei Raipur nieder. Es gab weder Wasser noch Elektrizität dort, dafür jedoch viele Schlangen und Skorpione. Sie lebten dort wie Asketen. Bholânâth machte sein eigenes Sâdhanâ, Mâ saß für sich oder wanderte umher, Bhâijî holte Wasser und Mehl aus dem Dorf. Die Dorfbewohner mutmaßten, Bholânâth sei ein Sannyâsi, der der Welt entsagt habe und seine Frau hätte nicht ohne ihn zuhause bleiben können und sei ihm gefolgt, während man in Bhâijî ihren Familiendiener vermutete. Als Bhâijî jedoch viele wichtig aussehende Briefe mit dem Stempel der indischen Regierung erhielt, änderten sie ihre Meinung über ihn. Aus Neugierde kamen sie öfter und erfuhren so mehr über Mâ. Mâ konnte bereits etwas Hindi und sprach mit ihnen. Allmählich kamen auch zunehmend Leute aus Dehradun zum Darshan von Shrî Ânandamayî Mâ aus Bengalen. Die „Mâ" aus Dhaka wurde für jeden „Mâtaji"[48].

Ende 1932 reiste Mâ für einige Wochen mit Bholânâth nach Târapîth und Nalhati, um im Januar 1933 nach Dehradun zurückzukehren. Bhâijî hatte inzwischen alles vorbereitet, um sich beruflich und familiär ganz zu lösen. Mâ hatte ihm scheinbar einen Hinweis gegeben, aus dem er schloss, dass er nur noch einige Jahre lang zu leben hatte. Dies sollte sich als wahr erweisen. Bholânâth begab sich in der Zeit nach Uttarkashi, um dort strenges Sâdhanâ zu üben. Mâ übergab er der Obhut Bhâijîs. Bhâijî und Mâ blieben z.T. in Dehradun bzw. Mussorie.

Als Didi und ihr Vater im Dezember 1933 einen Monat nach Dehradun kommen durften, stellten sie fest, dass sich dort eine ebenso begeisterte Familie von Devotees zusammengefunden hatte wie in Dhaka. 1934 hatte

---

[48] Hindiwort für „liebe (verehrte) Mutter"

Mâ das Kheyâl, Didi's Vater, Shashanka Mohan, als ersten unter ihren Devotees Sannyâsa nehmen zu lassen. Er erhielt den Namen Swâmî Akhandânanda. Um diese Zeit brachte Mâ's Devotee Hari Ram Joshi Kamala
Nehru, die Gattin des bekannten Politikers, und ihre Tochter Indira erstmals zu Mâ. Kamala entwickelte große Hingabe an Mâ. Sie konnte Mâ
zuweilen „sehen", obwohl diese nicht physisch vor ihr stand. Sie schrieb
Bhâijî aus der Schweiz: „Du schreibst mir nie genügend Briefe mit Neuig-
keiten über Mâ, aber manchmal *sehe* ich Sie." Später erwähnte Mâ einmal,
Kamala habe sehr tiefe Meditationen gehabt und ihr seien wiederholt Visionen Shrî Krishnas zuteil geworden. Kamala Nehrus Inspiration veran-
lasste Mâ auch dazu, all ihre Devotees zu bitten, mindestens fünfzehn Minuten lang täglich zu meditieren.

Im Sommer 1935 errichtete Bholânâth einen kleinen Kâlî-Tempel in Uttarkashi, der im August in Gegenwart von Mâ, vielen neuen Devotees aus
Nainital, Almora, Dehradun, Mussoorie und eingeladenen Devotees aus
Dhaka, Kalkutta usw. eingeweiht wurde. Im Winter 1935 reisten Mâ und
Bholânâth wie im Jahr zuvor nach Târapîth und Dhaka. Im Januar 1936
erhielten Didi und Bholânâths Nichte Mâroni auf Mâ's Kheyâl hin die heilige Schnur. Dieses war viele hundert Jahre lang nur Männern vorbehalten
gewesen. Jene Frauen rezitierten von diesem Zeitpunkt an täglich das Gâyatrî
Mantra[49].

Inzwischen war in Kishenpur bei Dehradun ein Âshram für Mâ gebaut
worden, in dem auch Mâ's 40. Geburtstag gefeiert wurde. Nach weiteren
zahlreichen Reisen besuchte Mâ mit ihren Begleitern im Januar und Mai
1937 auch Dhaka. Im Juni 1937 brach sie mit Bholânâth, Bhâijî, Didi,
Didi's Vater Swâmî Akhandânanda und einigen anderen Devotees zu einer
Pilgerreise zum heiligen Berg Kailash im südwestlichen Tibet auf. Der Berg
Kailash ist für Hindus das sichtbare Wahrzeichen der Wohnstatt Shivas
und ist auch für Buddhisten ein wichtiger Pilgerort. Als sie nach einem
beschwerlichen Aufstieg den Manasarovar-See erreichten, wurde Bhâijî
zutiefst vom Drang erfasst, der Welt zu entsagen. Ohne den anderen Bescheid zu sagen, ging er voraus, badete im See und gab sich selbst „Vidvat

---

[49] Heiliges Mantra aus dem Rig Veda, welches täglich von allen männlichen Hindus der
drei oberen Kasten wiederholt wird, nachdem sie die heilige Schnur erhalten haben. Es
lautet: *Om bhûr bhûvah svah. Tat savitur varenyam bhargo devasya dhîmahi dhîyo yo
nah pracodayât.* Mâ erklärt die Bedeutung des Mantras folgendermaßen: „Lasst uns
über das strahlende Höchste Brahman meditieren, das allwissend im Herzen wohnt,
über IHN, der ständig schafft, erhält und zerstört, der in allen Formen gegenwärtig ist
und unseren Geist erleuchtet."

Sannyas"[50]. Bevor die anderen hinzukämen, wollte er fortgehen und sich eine Höhle in den Bergen suchen, um dort für den Rest seines Lebens zu bleiben. Doch bevor er seinen Beschluss ausführen konnte, kam Bholânâth hinzu. Bhâijî hatte seine Kleider abgelegt, er fiel nackt vor Bholânâth zu Boden und offenbarte ihm seinen Herzenswunsch. Doch Bholânâth erlaubte es ihm nicht. Er befahl ihm, sich wieder anzuziehen und brachte ihn zu Mâ. Bhâijî legte seine Brahmanenschnur und eine goldene Kette zu Mâ's Füßen und sagte zu ihr, er wisse, dass er nicht mehr lange zu leben habe. Er sehne sich sehr danach, augenblicklich in irgendeine Richtung in die Berge zu gehen, um seine verbleibenden Tage ganz allein in einer der abgelegenen Höhlen zu leben. Er schien nicht traurig oder zögernd zu sein, Mâ zu verlassen. Er war innerlich davon überzeugt, dass Mâ nicht auf einen bestimmten Körper beschränkt, sondern überall im ganzen Universum allgegenwärtig sei und er sie insofern überhaupt nicht verlassen konnte. Mâ nahm jedoch die Kette und die heilige Schnur wieder auf, legte sie in Bhâijîs Hände und sagte: „Behalte sie vorläufig noch." Dann, als sie an den Ufern des Manasarovar-Sees entlangging, strömten plötzlich Mantras aus ihrem Mund. Bhâijî warf sich vor ihre Füße und rief: „Mâ, Mâ, dies ist doch das Sannyâsa Mantra. Meine Sehnsucht ist in Erfüllung gegangen." Von dem Zeitpunkt an behielt er das Mantra immer im Sinn. Er war in einem geistigen Zustand, in dem er keinerlei Anziehung zu irgendetwas verspürte. Dieser Zustand der Entsagung ist das Ziel aller spirituellen Sucher. In so einem Zustand bleibt der Körper nicht mehr lange, weil es nichts mehr gibt, was noch zu tun bleibt. So war Bhâijîs nachfolgende Krankheit gleichsam nur noch ein Vorwand. Mâ sagte zu ihm: „Da du in diesen heiligen Bergen ein Sannyâsa Mantra erhalten hast und ein Schweigegelübde ablegen wolltest, wird dein Mönchsname Swâmî Maunânanda Parvat[51] sein. Sie erlaubte ihm

---

[50] Man unterscheidet zwei Arten von Sannyâsa: Vividisha Sannyâsa, welchem das Gefühl der Loslösung von der Welt vorausgegangen ist, und Vidvat Sannyâsa, Höchstes Sannyâsa, aufgrund von Brahmanverwirklichung.

51 *Maunânanda*: die Glückseligkeit des Schweigens, *Parvat*: Berg. Alle „Swâmîs" gehören dem von Shankara reorganisierten Mönchsorden an. Der Mönchsname eines Swâmîs, der gewöhnlich auf *Ânanda* (höchste Glückseligkeit) endet, bedeutet, dass der Träger desselben sich mittels eines bestimmten Weges, Zustands oder einer besonderen göttlichen Eigenschaft (z.B. Liebe, Weisheit, Unterscheidungskraft, Hingabe, Dienstbereitschaft, Yoga) um seine Befreiung bemüht. Das zweite Wort des Namens drückt die Zugehörigkeit zu einer der zehn Unterabteilungen des Swâmî-Ordens aus, wie z.B. *Sâgar* (Meer), *Giri* (Berg), *Bhârati* (Land), *Pûri* (Acker), *Sarasvatî* (Weisheit der Natur), *Tîrtha* (Pilgerort), *Parvat* (Berg), *Aranya* (Wald) u.ä.

100

jedoch nicht, seine restliche Lebenszeit schweigend bzw. in Einsamkeit zu verbringen.

Einige Tage später fragte Mâ ihn: „Wie kommt es, dass du so einen radikalen Schritt machen wolltest, ohne mich vorher zu fragen?" Bhâijî kamen die Tränen, und er antwortete mit gesenkter Stimme: „Hast Du mir erlaubt, einen eigenen Willen zu haben? Außerdem weiß ich, dass Dich nichts mehr erfreut, als wenn eine Person dem Pfad der Entsagung folgen möchte. Bedauerlicherweise denken wir nicht immer daran. Ich dachte, ich würde Dir damit den größten Dienst erweisen, zu dem ich imstande bin. Ich weiß sicher, dass mein Handeln nur von Dir allein bestimmt wird. Weshalb sollte ich also fragen? Außerdem überkam mich dieses Bhâva so plötzlich und so machtvoll, dass ich es nicht kontrollieren konnte."

Einige Tage nach seiner Initiation zog Bhâijî sich ein Fieber zu, und sein Gesundheitszustand verschlechterte sich weiter, als die Reisenden ihre Pilgerfahrt in Almora beendeten. Sein Ende stand bevor. Kurz vor seinem Tod wiederholte er laut die Namen Gottes, dann nach einer Weile nur noch „Mâ, Mâ, Mâ." Nach einem Augenblick Stille sagte er: „Wie wunderschön!" (Ki sundara!) Dann bemerkte er mit tiefer Überzeugung: „Es gibt nur EINS. Es gibt nichts außer dem EINEN." Ein Freund rief ihn mit tränenerstickter Stimme: „Bhâijî?", weil er fürchtete, Bhâijî sei im Bewusstsein bereits nicht mehr bei ihnen. Bhâijî antwortete ihm sofort: „Denk immer daran, Freund, dass alles eins ist, es gibt nur das EINE. Mâ und ich sind EINS, Baba (Bholânâth) und ich sind EINS, wir alle sind EINS, es gibt nichts als das EINE." Einige Minuten später hörte man ihn leise, doch klar eins der Sannyâsa Mantras aussprechen. Um 3.00 Uhr nachts ließ Mâ Didi und die anderen den Raum etwa eine Minute lang verlassen. Als sie wieder hereinkamen, sagte Bhâijî zu allen: „Mâ hat mich gebeten, jetzt zu schlafen. Ich werde schlafengehen." Um 3.30 Uhr am 18. August 1937 verließ er seinen Körper im Alter von 57 Jahren.

1941 sagte Mâ: „Ich habe Jyotish (Bhâijî) dreimal gesehen, nachdem er seinen Körper verlassen hatte. Dreimal nahm ich ihn in völlig verschiedenen Formen wahr. Das erste Mal stimmte seine Erscheinung ganz mit jener Gestalt überein, die ich an den Ufern des Manasarovar-Sees erblickt hatte – er befand sich im Zustand völliger Entsagung (Vairagya), und auch der Hintergrund war genauso – ein ausgedehntes Plateau und in der Ferne die Berge. Jyotish rannte völlig nackt auf die Berge zu. Dieser Körper stand da, und obwohl Jyotish ganz nah vorbeikam, schenkte er mir keinerlei Beachtung. Selbst als er seinen Kopf etwas umdrehte und in die Richtung dieses Körpers blickte, war sein Blick nicht auf irgendetwas gerichtet. Er war völlig von dem Gedanken eingenommen, eine Höhle in den Bergen zu finden. Als ich im Narmada-Tal reiste, erblickte ich Jyotish ein zweites Mal. Bei jener Gelegenheit sah ich ihn in einem Lichtkörper. Damals war die Frau von Gangacharan Babu, einem Verwandten Bhâijîs, bei mir. Sie konnte Jyotish nicht sehen, doch sie sagte zu mir: Mâ, ich habe das Gefühl, dass Jyotish hier ist. Er hat mich sehr gern gehabt, vielleicht fühle ich deshalb seine Gegenwart. Ich antwortete ihr freilich nicht, aber als ich mich umsah, erblickte ich Jyotish, wie er in der Nähe stand, das Gewicht auf einem Bein, das andere Bein nach hinten gebeugt.

Das dritte Mal sah ich Jyotish in einer ganz anderen Form. Er war weder wie beim ersten Mal, als er in einem menschlichen Körper aus Fleisch und Blut war, noch in einem Lichtkörper wie beim zweiten Mal, sondern die Erscheinung glich einer Rauchwolke. Wenn ihr sie gesehen hättet, hättet ihr sie nicht erkannt, doch ich wusste, dass Jyotish in dieser besonderen Gestalt gekommen war. Ganz, ganz langsam wollte er mit diesem Körper verschmelzen, doch ich verbot es ihm und sagte: Da ist ein Kheyâla, dass man – solange dieser Körper existiert – getrennt mit ihm kommuniziert. Er nickte zustimmend. Später vereinigte er sich ganz allmählich mit den Atomen und feinsten Partikeln dieses Körpers. So erfüllte sich sein tiefster Wunsch. Als er mich das erste Mal sah, war ich tiefverschleiert und pflegte nur sehr selten zu sprechen, nachdem ich einen Kreis um mich gezogen hatte. Er sah, wie ich vollverschleiert in Siddhâsana saß und konnte mein Gesicht nicht erkennen, nur ein bisschen von meinen Händen und Füßen. Dennoch beschloss er bereits damals: *Unter diesen Lotusfüßen werde ich mein Leben beenden.* Und so geschah es auch."

Nach Bhâijîs Tod reiste Mâ u.a. nach Dehradun, Gujrat, Târapîth und Kalkutta, wo ihr Vater am 16. Dezember 1937 im Alter von 71 Jahren starb. 1938 fand eine Kumbha Mela[52] in Hardwar statt. Am 13. April

---

[52] eines der größten religiösen Feste Indiens, bei dem alle religiösen Gruppen durch ihre Oberhäupter vertreten sind und sich zahlreiche Mönche, Sâdhus und Pilger zum heiligen Bad versammeln. Die *Pûrna (volle) Kumbha Mela* findet jedes zwölfte Jahr an einem bestimmten Tag statt. *Kumbha* bedeutet „Gefäß" und bezieht sich auf die in den heiligen Schriften Indiens erwähnte Quirlung des Milchozeans, bei der ein Vogel den daraus gewonnenen Nektar der Unsterblichkeit in einem Gefäß zum Himmel trug. Der Vogel hielt dabei an vier Stellen an und brauchte 12 Tage für seine Reise. Jeder Tag wird mit einem Jahr gleichgesetzt, und die vier Orte entsprechen den vier Stellen, wo alle drei Jahre eine kleinere *Mela* abgehalten wird: Hardwar am Ganges, Nasik an der Godaveri, Ujjain an der Sipra und Allahabad am Zusammenfluss von Ganga, Yamuna und dem unterirdischen Fluss Sarasvatî

führte Bholânâth unbemerkt während des heiligen Bads das Ritual für Sannyâsa durch. Er hatte vorher mit Mâ darüber gesprochen, die ihm den Namen Swâmî Tibatânanda Tîrtha gab. Einige Wochen später, als er aus Hardwar nach Dehradun zurückkehrte, bekam er hohes Fieber. Er war an den Pocken erkrankt. Mâ wusste, dass er nicht überleben würde, doch sie wusste auch, dass er sie vor seinem Ende noch sehen wollte. Durch die Pocken waren seine Augen furchtbar entzündet, und eitrige Verkrustungen begannen sich zu bilden. Mâ ließ die Augenpartien mit Butter einreiben, um die Haut weich zu erhalten, sonst hätte er seine Augen zum Ende hin nicht mehr öffnen können, um Mâ zu sehen. Sobald er seine Augen öffnete, fing das Blut an zu fließen. An seinem Todestag sagte er immer wieder: „Wo bist Du? Ich möchte Dich anfassen." Mâ fasste ihn mit beiden Händen, er selbst konnte die Hände gar nicht hochheben. Dann sagte Bholânâth: „Ich kann Dich nicht sehen, aber ich würde es gern." Mâ sagte ihm, er solle seine Augen öffnen, und als er es tat, nahm er sie wahr. Mâ massierte seinen ganzen Körper mit ihren Händen und fragte ihn: „Wie geht es dir jetzt?" Bholânâth erwiderte: „Ich bin in tiefer Glückseligkeit." Mâ fragte ihn: „Erinnerst du dich an dein Sannyâs Mantra?" Er sagte „ja" und begann, es zu rezitieren. Als er sich kalt fühlte, bedeckte man seinen Körper mit orangenen Gewändern.

Mâ sagte später: „Dieser Körper hatte bereits alle notwendigen Vorkehrungen für Bholânâth getroffen. Bholânâth war nicht verschieden von meinem Selbst. Deshalb wusste ich genau, wo sein Schmerz lag und musste ihm Erleichterung verschaffen. Viele Leute pflegen einen Patienten zwar, doch wenn sie nicht in richtiger Verbindung mit ihm sind, bringt ihre Pflege nicht die richtige Erleichterung." Mâ blieb die meiste Zeit über in seinem Zimmer im Kishenpur Âshram. Bholânâth rief sie „Mâ" wie ein kleines Kind, das in Not ist. Die Nähe des Todes offenbarte umso mehr die große Hingabe, die er ihr gegenüber hegte. Er hatte große Schmerzen, doch sie schienen sich zu legen, nachdem Mâ mit ihrer Hand über seinen Körper strich und dabei ein bestimmtes Kriyâ vollzog. Etwas später sagte er: „Ich gehe jetzt." Mâ antwortete: „Warum denkst du das? Es gibt kein Kommen und Gehen, nur *eine* Gegenwart, in der kein Raum für so etwas ist." Bholânâth sagte: „Ja, das hast Du immer gesagt." Einen oder zwei Tage, bevor er seinen Körper verließ, sah man, dass die Stelle oben an seinem Kopf eingesunken und weich wie bei einem Baby geworden war. Das hatte jedoch nichts mit der Krankheit zu tun (es wies auf den Zustand eines Paramahamsas, einer befreiten Seele, zur Zeit des Todes, hin)." Mâ's Hand ruhte auf seinem Haupt, als er am 7. Mai 1938 seinen letzten Atemzug tat. Sie ließ die Devotees Kîrtan singen, so wie Bholânâth es ausdrücklich gewünscht hatte. Am frühen Morgen seines letzten Tages hatte er Mâ gebeten, ihm all seine Fehler zu verzeihen. Sein Tod war ruhig und friedlich. Ehrfürchtig erlebten die anwesenden Devotees, wie der Mann von ihnen schied, der sich so freudig und vorbehaltlos Mâ's Dienst hingegeben hatte und wie ein Vater für sie gewesen war.

Mâ sagte später: „Wenn Bholânâth aß, fütterte er zuerst diesem Körper etwas, bevor er selbst davon aß, d.h. zuerst musste dieser Körper das Essen zu Prasâd machen ... Obwohl Bholânâths Verhalten etwas grob und unsanft war, hatte er einen außerordentlichen Respekt vor diesem Körper. Er ließ mich nie aus den Augen, weil er glaubte, wenn ich einmal allein bliebe, würde ich diesen Körper verlassen, und das wollte er nicht zulassen. Diese Haltung wurde von anderen als übertriebene Zuneigung belächelt oder auch dem ‚dominierenden Einfluss seiner Frau' zugeschrieben, aber den wirklichen Grund haben sie nie erraten. Bholânâth wünschte insgeheim immer, dass er in meiner Gegenwart sterben würde und pflegte kühn zu behaupten: ‚Ich werde tun, was ich will, ich werde essen, was ich will, mir wird nichts passieren. Wenn ich in Deiner Gegenwart sterbe, ist meine Erlösung sicher.' Er war Zeuge aller yogischen Krîyas gewesen, die mit diesem Körper stattgefunden hatten. All das war in seiner Gegenwart passiert. Ungeachtet dessen, was er äußerlich behauptete, so hatte er doch innerlich bedingungslosen Glauben an diesen Körper. Er schämte sich nie zuzugeben, dass er von diesem Körper initiiert worden war. Er sagte: ‚Was ist dabei? Die Leute sollten ruhig wissen, dass die Ehefrau auch ein Guru sein kann.'"

Sie sagte auch: „Ihr Menschen habt die Trauung vollzogen, von einem weltlichen Standpunkt aus. Aber das, wofür man die Trauung vollzieht, geschah nicht. Er nannte mich Mâ und dieser Körper nannte ihn Gopal. Wenn ein Mann und eine Frau heiraten, nennt man sie ein Paar und sie beginnen ein Familienleben (Grihastha Âshrama, wörtlich: im Haus, griha, lebend). Aber dieser Körper besitzt kein Haus, wer kann mich also daran binden? Jemand fragte diesen Körper: ‚Mâ, wo ist Dein Haus?' Ich antwortete: ‚Brahman ghar, Brahman ist meine Zuflucht.' Er fragte noch einmal und ich sagte: ‚Âtmânanda, die Glückseligkeit des Selbst.' Als Bholânâth sah, dass kein Grihastha-Leben stattfand, begann er mich, ‚Mâ' zu nennen. Er sah, dass der beste Weg, diesem Körper zu dienen, darin bestand, Sannyâsa zu nehmen. Ihr habt die Heirat arrangiert, aber was kam dabei heraus? Gopâl und Sannyâsa!

Wie wunderbar, diese Fügung! Wenn ihr nicht diese Heirat arrangiert hättet, mag ich mir nicht ausmalen, was diesem Körper zugestoßen wäre.

Insofern war diese Ehe ein Segen. Sie hat mir in jenen Tagen der Bhâvas und Kriyas geholfen. Dieser Körper war sehr jung und schön, wer hätte ihn sonst beschützen können? Wenn Bholânâth mich damals hielt, konnten die Leute es akzeptieren, dass mein Mann mich hielt. So hat mich die Ehe vor so vielen unguten Dingen bewahrt ... Ich war so hilflos. Wer hätte mich vor all diesen schwierigen Dingen schützen können, wenn ich nicht Bholânâth geheiratet hätte? Er hielt mich in den Armen wie ein Vater sein fallendes Kind ... Eine junge Frau, die nicht bei Sinnen ist, in der Öffentlichkeit zu halten und mit ihr umzugehen, ist keine Kleinigkeit. Niemand anders hätte das geschafft."

Im Mai 1941 erzählte Mâ über Bholânâth: „Ihr habt vieles über Bholânâths Charakter gehört und malt euch vielleicht alles Mögliche aus, wie er sich in seinem Familienleben mir gegenüber verhalten hat. Es ist schwierig, die wirklichen inneren Gefühle anhand des äußeren Verhaltens zu verstehen. Ich erzähle euch eine Begebenheit, die einmal stattfand. Bholânâths Schwager, Bholânâth und ich unterhielten uns einmal im Haus seines Schwagers. Da sagte ich an einem bestimmten Zeitpunkt zu Bholânâth: ‚Ich würde mich gern eine Weile hinlegen und meinen Kopf in deinen Schoß tun.' Dann wollte ich mich in seinen Schoß legen, doch Bholânâth wich schnell beiseite. Ich aber legte mich an der Stelle zu Boden, auf die ich gezeigt hatte.

Als Bholânâths Schwager das sah, war er verwundert und fragte Bholânâth nach der Ursache seines Verhaltens. Bholânâth sagte: ‚So ist unser Leben seit unserer Heirat gewesen. Ihr seht sie natürlich als meine Frau an, aber ich habe mich ihr gegenüber nie so verhalten, wie man es gegenüber seiner Frau tut. Ich habe sie immer als eine Devî (Göttin) angesehen und habe versucht, mich dementsprechend Ihr gegenüber zu verhalten.' Obwohl alles stimmt, was ich bisher erwähnt habe, so war anfangs doch das äußere Verhalten in unserer Ehe ähnlich wie das zwischen Ehemann und Ehefrau. Ich betrachtete Bholânâth als meinen Beschützer. Und auch Bholânâth nahm diesen Körper an als jemanden, der beschützt werden soll.

Heute liest und hört man so viel über uns. Wenn ihr all das gehört und gelesen habt, könntet ihr sagen, dass vertraulicher Umgang mit jemandem dazu führt, dass man seine Beherrschung verliert, doch Bholânâth hat diesen Körper oft berührt, ohne sein inneres Gleichgewicht zu verlieren. Er hat im selben Bett mit mir geschlafen, doch selbst dann war da ein anderes Gefühl als sonst. Er schlief neben diesem Körper genau wie er neben Maroni, seiner Nichte, schlief. Wie können normale Menschen diese Beziehung verstehen? Es ist nicht so, dass Bholânâth nicht von Zeit zu Zeit versucht

wurde, schließlich war er ein Mensch, so mussten seine Gefühle zwangsläufig menschlich sein, doch oft hatte das seinen Grund in den schlechten
Ratschlägen seiner Bekannten. Nachdem er nach der Heirat feststellte, dass
dieser Körper keine Leidenschaft zeigte, erklärte er hin und wieder, er wolle
diesen Körper von einem Arzt untersuchen lassen. Doch selbst diese Unruhe währte nicht lange. Nachdem er mit eigenen Augen die verschiedenen
Bhâvas dieses Körpers mitangesehen hatte, betrachtete er diesen Körper
immer als eine Devî. Im mittleren Alter regte sich in ihm zuweilen der Wunsch
– aufgrund schlechter Einflüsterungen seitens seiner Freunde und aufgrund
eigener Bedürfnisse – seine Überlegenheit herauszustellen, doch lange vor
seinem Tod verschwanden all diese Wünsche, und seine frühere Haltung
gewann wieder Oberhand."

Solange Bholânâth lebte, war Mâ stets um sein Wohlergehen bemüht;
trotzdem änderte sich durch seinen Tod für sie nichts Wesentliches. Sie sagte: „Was für einen Anlass gibt es für Kummer? Niemand ist mir verloren.
Fühlt ihr euch traurig, wenn ihr von einem Raum in einen anderen gehen
müsst?" Auch als Bholânâth sie früher einmal in Gegenwart vieler Devotees gefragt hatte, ob sie ihn als ihren Ehemann nicht etwas mehr liebe als
die anderen Menschen, hatte sie mit einem Ausdruck größter Liebe und
doch ganz bestimmt ‚Nein' erwidert. Sie sagte jedoch auch einmal über
Bholânâth: „Bholânâths Selbstbeherrschung und sein Sinn für Würde waren außergewöhnlich. Ich habe nie erlebt, dass er eine leichtfertige Bemer-
kung oder einen ungehörigen Witz machte. All die Jahre, die ich mit ihm
verbrachte, hatte ich nicht die geringste Ahnung von den Verlangen, die die
Menschen sonst quälen. Jetzt erkenne ich, wie wirksam ich von der Erfahrung jener Charakterschwächen abgeschirmt war, die so viel Unglück in
der Welt verursachen. Erst jetzt höre ich soviel über diesen Aspekt der
menschlichen Natur ... Ihr alle wisst, dass Bholânâth die Veranlagung hatte, manchmal sehr ärgerlich zu werden. Es wird gesagt, dass sogar Rishis
(heilige Seher) zu Zornausbrüchen neigten. Nicht, dass ich behaupte, dass
Bholânâth ein Rishi war. Wenn ich das täte, würde man denken, ich rühm-
te meinen Ehemann. Aber ihr habt alle gesehen, dass er ein außergewöhnliches Leben der Selbstverleugnung und strenger Askese geführt hat." Mâ
hatte einmal über Bholânâths Familie bemerkt: „Nach jeweils sieben Gene-
rationen erlangt einer von ihnen Selbstverwirklichung." Für Mâ's Devotees
war es nicht leicht, einerseits Verständnis und tiefes Mitgefühl, andererseits
jedoch völlige Losgelöstheit in Mâ zu finden.

Didimâ, Mâ's Mutter, wünschte Mâ so häufig wie möglich auf ihren
Reisen zu begleiten. Nach dem Tod ihres Mannes 1936 fühlte sie sich aller

Didimâ (Mâ's Mutter) und Mâ

familiären Verpflichtungen ledig und war bereit, der Welt zu entsagen. Am 13. April 1939 erhielt sie in Hardwar die Weihe zur Sannyâsini und bekam den Namen Swâmî Muktânanda Giri. Dies war ein ungewöhnliches Ereignis, da der religiöse Titel „Swâmi" nur sehr selten an Frauen vergeben wird. Bis zu ihrem Tod im Alter von 93 Jahren (1970) begleitete sie ihre Tochter fast ständig und initiierte auch zahlreiche Devotees. Später ließ Mâ noch etwa ein Dutzend ihrer Schüler Sannyâsa nehmen. Die Professorin Bettina Bäumer sagte über Mâ: „Die Tatsache, dass Mâ nicht darauf aus war, selber andere zu initiieren, ist das Merkmal eines wahren Heiligen. Es ging ihr nicht darum, irgendjemanden zu bekehren. Man musste die Initiation wirklich wollen."

Von 1932 bis 1982 befand sich Mâ fast ständig auf Reisen, vor allem durch Nordindien, und segnete, den Einladungen und Bedürfnissen ihrer Devotees folgend, eine ununterbrochene Folge religiöser Veranstaltungen und Feste mit ihrer Gegenwart.

Verglichen mit den früheren Phasen in ihrem Leben schienen sich die Ekstasen und Wunder nun weniger häufig zu ereignen. Als man sie nach dem Grund dafür befragte, sagte sie u.a.: „Dieser Körper behauptet, dass ein Mensch durch ständige Anbetung einen Zustand erreichen kann, in dem keine ‚Triputi' mehr existiert, d.h. die Dreiheit von Anbetendem, dem Ziel der Anbetung und der Anbetung selbst hört auf zu existieren. Dar-überhinaus gibt es keine weiteren Stufen mehr. Als dieser Körper das Khey-âla hatte, Sâdhanâ zu üben, folgten verschiedene Sâdhanâs, eins nach dem anderen. Selbst jetzt kann sich so etwas durch eine Fügung günstiger Um-stände wieder ereignen. Alles ist immer gegenwärtig. So wie ihr als kleine Kinder das ABC lernen musstet und später zur Magisterprüfung erschienen seid und trotzdem diese Fähigkeit (für das ABC) behalten habt: Selbst wenn ihr die Magisterprüfung bestanden habt, könnt ihr noch das ABC schrei-ben, oder nicht? *Dort* existiert so etwas wie höhere und niedrigere Ebenen nicht länger. Einige Leute sagen: ‚Früher pflegte Mâ in ekstatischen Zu-ständen von Bhâva zu sein, heute ist das nicht mehr der Fall, so ist Mâ vielleicht auf eine niedrigere Ebene gesunken?' Einige haben diese Mei-nung. Was auch immer jemand sagen mag, ist richtig. Doch so etwas wie ‚höhere' und ‚niedrigere' Ebenen existiert *hier* nicht."

Als einige Devotees 1961 darüber sprachen, wie früher Menschen von ihren Krankheiten geheilt wurden, wenn sie z.B. irgendeinen Gegenstand aus Mâ's Hand empfingen, kommentierte Mâ lächelnd: „Oh ja, wie diese Dinge damals passierten ... Später hatte ich das Kheyâla, mit all dem aufzu-hören."

Ein anderes Mal sprachen Mâ und Didi in Varanasi zu einigen Anwesen-den über die Zeit, als Mâ völliges Schweigen praktizierte. Damals war ihr Gesicht wie versteinert, nicht mal ihre Augen verrieten, ob sie jemanden erkannte oder nicht. Niemand wusste, wie lange Mâ in diesem Zustand bleiben würde. Didi weinte manchmal bitterlich und sagte: „Mâ kennt mich nicht einmal mehr." Damals hatte Mâ jedoch einmal zu ihr gesagt: „Warte ab, eine Zeit wird kommen, wo ich so normal erscheinen werde, dass du staunen wirst." Mâ lachte und sagte: „Diese Zeit ist jetzt gekommen." Ihr äußeres Auftreten mochte vielleicht „normaler" erscheinen, wie sie sagte, doch allein bereits in ihrer Gegenwart zu sein, war in sich selbst eine abso-lut außergewöhnliche Erfahrung.

Im Februar 1942 besuchte Mâ spontan Mahâtmâ Gandhi in Sevagram. Gandhi oder „Bapuji", wie er von den ihm Nahestehenden genannt wurde, schien einerseits sehr von Mâ's strahlender Persönlichkeit angezogen zu sein, andererseits war er so absorbiert von seinem Ziel, durch Gewaltlosig-keit und Wahrhaftigkeit die Unabhängigkeit Indiens zu gewinnen, dass er nicht ganz aufnahmefähig für ihr wirkliches Wesen war und nicht die Zeit fand, allein mit ihr zu sprechen, obwohl dies ein großer Wunsch seines Schülers Seth Jamnalal Bajaj und auch von Bhâijî gewesen war. Abends vor dem Schlafengehen wurde Bapuji für gewöhnlich massiert. Mâ saß auf der Veranda neben ihm, und er ergriff ihr rechtes Handgelenk. Mâ fragte die massierenden Frauen, was sie tun würden, wenn Mâ ihnen Bapuji wegnehmen würde. Sie wiederholte die Frage dreimal, und eine Frau antwortete, sie würden mit ihm gehen. Mâ sagte daraufhin zu Bapuji, sie würde ihn zur rechten Zeit wegnehmen.

Nachdem sich Mâ fast zehn Jahre lang im Raum von Dehradun aufgehalten hatte, wurde 1944 ein Grundstück am Ufer des Ganges in Varanasi erworben, auf dem ein weiterer Âshram erbaut wurde. Von 1946 bis 1949 wurde dort das Savitri Mahâyajña durchgeführt, ein vedisches Feueropfer zum Heil des ganzen Universums, bei dem 10 Millionen Opfergaben (geschmolzene Butter u.a.) begleitet von der Rezitation des Gâyatrî Mantras in das Feuer geopfert wurden, welches vom gleichen Feuer entzündet wurde, das seit der Kâlî Pûjâ 1926 brannte.

In Varanasi wurde 1950 die Shree Shree Ânandamayee Sangha gegründet, um die zahlreichen entstehenden Âshrams zu verwalten und die spirituellen Veranstaltungen, religiöse Feste usw. zu organisieren. Ihre Ziele bestehen darin: 1. Methoden zu fördern, deren Ziel Selbstverwirklichung ist. 2. Zentren aufzubauen, wo Sâdhanâ geübt wird. 3. religiöse Veranstaltungen zu organisieren. 4. Notleidenden freie medizinische Hilfe zu geben und Sâdhus und Brahmachârîs finanzielle und ärztliche Hilfeleistung zu gewähren. Mâ war jedoch in keiner Weise an der Verwaltung oder Leitung dieser Organisation beteiligt. Ein großes Krankenhaus in Benares und zwei Schulen (für Mädchen in Benares und Jungen in Almora bzw. Vrindavan und Kankhal) wurden von der Sangha gegründet, um Heranwachsenden eine harmonische spirituelle, geistige und physische Erziehung zu vermitteln. Seit 1952 wird die vierteljährlich erscheinende Zeitschrift „Ânanda Varta" in Hindi, Bengali und Englisch veröffentlicht, die Mâ's Worte, Beiträge über Mâ und andere spirituelle Themen enthält. Ebenfalls in Benares wurde 1952 erstmals ein *Samyam Vrata* abgehalten, eine „Woche der Selbstdisziplin", bei der die Teilnehmer fasten, meditieren und Kîrtana singen, Pandits und Mahâtmâs Vorträge über religiöse Themen halten und Mâ auch Fragen der Zuhörer beantwortet. Diese Woche wird seitdem jährlich an verschiedenen Orten abgehalten.

1950 wurden am Stadtrand von Neu Delhi und 1954 in Vrindâvan, dem Shri Krishna geweihten Pilgerort, Âshrams errichtet, ebenso wie in Kankhal bei Hardwar, wo 1978 eine Murti (Bildgestalt) von Âdi Shankara durch Swâmî Shantânanda Sarasvatî, den Shankârâchârya von Jyotir Mâth, eingeweiht wurde.

Ânandamayî Mâ und Bholânâth mit Paramhansa Yogânanda in Kalcutta

*Ânandamayî Mâ mit Swâmi Shivânanda und
Hari Bâba in Rishikesh*

Ânandamayî Mâ mit Sîtarâmdas Omkarnath

Die letzten Jahrzehnte in Mâ's Leben war es ihr Kheyâl, kein Heim von Haushältern (Familien oder Eheleuten) zu betreten. Wenn sie von Familien eingeladen wurde, errichtete man ihr zumeist eine besondere Unterkunft im Garten oder Hof des Hauses.

1952, 1961, 1971 und 1979 reiste Mâ erneut nach Südindien, wo sie 1952 u.a. auch der „Mutter" des Shri Aurobindo Âshrams begegnete. 1936 hatte sie bereits Paramahamsa Yogânanda in Kalkutta getroffen und hatte auch in den folgenden Jahre Kontakte zu zahlreichen weiteren Heiligen und spirituellen Führern Indiens, wie Shrî Haribâbâjî, Swâmî Chidânanda, Swâmî Shivânanda, Neem Karoli Bâbâ, Mahârishi Mahesh Yogi, Swâmî „Papa" Râmdâs, Krishnamurti, Raihana Tyabji, Dâya Mâtâ u.a.

Auch Persönlichkeiten des öffentlichen Lebens fühlten sich von Mâ angezogen und suchten sie von Zeit zu Zeit auf, so der frühere Präsident Indiens Dr. Rajendra Prasâd, der frühere Vizepräsident Gopâl Svarup Pathak, der frühere Premierminister Jawaharlal Nehru und seine Tochter, die verstorbene Premierministerin Indira Gandhi, die ihr Leben lang Mâ's Rat erbat. Jiddu Krishnamurti traf Ma 1948. Als man ihn einmal fragte, ob es einen Unterschied zwischen ihrer und seiner Botschaft gäbe, verneinte er es und bestätigte, der einzige Unterschied bestehe darin, dass er sich nicht auf die Einschränkungen einer traditionellen Sprache einlasse. – Im Laufe der Jahre wurden auch zahlreiche westliche Besucher innerlich von Mâ berührt, bekannt waren u.a. der französische Filmregisseur und Autor Arnaud Desjardins, Pater Enomiya Lasalle, Carl Friedrich von Weizsäcker, Frederick Leboyer und der kanadische Premierminister Trudeau. Verantwortlich für die Übersetzung von Mâ's Aussagen ins Englische war die österreichische Brahmachârîni Âtmânanda, die Mâ 1943 in Almora begegnet war und von 1945 an nur noch in Mâ's Âshrams lebte. Sie übersetzte auch für die westlichen Besucher, wenn sie ein privates Gespräch mit Mâ führen durften und weihte sie in die Gepflogenheiten des Âshramlebens ein. – 1974 hielt sich Graf von Dürckheim in Mâ's Âshram in Delhi auf. Er bat um Erlaubnis, sich zu einer stillen Meditation vor Mâ hinzusetzen. Dürckheim sagte später, er habe einen unaussprechlichen Frieden empfunden, der von Mâ ausging, und er sei augenblicklich fähig gewesen, „loszulassen". Als er sich vor ihr verneigte, hatte Mâ ihm gesagt: „Der Ozean ist in einem Wassertropfen enthalten und der Wassertropfen im Ozean."

Während Mâ selbst über jegliches Kastendenken erhaben war, werden jedoch in ihren Âshrams die diesbezüglichen Vorschriften streng beachtet (westliche Mönche, Nonnen oder Besucher schlafen und essen z.B. getrennt von Indern, z.T. in Gebäuden außerhalb der Âshrams). Als man ihr aufgrund dessen einen Widerspruch zu ihrer Lehre vorhielt, sagte sie, dass die meisten ihrer Anhänger auf einer Bewusstseinsebene leben würden, auf der ein Befolgen der Tradition für sie wichtig sei. Würde sie die Gefühle dieser Menschen ignorieren, so würden viele sich abwenden und sie hätte weniger Gelegenheit, sie spirituell zu führen. An einem bestimmten Zeitpunkt würden sie ihr Kastenbewusstsein ganz natürlich als Folge ihrer Bewusstseinsentwicklung hinter sich lassen, doch könne man dies nicht mit Gewalt erreichen.

In ihren Antworten benutzte Mâ häufig Parabeln und Wortspiele, um dem Fragenden einen Sachverhalt zu erhellen: Vedânta bedeutet Bheda Anta (Ende von Verschiedenheit); wo Râma (Gott) ist, da ist Arama (Ruhe); wo Râma nicht ist, da ist Byarama (Unbehagen, Krankheit); Verlangen (Vâsanâ) existiert, wo Gott nicht weilt (vasa na); Sâdhanâ muss geübt werden, um Svadhana (den eigenen Schatz) zu entdecken.

Nicht immer gab Mâ eine einzige Lösung als Antwort auf die Probleme ihrer Besucher. Manchmal zeigte sie auch nur verschiedene Perspektiven auf, aus denen man das Problem betrachten kann. Beispielsweise fragte jemand sie, ob es richtig für ihn sei, einen Prozess zu führen, da er bei einem Geschäft betrogen wurde.

Mâ mit Indira Gandhi

113

Mâ gab zur Antwort, dass man einerseits vor Gericht gehen könnte, um dem Missetäter eine Lektion zu erteilen und ihn von weiteren Übeltaten abzuhalten. Andererseits, wer ist es, der wirklich betrügt? „Sind nicht alle Formen, alle Wesen *Seine* Manifestationen? Was mir genommen wurde, stand mir offensichtlich nicht zu, Gott ist es, der es mir weggenommen hat." Eine andere Betrachtungsweise des Problems bestände darin, dass man durch Großzügigkeit und Vergebung eine Wandlung des Verbrechers bewirken könnte. Oder man könnte es unterlassen, vor Gericht zu gehen, indem man es als ausreichende Strafe auffasst, dass der Bösewicht für sich selbst schlechtes Karma geschaffen hat. Zuletzt könnte man bedenken, dass man nicht vor Gericht gehen würde, wenn der Übeltäter der eigene Bruder wäre. „Welcher dieser Standpunkte dir am meisten zusagt, danach solltest du handeln."

Als sich jemand über die mangelnde Eindeutigkeit ihrer Antworten beklagte, entgegnete Mâ: „Zumindest hast du begriffen, dass es einen Zustand gibt, in welchem Probleme nicht länger auf eine bestimmte Weise gelöst werden. Im Lauf deines Lebens bist du nach sorgfältiger Überlegung bei vielen Fragen zu einer Entscheidung gelangt, nicht wahr? Aber nun musst du erkennen, dass keine Lösung jemals endgültig ist; mit anderen Worten, du musst dich jenseits der Ebene begeben, wo Sicherheit und Unsicherheit existieren. Wenn man mit Hilfe der Vernunft zur Lösung eines Problems gelangt, so ergibt sich diese Lösung unausweichlich von einem *bestimmten* Standpunkt aus. Folglich existiert auch die Möglichkeit zu entgegengesetzten Standpunkten, da deine Lösung nur *einen* Aspekt darstellt. Was hast du also wirklich gelöst? Du wirst für jedes Problem eine vollständige und endgültige Lösung innerhalb des jeweiligen Rahmens finden, in dem es sich gerade stellt, und du wirst auch entdecken, dass es eine Ebene gibt, auf der alle (tatsächlichen und möglichen) Probleme nur eine universelle Lösung haben, in der keinerlei Widerspruch mehr existieren kann. Dann wird die Frage von Lösung oder Nicht-Lösung überhaupt nicht mehr aufkommen: Ob man ‚ja' oder ‚nein' sagt – alles ist DAS."

Oft sagte sie auch zu jemandem: „Schau, alles was ich dir sage, gilt nur für dich; anderen wird es nichts nutzen." Sie vertrat keine standardisierte Lehre. Sie konnte bei jedem Menschen die Samskâras wahrnehmen und sehen, was dieser in früheren Leben erfahren hatte. Deshalb war die Unterweisung für jeden einzelnen sehr individuell und nicht von einer Person auf eine andere übertragbar.

Als der verstorbene Präsident Indiens, Dr. Rajendra Prasâd, Mâ 1961 besuchte und sie nach einer gesunden Grundlage für die moderne Gesellschaft befragte, antwortete sie, dass vor allem das erste der vier Âshra-mas[53] (Lebensstadien) eingehalten werden müsse. Wenn Kindern in frühen Jahren Selbstbeherrschung, Einfachheit und Genügsamkeit beigebracht würde und wenn ihnen klargemacht würde, dass der einzige Zweck menschlicher Existenz Gottverwirklichung sei, hätten sie eine sehr gute Basis für ihr zukünftiges Leben. Dann würde Brahmachârya ganz natürlich zu Brahmavidyâ (Wissen über Gott) führen. In diesem Fall käme es nicht so darauf an, ob der junge Mann bzw. das junge Mädchen dann direkt den Weg von Brahmachârya zu Sannyâsa wähle oder ob sie zuvor die Stadien von Grihastha und Vanaprâstha durchliefen. Jenen, die den Pfad des Familienlebens wählten, wurde in Anlehnung an die indische Tradition geraten, ihre Eltern den Heiratspartner aussuchen zu lassen, da junge Leute leicht durch bloße physische Anziehung in ihrer Wahl beeinflusst würden. Braut und Bräutigam sollten sich, wie es in Indien Brauch ist, vor der Hochzeit nicht sehen, zu allererst solle ihr Bund vor Gott geheiligt werden. Die Eheleute sollten sich mit 55 Jahren, spätestens aber mit 60 Jahren vom weltlichen Leben zurückziehen.

Oft sagte Mâ, dass Schmerz und Leid förderlich für das spirituelle Wachstum seien, und so zeigte sie auch manchmal, obwohl sie für gewöhnlich sehr liebevoll war, nach außen hin ein „strenges" Verhalten. Es wird berichtet, dass sie einst einen Anhänger, dessen Frau gerade gestorben war, mit Lachen begrüßte. Als dieser sie völlig betroffen nach dem Grund ihrer Heiterkeit fragte, sagte sie: „Vater, jetzt ist eine Barriere weniger zwischen dir und Gott." Menschen, die sich beklagten, dass man als Preis für spirituellen Erfolg weltliche Vergnügungen aufgeben muss, entgegnete sie, dass jene, welche ein spirituelles Leben ablehnen würden, eher diejenigen seien, die am meisten entsagten.

Da Mâ Gottverwirklichung als den einzig wirklichen Sinn des Lebens ansah, maß sie materiellem Fortschritt im westlichen Sinne weniger Bedeutung bei. Von ihrem Standpunkt aus entbehrten die materiellen Errungenschaften der modernen Zivilisation ebenso der Wirklichkeit wie alle anderen Aspekte dieser vergänglichen Welt: „Viele fühlen einen Drang, eine neue

---

[53] Âshramas sind die vier aufeinanderfolgenden Lebensstadien, wie sie traditionell von den vedischen Schriften gelehrt werden: Brahmachârya, in dem der Schüler im Zölibat lebt und bei einem Meister die Lehren der heiligen Schriften studiert (allgemein: Leben der Enthaltsamkeit im Streben nach dem Höchsten); Grihastha: Familienleben; Vanaprâstha: das Stadium, in dem sich die Eheleute zurückziehen und Kontemplation und spirituelle Disziplinen üben; Sannyâsa: Leben als Mönch, der Familie, Besitz, Stellung und allem, woran er hing, entsagt, um sich völlig dem Göttlichen hinzugeben.

und bessere Welt zu schaffen; stattdessen sollte man seine Aufmerksamkeit auf etwas lenken, das einem hilft, vollkommenen Frieden zu finden. " Wenn der technische Fortschritt jedoch eine Hilfe beim spirituellen Weg darstellte, fand er Mâ's Billigung.

Ma benutzte nicht nur einen Begriff für Gott. Sie wechselte ständig zwischen einem männlichem und weiblichem Pronomen für Gott und betonte gleichzeitig die Nicht-Dualität. „So wie ihr in einer Person Ehemann, Vater und Sohn genannt werdet, so wird auch ER Mutter, Vater, was auch immer genannt." Meistens nannte sie Gott Bhagavân, aber auch Brahman, Parabrahman, Nârâyana oder Mahadevî. Diese philosophische Flexibilität und die Verwandlung sektiererischer Konzepte und Begriffe in eine größere Universalität war typisch für Mâ's Lehre. Die jeweilige spirituelle Ausrichtung ihrer Devotees schien ihr völlig einerlei zu sein, es ging ihr nur darum, sie zu ermutigen, ihre Praxis und ihr Verständnis zu vertiefen. Sie lehrte, dass alle Wege eins sind, und unterstützte die Devotees dabei, jeden beliebigen Weg zu gehen, der ihrer Neigung entsprach.

1982 kam die Zeit, in der sich Mâ's Körper aus der sichtbaren Welt lösen wollte. Nach einer anstrengenden Reise nach Kalkutta und Agartala schien er sehr geschwächt, obwohl keine spezielle Krankheit diagnostiziert werden konnte. Sie nahm keine feste Nahrung zu sich, nur winzige Mengen an Flüssigkeit, die sie jedoch oft gar nicht bei sich behalten konnte. Bei früheren Anlässen hatte sie oft zu verstehen gegeben, dass Japa und Konzentration auf Gott zur Heilung ihres Körpers beitragen konnten. Diesmal antwortete sie auf die Bitten, wieder gesund zu werden, nur: „Es ist kein Kheyâla da, was auch immer Gott tut, ist richtig." Dem Shankarâchârya des Shringeri Mâths sagte sie am 1. Juli in Dehradun: „Bâba, dieser Körper hat gar keine Krankheit. Es ist die Anziehungskraft des Unmanifestierten, die all dies verursacht" – dabei hob sie ihre Hände empor – „alles, was Du siehst, erklärt sich dadurch." Auf Briefe gab sie meistens nur die Antwort: „Bhagavat smaran, – besinne dich immer auf Gott." Darshan war bis auf wenige Ausnahmen nur Sonntagabend eine halbe Stunde lang möglich. So verstand Mâ es in ihrer Barmherzigkeit, ihre Kinder allmählich an ihre physische Abwesenheit zu gewöhnen, auf dass jeder ihre Offenbarung und Führung mehr im eigenen Herzen suchen möge.

Als ein Arzt sie am 23. August fragte, ob sie sehr leide – ihr Zustand schien sehr ernst – erwiderte sie: „Ganz und gar nicht." Sie hatte nicht die geringste Identifikation mit ihrem Körper und beobachtete ihn wie ein unbeteiligter Zuschauer. Einige Personen, die Mâ in ihren letzten Tagen sahen, hatten das Gefühl, dass sie litt, – doch was konnten Außenstehende angesichts jenes Bewusstseins der Einheit, in dem Mâ immer lebte, über sie sagen?

Im Kishenpur Âshram in Dehradun, in dem sie sich vom 24. Juli an aufhielt, wurde vom 9. August an ununterbrochen das Râmâyana rezitiert. Je schwächer Mâ's Körper wurde, desto machtvoller und fühlbarer wurde ihre Gegenwart. „Darshan geschieht nicht durch die Augen", sagte einst ein großer Weiser. Vor ihrem Mahâsamâdhi lehrte Mâ diese Wahrheit äußerst eindringlich. Auf Veranlassung des Gouverneurs von Uttar Pradesh und des Gesundheitsministers war auch ein Team hochqualifizierter ayurvedischer Ärzte zu Mâ gesandt worden, um ihren Zustand zu untersuchen und einige Kräutersäfte zu verschreiben, gegen die sie nichts einwenden würde.

Zu dem Gouverneur der Punjab-Provinz, der sie besuchte, sagte Mâ am 20. August: „So wie Du bisher hierher kamst, komme weiterhin und betrachte dies (den Âshram und seine Bewohner) als zu dir gehörig." Mit diesen Worten schien Mâ alle Devotees anzuweisen, die Aktivitäten fortzu-

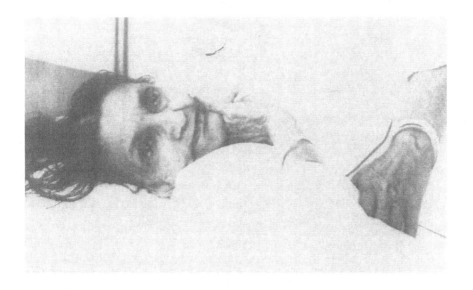

setzen, die begonnen wurden, als sie noch sichtbar unter ihnen weilte. Ansonsten hinterließ sie keinerlei Hinweise, wie die Âshrams weitergeführt werden sollten, da sie sich nie mit deren Organisation beschäftigt hatte.

Der Generalsekretär der Divine Life Society[54], Rishikesh, Swâmî Krishnânanda, kam am 23. August zu Mâ. Er hatte den inneren Wunsch, Mâ an Râdhâshtami (Shrî Râdhâ's[55] Geburtstag, der in jenem Jahr auf den 26. August. fiel) als Râdhâ zu verehren. Mehrere Male fragte er: „Mâ, was für einen Dienst können wir Dir erweisen?" Mâ sagte dreimal „Nârâyana" und dann „jo andar se aye" – „was immer von innen kommt". Daraufhin wurden am nächsten Morgen im Shivânanda Âshram, Rishikesh, religiöse Zeremonien für Mâ's Gesundheit begonnen. Als Swâmî Krishnânanda ging, hatte er das Gefühl, dass dies sein letzter Besuch war. Seine Pûjâ war die letzte Pûjâ, die Mâ dargebracht wurde.

Die letzten vier oder fünf Tage hatte Mâ zwar kein Erbrechen mehr, doch in den letzten drei Nächten traten ernstliche Atembeschwerden auf. Am 25. August um Mitternacht sagte sie zu einem der ihr aufwartenden Mädchen: „Sag allen, sie sollen sich zu Japa und Meditation hinsetzen, wo sie auch sein mögen." Alle befolgten Mâ's Anweisung. Nach Mitternacht sagte sie auf einmal „Namo Shivâya" und wiederholte dann dreimal „Brihaspativar"(Donnerstag). Am 26. August sah sie etwas besser aus. Doch nachts wurden die Atembeschwerden bedenklich; um 2.30 Uhr wurde ihr Zustand alarmierend. Der ayurvedische Arzt wurde gerufen und riet zu Massagen, die am 27. den ganzen Tag lang fortgesetzt wurden. Mâ's Hände und Füße wurden wärmer und ihr Atem etwas ruhiger. Am Freitagmorgen, den 27. August, hörten die Mädchen, wie sie mehrere Male, fast flüsternd, wiederholte „Nârâyan Hari". Das waren ihre letzten Worte. Um 15.30 Uhr öffnete sie plötzlich etwa eine Minute lang ihre Augen in vollem Bewusstsein. Um 19.45 Uhr[56] öffnete sie ihre Augen nochmals und blickte nach oben. Innerhalb weniger Minuten tat sie ihren letzten Atemzug.

Sofort wurde Kîrtan begonnen und die ganze Nacht hindurch gesungen, sowie die gesamte Bhagavad Gîta rezitiert. Als die Mädchen Mâ nach einer Weile in einen Seidendhoti kleideten, den sie immer zur Pûjâ zu tragen pflegte, und ein heiliges Zeichen auf ihre Stirn auftrugen, wurde ihr Gesicht so jung und strahlend wie früher.

---

[54] gegründet 1936 von dem großen Heiligen Swâmî Shivânanda (1887-1963)
[55] Râdhâ ist die ewige Geliebte Shrî Krishnas, eine Manifestation Seiner Freudenenergie.
[56] MEZ viereinhalb Stunden früher

Bereits um 21.15 Uhr strahlte das Fernsehen in New Delhi die erschütternde Nachricht aus, ebenso der BBC am nächsten Morgen. Am 28. August wurde Mâ's Körper nach Kankhal gebracht, wo man bis zum 29. noch Darshan in der großen Halle des Âshrams vor Âdi Shankarâchâryas Tempel erhalten konnte. Samstag Mitternacht wurde Mâ's Körper aufgerichtet, um ihm in Sitzhaltung – entsprechend den Anweisungen der Shâstras hinsichtlich der Bestattung von Sannyâsis – Samâdhi[57] zu geben. Obwohl Mâ kein Sannyâsi war, wünschten die Oberhäupter der verschiedenen Orden, ihren Körper auf diese Weise zu bestatten.

Mâ hatte im übrigen nie Anweisungen oder auch nur Hinweise gegeben, wie man mit ihrem Körper nach dem Tod verfahren solle. Auch hier folgte sie ihrer Maxime „jo hoye joy" – „was auch immer geschieht, ist gleichermaßen willkommen". Einige Devotees hatten gedacht, Mâ würde ihren göttlichen Körper nicht wie ein normaler Sterblicher verlassen, sondern sich auf geheimnisvolle Weise einfach auflösen, doch das wäre nicht ihre Art gewesen. Ihr ganzes Leben lang hatte sie soweit wie möglich ihre göttlichen Fähigkeiten verborgen gehalten. Ja, vor vielen Jahren hatte sie einmal gesagt, sie würde ihren Körper auf „die gewöhnlichste der gewöhnlichsten Weisen" (sadharan se sadharan) aufgeben, und so geschah es.

Am Mittag des 29. August traf Indira Gandhi mit verschiedenen Vertretern der Regierung ein. Um 13.30 Uhr wurde Mâ's Körper so hoch gehoben, dass jeder in der Halle den letzten Darshan erhalten konnte. Dann wurde er von Mahâtmâs zum Samâdhi (Grab) gebracht, welches sich auf dem Innenhof des Âshramgeländes neben dem Sâdhu-Gebäude genau dort befindet, wo ein Jahr zuvor noch ein riesiger Banyanbaum gestanden hatte. Die letzte Pûjâ und Aratî wurden gleichzeitig zu Kîrtan und Vedenrezitation vollzogen, bevor Mâ's Körper eingesenkt und das Grab mit einer Marmorplatte abgedeckt wurde. Hunderte von Devotees, unter ihnen selbst Indira Gandhi, konnten ihre Tränen nicht zurückhalten. Als die Zeremonien beendet waren, brachte Frau Gandhi ihr letztes Pranâm dar, und andere folgten ihr.

Mâ lebt nicht mehr in ihrem physischen Körper. Doch ist und bleibt sie die universelle Mutter, die in unseren Herzen wohnt, stets auf unser höchstes Wohl bedacht und unser aufrichtiges Gebet erhörend. Alles, was wir zu tun haben, ist, ihre Anweisungen zu befolgen und unsere Aufmerksamkeit nach innen zu lenken.

---

[57] hier: Begräbnis

„Bemühe dich mit aller Kraft, wie gering sie auch sein mag.
ER ist da, um zu erfüllen, was ungetan blieb."

Jeder, der wirklich Mâ's Führung sucht, wird sie erhalten, wo er auch sein mag, und wer sich ihrer Gnade öffnen kann, wird gesegnet werden im Überfluss – daran besteht nicht der geringste Zweifel.

Mâ's Art und Weise des „Lehrens"

Es ist faszinierend und sehr aufschlussreich zu sehen, wie unterschiedlich Mâ mit verschiedenen Personen und ein und derselben Person in verschiedenen Zeiten und Entwicklungsphasen umging. Der ideale Lehrer hat keine Methode – er ist eins mit dem Schüler und mit dem, was er lehrt, und ist daher Meister jeder Situation. So war es auch bei Mâ. Man kann nur über die unendliche Vielfalt an Methoden staunen, die sie völlig mühelos zu beherrschen schien. Mâ übte nie Zwang aus. Sie gab jedem die äußerste Freiheit, auf seine eigene Weise voranzugehen, solange seine Aufmerksamkeit ständig auf Gott oder die Wahrheit gerichtet war. „Sei auch nicht einen Augenblick ohne IHN, denke mit jedem Atemzug an IHN." Das war ihr immer wiederkehrendes Leitmotiv, das sie jedoch auf endlos verschiedene Weisen vermittelte. Sie verlangte von niemandem, seinen spirituellen Weg zu ändern, es sei denn, er war vom Weg abgekommen oder hatte das Gefühl, er könne einfach keinen Fortschritt machen. Sie führte und unterstützte jeden aktiv auf seinem eigenen Weg. Was zählte, war weniger, *was für* einen Weg man praktizierte, als vielmehr die Aufrichtigkeit, das intensive Streben und die rückhaltlose Hingabe des Suchers. „Weine nach Gott", sagte Mâ, „doch nie wegen irgendetwas anderem."

Mâ gab im allgemeinen keine formelle Initiation[58] (oft wurde diese von ihrer Mutter erteilt). Nach Didimâs Tod 1970 gab sie jedoch auf ihre eigene Weise Initiation, doch protestierte sie oft dagegen, ein Guru genannt zu werden. Dennoch ermutigte sie einige, aber keineswegs jeden, sich von einem Guru initiieren zu lassen. Sobald man einen Guru angenommen hatte, sollte man ihm rückhaltlos folgen, es sei denn, er wäre einer jener falschen Lehrer, die ihre Schüler tiefer in den Sumpf der Täuschung locken, anstatt sie zum Ziel menschlichen Lebens zu führen. In so einem Fall riet sie dazu, die Verbindung unwiderruflich zu lösen und neu zu beginnen.

Die Art und Weise, wie Mâ Konflikte und Zweifel zerstreute, die viele hinsichtlich ihrer eigenen Meister empfanden, war erstaunlich. So wie ein ganzes Haus durch das bloße Drücken eines Schalters erhellt werden kann, ebenso konnte Mâ gleichsam eine Flut von Licht auf die Schwierigkeiten des Schülers werfen, so dass ihm ein neues Verständnis der Anweisungen seines Meisters aufging und er wieder geistigen Frieden erlangte. Mâ tat

---

[58] ausgenommen waren Fälle wie Bholânâth, Bhâijî u.ä.

dies entweder durch Worte oder in der Stille – wie der jeweilige Fall es erforderte – manchmal während eines einzigen Interviews und in besonders schwierigen Fällen allmählich durch das Wunder ihrer heilenden, erleuchtenden Gegenwart. „Ich habe keinen besonderen Weg", sagte Mâ, „alle Wege sind meine Wege." Das übertrifft alle Toleranz und hat eine ungeheure Tragweite: In Mâ's Person finden wir alle Glaubensrichtungen, Philosophien, Lehren und Yogamethoden tatsächlich vereint.

Mâ hatte ihre eigene einmalige Art, Fragen zu beantworten. Sie beleuchtete jedes Problem aus der Sicht des Fragenden und meistens auch aus vielen anderen Perspektiven. Ihre Antworten waren manchmal sehr kurz und inhaltsschwer, gelegentlich sogar verwirrend, aber stets gaben sie Anstoß zum Nachdenken. Wenn man über ihre Worte nachsinnt, erschließt sich mit der Zeit ihre ungeheure Tiefe und Bedeutsamkeit. Man bekommt den Eindruck, dass sie selbst das Problem, die Lösung und die Unendlichkeit jenseits von Problemen und Lösungen gleichzeitig ist. Es geschah immer wieder, dass Leute, die ihre Fragen nicht vorbringen konnten, selbst wenn keine ähnliche Frage von anderen gestellt wurde, ihre Antwort auf genau die richtige Art und Weise erhielten, indem sie nur an Mâ's „Frage- und Antwortstunde" teilnahmen.

Mâ besiegte die Zeit. Tausende erwarteten Hilfe und Führung von ihr, und kaum einer fühlte sich jemals enttäuscht. Nicht nur das: Sie schien es so gut wie nie eilig zu haben. Sie diskutierte und ging dabei manchmal bis ins kleinste Detail. Sie scherzte, lachte, sang und hörte Kîrtan, langen Vorträgen und der Lesung heiliger Schriften zu. Sie erzählte Begebenheiten aus ihrem Leben. Gelegentlich gab sie Anweisungen, wie gekocht werden sollte, wie ein Zimmer zu säubern und einzurichten sei, wie eine Halle für eine religiöse Veranstaltung oder Zeremonie geschmückt werden sollte, wie Gäste auf angemessene und höfliche Weise zu empfangen seien oder wie ein Kranker gepflegt werden sollte. Sie fand Zeit für diese und hunderte von anderen Dingen, durch welche sie auf unendlich verschiedene Weise lehrte, wie man unter allen Umständen ein hingegebenes Leben führen kann, und dass für jedes Temperament ein Weg gefunden werden kann und muss, der zu Gott führt.

Tag und Nacht waren für Mâ gleich. Während ihrer meisten sogenannten „Ruhepausen" am Tag oder in der Nacht hatte sie private Interviews mit jemandem oder es wurden ihr Briefe vorgelesen, und sie diktierte Antworten.

Es gibt Menschen, die regelmäßig in schwierigen Zeiten ihres Lebens Trost und Rat von Mâ in ihren Träumen bekamen. Manche Menschen hatten keine Gelegenheit zu ihr zu kommen, wenn sie ihre Stadt besuchte, oder ihr Interview wurde unterbrochen. Traurig und niedergeschlagen über ihr Pech gingen sie schlafen und träumten genau in jener Nacht ganz lebhaft von Mâ, so dass auf diese Weise die ersehnte Verbindung hergestellt wurde und einen dauerhaften Eindruck hinterließ. Manche erhielten sogar ein Mantra von ihr im Traum, und das Mantra, von dem sie zuvor nicht wussten, stellte sich als richtig heraus. Mâ sagte meist nichts zu solchen Vorfällen. Doch wenn sie gefragt wurde, ob Initiation im Traum von Initiation im Wachzustand bekräftigt werden müsse, antwortete sie oft: „Wenn du an die im Traum empfangene Initiation glaubst, so genügt das. Wenn nicht, musst du sie im Wachzustand wiederholen. Alles hängt vom Glauben, vom Denken, ab."

Mâ gab selten Befehle, und wahrscheinlich nur denen, die in sich durch Intuition, Unterscheidungskraft und Erfahrung vorbehaltloses Vertrauen an ihre unfehlbare Weisheit entwickelt hatten. Doch wenn sie befahl, war Gehorsam, ohne zu fragen warum, der einzige Weg. Zusammen mit der erteilten Aufgabe übertrug sie die Kraft, sie auch auszuführen. Oft war es jedoch nicht leicht. Es ist eine allgemein bekannte Erfahrung, dass die Befolgung von Mâ's Anweisungen unser Verstehen beschleunigt und unsere Initiative fördert. Dazu sind große Wachsamkeit und Konzentration notwendig, ja, die Anweisungen scheinen ganz offensichtlich darauf angelegt zu sein, ein Maximum an Können, Mut, Geduld und Ausdauer zu entwickeln, und gleichzeitig enthüllen sie gezielt die eigenen Schwächen und Fehler, so dass sie ausgemerzt werden können.

Sein Leben Mâ's Führung anzuvertrauen bedeutet, nach und nach die Abhängigkeit von Menschen, Dingen und Vorstellungen zu verlieren und von allen Ängsten befreit zu werden, sei es die Angst vor Unsicherheit, vor der Meinung anderer, vor Fehlschlag, Schmerzen und Tod. Alles kann verloren gehen, doch Mâ bleibt.

Mâ's Liebe und Mitgefühl waren viel zu tief, als dass sie nur eine Spur falschen Mitleids enthalten konnten. Mâ verzärtelte ihre Kinder nicht. Zu wachsen, zu lernen und geheilt zu werden, verursacht Leid, und das ist ein notwendiger Bestandteil des Lebens. Wer meint, in engem Kontakt mit Mâ zu leben, habe bedeutet, sich bequem zurückzulehnen und sich an ihrer Erhabenheit zu ergötzen oder vor Glück und Frieden ständig im siebten Himmel zu schweben und dabei alles Leid zu vergessen und gegen alle Störungen gefeit zu sein, der irrt sich gewaltig. Mâ konnte sehr bestimmt, ja, unnachgiebig sein, und hätte man nicht ihre grenzenlose und unbegreifliche Liebe auf so überwältigende Weise erfahren, könnte man ihre meisterhaften Operationen sogar als grausam empfinden. Manchmal tat Mâ etwas, das eine langgehegte Ansicht, einen Glauben oder ein Vorurteil erschütterte, und so etwas ist natürlich sehr schmerzhaft. Bei einer solchen Gelegenheit sagte sie einmal: „Was auch immer notwendig ist, füge ich mir selbst zu (für sie gab es keine ‚anderen'). Wenn ihr euch kratzt und blutet, macht ihr eure Hand dafür verantwortlich? Wenn ihr noch nicht einmal das ertragen könnt, wie könnt ihr jemals die Glückseligkeit des Selbst erfahren?" Wenn man Mâ's strahlendes Gesicht betrachtet, erkennt man, dass sie nie verletzen kann. Unser eigener Irrtum, unser eigenes Ego, das um sein Überleben kämpft, verursacht Schmerz, aber nicht Mâ.

Eine bekannte Heilige sagte einst über Mâ: „Mâ ist der Ozean selbst. Alle Flüsse strömen ins Meer, und doch wird das Meer nie voll oder leer. Ebenso bleibt Mâ's Zustand stets eins, vollkommen und unveränderlich. Von mehr oder weniger kann keine Rede sein. So sehe ich es. Das Verständnis gewöhnlicher Menschen ist wie ein Fluss, Mâ's Bewusstsein ist das Meer. Die Bhagavad Gîtâ ist von gleicher Natur." (Âtmânanda)

Die alldurchdringende, unwandelbare Natur des Weisen – gegründet in „Einem ohne ein Zweites"

Wer ist Ânandamayî Mâ? Diese Mâ lebt in jedem Herz, in jedem Körper und Geist, allgegenwärtig und unzerstörbar. Wenn man sie erkannt hat, kann man alles erkennen und erreichen. Ich bin alles. Ich allein bin in allem. Was immer ihr von mir sagt, das bin ich, unzweifelhaft, unbestreitbar, unvergänglich.

In Gott ist jeder und alles enthalten. Wo ist Gott nicht? Deshalb ist auch Mâ immer nah, obwohl der Körper nicht überall hingeht.

Mâ bedeutet *Âtmâ* (ewiges Selbst). Der ganze Weltenraum ist *MÂ-mayî* (durchdrungen von Mâ's Gegenwart).

Ich bin bei jedem, ob er zwanzig, fünfzig oder hundert Jahre alt ist. Ich existiere vor jeglicher Schöpfung, Erhaltung und Zerstörung der Welt.

Ich bin sowohl bedingt, als auch unbedingt. Ich bin weder unbegrenzt, noch begrenzt. Ich bin beides gleichzeitig.

Mein Wille würde unaufhaltsam sein, wenn ich ihn ausdrücken würde.

Ein junger Journalist aus Irland fragte: „Gehe ich recht in der Annahme, dass Du Gott bist?"
Mâ: „Es gibt nichts außer IHM, alle Wesen und Dinge sind nur Erscheinungsformen Gottes. Auch in deiner Person ist ER jetzt gekommen, um Darshan zu geben."
Frage: „Warum bist Du dann in dieser Welt?"

Mâ: „In dieser Welt? Ich bin nicht an einem bestimmten Ort. Ich selbst ruhe in mir selbst."

Frage: „Was ist Deine Aufgabe?"

Mâ: „Ich habe keine Aufgabe. Für *wen* kann ich wirken, wo doch nur EINER existiert?"

Wenn da ein Ich-Bewusstsein (Aham Jñâna) in mir wäre, könnte ich ausdrücken, wer ich bin. Da es nicht existiert, bin ich was immer ihr von mir sagen mögt.

Ihr alle liebt diesen Körper so sehr, dass ihr mich oft besuchen kommt, ungeachtet der weiten Entfernung, die viele von euch zurücklegen müssen. Doch ist es wahr, dass dieser Körper keinerlei Beziehung zu irgendjemandem von euch hat, außer der Verwandtschaft des Âtmâ, welche dieser Körper nicht nur mit einem jeden von euch, sondern auch mit allen Bäumen, Pflanzen, Blättern, Felsen, Bergen und allem anderen teilt.

Für diesen Körper existiert nur das EINE. Es gibt noch nicht einmal die Möglichkeit eines Zweiten. *Wer* kann dann *wem* Unannehmlichkeiten bereiten? Nur wenn es einen „anderen" gibt, kann er Schwierigkeiten machen.

Eine Frau kam mit einem Baby im Arm zum Darshan von Mâ, die gerade zu einer Ansammlung von Männern und Frauen sprach. Die Frau fragte: „Wo ist die Mutter hier?" Einer zeigte sie ihr.

Sie fragte Mâ: „Die Leute sagen, Du bist Mutter. Wo sind Deine Söhne und Töchter?"

Mâ: „Hier." (auf ihre Herzgegend zeigend)

Frage: „Wo ist dein Ehemann?"

Mâ: „Hier." (mit der gleichen Gebärde)

Frage: „Wo sind Deine Eltern?"

Mâ (lächelnd): „Hier in diesem Herzen."

Frage: „Und Dein Zuhause?"

Mâ (mit der gleichen Gebärde): „Hier! Hier in diesem Körper befinden sich alle Dinge des Universums – Vater, Mutter, Sohn und Tochter – alle geschaffenen Wesen. Aus diesem EINEN sind alle entstanden. Sie alle existieren in dem EINEN, dauern in IHM und verschmelzen schließlich wieder darin."

Ich nehme alles als *eins* wahr, ich kann von nichts als etwas Getrenntem sprechen.

„Dieser Körper spricht nie zu ‚jemand anderem', deshalb redet er so durcheinander ..."
    Frage: „Betrachtest Du nie jemand als ‚anderen'?"
    Mâ: „Nein – niemals."

Frage: „Mâ, hast Du Gott gesehen?"
    Ma: „So wunderbar. Er wird die ganze Zeit gesehen. Wer sieht wen? Alles ist nur Er. Nichts ist von Gott getrennt."

Frage: „Mâ, was warst Du im vergangenen Leben?"
    Ma: „Dies ist das erste Leben."

Frage: „Mâ, an wen denkst Du, wenn Du Deine Augen schließt?"
    Mâ: „Was ich mit offenen Augen tue – genau dasselbe tue ich mit geschlossenen Augen."
    Frage: „Über wen kontemplierst Du?"
    Mâ: „Während der Meditation tue ich genau dasselbe, was ich jetzt tue. Über jemanden zu kontemplieren – von so etwas kann nicht die Rede sein Das Selbst ruht in Sich Selbst. Wo ist *da* ein Zweiter?"

Für mich ist nichts neu, alles ist alt.

Für mich gibt es nichts zu sehen, zu hören oder zu sagen.

Frage: „Was ist die Natur Deines Samâdhi-Zustands? Savikalpa oder Nirvikalpa Samâdhi? Besteht noch Denken und Empfinden (mind) oder nicht?"

Mâ: „Nun, du selbst kannst diese Frage entscheiden. Alles, was ich sagen kann, ist, dass ich inmitten aller scheinbaren Veränderungen körperlicher und geistiger Natur das Gefühl habe und mir bewusst bin, immer ‚gleich' zu sein. Ich fühle in mir keine Veränderung der Zustände. Nenn es, wie du willst. Ist es Samâdhi?"

Dr. Mahendra Sarkar, ein bekannter Philosoph und Aurobindo-Schüler, fragte Mâ einmal: „Wenn jemand das Höchste Göttliche erkannt hat (Virât Darshan), überlebt dann sein menschlicher Körper?"

Mâ sagte: „Der Körper eines gewöhnlichen Sterblichen überlebt nicht. Aber hier (bei Mâ) ist es anders. Hier findet das Spiel von Virât (des Höchsten Göttlichen) und normales Verhalten (wie Gehen, Sprechen und Arbeiten) gleichzeitig statt."

Einmal wurde Mâ von der Rajmata von Udaipur eingeladen und besuchte auch den Tempel von Nâthadwâra. Als sie den Tempel betrat, sah sie, dass die Bildgestalt von Srî Nâthjî nicht da war und sie selbst an seiner Stelle saß. Als Mâ dieses erstaunliche Bild sah, konnte sie eine himmlische Stimme hören, die sehr sanft und liebevoll zu ihr sagte: „Du warst im Dvâpara Yuga gekommen. Und nun habe ich nach vielen Jahren wieder den Segen Deines Darshans." Als Swâmi Bhaskarânanda sie fragte, wessen Stimme dies gewesen sei, antwortete Mâ: „Yogamâyâ's."

Jemand fragte Mâ einmal, ob sie das Leben durch ihre beide physischen Augen wahrnehme oder durch das dritte „spirituelle Auge". Ma sagte: „Warum fragst du, ob ich durch irgendein besonderes Auge wahrnehme? Dieser ganze Körper ist mein Auge. Es ist möglich, durch jeden Teil des Körpers zu sehen – egal ob Hände, Füße, Haare; alles kann ein Organ der Wahrnehmung sein."

Ein Pandit schnitt verschiedene Themen an, um Mâ zum Sprechen oder Lachen zu bringen. Zwischendurch erklärte er zwei oder dreimal: „Nun, Mâtâjî ist in Samâdhi versunken." Mâ sagte darauf sehr sanft und langsam: „Für diesen Körper gilt so etwas wie in Samâdhi ,gehen' nicht. Kommen und Gehen[59] existieren hier nicht, Vater. Weder die Haltung von Samâdhi, noch die Gemütsverfassung wird angestrebt, noch ist es ein Zustand, der erlangt wurde. Was diesen Körper betrifft, so sind Umhergehen, Sitzen, Sprechen usw. genau dasselbe, was auch Samâdhi ist ... Seht, so wie ihr diesen Körper lachen, sprechen und umhergehen seht, so mögt ihr ihn auch, von eurer Sicht aus, in der Haltung von Samâdhi sehen. In Übereinstimmung mit dem Atemrhythmus nimmt er verschiedene Haltungen oder geistige Zustände an. Doch kann hier von Veränderung oder Unveränderlichkeit, Konzentration oder Abwesenheit von Aktivität in keinster Weise die Rede sein."

---

[59] Irgendeine Bewegung oder qualitative Veränderung, d.h. eine Phase, die durch eine ,andere', ,höhere' oder ,tiefere' abgelöst wird, existiert in Mâ's ununterbrochenem Seinszustand nicht, ungeachtet der Veränderungen, die der Betrachter von außen wahrnimmt.

Einmal teilte Ma die folgende Erzählung Didi mit: „Gestern sah ich, dass hier (auf ihre rechte Schulter zeigend) aus diesem Körper die Gestalt von Shrî Krishna erschien und nach einer Weile wieder in ihn zurückging. Immer wenn früher eine Pûjâ vollzogen wurde, pflegte sich die vollständige Gestalt der Gottheit aus diesem Körper (aus Mâ) zu manifestieren, mitsamt ihrem Bhâv, Âsan, Mudra und ihrer Shakti (Eigenschaften, Körperhaltung, heilige Handhaltungen und ihrer Kraft). Auch alle für die Verehrung erforderlichen Gegenstände manifestierten sich aus diesem Körper. All das passierte spontan ohne irgendeinen Willensimpuls oder einen Gedanken von mir. So wie ich euch alle klar vor mir sehe, genauso klar sah ich die prachtvoll geschmückte Gottheit vor mir, die in meiner Gegenwart verehrt wurde. Alles ging aus diesem Körper hervor und wurde später wieder in ihn eingezogen."

Genauso wie ich hier mit euch bin, so bin ich auch in den höheren Welten gegenwärtig. Ich kann jederzeit in diesen Welten wahrgenommen werden.

Es besteht kein Unterschied im Körper der Göttin Kâlî und in diesem Körper.

Für diesen Körper gibt es kein Kommen und Gehen. Dieser Körper kommt weder ‚irgendwoher‘, noch geht er ‚irgendwohin‘. Er isst keine Nahrung von ‚jemandem‘, noch trägt er Kleidung, die ‚jemand‘ gegeben hat. Das ganze Universum ist das Zuhause dieses Körpers. Ihr alle seid meine Väter, Mütter und Freunde. Es gibt nur ein allumfassendes Selbst (Âtmâ) – Einen ohne einen Zweiten. ‚Wohin‘ kann dieser Körper gehen? Er hat keinen Platz, sich zu bewegen, ja nicht einmal sich umzudrehen. Selbst wenn man ihn verdrängt, ist er immer noch da.

Mâ's Gegenwart war nicht auf unsere Welt (Bhûloka) beschränkt; sie war gleichzeitig auch in den feinstofflichen Welten körperlich gegenwärtig und die Bewohner dieser Welten ehrten ihre Anwesenheit dort ebenso wie wir es hier taten. Als man sie fragte: „Wurdest Du dort auch gegrüßt? Bist Du an beiden Orten gleichzeitig gegenwärtig?" sagte sie: „Ja, ich bin dort körperlich genauso gegenwärtig wie hier ... kann jederzeit gesehen werden."

Für mich breitet sich ein einziger großer Garten über das ganze Universum aus. Alle Blumen und Tiere, alle Menschen und höheren Astralwesen spielen auf verschiedene Weise in diesem Garten und sind selbst einzigartig und schön. Ihr Dasein und ihre Vielfalt machen mir große Freude. Jeder von euch steigert durch sein besonderes Wesen die Herrlichkeit des Gartens. Und so gehe ich im selben Garten nur von einer Stelle zur anderen.

Weil ihr Menschen nur in Begriffen von ‚Kommen' und ‚Gehen' denken könnt, nehmt ihr an, auch ich komme und gehe auf eine Weise, die diesem Denken von euch entspricht. In Wirklichkeit bin ich stets gleichbleibend. Ich reise nicht hierhin und dorthin. Wenn ihr in eurem Haus seid, bleibt ihr nur an einer bestimmten Stelle? Natürlich geht ihr in eurem Haus von einem Zimmer ins andere. Ebenso wandle auch ich nur in meinem eigenen Haus umher – diese ganze Welt ist mein Haus.

Dieser Körper gründet keinerlei Âshrams. Wo keine Anspannung (shrama) existiert, kann man von einem Âshrama sprechen. Über dieses Universum hinaus und den ganzen Kosmos erfüllend gibt es nur einen einzigen Âshram, wo es Seen und Meere gibt, doch keinerlei Unterscheidungen wie „Heimat" und „Ausland" – ja, er enthält alles, was man ihm zuschreibt.

Dieser Körper wohnt in allen Âshrams. Ihr meint, er sei auf den Âshram begrenzt, den ihr aufgebaut habt, doch dieser Körper kennt nur einen einzigen Âshram, der sich über das ganze Universum erstreckt. Wie kann da Getrenntheit existieren?

Die Autorität eines „kleinen Mädchens":
Das Selbst, spontan und absichtslos, ist der Lehrer

Frage: „Wie sollen wir meditieren?"

Mâ: „Genau gemäß den Anweisungen eures Gurus."

Der Fragende: „Du bist der Guru!"

Mâ: „Ich bin nur ein kleines Mädchen – immer und ewig ein kleines Mädchen! *Ihr* habt das kleine Mädchen auf ein hohes Podest gesetzt!"

Beim Samyam Vrata (der „Woche der Selbstdisziplin") 1981 fragte ein Mahâtmâ Mâ, seit wann sie die Inspiration fühle, die ewige vedische Religion (Sanâtana Vaidik Dharma) zu verbreiten.

Mâ erwiderte ihm schlagfertig: „Verbreitung (Prachâr) setzt *zwei* voraus. An *wen* soll ich etwas verbreiten? Wo ist der Zweite?"

Frage: „Mâ, warum gibst Du nicht Dîksha (Initiation)?"

Mâ: „Nun, es stimmt, dass die Beziehung zwischen Meister und Schüler auch ein Band ist, aber so empfindet es dieser Körper nicht. Als Selbst (Âtman) besteht bereits ein Bindeglied zu jedem ohne Ausnahme – warum sollte ich ein neues Band knüpfen?"

Ich verlange von niemandem, dass er meinen Rat anhört oder ihn annimmt. Dieser Körper äußert nur das, was ihr aus ihm hervorruft. Einige Menschen jedoch erhalten von diesen Worten das, was sie suchen. Andere wiederum ziehen keinen Nutzen daraus, da sie nichts nötig haben. Es ist etwa so: Angenommen, ihr habt auf eurem Weg etwas fallengelassen. Jemand, der hinter euch geht, mag es zwar bemerken, doch er geht weiter, während ein anderer es sorgfältig aufhebt und später benutzt. So ist es auch mit meinen Worten.

Da dieser Körper nicht aus irgendeinem Entschluss heraus oder mit einer bestimmten Vorstellung handelt, existiert für ihn so etwas wie Initiation geben oder ähnliches nicht. Dennoch sind alle Möglichkeiten in diesem

Körper enthalten. Bei so vielen Gelegenheiten entströmen diesem Mund plötzlich Keimmantren oder Sannyâsa Mantren[60]. Es mag dann vorkommen, dass jemand gehört hat, was geäußert wurde, und es mag auch geschehen, dass jemand auf irgendeine andere Weise etwas empfangen und es angewandt hat. Es haben Begebenheiten stattgefunden, bei denen gewöhnliche Menschen völlig davon überzeugt waren, dass sie beabsichtigt waren. In Wirklichkeit ist nichts dergleichen gewesen. Was kommen soll, geschieht einfach. Wisst ihr wie? Es ist etwa so: Die Erde ist bekanntlich immer da, und eine Frucht fällt vom Baum, und ein neuer Baum wächst heran. Aber niemand hat den Samen gesät. So wie sich ein Baum aus einem gesäten Samen heraus entwickeln kann, genauso kann die gleiche Art von Baum aus einer zu Boden gefallenen Frucht heranwachsen. Die Blüten und Früchte beider Bäume werden die gleichen sein. Ebenso hat auch dieser Körper keinen Wunsch, keine Absicht oder ein festgelegtes Ziel – alles geschieht spontan.

Frage: „Selbst wenn man sich Dir nur ein wenig nähert, hat es doch schon eine positive Wirkung, nicht wahr?"

Mâ: „Selbst wenn ihr nur ein wenig zu eurem Selbst kommt, ist es zu eurem Vorteil. Man sucht deshalb häufig Erleuchtete auf, um Befreiung aus dem Kreislauf von Geburt und Tod, von Entstehen und Vergehen zu erlangen. *Wirklich* zu kommen, bedeutet: nicht wieder fortzugehen."

Jeder, welchem Glauben oder welcher religiösen Lehre er auch immer angehören mag, erhält von diesem Körper all das, was er für seinen eigenen Pfad benötigt. Es ist sein eigenes Selbst, das ihm hilft – wenn er nur bereit ist, den Beistand anzunehmen.

Nennt mich, wie ihr wollt, und das bin ich. Nennt mich ein Insekt, und das bin ich. Nennt mich schlecht oder was auch immer, und das bin ich. Wenn ihr mich einen Freund nennt, bin ich das. Nennt mich eure Tochter, und ich bin das.

---

[60] Keimmantren: Mystische Lautsilben, die identisch mit der jeweiligen Gottheit sind, die sie repräsentieren und die wie Samen ein ungeheures spirituelles Kraftpotential enthalten (bîja= Same, Keim). Sannyâsa Mantren: Mantren zur Einweihung in den Lebensstand der Entsagung.

Frage: „Mâ, wir wissen noch nicht einmal, wie wir Dich etwas fragen sollen", bemerkte jemand einmal.

Mâ erwiderte lächelnd: „An wen möchtet ihr eure Fragen richten? Lehrer und Schüler pflegen Fragen auszutauschen. Hier gibt es weder einen Lehrer noch einen Schüler – hier ist derjenige, der Fragen stellt, auch derjenige, der sie beantwortet."

Frage: „Wenn Du keine Mission zu erfüllen oder Botschaft zu verkünden hast, warum sagst Du uns dann, dass wir Gott verehren sollen?"

Mâ: „Wenn ihr nicht fragt, dann habe ich nichts zu sagen, aber wenn ihr fragt, und wenn es mein Kheyâla ist, dann werde ich euch sicherlich etwas über den spirituellen Pfad (Shreyas) sagen."

Ich weiß nichts. Ich sage, was ihr meinen Ohren eingebt.

Bei einem Satsang beantwortete Mâ Fragen, die ihr von verschiedenen Teilnehmern gestellt wurden. Jene Zuhörer, die vertraut mit ihrer gewöhnlichen Art zu antworten waren, stellten überrascht fest, dass sie eine neue und ungewohnte Terminologie benutzte. Der Unterschied lag nicht so sehr im Inhalt, als vielmehr in der Art des Ausdrucks. Viele Leute vermochten ihr nicht mehr zu folgen. Mâ jedoch fuhr fort, indem sie sehr ausführlich weitere Punkte erklärte. Am Ende des Treffens kamen zwei Männer nach vorn und verneigten sich vor ihr. Sie sagten, sie seien buddhistische Bhikshus (Mönche), die von weit her zu ihrem Darshan gekommen seien. Sie hätten sich besonders gefreut, dass Mâ gerade jenes Problem genau erklärt habe, welches sie schon lange beschäftigte.

Wenn ihr eure spirituellen Erfahrungen erzählt, sagt dieser Körper oft, dass er ähnliche Erfahrungen gemacht hat, und deshalb weiß, was sie bedeuten. Nicht nur das, wenn irgendjemand diesem Körper eine bestimmte Richtung von Sâdhanâ angibt, kann er bis in die kleinsten Einzelheiten die verschiedenen Stufen dieses Weges beschreiben.

Frage: „Was ist Mâ's Botschaft?"
Mâ: „Meine Botschaft ist nicht für jeden gleich."

Dieser Körper ist wie ein Musikinstrument; was du hörst, hängt davon ab, wie du spielst.

Frage: „Mâ, stimmt es, dass sich sogar bei kleinen, gewöhnlichen Anlässen keine Willensregung durch Dich ausdrückt?"
Mâ: „Da ist absolut nichts davon da. Weißt du, wie all dies Kommen und Gehen ist? Selbst wenn du einen Wunsch ausgedrückt findest, so geschieht das automatisch. Es ist nicht wie bei euren Wünschen. Es ist wie ein Stück Papier, das vom Windhauch getragen wird. Alles Notwendige geschieht im richtigen Augenblick. Schau, Bâbâ, was soll ich tun? Genauso wie Leute sich übergeben müssen, wenn es sie überkommt, auch so ist es. Ein Vergleich kann nicht alle Aspekte umfassen. Wunsch, Abneigung, Überlegung, verstandesmäßiges Erfassen oder Sorge darum, was andere sagen würden, nichts von alldem kann bei diesem Bhâva bestehen. Was geschehen soll, geschieht einfach."

Frage: „Mâ, einige Leute halten Dich für absolut vollkommen, doch sie können es nicht verstehen, warum Du ihre Fragen nicht immer zu ihrer Zufriedenheit beantwortest. Warum ist das so?"
Mâ (lachend): „Schau, du willst damit sagen, warum jemand, der vollkommen ist, nicht fähig sein sollte, jederzeit auch alle Fragen zu beantworten. Wenn jemand tatsächlich in jeder Hinsicht vollkommen ist, kann er alle Wahrheiten enthüllen, egal wie man dazu steht. Aber es ist auch möglich, dass er nicht die Gefühle irgendeines Anwesenden verletzen möchte. Ein andermal kann es sein, dass er sich mit seinen Worten auf die Bewusstseinsebene der anwesenden Personen einstellt. Es gibt ganz verschiedene Gesichtspunkte zu diesem Problem. Aber für diesen Körper gibt es keine Verwirrung: Was immer geschehen soll, geschieht. Dieser Körper hat kein bestimmtes Bhâva[61]. Manchmal werden bestimmte Wahrheiten durch diesen Körper verkündet, aber er kümmert sich in keiner Weise darum, ob er

---

[61] hier: festgelegte Einstellung)

die Leute damit zufriedenstellt oder nicht. Andere Male möchte dieser Körper nicht in irgendeiner Weise sprechen, wodurch die Gefühle anderer verletzt werden könnten. Was immer geschehen soll, geschieht durch diesen Körper. Was ist da verwirrend?"

Der Fragende: „Alles ist verwirrend." (Alle brechen in Gelächter aus.)

Mâ: „Wenn jemand glaubt, dass ich manchmal nicht fähig bin, eine Antwort zu geben, warum sollte es mir etwas ausmachen? Was auch immer ihr über mich sagen mögt, ich habe gegen nichts etwas einzuwenden."

A.D.Gupta: „Nun Mâ, was ist schlimm daran, wenn in der Vollkommenheit auch noch ein wenig Unwissenheit enthalten ist? Besteht Ganzheit nicht sowohl aus Wissen wie auch aus Unwissenheit?"

Mâ: „Sicher, es kann noch ein klein wenig Unwissenheit innerhalb der Vollkommenheit existieren, aber wisst ihr, wie es sich damit verhält? Dieses bisschen Unwissenheit befindet sich völlig unter der Kontrolle des Vollkommenen, während ein gewöhnlicher Mensch der Unwissenheit als solcher unterworfen ist. Ein Vollendeter jedoch unterliegt nichts und niemandem."

Jemand fragte Mâ: „Was für Träume hast Du?"

Mâ: „Schlaf ist nur möglich im Zustand der Unwissenheit. Und nur in so einem Schlaf können Träume erfahren werden. Für jemanden, der nicht in Unwissenheit ist und daher keinen Schlaf kennt, wie können da irgendwelche Träume existieren? Und wenn du sagen würdest, dass alles, was man sieht, ein Traum ist, wäre es wieder eine andere Sache."

Jeder kann über diesen Körper das denken, was er möchte, und das bin ich für ihn, nicht mehr und nicht weniger.

Ich spreche, selbst wenn ich still bin. Es ist einerlei, ob ich mit geschlossenen Augen da sitze oder mit offenen. Ob ich spreche oder nicht, ob meine Augen offen oder zu sind, ich bin immer in Meditation.

Frage: Mâ, ich habe gerade Dein ganzes Camp gesehen (bei der Kumbha Mela).

Mâ: Nichts gehört diesem Körper. Aus einer anderen Perspektive gehört alles, was in der Welt existiert, was jemals existierte und was existieren wird, diesem Körper.

Frage: Aber wenn etwas ausgenommen ist?

Mâ: Nichts ist ausgenommen. Überall ist nur Gott.

Frage: „Wer das Selbst verwirklicht, erlangt so viele übernatürliche Kräfte. Du kannst dem Regen gebieten, ja Du weißt bereits von vornherein, was ich denke. Wozu soll man Dir dann überhaupt noch Fragen stellen?"

Mâ: „Rede nicht über mich, ich bin nur deine Tochter. Doch Regen aufzuhalten oder die Gedanken anderer zu kennen, dazu braucht man keine Selbsterkenntnis. Und was deinen Wunsch betrifft, dass ich auf die Fragen eingehe, die du innerlich hast: Wenn jemand extravertiert ist, so findet mit ihm ein äußeres Gespräch statt. Doch wer die innere Sprache versteht, mit ihm wird der Dialog im Innern in Form von Fragen und Antworten geführt. Es ist nichts Besonderes daran – so wie ein Telefon: Ein Telefon ist hier angebracht, das andere dort, wo die Botschaft hingeht, und dann ist die Kommunikation da."

Mâ erklärte einmal, wie es sich verhält, wenn sie (scheinbar) Wünsche äußert: „Schau, dieser Wunsch, den ihr bemerkt, äußert sich nur als Antwort auf eure Haltung (Bhâva). In Wirklichkeit existiert in diesem Körper nicht so etwas wie Wunsch oder kein Wunsch. Kann ein Same den Wunsch hegen, zu einem Baum heranzusprießen? Kann ein Baum den Wunsch haben, dass Leute unter ihm spazierengehen, um seinen kühlenden Schatten zu erfahren? So wie das nicht der Fall sein kann, obwohl die Entwicklung natürlich dahin führt, ebenso werden Gefühlsregungen wie Wünsche natürlich in diesem Körper hervorgerufen. Solche Gefühlsregungen entstehen in diesem Körper entsprechend euren Bedürfnissen.

Das, was ihr braucht, geschieht durch diesen Körper. Ihr veranstaltet Kîrtan und singt. Die Stimmung (Bhâva), die aus dem Kîrtan entsteht, offenbart sich in diesem Körper. Dann feiert ihr Kâlî Pûjâ und bringt diesen Körper dorthin. Das Pûjâ Bhâva manifestiert sich durch diesen Körper. Oder ihr bittet mich um Sannyâsa-Einweihung (z.B. auf der Reise zum Kailash) und das Sannyâsa Mantra kommt über diese Lippen. Ich sage nichts aus eigenem Antrieb. Je nachdem mit welchem Bhâva ihr euch diesem Körper nähert, mit jenem Bhâva reagiert er automatisch und die entsprechende Handlung geschieht. Doch das folgt nicht einem Gefühl von Wunsch oder Nicht-Wunsch meinerseits.

Dieser Körper tut nichts aus eigenem Wunsch heraus. Er ist ein Spielzeug zu eurer Freude, für euer Spiel.

Als Besucher aus dem Westen sich verabschiedeten, sagten sie: „Wir fühlen uns sehr geehrt, dass wir das Privileg hatten, Mâtâjî zu treffen."

Mâ erwiderte prompt: „Geehrt? Wenn ihr euch untereinander trefft, mögt ihr euch geehrt fühlen, aber wenn ihr zu eurem eigenen Selbst kommt, gibt es nur Freude und Glück."

Die Nähe der göttlichen Mutter

‚Mâ' bedeutet ‚mayî' (alldurchdringend) und auch das Wesen, welches jedem genau gibt, was er nötig hat. Sie teilt jedem im richtigen Ausmaß Stärke oder Schwäche, Verwirklichung oder Nicht-Verwirklichung – alles – zu.

Die göttliche Mutter möchte ihren Kindern alles geben. Es ist ihr einziger Wunsch, dass alles, was sie besitzt, ihren Kindern gehören soll.

Bevor nicht der Glaube in dir erwacht, dass alles, was die göttliche Mutter tut, zum Besten ihres Kindes ist, kannst du die MUTTER nicht finden.

Frage: „Es gibt eine Hymne, in welcher die Weltenmutter als Hingabe wie auch Befreiung gebend gepriesen wird. Schenkt Sie beides oder wem verleiht Sie Hingabe und wem Befreiung?"

Mâ: „Die MUTTER kann alles geben und tut es auch wirklich. Entsprechend der Aufnahmefähigkeit des Einzelnen teilt Sie jedem genau zu, was seinem Bedarf und Verdienst entspricht. Deshalb wird Sie Mutter genannt. Was auch immer jemand wünscht, genau das wird er bekommen – wenn nicht heute, dann morgen. Jemand, der sich nach weltlichem Vergnügen sehnt, wird es finden, und auch der Wahrheitssucher, der Befreiung anstrebt, wird diese mit Sicherheit eines Tages erlangen."

Frage: „Warum muss ich nach meiner Mutter rufen? Sollte Sie nicht für meine Bedürfnisse vorsorgen?"

Mâ: „Wenn das Kind schläft, weckt die Mutter es auf, um es zu füttern. Setze all dein Vertrauen auf Sie. Die Mutter schenkt ihrem Kind immer volle Beachtung."

Pandit Sundarlal: „Die Mutter wird sicher die Bedürfnisse ihres Kindes wahrnehmen."

Mâ: „Wenn das Kind klein ist und laufen lernt, passt die Mutter auf, dass es nicht hinfällt. Wenn das Kind größer wird, braucht es nicht so viel Aufmerksamkeit."

Wenn das Kind einmal an der Hand seiner Mutter ist, besteht keine Gefahr mehr, dass es fällt. Es mag sein, dass die Göttliche Shakti in Ihrem unendlichen Spiel das Kind einmal fallen lässt, doch in so einem Fall bereitet Sie stets den Boden dafür und lässt niemals zu, dass das Kind Schaden davonträgt.

Jemand fragte Mâ: „Warum reagiert die göttliche Mutter nicht auf das Schreien Ihrer Kinder?" Sofort, ohne auch nur einen Moment zu überlegen, erscholl Mâ's Stimme: „Vater, Vater!" Niemand erwiderte ihren Ruf. Noch einmal rief sie, da erhob sich jemand und antwortete. Mâ lachte sehr und sagte triumphierend: „Ihr habt nicht geantwortet, weil ihr dachtet, mein Rufen sei nicht ernstgemeint. Doch als ihr erkanntet, dass ich euch rief, da habt ihr geantwortet. Ebenso weiß auch die Große Mutter, ob Ihre Kinder am Spielen sind oder ob sie Sie wirklich brauchen. Oft rufen sie Sie, ohne Sie wirklich zu brauchen. Aber wenn sie fallen und sich verletzen, antwortet Sie sofort."

Frage: „Wenn Gott als MUTTER angerufen wird, warum kommt keine Antwort?"

Mâ: „Sicher kommt eine Antwort! Hochentwickelte Menschen haben dies durch ihre Erfahrungen bestätigt. Rufe Sie auf jede beliebige Weise an, die Sie zur Antwort veranlassen wird. Wenn ein Kind weint, während es in sein Spiel vertieft ist, kommt die Mutter nicht, um es zu trösten. Aber wenn das Kind ganz untröstlich schluchzt, wird Sie auf jeden Fall zu ihrem Liebling eilen. Auch wenn das Kind nicht schreit, sondern sein Spiel aufgibt und beiseite tritt, kommt die Mutter zu ihm. Mit Spiel ist das Spiel des Lebens in der Welt (*Samsâra*) gemeint."

Deine Mutter mag ihre Zuneigung nicht äußerlich zu erkennen geben, und doch ist und bleibt sie immer deine wirkliche Mutter. Selbst wenn du Gott, die Mutter, verdrängen willst, wird Sie dich nie verlassen. Bist du nicht Ihr Kind? Eine Mutter tut, was gut und förderlich für ihr Kind ist. Sie gibt ihm genau das, was nötig ist, nicht mehr und nicht weniger. Ihr Verzeihen kennt keine Grenzen – deshalb wird sie Mutter genannt.

Wenn du mit tiefem Glauben, Hingabe und überfließender Liebe ausrufen kannst: „Mutter, komm, komm zu mir, ich kann nicht länger ohne Dich sein" – sei versichert, dass die Universelle Mutter Ihre Arme ausbreiten und dich an Ihr Herz drücken wird. Schau nicht nur in Stunden der Not zu Ihr als geheimnisvolle Zuflucht auf. Denk daran, dass Sie immer sehr, sehr nahe ist, als die Kraft, die dein Leben lenkt. Sie Selbst ist die höchste Zuflucht aller Lebewesen. Mit dieser Überzeugung solltest du voranschreiten. Sie wird dir die Last deiner Bürden von den Schultern nehmen und dich befreien.

Es gibt nur einen Âtmâ (ewiges Selbst). Du bist der Âtmâ, ich bin dieser Âtmâ, jeder ist dieser Âtmâ. So bin ich bei dir, wo immer du auch sein magst.

Der Âtmâ dieses Körpers ist der Âtmâ eines jeden. Es ist nicht möglich, dass irgendjemand irgendwo nicht zu Mâ gehört.

Ich bin immer bei jedem von euch, wo auch immer ihr gerade sein mögt. Aber euer Blick wird von weltlichen Angelegenheiten gefesselt, und ihr habt wenig Zeit, eure Aufmerksamkeit in all euren Gedanken und Handlungen auf diesen Körper zu richten. Was kann ich tun? Aber seid sicher, dass alles, was ihr in Gedanken oder Handlungen tut, ob ihr nah oder weit fort seid, meiner Aufmerksamkeit niemals entgeht … So wie eure Gesichter beim Aufleuchten einer Fackel in deutlichen Umrissen erglänzen, so erscheinen all eure Gesichtsausdrücke vor meinem Geist, wenn ihr über mich nachsinnt oder über mich sprecht, um zu mir zu beten.

Frage: „Warum bist Du auf diese Welt gekommen, Mâ?“ Mâ: „Angenommen, ihr habt einen schönen Garten und sitzt im Haus. Abends sagt ihr: Jetzt will ich mal rausgehen und meinen Garten anschauen. Ist da eine Motivation, den Garten zu sehen? Da ist keine Motivation, nur ein Impuls … ihr wollt mit eigenen Augen sehen, wie der Garten ausschaut. Da ist kein Beweggrund und keine Aufgabe. Und wenn ich sehe, dass eine Blume nicht gut wächst, pflücke ich sie, einfach aus Zuneigung.“

Dieser Körper sagt immer: „Wo habe ich eine Wohnstätte, wenn nicht in all euren Herzen?“

Vielleicht möchtet ihr diesen Körper aus eurer Erinnerung verbannen. Aber dieser Körper wird nicht einen einzigen Tag fortgehen – niemals wird er aus eurem Denken verschwinden. Wer sich einmal dazu hingezogen fühlte, diesen Körper zu lieben, dem wird es niemals gelingen, seinen Eindruck auszulöschen, ungeachtet hunderter Versuche. Dieser Körper wird ihm für alle Zeiten in Erinnerung bleiben.

Seht ihr, wie die Leute Dandavat Pranâm machen (sich der Länge nach vor Mâ hinwerfen wie ein Stock)? Warum? Weil sie meinen, ihre Seele unterscheide sich von jener, vor der sie sich niederwerfen. Doch in Wirklichkeit sind beide ein und dasselbe.

Meine Nahrung sind Leben der Hingabe.

Oft wurde es Menschen untersagt, diesen Körper zu berühren, aber sie verstanden nicht den Grund dafür. Es wurde angeordnet, weil sie nicht die Kraft gehabt hätten, es auszuhalten.

Beim Holi-Fest in Kalkutta wurde Mâ einst von vielen Devotees bedrängt, die sie in der Hitze fast zu erdrücken schienen, weil jeder so nah wie möglich bei ihr sein wollte.

Ein Devotee fragte: „Mâ, warum erlaubst Du all diesen Leuten, sich so nah an Dich zu drängen?"

Mâ antwortete: „Vielleicht zieht dieser Körper sie so nah an sich heran. Es ist nicht ihr Fehler."

Frage: „Findest Du es nicht sehr unangenehm und abstoßend?"

Mâ: „Nein. Es ist mir eine große Freude, dass sie sich so nah an mich drängen."

Frage: „Mâ, wir fänden es furchtbar lästig, wenn so viele Leute uns mit Geschichten über ihre häuslichen Schwierigkeiten und Sorgen plagen würden."

Mâ: „Weil ihr fühlt, dass euer eigener Körper und ihrer deutlich voneinander getrennt sind. So wie ihr das Gewicht eures Kopfes, eurer Hände und Füße, eurer Finger, Zehen und Beine nicht als schwere Last spürt, weil ihr sie als lebendige Teile eures eigenen Körpers empfindet, ebenso fühle ich, dass all diese Menschen organische Glieder dieses Körpers sind, und so empfinde ich ihren Druck nicht und spüre auch nicht, dass ihre Sorgen auf mir lasten. Ihre Freuden und Sorgen, Probleme und ihre Lösungen empfinde ich als lebendige Teile von mir. Und auch ihre Handlungen und deren Folgen sind letztlich die meinigen. Ich empfinde keine Identifikation mit dem Körper (*dehâbhimâna*) oder ein Gefühl von Getrenntheit (*bhedabuddhi*). Jeder von euch hat gleichermaßen die Höhe und Tiefe der Ewigkeit in mir.“

Frage: „Mâ, wir sehen so viele Probleme, so viel Elend in der Welt, was für eine Wirkung hat das auf Dich?“

Mâ: „Sieh, du sitzt hier und auf dem Berg dort drüben sind viele Leute und ein geschäftiges Kommen und Gehen. Du beobachtest sie still, wie ein Zuschauer, ein ‚Seher‘. Selbst das ist nur *ein* Aspekt dieses Themas.“ Dann schwieg Mâ.

Später am Abend, als sie mit Gurupriya Didi allein im Zimmer war, kam sie noch einmal auf die Frage zurück. Sie sagte: „Sieh, nicht immer werden alle Gedanken in Worten ausgedrückt. Vorhin fragten sie mich: Wie wirst Du von den Freuden und Leiden der Welt beeinflusst? Weißt du, wie es in Wirklichkeit ist? Es ist so, als ob ich meine eigenen Hände, meine Füße, meinen Kopf usw. ansehe und sie bewege. Und genauso ist es, wenn sich jemand, wie ihr es ausdrückt, aggressiv gegenüber diesem Körper benimmt und bestimmte Ausdrücke gegen ihn gebraucht – wisst ihr, was dann geschieht? Es ist so, als wenn man sich mit seinen eigenen Nägeln verletzt. Über wen sollte man dann ungehalten sein? Außerdem gibt es da gar kein ‚Verletzen‘. In Wirklichkeit ist da nur EINER ohne ein Zweites. Und selbst, wenn ihr von ‚ich‘, ‚du‘ usw. sprecht, wisst ihr, wie es sich mir zeigt? ER SELBST ist in all diesen Formen offenbar. ER verletzt Sich Selbst – so zeigt es sich. Deshalb kann nichts ein Anlass sein, sich betrübt oder beleidigt zu fühlen.“

Merke dir: Wann immer du an diesen Körper (Mâ) denkst, wird er bei dir sein.

Manchmal sagen Leute, die mich besuchen: „Ich hoffe, mein Besuch stört Dich nicht?“ Weil sie sich von mir getrennt halten wollen, kommen solche

Fragen unversehens von ihren Lippen. Fragt euch einmal, ob ihr so denkt, wenn ihr euren Vater, Mutter, Bruder oder Schwester sehen wollt. Ihr fühlt euch angenehm in ihrer liebevollen Gesellschaft, und sogar wenn euer Besuch ihnen einige Unannehmlichkeiten bereitet, werden sie keine Notiz davon nehmen. Wenn ihr begreift, dass dieser Körper euch allen gehört, werdet ihr nicht zögern, wenn ihr zu mir kommt. Wo immer ihr auch hingeht, seid mit Herz und Seele dabei, und dann wird euch niemand fremd erscheinen. Wann immmer ihr dazu aufgelegt seid, kommt und seht mich. Es ist eine große Freude, euch alle zu sehen, die ihr Erscheinungsformen der Einen Höchsten Freude seid.

Dieser Körper hilft auch denen, die ihn nie gesehen oder sogar nie von ihm gehört haben.

Was diesen Körper betrifft, so ist jeder mit ihr verbunden, da jeder nur die Seele ist. Deshalb sagt dieser Körper, dass sie nicht mit „anderen" spricht und nicht in die Häuser „anderer" geht, dass sie keine Dinge isst, die „andere" ihr geben und keine „anderen" sieht, weil es keine „anderen" für sie gibt … Nur Er ist überall, sonst nichts. Das denkt dieser Körper und was er denkt, ist so. Deshalb scheut sie sich nicht, belanglos daherzureden. Egal ob der „andere" genauso fühlt oder nicht, sie empfindet alle als mit ihr verbunden.

Ich habe kein Bedürfnis, irgendetwas zu tun oder zu sagen; es bestand nie irgendein Bedürfnis dazu, noch ist es jetzt da, und es wird auch in Zukunft niemals da sein. Was ihr früher in mir offenbart saht, was ihr jetzt seht und was ihr in Zukunft wahrnehmen werdet, ist nur zu euer aller Heil. Wenn ihr denkt, dass mir irgendetwas besonders eigen ist, so muss ich euch sagen, dass die ganze Welt mein eigen ist. Einzig für euch alle ist alles, was dieser Körper sagt oder tut – seine Handlungen, Bewegungen, sein Umherreisen. Was immer irgendwann durch diesen Körper für euch getan wird, ihr seid diejenigen, die es verursachen.

Durch diesen Körper geschieht spontan, was für euch alle notwendig ist.

Ihr mögt mich brauchen oder nicht, doch ich kann keinen einzigen Augenblick lang auch nur ohne den Ärmsten oder Geringsten jener sein, die hilfesuchend zu mir kommen.

Dieser Körper antwortet auch dem intensiven Ruf derer, die ihn überhaupt nie gesehen haben.

Niemand kann sich diesem Körper nähern, wenn es nicht mein Kheyâl (spontane, göttliche Eingebung) ist. Wer auch immer mit mir in Kontakt gekommen ist, muss irgendeine Art von Verbindung, wenn auch vielleicht nur ganz subtil, mit mir gehabt haben, die wie ein roter Faden in die Vergan-genheit zurückreicht.

Manchmal beginnt ihr zu zweifeln und denkt: „Was wir in zwanzig Jahren nicht von Mâ erhalten konnten, bekommt ein anderer in einem Augenblick." Denkt daran, dass eure Beziehung zu Mâ nicht erst seit diesem Leben besteht, sondern schon seit Zeitaltern. Einige, von denen ihr meint, dass sie erst vor kurzem gekommen sind, waren in vielen früheren Leben mit Mâ verbunden und scheinen deshalb alte Bekannte zu sein.

Jemand sagte: „Mâ, warum sagst Du nicht ‚ich werde bei euch sein'?"
    Mâ: „Wenn das nicht immer der Fall wäre, müsste es eigens erwähnt werden. Doch wo ist ER nicht? Dieses kleine Kind ist immer bei euch, selbst wenn ihr meint, da sei *nichts* – selbst dann!"

Dieser Körper ist wie ein Krankenhaus; jeder kann kommen, der geheilt werden möchte.

Die meisten Briefe an Mâ richteten sich an sie wegen weltlichen Dingen. Dann sagte Mâ: „ Vergeudet nicht die Zeit mit so etwas. Bittet um etwas Großes." Sie sagte auch einmal: „Ich habe so viel zu geben, aber es gibt niemanden, der es nimmt …"

Fast überall, wo Mâ sich aufhielt, sammelten sich sofort zahlreiche Menschen um sie und nutzten jede Gelegenheit, zu ihr zu kommen. Viele, die sich wieder von ihr trennen mussten, gingen mit Tränen in den Augen fort. Als ein Devotee Mâ einmal nach dem Geheimnis dieser Anziehungskraft fragte, lachte sie und sagte: „Ich stehe euch allen so nah und bin euch so lieb wie niemand sonst, auch wenn ihr es vielleicht nicht wisst. "

Dieser Körper ist immer im gleichen unveränderlichen Zustand – nur eure eigene geistige Haltung lässt euch bestimmte Phasen als gewöhnlich oder außergewöhnlich erscheinen.

Das Universum ist ein göttliches Spiel. Ihr habt den Wunsch zu spielen, und daher deutet ihr all die spielerischen Aktivitäten dieses Körpers – sein Lächeln, seine Ausgelassenheit und sein Verhalten – eurem eigenen Bewusstsein entsprechend. Hätte dieser Körper eine ernste, unbewegliche Haltung, so wärt ihr mir ferngeblieben. Lernt, in der Göttlichen Freude in all ihren Manifestationen aufzugehen, und ihr werdet das endgültige Ziel allen Spiels erreichen.

Ein Sanskritpandit traf Mâ 1981. Um diese Zeit ließ sie ein Yajña durchführen und er kam des Öfteren zu ihr, um die Durchführung des Yajñas zu besprechen, selbst wenn sie sich zurückgezogen hatte und sonst niemand zu ihr kommen durfte. Er erzählte: „An einem solcher Tage war ich Zeuge einer ihrer Siddhis. Sie ruhte sich allein in ihrem Zimmer aus und ich kam mit zwei oder drei Freunden von mir wegen des Yajñas. Sie lag in ihrem Bett und ihr Mund war von einem Tuch bedeckt. Wir verneigten uns vor ihr und setzten uns neben sie. Nach einigen Minuten sagte sie: ‚Setzt euch zu mir und ich werde euch etwas zeigen, aber bekommt keine Angst.' Sie setzte sich auf und entfernte das Tuch, das ihren Mund bedeckt hatte. Ihr Gesicht war sehr hässlich geworden. Die Unterlippe und das Kinn hingen fast 10 cm herunter und waren geschwollen. Mâ sagte: ‚Keine Sorge, ich bringe es wieder in Ordnung.' Innerhalb von wenigen Minuten brachte sie ihr Gesicht wieder zu seiner normalen Form zurück, als würde sie etwas kauen. Dann sagte sie: ‚Jetzt könnt ihr über das Thema sprechen, das ihr im Sinn hattet.' Also besprachen wir es, aber wir waren dennoch auch neugierig, was mit ihrem Gesicht los gewesen war. Sie sagte: ‚Das ist die Folge von Karma, das dieser Körper trägt, die Folge der Karmas der Devotees, die er auf sich genommen hat.' Sie besaß die Macht, die Karmas der Devotees auf sich zu nehmen. Sie sagte, jeder müsse die Folge der Handlungen aus der Vergangenheit und der Gegenwart tragen. Die Folge, die sie trage, sei das Resultat der Handlungen ihrer Devotees. Wenn ihre Devotees ihre Füße berühren, nimmt sie es auf sich."

Mâ besuchte einmal einen Ashram, zu dem eine recht schlechte Straße hinführte. Als sie gefragt wurde, ob es ihr Unannehmlichkeiten bereitet hätte, erwiderte sie: Nicht im Geringsten. Wenn der Finger eines Vaters verletzt wurde, hört er nicht auf, ein Vater zu sein. In der Vollkommenheit Gottes ist kein Teil schlecht.

Ein Swami aus Mâ's Ashram sagte: Einige kamen aus Neugierde zu Mâ. Doch wenn man sie einmal gesehen hatte, war ein Same im Kausalkörper gelegt, wie eine Zeitbombe, die nicht an zeitliche Begrenzungen von ein oder zwei Leben gebunden war. Es wird der Zeitpunkt kommen, wo jeder diese intensive Sehnsucht nach Beziehung zu Gott haben wird. Die Transformation wird langsam stattfinden. Mâ verändert und transformiert den Kausalkörper ständig, aber es braucht Zeit. Wenn man Wasser vom Fluss holt, kommt zuerst das schmutzige Wasser und nach einer Weile das reine Wasser. Mâ sagte: „Es ist ein Reinigungsprozess. Diese Unreinheiten werden hochkommen und entfernt und dann kann sich die innere Reinheit, die da ist, offenbaren."

Eines Tages nahm Mâ eine Blume und zupfte alle Blütenblätter von ihr ab. Sie sagte zu Bhâijî: „Viele deiner Samskâras sind abgefallen, und noch viele mehr werden abfallen wie die Blütenblätter dieser Blume, bis ich als dein Zentrum übrigbleibe – so wie der eine Stengel dieser Blume, verstehst du?" Als sie das sagte, begann sie zu lachen. Bhâijîî fragte: „Mâ, wie kann ich diesen Zustand erreichen?" Sie antwortete: „Ruf dir dies jeden Tag einmal in Erinnerung, mehr brauchst du nicht zu tun."

Bhâijî sagte auch einmal zu Mâ: „Sogar ein Stein hätte sich durch Deine heilige Berührung schon in Gold verwandelt, doch mein Leben ist trostlos gescheitert."

Sie erwiderte: „Was lange braucht, um sich zu entwickeln, reift nach ebenso langer Zeit zu dauerhafter Schönheit heran. Warum machst du dir deshalb solche Sorgen? Halte wie ein Kind vertrauensvoll an der Hand fest, die dich führt."

Manchmal spreche ich mit jemandem, und meine Aufmerksamkeit ist auf das Gespräch gerichtet. Dann kommt vielleicht jemand und sagt: „Mâ, wie soll ich diese Arbeit machen?" Und als Antwort kommt: „Ja, mach weiter so." Er gehorcht. Doch hat er nicht wirklich Mâ's Anweisungen aus ihr herausbekommen bzw. befolgt, seine *eigenen* Wünsche waren stärker. Wenn ihr achtgebt, könnt ihr unterscheiden, welche Äußerungen aus Mâ's eigenem Bhâva stammen und welche aus ihr aufgrund eurer eigenen Wünsche gekommen sind.

Einige Leute saßen um Mâ herum, und jemand bemerkte, dass einige charakterlose Menschen unter Mâ's Besuchern wären und ihre Dreistigkeit nur immer noch zunähme, da Mâ sie nie kritisiere: Unruhestifter sollten auch entsprechend bestraft werden usw. usf.

Mâ antwortete lächelnd: „So viele von euch haben mir das schon oft nahegelegt, doch ist es mir nicht möglich, dem nachzukommen – was soll ich tun? Wisst ihr, wie es in Wirklichkeit ist? Fromme Menschen vermeiden die Gesellschaft unmoralischer Menschen, da sie durch schlechte Gesellschaft entwürdigt werden können. Dann gibt es noch eine andere Gruppe von Suchern, die auf so einer hohen Ebene sind, das ihnen die Gesellschaft gottloser Menschen nicht schadet, doch halten sie sich von ihnen fern, um anderen ein Beispiel zu geben. Und bei diesem Körper, wisst ihr, ist alles „auf den Kopf gestellt" – wisst ihr, was für ein Kheyâla aufkommt? Ist es nicht manchmal so, dass Eiterbeulen am Körper entstehen? Aber würde man seine Hand abschneiden, nur weil sie Beulen hat? Stattdessen wendet man Medizin an und versucht sie zu heilen. Doch *hier* gibt es kein „Versuchen" – was geschehen soll, geschieht einfach. Zu wem soll ich sagen: Geh weg. Was soll ich fortschicken? Und wohin? Da ist tatsächlich kein Zweites neben dem EINEN und nur EINS."

Frage: „Manchmal scheint es mir, als ob ich mich hier in Deiner direkten Gegenwart immer mehr zum Nachteil entwickle. Ich wusste noch nie, wieviel Neid in mir verborgen war. Meine Selbstsucht nimmt ständig zu, d.h. ich verlange mehr Beachtung von Dir, als ich bekomme."

Mâ: „Es ist heilsam, wenn deine negativen Impulse ans Licht gebracht werden. Sie müssen herauskommen. Nur auf diese Weise kannst du frei davon werden. Aber ich kann nicht sehen, dass du schlecht bist. Ich sehe nur dein göttliches Selbst."

Eine Witwe, die Mâ sehr ergeben war, verabschiedete sich von ihr, nachdem sie sich eine Weile mit ihr unterhalten hatte. Sie sagte: „Mâ, kann ich jetzt mit Deiner Erlaubnis nach Hause gehen? Wie lange kann ich schon hier bleiben, sag? Ich habe auch Haus und Kinder zu versorgen, und doch kann ich nicht umhin, zu Dir zu kommen."

Mâ sagte lächelnd: „Gut, Mutter, geh heim und sorge auch gut für das Haus und den Haushalt, halte sie innen und außen sauber. Dieser Körper gehört dir, deshalb ist dein Heim auch mein Heim. Aber gib Acht, Mutter, dass es ganz und gar sauber ist, innen und außen, in jeder kleinsten Ecke. Und hör, noch etwas: Deine Tochter (Mâ) wird nicht die Anwesenheit irgendeines anderen dulden – sie allein, absolut allein, will hundert Prozent." Bei diesen Worten begann Mâ zu lachen.

Bei einer Diskussion über Yoga[62] erzählte Mâ folgende Begebenheit: „Einmal wanderten Bhâijî und dieser Körper von Barlowganj nach Mussoorie. In der Hitze des frühen Nachmittags wurden mein Mund und meine Kehle völlig ausgedörrt, aber ich spürte keine Neigung zu sagen, dass ich durstig war. Zur gleichen Zeit bereitete die Frau eines Devotees in Rajshahi, Bengalen, ein Erfrischungsgetränk aus Melonen zu und brachte es mir dar. Ich stellte fest, dass mein Durst vollkommen gelöscht und das Gefühl der Austrocknung ganz verschwunden war, und mein Mund schien voll Saft zu sein. Als Bhâijî später nach Rajshai reiste, bestätigte er brieflich, dass die besagte Frau tatsächlich ein Melonengetränk zubereitet und mir zu eben jener Zeit dargebracht hatte. Das Merkwürdige dabei war, dass sie mir sonst in der Regel keinen Fruchtsaft opferte. Nur an jenem Tag, in jenem Moment kam ihr der Gedanke, ein erfrischendes Getränk zuzubereiten und es mir darzubringen. Das ist ein Beispiel für Yoga.

Brahmachari Panuda war ein Lehrer an Mâ's Knabenschule in Almora, jung und etwas heißblütig. Einmal konnte er einen Jungen selbst nach vielem Schelten nicht unter Kontrolle bringen und gab ihm schließlich einen Schlag mit der Faust. Der Junge hatte Schmerzen und weinte. Mâ lag zur gleichen Zeit in ihrem Zimmer im Bett. Panuda wurde sofort gerufen. Sie sagte: „Sieh mal, wo kommt der Abdruck auf der Wange dieses Körpers her?" Mit großen Augen sah Panuda auf Mâ's Wange den roten Abdruck

---

[62] Die eigentliche Bedeutung von Yoga ist die verborgene Einheit aller Wesen, welche wiederhergestellt wird, wenn Vervollkommnung in der Übung von Yoga erlangt wurde.

von fünf Fingern wie von dem Schlag, den der Junge erhalten hatte. Mittlerweile hatte er verstanden und senkte beschämt seinen Kopf. Mâ sagte: „Wenn du diesen Jungen schlägst, werden die Schläge sofort von diesem Körper gefühlt. Schlage keinen von ihnen noch einmal so."

Im Juni 1937 war Mâ mit mehreren Begleitern in Nainital und hatte plötzlich das Kheyâla, einen Spaziergang am Talli Talao, dem bekannten und sehr tiefen See bei Nainital, zu machen, obwohl es dem Abend zuging und die Frauen bereits zu kochen angefangen hatten. Als sie einen langen Weg zurückgelegt hatten, sagte Mâ: „Lasst uns nun umkehren." Aus ihren unruhigen Bewegungen und erwartungsvollen Blicken ging hervor, dass sie sich nach etwas umsah. Als man sich der Pilgerherberge näherte, fiel plötzlich ein kleiner Sperling von einem Baum zu Mâ's Füßen herab und flatterte unruhig mit seinen Flügeln. Mâ bat einen Jungen aus Kaschmir, der neben ihr stand, den Vogel aufzuheben. Der Junge nahm ihn auf seine Hand und zeigt ihn Mâ. Der Sperling schaute mit seinen winzigen Augen in Mâ's Gesicht, und Mâ betrachtete ihn mit offensichtlicher Zuneigung. Die Flügel des Vogels bebten. Allmählich verlangsamte sich das Flattern, und der Vogel wurde reglos. Auch seine Augen schlossen sich. Er war tot. Der Junge legte ihn auf Mâ's Anweisung vorsichtig ans Seeufer.

Am Abend fragte man Mâ nach dem Sperling, der in ihrer Gegenwart gestorben war, nachdem er Mâ und Mâ ihn angeschaut hatte. Mâ erwiderte nur: „Er sehnte sich nach Darshan."

Enthüllte dies das Geheimnis von Mâ's ständigem Reisen von Ort zu Ort? Wollte sie überall einfach den sich danach sehnenden Wesen Darshan geben und dadurch Hundere ihrer Devotees – seien es Menschen, Tiere oder Bäume – aus dem Kreislauf von Geburt und Tod befreien?

Auf einer Fahrt nach Lucknow zeigte Mâ auf ein nahegelegenes Dorf und rief aus: „Sieh mal, Didi, was für ein hübsches, kleines Dorf!" Etwas später bemerkte sie noch einmal: „Waren die Bäume dort nicht wunderschön?" Didi ließ schließlich den Wagen umkehren und in das Dorf fahren. Als Mâ ausstieg, sagte sie: „Hole alle Blumengirlanden und den Obstkorb aus dem Wagen." Sie ging sehr schnell in die Richtung eines Teiches, an dem zwei junge Bäume nebeneinander wuchsen, ein Banyan- und ein Margosabaum. Mâ trat zu den Bäumen und begann sie liebevoll zu streicheln und zu liebkosen, so dass alle Anwesenden überrascht und erstaunt waren. Immer wieder drückte sie ihre Stirn und ihr Gesicht an die beiden Stämme und sagte: „So, so, da habt ihr diesen Körper angezogen, euch zu sehen." Für alle anderen wiesen die beiden Bäume keinerlei auffällige Merkmale auf. Mâ sagte zu der Frau des Mannes, der die Bäume gepflanzt hatte: „Gebt sehr auf diese beiden Bäume acht und verehrt sie. Es wird gut für euch sein." Dann schmückte sie selbst die Bäume mit Girlanden und verteilte das Obst an die Dorfbewohner. Als sie zum Auto ging, sagte sie: „Margosa und Banyan – Hari und Hara[63]." Dann fragte Mâ die Leute: „Wiederholt ihr Gottes heiligen Namen? Auch wenn ihr es nicht jeden Tag könnt, macht von Zeit zu Zeit Pûjâ und singt Kîrtan oder religiöse Lieder unter den Bäumen."

Im Auto sagte Mâ: „Wie seltsam, jene zwei Bäume zogen diesen Körper zu sich wie menschliche Wesen. Das Auto führte uns von ihnen fort, aber es war, als hielten sie diesen Körper von vorn und hinten fest und zögen ihn zurück in ihre Richtung. So etwas ist noch nie zuvor passiert."

Als Bhâjî bei einem Bad in Benares einst zu ertrinken drohte, watete eine alte Frau in den Fluss und zog ihn heraus. Zu jener Zeit befand sich Mâ in Dehradun und die Anwesenden bemerkten erstaunt, dass Wasser von ihren Kleidern triefte.

Einmal sprach Mâ über Verleumdung angesichts der Gerüchte, die früher einmal über sie und Bhaiji, einen maßgeblichen Schüler, in Dhaka kursierten. Bhaiji war es so unangenehm, dass er weggehen wollte. Mâ sagte: Warum tut es dir leid? Bisher hat diesem Körper nur noch eins gefehlt, der schlechte Ruf. Jetzt hat sich das auch erfüllt. In der Vollkommenheit (Pûrna) sollte alles vertreten sein. Warum nicht auch ein wenig schlechter Ruf? Ich selbst bin die Verleumdung, ich selbst bin der Verleumder und ich selbst bin der Verleumdete; ein zweiter wird nicht da sein.

Das acht Monate alte Enkelkind eines Devotees litt an einem Abszess im Ohr, und die Ärzte hielten den Fall für sehr ernst. Zu diesem Zeitpunkt nahm Mâ, die sich an einem anderen Ort aufhielt, eine Nadel und ritzte damit ihren Handrücken. Später stellte man fest, dass der Abszess zur gleichen Zeit aufgegangen war und das Kind genas.

---

[63] Namen für Vishnu und Shiva

Einer von Mâ's Âshrams befindet sich in Naimisharanya, einem sehr heiligen Ort, an dem der Weise Vyâsa einst alle Purânas[64] verfasst haben soll, und von dem man sagt, er könne nicht vom Kali Yuga, dem jetzigen dunklen Zeitalter der Unwissenheit und Zwietracht, berührt werden. Im Oktober 1960 wurde Naimisharanya von einer großen Flut heimgesucht, kurz bevor das Samyam Saptah (die „Woche der Selbstdisziplin") abgehalten werden sollte. Das ganze Gebiet stand unter Wasser, und man versuchte Mâ anzurufen, um die Veranstaltung nach Lucknow zu verlegen. Inzwischen war ein Swâmî von Mâ gesandt worden, um die Vorbereitungen für das Samyam Vrata in Naimisharanya zu treffen. Obwohl ihn die dortigen Beamten für verrückt hielten, ließ er sich nicht in seinem Glauben an Mâ's Willen beirren.

Eines Tages bat Mâ, die sich in Dehradun befand, um ein Glas Wasser, trank es bis auf den letzten Tropfen aus und sagte: „So wie ein Glas Wasser im Nu geleert werden kann, so kann Gott, wenn es Sein Wille ist, die Flut im Nu zurückgehen lassen." Innerhalb von drei Tagen war alles Wasser abgeflossen. Die Leute berichteten, sie hätten noch nie erlebt, wie Hochwasser sich so schnell gesenkt hätte. Die Veranstaltung konnte wie geplant durchgeführt werden, und Mâ bemerkte später einmal im Scherz, der Gomati-Fluss sei persönlich gekommen, um den Ort für die religiösen Feiern zu reinigen ...

Im Sommer 1961 hatte es fünfzehn Tage lang ununterbrochen in Poona geregnet, ein Damm war gebrochen und die Flut hatte einen großen Teil der Stadt überschwemmt. Tausende waren obdachlos geworden. Mâ sagte zu ihren Gefährten: „Als wir die Nachricht erhielten, dass die Flut mit erschreckender Geschwindigkeit anstieg, hatte dieser Körper das Kheyâla, zum Wasser zu sagen: ‚Nun gehe allmählich zurück!' Und tatsächlich begann die Flut von dem Augenblick an allmählich zu sinken."

Einmal begann Mâ über Personen zu sprechen, bei deren Sterben sie anwesend war. Naren Chowdhuri fragte sie: „Mâ, ich habe gehört, dass Du beim Tod von Kshitish anwesend warst. Würdest Du uns etwas darüber erzählen?"

---

[64] 18 heilige Bücher, welche die Schöpfung, Zerstörung und Erneuerung des Universums beschreiben sowie die Geschichte der Götter, der Vorväter, der Weltregenten und der solaren und lunaren Rassen.

Mâ sagte: „Zu jener Zeit befand ich mich im Hause Sachi Babus in Entally, Kalkutta. Als ich bemerkte, dass Kshitish im Sterben lag, trat aus meinem Körper ein zweiter Körper hervor, der sich nach Ballygunge begab und sich dort an Kshitish's Bett stellte. Kshitish's verehrte Gottheit (Ishta) war Krishna als Kind. So manifestierte sich aus meinem Körper die Gestalt seines Ishta und gab ihm Darshan." Nach diesen Worten wurde Mâ plötzlich zurückhaltend und meinte: „Dies habe ich bis jetzt niemandem erzählt. Ich hatte es nur seiner Frau angedeutet." – Es stellte sich heraus, dass Mâ damals zu seiner Frau gesagt hatte: „Sei nicht traurig, dein Mann hat Sadgati (einen Zustand der Glückseligkeit) erreicht."

Eines Nachts, etwa um ein Uhr, sprach Mâ über die Wesen, die sie in ihren feinstofflichen Körpern besuchten:

„Wie viele von ihnen um diese Zeit kommen. Natürlich kommen und gehen sie auch zu anderen Zeiten."

Frage: „Kommen sie auch, wenn Du von vielen Menschen umgeben bist, Mâ?"

Mâ: „Sie kommen, egal ob ich von einer großen Menge umgeben bin oder ob ich allein bin. Ich spreche auch mit ihnen. Ihr seht die Menschenmenge, aber wisst ihr, wie es für jene Wesen ist? Ebenso wie ihr ein Mikroskop benutzen müsst, um kleine Dinge zu erkennen, die man nicht mit dem bloßen Auge wahrnehmen kann, so seid ihr für sie. Weshalb sollte die Menge um mich sie hindern? Einige mag es geben, für die die Menge ein Hindernis ist. Es gibt ganz viele Möglichkeiten. Einige Leute sind vielleicht sehr traurig, wenn sie sich an Verstorbene erinnern, die sie sehr liebhatten. Das bereitet den verstorbenen Seelen Leid, und sie sind außerstande zu kommen. Deshalb heißt es, dass man Tote nicht beklagen sollte."

Frage: „Wenn die Verstorbenen einen neuen Körper angenommen haben, beeinflusst sie die Trauer ihrer Verwandten aus ihrem früheren Leben?"

Mâ: „Ja, aber sie können nicht verstehen, warum sie sich schlecht fühlen. Die Anziehung aus früheren Leben wirkt ähnlich. All dies gehört jedoch nicht zum Thema dazu. So wie es natürlich für mich ist, euch zu treffen, genauso verhält es sich auch mit jenen Wesen in feinstofflichen Körpern. Du solltest dies wissen, deshalb wurde es enthüllt."

Im Jahr 1941 im Kishenpur Ashram, Dehradun, sprach Mâ darüber, wie Bhâijî und ihr Vater („Dadamashai") nach ihrem Tod in Mâ's Körper eingingen. Bhâijî war Mitte August 1937 gestorben und Mâ's Vater Mitte Dezember 1937:

„Jyotish starb im August jenes Jahres und verschmolz mit diesem Körper am 27. November (1937). Und euer Dadamashai ging am 20. Januar 1938 in diesen Körper ein."

Bis zu seinem Tod hatte Mâ's Vater sie einfach als seine Tochter betrachtet und als nichts mehr. Doch kurz davor wandelte sich seine Einstellung, und er rief nach ihr mit den Worten „Mâ, Mâ." Mâ war an einem anderen Ort, als er starb. Sie sagte später:

„Am 20. Januar 1938 bekam ich euren Dadamashai flüchtig zu sehen. Ich sah ihn in außergewöhnlicher Aufmachung. Er erschien als ein nackter Fakir mit einem Turban auf seinem Kopf. Seht, wie bedeutsam all das ist. Zu Lebzeiten drohte Dadamashai uns oft, wenn er wütend war: ,Was soll's? Ich werde mir einen Turban aufsetzen und einfach weggehen.' Von Zeit zu Zeit hatte er einen Wunsch gehabt, ein Fakir zu werden, und so war sein Erscheinungsbild, das ich wahrnahm, das eines Fakirs. Aber je mehr er sich mir näherte, desto mehr ähnelte er einer Rauchwolke. Später verschmolz er langsam und allmählich mit diesem Körper.

Denkt nicht, nur jene, die ihr kennt, sind in diesen Körper eingegangen – auch andere, die ihr nicht kennt, sind mit ihm verschmolzen."

A.D. Gupta knüpfte am nächsten Morgen an Mâ's Bemerkungen an und fragte: „Mâ, Du erwähntest, dass Jyotishdada und Dadamashai mit Deinem Körper verschmolzen. Was bedeutet ,verschmelzen' genau? Verloren sie ihre eigene Identität (satta) völlig?"

Mâ: „Was meinst du mit ihrer eigenen Identität?"

A.D. Gupta: „Verschwand die individuelle Identität, die Jyotish ausmachte, völlig?"

Mâ: „Wenn irgendetwas Begrenztes übrig geblieben wäre, könnte man sagen, er sei völlig verschmolzen?"

A.D. Gupta: „Warum? Verschmelzen und doch getrennt bleiben, kann das nicht gleichzeitig geschehen? Kann ein Wesen nicht begrenzt bleiben und gleichzeitig unbegrenzt sein?"

Mâ: „Sowohl begrenzt als auch unbegrenzt gleichzeitig, das wird Verschmelzung genannt. Das bedeutet tatsächlich Selbst-Verwirklichung. In jenem Zustand kann man nicht festlegen, was bleibt und was nicht bleibt. In so einem Zustand existiert alles und doch nichts."

A.D. Gupta: „Tritt diese Verwirklichung des Selbst ein, nachdem man Göttlichkeit (Ishvaratva) erkannt hat?"

Mâ: „Gewiss. Nachdem man in Göttlichkeit (Ishvaratva) gegründet wurde, indem man die Bedeutung der Schöpfung und Zerstörung, die Macht göttlicher Barmherzigkeit und den Sinn des Leidens erkannt hat, erfolgt die Verwirklichung des Höchsten Selbst. Doch wie lang dieser göttliche Zustand anhält, hängt vom Grad des Fortschritts des Sâdhakas ab."

A.D. Gupta: „Du hast gestern erwähnt, dass nicht nur jene, die wir kennen, mit Deinem Körper verschmolzen sind, sondern auch andere, die wir nicht kennen."

Mâ: „Ganz richtig."

A.D. Gupta: „Nun, wenn sie uns unbekannt waren, hast Du sie gekannt, als sie in ihren physischen Körpern waren?"

Mâ: „Nein."

A.D. Gupta: „Warum sind sie dann mit Dir verschmolzen, anstatt mit ihrem eigenen Ishta Deva (göttlichen Ideal)?"

Mâ: „Mit seinem Ishta Deva zu verschmelzen, darauf kommt alles an. Gingen sie nicht in ihren Ishta Deva ein? In Ihm existiere auch ich, so wie ihr Ishta Deva auch in mir existiert. Ich habe euch bereits erklärt, dass alles gleichzeitig überall existiert."

Ein Ehepaar wünschte sich Mâ's Darshan und reiste zu diesem Zweck nach Vyasji, einer Insel am heiligen Fluss Narmada, wo Mâ sich angeblich aufhielt. Man musste ein Boot mieten, um dorthin zu gelangen, und da sie nicht sicher waren, in Vyasji eine Unterkunft zu finden, bestellten sie das Boot auch gleich wieder für ihre Rückfahrt. Als sie eintrafen, erfuhren sie, dass Mâ sich zu einem anderen Ort begeben hatte. Das erforderte einen längeren Fußmarsch in sengender Hitze. Nachdem sie den Ort schließlich erreicht hatten, sagte man ihnen, dass sich Mâ in ihr Zimmer zurückgezogen habe und man vorläufig nicht Darshan erhalten könne. Stunden des Wartens vergingen, und die Türen gingen nicht auf. Überraschenderweise war der Fährmann dem Ehepaar gefolgt und forderte sie auf, unverzüglich mit ihm zu kommen, da man vor Einbruch der Dunkelheit von der Insel übersetzen müsse. Wenn sie nicht sofort mit ihm kommen würden, verlange er die Bezahlung für die ursprünglich vereinbarte Rückfahrt. Das Paar entschloss sich, nicht ohne Mâ's Darshan fortzugehen und bezahlte den Fährmann. Als er gegangen war, öffnete sich die Tür zu Mâ's Darshan. Mit

Tränen in den Augen setzten sie sich zu Mâ. Mâ sah sie unendlich liebevoll an und sagte: „Da seid ihr nun gekommen. Wisst ihr, warum ich euch so lange warten ließ? Ihr kamt mit einer Rückfahrkarte. Diese Angewohnheit, eine Rückfahrkarte zu nehmen, muss man aufgeben. Selbst wenn eine Person stirbt, geht sie mit einer Rückfahrkarte in der Erwartung, bald wieder zur Welt zurückzukehren."

Bei ihrem Aufenthalt am heiligen Fluss Narmada 1938 lernte Mâ auch eine alte Frau namens Phalahari Mâ kennen. Sie war sehr fromm und stand daher bei den übrigen Dorfbewohnern in hohem Ansehen. Mâ begann, sie öfters zu besuchen. Anfangs widerstrebte es der alten Frau offensichtlich, wenn ihre tägliche Routine nur im geringsten unterbrochen wurde. Nach einer Weile jedoch fing sie von selber an, Mâ ebenfalls zu besuchen. Mit der Zeit entwickelte sie so eine Zuneigung zu Mâ, dass es sie störte, wenn Mâ nur einen Tag fort war und die Dörfer am anderen Ufer des Flusses besuchte. Abhaya warf Mâ vor: „Warum beunruhigst Du diese arme Seele, die ein so hartes Leben spiritueller Disziplin gewählt hat? Wenn Du weggehst, wird sie überhaupt keinen Frieden mehr finden." Mâ lächelte, doch sie sagte nichts.

Eines Tages erzählte die alte Frau Mâ ihre Lebensgeschichte. Ihre einzige Tochter, die Freude ihres Lebens, war mit 20 Jahren gestorben. Danach hatte Phalahari Mâ jedes Interesse am weltlichen Leben verloren und sich an diesen entlegenen Ort zurückgezogen, um Sâdhanâ zu üben. Sie gestand auch, dass Mâ sie irgendwie an ihre Tochter erinnere und sie vielleicht deshalb so von ihr angezogen war.

Bei ihrem nächsten Besuch sagte Mâ zu der alten Frau: „Mutter, du hast gesagt, ich bin wie deine Tochter, so bist du meine Mutter, nicht wahr?"

„Ja, ja."

Mâ: „Dann würde es dir nichts ausmachen, wenn ich dich ‚Mâ' nenne?"

„Nein, natürlich nicht."

Wie ein weinendes Kind nach seiner Mutter fing Mâ auf einmal an zu rufen: „Mâ, Mâ, Mâ ..." Phalahari Mâ wurde sehr aufgeregt, und ihre Augen füllten sich langsam mit Tränen. Mâ sagte zu ihr sanft: „Mutter, du hast in all den Jahren so oft bitterlich geweint. Heute habe ich meine Tränen mit deinen vereinigt."

Abhaya konnte Mâ's Verhalten wieder nicht verstehen und fragte sie: „Warum hast Du sie an all das erinnert, was sie so sehr versucht zu vergessen? Nun hast du ihr wirklich allen Frieden geraubt!"

Mâ sagte: „Es ist nicht richtig, seine Probleme und Sorgen zu verdrängen und zu vertuschen. Am besten, man deckt sie auf, so dass sie gelöst und überwunden werden können."

Danach wurde Phalahari Mâ mit der Zeit zugänglicher und entspannter. Vielleicht war die stumme Not dieser alten Frau der Grund für Mâ's Reise zum Narmadafluss gewesen?"

Ich sage zu euch, dass ich ein kleines Kind bin und ihr meine Eltern seid. Nehmt mich als solches an und gebt mir einen Platz in euren Herzen. Wenn ihr ‚Mutter' sagt, haltet ihr Abstand zu mir. Mütter müssen geehrt und respektiert werden. Aber ein kleines Mädchen muss man lieben und umsorgen, und es ist dem Herzen eines jeden teuer. So ist dies meine einzige Bitte an euch: mir einen Platz in euren Herzen zu geben. Auch wenn ihr infolge der trügerischen Anziehungen der Welt oft diese kleine Tochter von euch vergesst, seid sicher, dass ich eure Sorgen und Leiden immer vor Augen habe.

Als Mâ im Juni 1979 nach einem Aufenthalt von einem Monat die Stadt Puri verließ, flüsterte sie einem Devotee ins Ohr: „Ich gehe in keinster Weise von euch. Ich werde bei euch allen bleiben, in all den Tagen, Monaten und Jahren, die noch kommen."

Mâ's „Krankheiten"

Wenn ihr ein reines, hingegebenes Leben führt, werde ich bei guter Gesundheit bleiben. Eure Reinheit ist meine Nahrung. Materielle Nahrung spielt keine große Rolle.

Shrî Prakâshânandajî tadelte Mâ im Scherz, warum sie nicht gesund bleibe und bestand darauf, sie solle sich entschließen, ihren Körper vollkommen gesund zu erhalten. Aber Mâ sagte: „Vater, warum willst du mich in Dualität versetzen? So wie es ist, so ist es völlig in Ordnung. Es gibt nur ein Brahman ohne ein Zweites. Das Problem von Gut und Schlecht stellt sich überhaupt nicht. Hier sind alle Zustände DAS und nur DAS. Was auch immer geschieht, ist gleichermaßen willkommen."

Dr. Gopînâth Kavirâj unterhielt sich mit Mâ über ihre Gesundheit. Mâ sagte: „Schau, bei einem spirituellen Sucher (Sâdhaka) gibt es ein Streben zu einem Ziel hin. Aber hier (sich selbst meinend) existiert so etwas wie ein Ziel oder kein Ziel, Absicht oder Absichtslosigkeit überhaupt nicht. Jede Arterie, Vene oder Nervenfaser, ihre Aktivität und Schwingung sind deutlich sichtbar, als halte jemand in einem dunklen Raum eine Lampe in seiner Hand und beleuchte jeden Gegenstand einen nach dem anderen, genauso. Aber der spirituell Suchende, der sich noch auf dem Weg befindet, ist zu dieser Wahrnehmung nicht fähig. Er muss voranschreiten, indem er verschiedene Arten von Hindernissen überwindet. Bâbâ, hier taucht so etwas nicht auf. Hier bin ich selbst die Arterie, bin ich selbst die Vene, bin ich selbst die Funktionsweise und auch der Beobachtende bin ich selbst. Natürlich, wenn ich sage ‚ich selbst', ist es deshalb, weil man irgendein Wort benutzen muss ...

Sei es Veränderung oder Unveränderlichkeit, Konzentration oder Einstellen der Aktivität – all das existiert hier einfach nicht ... Hier ist alles vollkommen offen und frei von jeglicher Bedingtheit."

Im März 1938 lebte Mâ bei einem alten Shiva-Tempel in Raipur bei Dehradun und hatte eine Zeitlang hohes Fieber. Seltsamerweise kam das Fieber nur abends und verschwand am nächsten Morgen wieder. Eines Morgens sagte sie zu Naren Chowdhury: „Gestern abend, als wir uns unterhielten, saß die feinstoffliche Gestalt der Krankheit in der Ecke des Zimmers und weinte. Sie wollte in diesen Körper eintreten. Ich befahl ihr zu warten und erst in diesen Körper einzugehen, wenn ich mit unserer Unterhaltung fertig sei." Als Naren Mâ bat, ihm doch die Gestalt der Krankheit zu zeigen, damit er sie fortjagen könne, meinte Mâ: „Warum solltest du sie verjagen? Ihr alle liebt diesen Körper und spielt gerne mit ihm. Auch die Krankheitsformen lieben diesen Körper und spielen gern mit ihm. Warum sollte man sie vertreiben?"

TEIL 2

Worte der Glückseligen Mutter

„Ich bin bloß ein Kind und weiß nicht, wie man Vorträge und Reden hält. So wie ein Kind, wenn es etwas Süßes und Gutes findet, es zu seiner Mutter und seinem Vater bringt, so setze ich euch vor, was süß und gut ist. Ihr nehmt, was immer euch gefällt."

Der Pfad zur Vollendung

Das Universum wurde aus Freude geschaffen, und deshalb findet ihr an den vergänglichen Dingen der Welt Freude. Ohne Freude ist das Leben eine Qual. Ihr müsst versuchen, zu jener großen FREUDE zu gelangen, die die Welt hervorbrachte.

Es ist die reine, unbefleckte Blume, die einen Platz zu Füßen Gottes findet und sonst nirgends. Achtet darauf, ein Leben makelloser Reinheit zu führen, damit es würdig wird, Gott in Verehrung hingegeben zu werden. Sprecht über IHN, meditiert über Seine Herrlichkeit, versucht IHN in jedem Wesen zu sehen, IHN, der das Selbst ist, der Atem des Lebens, das Innerste aller Herzen. Ihr fühlt euch einsam? In Wirklichkeit seid ihr nicht allein. Verlässt der Höchste Freund jemals Seine Freunde?

Gott, das Selbst, ist alldurchdringend. Wo ist ER nicht? In allen Formen und im Formlosen, in allen Namen und im Namenlosen, zu allen Zeiten, an allen Orten und in allen Zuständen ist ER. Wenn der Wunsch nach Erkenntnis erwacht, so ist dieser Wunsch bereits ein Ausdruck von IHM, dem unteilbar EINEN. Da alle Namen SEINE Namen sind, wird ER Sich durch jeden von ihnen erreichen lassen. Man muss den sehnlichen Wunsch entwickeln, das Ziel zu erreichen. Wo die Verwirklichung des unsterblichen Selbst im Innern das Ziel ist, da ist Suchen *und* Finden schon inbegriffen.

Die intensive Sehnsucht nach Gottverwirklichung ist in sich selbst bereits der Weg dahin.

Der Weg, der zur Verwirklichung des eigenen Selbst führt und der nicht aufgegeben werden kann, dieser ist das Dharma (das Gesetz des Daseins). Der Pfad zur Erleuchtung ist für jedes Individuum verschieden. Wo du auch stehen magst, fange von dort aus einfach an. Denn es gibt nur IHN und keinen anderen. ER Selbst hält dich. ER verlässt dich nie, niemals. Und auch die Übung (Kriyâ), die Gottverwirklichung als Ziel hat, wird Dharma genannt. Nicht (Sâdhanâ) zu üben – Ablenkung von der Vergegenwärtigung Gottes oder der Wahrheit – ist Adharma (Sünde, Übel). Es gibt nur *ein* Dharma.

Das ganze Universum ist DAS (die Wirklichkeit des Absoluten). Auch die Welt der Tiere hat ihre Schönheit – die Tiere essen und trinken wie wir, sie paaren und vermehren sich, doch der Unterschied ist: Wir können unsere wahre Natur, die unsterbliche Seele (Âtman) erkennen. Da wir als menschliche Wesen geboren wurden, sollten wir diese Gelegenheit nicht vergeuden. Zumindest einige Augenblicke täglich müssen wir uns fragen: Wer bin ich? Es ist unsinnig, immer wieder eine Rückfahrkarte[65] zu nehmen. Von Geburt zum Tod und von Tod zu Geburt herrscht der Kreislauf des Samsâra[66]. Doch in Wirklichkeit gehören wir nicht dem Bereich von Geburt und Tod an. Das müssen wir erkennen.

Frage: Was ist der beste Weg zur Verwirklichung des Selbst?

Mâ: Alle Wege sind gut. Es hängt von den Samskâras des Menschen ab (den Eindrücken, Neigungen und seelischen Prägungen, die nach jeder Erfahrung im Bewusstsein bleiben und aus früheren Leben mitgebracht wurden). So wie man den gleichen Ort mit dem Flugzeug, der Eisenbahn, dem Auto oder dem Fahrrad erreichen kann, so gibt es auch für verschiedene Menschen unterschiedliche Mittel der Annäherung. Der beste Weg ist jedoch der, den der eigene Lehrer zeigt.

Wenn deine Suche nach Wahrheit aufrichtig ist, dann wird Gott auch dafür sorgen, dass alle anderen Umstände günstig werden.

---

[65] Mâ bezieht sich hier auf das Gesetz des Karma, nach dem alles Handeln aus dem unerleuchteten Ich heraus, das mit eigensüchtigen Interessen, Erwartungen, Ängsten und dergl. verbunden ist, uns in weitere Bindung verstrickt. Wir „buchen" sozusagen mit jeder angehafteten Handlung eine weitere Wirkung (Rückfahrkarte), die uns vom Zustand wirklicher Freiheit und Ungebundenheit trennt.

[66] Der Kreislauf des weltlichen Lebens mit seiner unaufhörlichen Folge von Geburt und Tod. Dieses ständige Rad beruht auf der Unwissenheit über die wahre Natur des Selbst und die Gesetze des Karmas, indem sich das begrenzte Ich fälschlicherweise für den Handelnden hält.

Richte deine Gedanken ständig auf die Höchste Wirklichkeit – versuche, dich mit deiner Aufmerksamkeit in IHN zu versenken. Sprich immer die Wahrheit, sei kompromisslos in der Selbstdisziplin und widme dich dem Studium weiser Bücher und der Gemeinschaft mit Weisen und spirituellen Suchern. Suche die Gesellschaft derer auf, die eine Hilfe bei deinem spirituellen Weg sind, vermeide jene, die dich ablenken – mit anderen Worten halte am Guten fest und meide das, was lediglich Vergnügen bringt. Wenn du mit dieser Einstellung lebst, wird dir die Hilfe, die du brauchst, von selbst und ungebeten zuteil werden.

Ob du zuhause oder woanders bist, denk daran, dass nichts außerhalb von Gott existiert. Die Vorstellung von Dualität ist selbst Leid.

Was immer in dieser Welt passiert, geschieht entsprechend Seinem Willen.

Viele Menschen haben auf ihrem spirituellen Weg die Angewohnheit, zurückzuschauen. Lenkt eure Aufmerksamkeit nicht immer wieder auf die Vergangenheit, denn dies wird die Geschwindigkeit eures Fortschritts blockieren.

Trägheit und Verlangen sind die zwei größten Hindernisse auf dem Weg zur Selbstverwirklichung. Geduld und seelische Kraft hingegen sind äußerst hilfreich. Wenn jemandem die Gnade zuteil wurde, dass er den spirituellen Weg in jeder Hinsicht als segensreich empfindet – wenn Gott jemandem auf diese Weise Seine Barmherzigkeit erweist – dann ist es notwendig, dass er sich nach besten Kräften bemüht und sich Tag und Nacht dem Dienst Gottes weiht. Die verschiedenen Tätigkeiten, die ein spirituelles Leben unterstützen, müssen mit stets erneuter Bemühung eng miteinander verbunden werden, lückenlos wie bei einer sorgfältig aufgezogenen Blumengirlande, bei der der Faden nicht mehr zu sehen ist. Sobald eine Lücke in der Aufmerksamkeit entsteht, werden sich alle Handlungen wieder auf eine niedrigere Ebene, zum Vergänglichen richten. Fahre daher unbeirrt und beharrlich fort, selbst wenn die Meditation nicht erfolgreich ist. Man sollte Gottes Namen wiederholen und Ihn verehren, heilige Texte (Pâtha) rezitieren, den Lobpreis Gottes (Kîrtan) singen oder Bücher über spirituelle Themen lesen.

Wähle sorgfältig und bleibe strikt bei solchen Beschäftigungen, die gott-geweihte Gedanken und Gefühle erwecken. Sei fest entschlossen, dich so-viel wie möglich solchen Handlungen zu widmen, die Gott mehr und mehr in den Mittelpunkt deines Lebens stellen. Tue dies, selbst wenn kein Wunsch dazu besteht, ebenso wie man Medizin einnimmt. Ob du dich dazu geneigt fühlst oder nicht, praktiziere sie konstant weiter, so dass Ruhelosigkeit erst gar nicht aufkommen kann.

Sich nur dem physischen Wohlergehen hinzugeben bedeutet, sich von der Vereinigung mit Gott abzuwenden; den Vorlieben und Abneigungen der Zunge nachzugeben und zu schmecken, um den Gaumen zu befriedi-gen, heißt, sich im selben Maße des Geschmacks am Göttlichen zu berau-ben. Daher sollte alles Essen und Trinken Gott geweiht werden, und man sollte es als Sein Prasâd zu sich nehmen (d.h. es wurde zuerst Gott darge-bracht, von Ihm „gekostet" und gesegnet und dann von dem Devotee zu sich genommen). Esse nichts, was dir nicht zuträglich ist.

Halte dein Denken auf einer sehr hohen Ebene. Lob und Tadel, Schmutz und Sandelpaste müssen gleich werden. Nichts in der Welt sollte dir absto-ßend erscheinen. Schau in dein eigenes Herz und werde von deinem eige-nen Widerwillen abgestoßen. Nur solange das Denken von Gott erfüllt ist, vom Bewusstsein Seiner Gegenwart, ist wahrer Friede möglich.

Dem Essen, Schlafen, Waschen, der Kleidung usw. sollte nur soviel Auf-merksamkeit geschenkt werden, wie zur Aufrechterhaltung der Gesundheit nötig ist. Was nützt ein guternährter Körper allein? Vielmehr sollte er eine Hilfe für das spirituelle Streben werden. Ausschließlich auf dieses Ziel hin muss der Fluss des Lebens gelenkt werden, weg von der Welt, sich nur auf Gott zubewegend. Bemühe dich, für dich selbst die verschiedenen Tätigkei-ten herauszufinden, die du mit wirklicher Freude tun kannst und die dich Gott näherbringen. Hat schon einmal irgendwann jemand etwas erreicht, indem er sich hinsetzte und sagte: „Ich kann nicht"?

Aufbrausen, Verlangen und ähnliche Neigungen müssen gänzlich aufge-geben werden. Ebenso wenig sollte man von Lob oder Prestige beeinflusst werden.

Jede Arbeit sollte als Gottesdienst getan werden. Je länger du innerlich vom Gefühl Seiner Gegenwart erfüllt bleiben kannst, desto mehr werden sich dein Körper, dein Denken und deine Handlungen zum Göttlichen Seins-zustand (Divya Bhâva) entwickeln. Richte dich nur auf Gott aus. Wo der Gedanke an Gott ist, da ist ER Selber gegenwärtig in der Form jenes Ge-dankens. Die Wahrheit zu suchen ist des Menschen einzige Pflicht.

Lerne Hymnen und Verse auswendig, die Gott preisen und wiederhole sie während deiner Aktivität. Erlaube deinem Geist niemals, müßig zu sein. Beschäftige ihn ständig mit der Wiederholung eines Mantras, eines göttlichen Namens, heiligen Hymnen und ähnlichem, oder sonst in reiner Vergegenwärtigung Gottes.

Und noch etwas: Freuden und Sorgen sind zeitbedingt, und es liegt auf der Hand, dass sie nicht andauern können. Lass dich daher nicht von ihnen beeinflussen. Denk daran, dass sie mit der Zeit vergehen müssen. Richte dein Streben auf das Höchste, verfolge deinen Weg beharrlich weiter und erfülle deine Arbeit, ohne dich auch nur im geringsten um die Ergebnisse zu sorgen.

Darüberhinaus bedenke: Es ist wahrlich ER, der Sich Selbst in allen Wesensarten und Formen manifestiert. Wen immer du hasst, du hasst nur deinen eigenen Göttlichen Geliebten (Ishta).

Im ganzen Universum, in allen Daseinszuständen, in allen Formen ist ER. Alle Namen sind SEINE Namen, alle Formen sind SEINE Formen, alle Eigenschaften SEINE Eigenschaften und alle Existenzweisen sind Ausdruck von IHM. Um zur Verwirklichung des Selbst zu verhelfen, erscheint Gott verschiedenen Individuen auf verschiedene Weise: als spiritueller Lehrer (Guru), als göttlicher Name (Mantra), als der bestimmte Aspekt Gottes, den man am meisten liebt (Ishta) und als tiefes religiöses Gefühl (Bhâva). Selbst wenn du nicht von Natur aus zu Hingabe und Ehrfurcht veranlagt bist, versuche sie zu entwickeln, indem du ihre Notwendigkeit erkennst. Tu all deine Arbeit mit dieser Einstellung. Je größer die Schwierigkeiten und Hindernisse und je intensiver dein Bestreben ist, an SEINEN Füssen festzuhalten, desto mehr wird deine Kraft von innen wachsen. Und wenn die Zeit reif ist, wirst du über dieselbe Kraft Meisterschaft erlangen.

Die Zeit ist kostbar und sollte gut genutzt werden. Der Tag und die Stunde, die vergangen sind, kehren nicht zurück.

Eigenschaften wie Zorn usw., die in den Menschen schlummern, sind nicht immer nach außen hin sichtbar. Auch wenn sie in der Kindheit wahrnehmbar sind, aber nicht herausgestellt werden, offenbart sich später, dass sie existieren. Wenn sich Eigenschaften wie Zorn und Gier an alten Menschen zeigen, bedeutet es, dass sie sich keimhaft lange in ihnen befunden haben. Gopi Baba sagte, wenn solche Eigenschaften latent bleiben, können sie sich irgendwann zeigen. Dieser Körper erwiderte: Ja, das kann geschehen. Aber es kann auch geschehen, dass viele Dinge sich auflösen, ohne sich manifestiert zu haben, wenn sich die Richtung des Betreffenden im Leben dem Höheren zuwendet.

Frage: Bisher habe ich es so verstanden, dass keine Befreiung eintritt, solange wir nicht alle materiellen Wünsche ausgekostet haben. Deinen Worte entnehme ich, dass die latenten Wünsche auch verbrannt werden können, wenn man sie auf dem spirituellen Weg durch Beherrschung kontrolliert und das Feuer der Erkenntnis entzündet hat.

Ma: Ja, das ist auch möglich. Es gibt viele Wünsche, die nur beendet werden können, indem man ihre Manifestation zulässt. Dann gibt es wiederum Samen solcher Wünsche, die nicht einmal in diesem Leben ans Licht kommen. Wenn der Guru sie natürlich weckt, indem er sie heraus provoziert, dann können sie erwachen. Manchmal könnt ihr feststellen, wenn manchmal die Gier da ist, etwas zu essen und wenn ihr davon abseht, einige Tage etwas davon zu essen, wie sich die Substanz der Gier aufgrund eurer Bemühung und eurer Untersuchung zeigt. Dann hört die Gier auf. Manchmal wiederum bleibt die Gier in einigen Menschen so stark, dass sie selbst durch Beherrschung nicht kontrolliert werden kann. Dann werden Bemühung und Erforschen vergeblich. In solchen Fällen gibt es keinen anderen Ausweg als das Verlangen zu erfüllen. Manchmal wird der Rat erteilt, Verlangen zu beherrschen. Für solche Menschen ist die Zeit reif geworden, das Wesen der Gier zu enthüllen. Manchmal wird auch Bhoga und Tyâga (Genuss und Verzicht) geraten. In solchen Fällen muss Gier nicht nur durch Beherrschung aufgelöst werden.

Wenn du keinen Wunsch verspürst, dich Gott zuzuwenden, binde dich selbst durch eine tägliche Routine spiritueller Übungen, so wie Schulkinder es tun, deren Pflicht es ist, einem festgesetzten Stundenplan zu folgen.

Um das Selbst zu verwirklichen, ist es für den geistigen Sucher absolut notwendig, ständig voll innerer Sehnsucht nach seinem höchsten Ziel zu streben. Regelmäßig sollte er Sâdhanâ üben, ob er sich dazu aufgelegt fühlt oder nicht. So wie (in Bengalen) eine verheiratete Frau bei ihrer Hausarbeit immer darauf achtet, dass ihre weißen Armreife und der rote Punkt auf ihrer Stirn[67] immer in Ordnung sind, so sollte der spirituelle Sucher ununterbrochen an sein inneres ZIEL, seinen geliebten Gott (Ishtadeva) denken,

---

[67] Kennzeichen, dass eine Frau verheiratet ist

ebenso wie eine Mutter sich selbst bei ihrer Hausarbeit immer der Bedürfnisse ihres Kindes auf ihrem Schoß bewusst ist. Während der Sucher seinen normalen weltlichen Pflichten nachgeht, muss er besonders darauf bedacht sein, dass seine Aufmerksamkeit in jedem Augenblick seines Lebens auf Gott gerichtet ist. In dieser Vergegenwärtigung Gottes sollte der Sâdhaka immer mehr aufgehen und sich immer daran erinnern, dass sie seine höchste Pflicht darstellt.

Ein Sucher sollte sich nicht auf unnütze Gespräche oder Plaudereien einlassen, sondern nur sprechen, wenn es wirklich notwendig ist. Seine Rede sollte sparsam, aber sanft sein. Er muss sehr darauf achten, sich von allen weltlichen Anhaftungen fernzuhalten. Er muss nicht nur seine eigenen Worte beherrschen, sondern auch aufhören, allen müssigen Unterhaltungen zuzuhören. Daher sollte er seine Gemeinschaft mit weltlichen Menschen und weltliche Betätigungen auf ein Minimum beschränken. Reden und Gespräche über spirituelle Themen (Hari Katha) sind jedoch hilfreich und sollten gefördert werden. Alles andere ist sinnlos und leidvoll. Wo Râma (Gott) ist, da ist Arâma (Ruhe und Frieden), wo Râma nicht ist, da ist Vyarâma (Beschwerlichkeit und Leid).

Auf die Frage, warum die Menschen so sehr nach materiellem Glückstreben, antwortete Mâ: „Du kennst dieses Glück aus Erfahrung, daher deine Frage. Aber Gott ist gnädig und lässt dich sehen, dass dieses so genannte Glück kein Glück ist. Er erweckt Unzufriedenheit und Rastlosigkeit in dir, die aus Mangel an Kommunion mit dem Göttlichen rühren. Weltliches Glück entspringt den zahllosen Manifestationen Gottes. Die Leute reden und staunen über jene, die der Welt entsagen, aber in Wirklichkeit seid ihr (die nur der Welt hingegebenen Menschen) diejenigen, die auf alles verzichtet haben. Was ist dies ‚alles‘? Gott! Jeder, der IHN außer Acht lässt, übt im wahrsten Sinne des Wortes höchste Entsagung. Es ist nur natürlich, dass ein Gefühl des Mangels aufkommt. Sogar inmitten aller Annehmlichkeiten und Freuden verspürt man im Ausland Heimweh. Schmerz wird sogar inmitten des Glücks erfahren, und selbst das eigene Hab und Gut gehört einem nicht wirklich, das lässt Gott den Menschen fühlen. Nicht wahr, man sagt doch, dass man durch Schläge wieder zur Besinnung kommt, dass man durch solche Schläge lernt.

Wenn Gott sich als weltliches Glück manifestiert, ist man nicht zufrieden, weil ER gleichzeitig als Gefühl des Mangels erscheint. Aber göttliches Glück, selbst die winzigste Spur davon, verlässt einen niemals, und wenn man zum Wesen aller Dinge gelangt und sein ewiges Selbst findet, so ist das Höchste Glückseligkeit. Hat man diese gefunden, bleibt nichts übrig, was noch zu verwirklichen wäre, es werden keine Bedürfnisse mehr aufkommen und die Unruhe des Herzens wird für immer beseitigt. Gib dich nicht mit Fragmenten eines Glücks zufrieden, das unweigerlich von Schicksalsschlägen unterbrochen wird; werde vielmehr vollkommen, und wenn du Vervollkommnung erlangt hast, sei Du Selbst!"

Wenn du nach so etwas wie Namen, gutem Ruf oder Status verlangst, wird Gott es dir gewähren, aber du wirst damit nicht zufrieden sein. Das Königreich Gottes ist ein Ganzes, und solange du nicht Zugang zu seiner Ganzheit hast, kannst du dich nicht zufriedengeben. ER gibt dir immer nur ein bisschen, damit du weiterhin unzufrieden bleibst, denn ohne Unzufriedenheit ist kein Fortschritt möglich. Da du aus der Unsterblichkeit stammst, wirst du dich nie im Bereich des Todes, der Vergänglichkeit, zuhause fühlen, noch erlaubt Gott dir, dort zu bleiben. ER Selbst entzündet das Gefühl des Mangels in dir, indem ER dir etwas Kleines gewährt, nur um den Hunger nach Größerem zu wecken. Das ist SEINE Art und Weise, dich voranzutreiben.

Frage: „Du sagst: ,Suche nach Gott um Seiner Selbst willen.' Wenn ich IHN nun aus eigennützigen Motiven suche, werde ich IHN nicht finden?"

Mâ: „Natürlich, wenn du Gott aus irgendeiner Erwartung heraus suchst, wirst du *etwas* von Ihm bekommen, und wenn du um irgendetwas von dieser Welt bittest, wirst du es auch erhalten. Doch sind die Dinge dieser Welt es nicht wert, dass man darum bittet. Man sollte Gott suchen, nicht mit irgendeiner Absicht, sondern einzig um Seiner Selbst willen. Ebenso sollte man nicht auf ichbezogene Weise nach spirituellem Fortschritt streben, denn auch darin verbirgt sich ein gewisser Egoismus.

Suche nach Gott, weil dies in deiner Natur liegt, weil du nicht ohne IHN sein kannst. Ob und wann ER sich dir offenbaren wird, liegt in Seiner Hand. Deine Pflicht ist es, ständig und beharrlich nach IHM zu rufen und deine Energie mit nichts anderem zu verschwenden. Es ist nicht angebracht, Vergleiche zu ziehen und zu schlussfolgern, indem man sagt: ,Die und die Person hat schon so viele spirituelle Übungen gemacht und hat doch nichts erreicht.' Wie kannst du wirklich beurteilen, was mit einem Menschen innerlich geschieht? Manchmal kommt es vor, dass sich ein Mensch im Laufe seiner spirituellen Praxis zu seinem Nachteil verändert zu haben scheint. Woher weiß man, ob nicht bestimmte unerwünschte Tendenzen in ihm schlummerten, die nun durch seine spirituellen Bemühungen ans Licht gebracht wurden. Zu sagen ‚Ich habe so viel Sâdhanâ gemacht, aber es ist keine Veränderung eingetreten' ist auch nicht die richtige Einstellung. Alles, was du tun musst, ist: unaufhörlich und unermüdlich nach IHM zu rufen und dich nicht auf Ergebnisse deiner Bemühung zu fixieren. Wer weiß, ob nicht du unter Millionen der Glückliche bist, der sein Ziel erreicht!"

Einer von Gottes Namen ist *Chintâmani* (Erfüller von Wünschen). Zuerst wenden sich die Menschen Gott zu, weil ER alle Wünsche erfüllt, aber nach und nach versinken sie so in Seiner Kontemplation, dass kein Raum mehr für irgendeinen anderen Gedanken bleibt – so erfüllt werden sie von der Göttlichen Gegenwart. Man muss sich so heftig nach Gott sehnen wie der Geizige nach Reichtum, wie der Kinderlose nach einem Sohn. Denkt euer ganzes Leben lang immer zuallererst an IHN, und ER wird euer einziges Ziel werden. Wenn jemand Gott so im Schrein seines Herzens verwahren kann, wird ER ihm alle Bürden abnehmen und ihm die Freiheit geben, ausschließlich das Göttliche zu kontemplieren. Es hat viele solche Fälle gegeben, nicht nur unter Heiligen und Sannyâsîs, sondern auch bei Menschen der Welt. Sogar Tiere und Pflanzen weilen im Schoß Seiner Gnade. Legt alle Sorgen ab und nehmt ruhigen Gemüts Zuflucht in IHM. Lasst den Drachen (eures Geistes) fliegen und haltet die Schnur fest in eurer Hand; der Wind wird ihn von selbst ergreifen und in den Himmel schweben lassen.

Du wiederholst immer „Ich", aber denk einmal darüber nach, wer dieses „Ich" ist?

„Wer ist dieses ‚Ich'? Du weißt es nicht, weil ein Schleier da ist, ‚das Andere' (Parda – par dwar).

Dushta (Übel) bedeutet, dass man „Du Ishta", zwei Ishtas (Geliebte) hat. Gott sollte das einzige Ziel sein, der einzige Geliebte. Doch der menschliche Geist neigt dazu, dies zu vergessen und verliebt sich in Sinnesobjekte. Der Geist fühlt sich von Gott getrennt, weil Gott in die Entfernung gedrängt wird. Das ist bereits eine ungute Einstellung. Irgendjemanden oder irgendetwas anderes als Gott als seinen Geliebten zu sehen, führt zu einem starken Verlangen nach dieser Person oder diesem Ding. Insofern musst du deinen Geist Stück für Stück analysieren. Angenommen, schlechte Gedanken sind aufgetaucht, wie verschwinden sie und wann? Denk darüber nach und bete zu Gott. Vater, du solltest jeden Tag diesen Dingen ein wenig Zeit geben. Blick auf deinen Tag zurück: Was habe ich heute getan? Wie lange habe ich vergessen, an Gott zu denken? Egal ob man ein Mann oder eine Frau ist, ob man es im Liegen oder Sitzen macht, analysiere deine Gedanken: Wie lange Zeit habe ich damit verbracht, mich an meinen göttlichen Geliebten (Ishta) zu erinnern und wie lange habe ich damit verbracht, an andere Dinge zu denken, sprich mich auf den Weg zum Tod begeben? Ein Leben als Mensch bekommen zu haben, ist ein großer Segen. Wenn man als Mensch geboren wurde und nicht an den Geliebten denkt, bedeutet es, den Weg zum Tod einzuschlagen – immer wieder Glück, Leid und Kummer zu erfahren.

Deine einzige Pflicht besteht darin, dich zu erinnern, dass nur ER existiert und dass *alles* SEIN Wirken ist.

Wo immer du dich befindest, sei da in der Haltung eines Gottsuchenden.

Glück ist auch eine Falle, denn es kommt und geht.

Es ist die Pflicht des Menschen, das zu wählen und sich damit zu umgeben, was das Bewusstsein auf Gott lenkt.

Welches Sâdhanâ du auch übst, das deinem Temperament und deinen Fähigkeiten entspricht – die Kraft deines Innern wird sich entfalten und ausdehnen. Gott ist die Seele allen Lebens, das Selbst. Um dies zu erkennen, solltest du dich der spirituellen Übung hingeben, die dich tief innerlich am meisten anzieht.

Ein Mensch fühlt sich gelähmt, wenn er nicht die Freiheit hat, in seinen Handlungen auf eine ihm gemäße Art und Weise vorzugehen. Das gleiche Prinzip gilt auch im religiösen Bereich. Wenn der Sucher nicht seinem individuellen Temperament entsprechend weitangelegten Freiraum für die Entfaltung seines Strebens findet, so werden seine Bemühungen in gewohnten Gleisen stagnieren. Der einmal erwähnte Pfad muss mit großer Zielstrebigkeit weiterverfolgt werden, damit Herz und Geist gereinigt werden. Wenn man das Ziel immer als lebende Realität vor Augen hat, wird sich alles Notwendige von selbst ergeben.

Was auch immer irgendjemand, egal von wo aus, unternimmt, um zur Offenbarung des EINEN zu gelangen, das jenseits ist und alles transzendiert – wenn es auf das EINE zielt, kommt alles *dort* an. In Wirklichkeit ist ER es, der es tut und der das Tun verursacht – ER Selbst ist sowohl das Mantra als auch das Ziel, ebenso wie auch der Handelnde, der Verursacher, die Handlung und ihr Ziel in Wirklichkeit eines sind. Dies muss offenbar werden, damit die Dreiheit (Triputi) von Handelndem, Handlung und Handeln schwindet.

Ein Reisender, der sein Ziel schnell erreichen will, schaut nicht zurück, um zu sehen, auf welcher Straße er gekommen ist, noch grübelt er darüber nach, was er auf dem Weg gesehen hat oder was er dadurch gewonnen hat. Genauso müssen Gedanken an die Vergangenheit aus dem Leben des Suchers ausgeräumt werden. Bemühe dich beharrlich, dein Ziel zu erreichen. Solange man sich auf der Ebene des begrenzten Denkens befindet, sollte man – auch wenn man sich die Schönheit des erwählten Ideals nur vorstellen kann – ständig bestrebt sein, Fortschritte dorthin zu machen.

Vater, wieviel mehr an irdischer Freude begehrst du noch? Wenn du einmal den Geschmack *jener* Wonne spürst, wirst du keinen Wunsch mehr nach weltlichem Vergnügen haben. Indem man Gemeinschaft mit Heiligen, Weisen und Wahrheitssuchern pflegt, religiöse Veranstaltungen besucht, Bücher der Weisheit liest und ähnliches, entwickelt man eine Neigung in *jene* Richtung. Es braucht nichts aufgegeben werden. Versuche nur, ganz an IHM festzuhalten. Was aufgegeben werden muss, wird von selbst wegfallen.

Vater schrieb, dass er keinen Geschmack (Rasa) am Spirituellen finde. Solange man die Wüste nicht durchquert hat, wird die Trockenheit nicht verschwinden. Hat der EINE zur Zeit die Gestalt der Dürre angenommen, so besteht Hoffnung, dass ER sich auch als Freude (Rasa) finden lassen

173

wird. Wie viele Leben hast du nicht bereits im Körper verbracht, um die Früchte deiner Handlungen zu ernten? Deine Sehnsucht nach dem Geschmack göttlicher Freude wird dich zu einem Pilger aus dem Bereich des Mangels zum Bereich deines wahren Seins machen. Körper bedeutet Mangel – das Bedürfnis nach Vollständigkeit, Erfüllung, Vollkommenheit.

Wenn du dein Leben einem fließenden Strom gleichmachen kannst, der rasch und beständig, ohne auch nur irgendwann anzuhalten, zu seinem Ziel unterwegs ist, so wird sich nicht nur keinerlei Unreinheit in dir ansammeln können, sondern auch andere Menschen werden durch deine Gegenwart gereinigt werden. Feuer lodert hoch zum Himmel empor, doch an einem bestimmten Punkt kann die Flamme ihre Natur nicht bewahren und wird in Rauch verwandelt. Der Strom des unaufhörlich fließenden Wassers jedoch ist so kraftvoll, dass Flüsse und Ströme, ungeachtet der zahllosen Bäume und Felsen, welche im Weg liegen, Tausende von Meilen entlangziehen, bis sie ihr endgültiges Ziel erreichen. Wenn ihr zur Wahrheit gelangen wollt, so müsst ihr wie ein Fluss unermüdlich und mit großer Zielstrebigkeit vorangehen.

Ihr alle sagt: „Ich möchte Gott finden, ich möchte Gott finden." Aber sucht ihr IHN wirklich mit Herz und Seele, mit eurem ganzen Wesen? Beobachtet euch doch, und ihr werdet es feststellen! Wenn es euch wirklich ernst ist, so müsst ihr IHN einfach finden. Wisst ihr, an welchen Zeichen ein wahrer Sucher zu erkennen ist? Wenn ihr euch so nach IHM sehnt wie ein Schiffbrüchiger nach dem Strand, wie eine Mutter nach ihrem verstorbenen Kind, wenn ihr so heftig nach IHM verlangt, werdet ihr erkennen, dass ER in jeder Sekunde, Tag und Nacht bei euch ist.

Ihr bittet IHN um die Annehmlichkeiten dieser Welt, und daher gewährt ER euch Reichtum, Familie, Freunde, gesellschaftlichen Status usw., die euch den *wirklichen* Schatz vergessen lassen. Sucht nach IHM einzig um Seiner Selbst willen, und ihr werdet IHN ganz sicher finden

Ihr alle befindet euch momentan in einem Zustand endloser Bedürfnisse, ja diese Bedürfnisse sind gleichsam zu eurer zweiten Natur geworden. Wenn ihr hungrig seid, benötigt ihr Essen, und danach seid ihr satt. Dann wollt ihr schlafen. Nach dem Aufwachen habt ihr das Bedürfnis, spazierenzugehen oder euch mit jemandem zu unterhalten. Auf diese Weise wollt ihr ständig das eine oder andere. Dieser Zustand nie endender Bedürfnisse kennzeichnet euer derzeitiges Wesen. Das nennt dieser Körper den Zustand ständigen Mangels, der zu eurer zweiten Natur geworden ist. Doch schlummert im Menschen auch die Fähigkeit, in seinem *wahren* Wesen, in seinem Selbst, in seinem eigenen Seinszustand gegründet zu sein. Der Schleier der Unwissenheit ist da, doch gibt es auch ein Tor zur Erkenntnis. Indem er durch das Tor der Erkenntnis geht, kehrt der Mensch zu seinem eigenen wahren Wesen zurück und wird in seinem eigenen Sein gegründet.

Wenn unser Leben ziellos und unproduktiv ist, setzt sich das Kommen und Gehen Leben für Leben undenkliche Zeit fort. Man sollte reflektieren: Wer bin ich? Was ist dieses Kommen und Gehen? Warum geschieht es und wohin führt es? Diese Reise im Selbst dient dazu, die Hindernisse zu vernichten. Man muss die Reise zum Ewigen unternehmen, selbst wenn man Tausende von Hindernissen überwinden muss. Es ist wichtig, tapfer zu handeln: Warum bleibt ihr passiv, als wärt ihr gelähmt? Warum wiederholt ihr ständig: Ich kann nicht, ich kann nicht?

Halte deine Aufmerksamkeit auf etwas gerichtet, das mit dem Göttlichen zusammenhängt. Geist, Herz und Körper IHM hinzugeben, der ihr Herr ist, schenkt Frieden, doch von der Welt Frieden zu erwarten wird unausweichlich Leid zur Folge haben. Versuche, ein Leben der Heiligkeit und Einfachheit zu führen, mit anderen Worten, sei gegründet in Frömmigkeit und Tugend. Weshalb sollte man Geist und Körper durch unnötige Sorge aufreiben? ER tut unfehlbar, was zum Besten ist. Warum sollte man Leid einladen, indem man ausschließlich Wünsche und Verlangen hegt? In was für Umstände du auch immer gerätst, betrachte es so: „Es ist alles richtig, dies war notwendig für mich; es ist SEIN Weg, mich nah zu Seinen Füßen zu ziehen", und versuche zufrieden zu bleiben. Von IHM allein sollte dein Herz eingenommen sein.

Versuche, soviel wie möglich die Wiederholung des Namens Gottes (Japa) und Meditation zu üben. Kontempliere über das, was du am meisten liebst, und lese alle heiligen Schriften, die dich interessieren. Wähle deinen Neigungen entsprechend Bücher über Leben und Lehren von Heiligen aus Ost und West. In Bezug auf weltliche Dinge solltest du keine Vorlieben oder Abneigungen haben – so wirst du nicht verwirrt, niedergeschlagen oder ärgerlich werden. Schenke so unwichtigen Dingen keine Beachtung.

Trennt zuhause einen Raum mit einem Vorhang ab, der für Gott reserviert ist. Darin macht Dhyâna, Pûjâ, Lesen heiliger Schriften und Japa; die anderen Formen des Dienens macht außerhalb.

Frage: „Sind die Wege des Wissens, der Hingabe, der Handlung und des Yoga für alle zugänglich oder sind sie verborgen?"

Mâ: „Auch wenn sie zugänglich sind, bleibt das wesentliche Geheimnis verborgen. Bei jedem Weg gibt es einige tiefe Geheimnisse, die keiner weiß und die in keinem Buch niedergelegt sind. Ob du den Weg des Wissens oder der Bhakti oder der vedischen Zeremonien oder tantrischer Übungen oder den Yoga selbstlosen Handelns einschlägst, wie er in der Bhagavad Gita gelehrt wird – hinter all den äußeren Übungen dieser Wege bleibt ein Geheimnis, das nur durch den Guru offenbart werden kann oder allmählich im Laufe eines dauerhaften Sâdhanâs verstanden wird."

Wenn der Mensch sich zutiefst seiner Schwäche bewusst wird, wenn er von den Gedanken an seine unerwünschten Impulse und schlechten Eigenschaften gequält wird, wenn ihn Leid in Form von Armut, Verlust eines Angehörigen oder Erniedrigung fühlen lässt, dass sein Leben sinnlos ist, dann und nur dann entwickelt er wirklichen Glauben und religiöse Begeisterung und sehnt sich danach, sich den Füßen des Höchsten hinzugeben. Leid sollte daher willkommengeheißen werden – erscheint doch das sanfte Mondlicht niemals milder als nach der sengenden Hitze eines Sommertages.

Was Gott tut – alles, was immer es auch sei – ist zum Besten. So wie ein Arzt ein Geschwür aufschneidet, das kranke Gewebe entfernt und dadurch den Patienten von der Krankheit befreit, so säubert und reinigt auch Gott euch, indem ER euch Leid erfahren lässt, und nimmt euch dann in SEINE Arme. ER erlöst den Menschen von allen Sünden und Mängeln, indem ER sagt: „Bringe mir all deine Unreinheit und deine bösen Taten dar und empfange dafür das Ambrosia der Unsterblichkeit." ER lässt den Devotee Schmerz und Sorge erleiden, um sein Streben und seine Sehnsucht nach dem Wirklichen zu steigern. Gott nimmt den Schmerz, die Tränenflut der Leidenden, als Verehrung an.

Arbeite mit deinen Händen, richte den Geist auf dein Mantra, und sprich nur, wenn es notwendig ist.

Gott Selbst ist in Form eines religiösen Tuns erschienen. Achtet also darauf, dass nichts respektlos getan wird.

Macht Prâna Sâdhanâ! ER existiert in jedem Leben in Form des Atems. ER ist Mahâprâna – das Prâna aller Prânas. Bleib immer mit deiner Aufmerksamkeit bei Ihm. Wiederhole ständig Seinen Namen, während du gleichzeitig deinen Atem beobachtest, die Einatmung und die Ausatmung. So wirst du alles erreichen. Alles ist darin enthalten – Schöpfung, Erhaltung, Zerstörung, Jñâna, Karma, Pûjâ. Die Welt offenbart sich in Form von Prâna oder der Welle ... wenn man nach der Welle greift, berührt man auch das stille Wasser, ebenso kann man durch das Sâdhanâ des Prâna mit dem Mahâprâna in Kontakt kommen.

Sitzt einfach still und beobachtet euren Atemrhythmus, mehr braucht ihr nicht zu tun. Ihr besteht aus „Einatmung – Ausatmung".

Nichts kann jemals ohne Prânâyama geschehen.

Niemals wird Gott jemanden zurückgeben, der sich auf die Suche nach IHM begeben hat. Sich müde und erschöpft zu fühlen, weil man IHN nicht gefunden hat, ist wirklich ein sehr gutes Zeichen. Es weist darauf hin, dass man sich der Reinigung von Herz und Geist nähert.

Selbst wenn du keine Neigung dazu verspürst, sei bestrebt, dein Bewusstsein immer auf Gott zu richten: Gottverwirklichung muss das Ziel des Lebens sein! Es gibt keinen anderen Begleiter, keinen Freund, nichts – einzig und allein das, was dich Gott näherbringt, das und nur das.

Der Mensch muss nach dem suchen, was hinter der Welt verborgen liegt. Er sollte einen Platz wählen, der es ihm erleichtert, zu seinem *wahren* Heim zu gelangen.

Pilger auf dem Weg zu Gott stoßen sehr oft auf Hindernisse, die durch ihre eigenen früheren Handlungen bedingt sind. In solchen Fällen sollte man beten: ‚Herr, verleihe mir Geduld und Ausdauer, so dass ich unerschrocken meine Pilgerreise auf dem Weg, der zu DIR führt, fortsetzen kann.‘ Ermutigt euch, indem ihr bedenkt, dass diese Hindernisse und Schwierigkeiten euer schlechtes Karma auflösen. Denkt daran, dass Gott euch auf diese Weise reinigt und läutert, um euch zu Sich zu nehmen.

Wenn Gott in Form von Wünschen in euch erwacht, unterscheidet zwischen tugendhaften Wünschen und Versuchungen. Akzeptiert das, was euer Sâdhanâ fördert, und weist zurück, was es behindert. Nie solltet ihr den Weg der Tugend aufgeben, auch wenn alle möglichen Schwierigkeiten auftreten. Tugend bedeutet: der Weg zur Gotteserkenntnis, der Weg zur Selbsterkenntnis; Versuchung bedeutet, weltliche Befriedigungen. Tugend sollte das einzige Ziel sein.
Frage: „Mâ, manche Menschen könnten die Versuchungen mit dem Tugendhaften verwechseln."
Ma: „Ja, das ist möglich, vor allem wenn sich die Versuchung in Form einer geliebten Gottheit zeigt … deshalb bleibt wachsam, selbst wenn ihr Sâdhanâ macht. Achtet darauf, wohin sich der Geist bewegt und passt auf ihn auf. Beschäftigt ihn mit Gedanken an Gott."

Der Frage, ob der Pfad lang oder kurz ist, solltet ihr keinerlei Aufmerksamkeit schenken. „Erkenntnis wird mir gewährt werden müssen" – das sollte euer Entschluss sein. Setzt eure ganze Kraft und Fähigkeit daran, nur dann werdet ihr erfolgeich sein. Wie wunderbar! Wenn man an IHM festhält, ergibt sich alles von selbst.

Versuche nie, einen Tauschhandel mit Gott zu treiben. Hege nicht die Gesinnung eines Krämers oder Händlers: „So viele Jahre habe ich Meditation geübt und doch nichts erreicht!" Diese Einstellung sollte man nicht haben. Offenbart ER Sich immer innerhalb einer bestimmten Anzahl von Tagen, Monaten oder Jahren? ER ist ewig, immer gegenwärtig, überall. In allem – ist ER allein.

Gott bewahrt die Milch bereits in der Mutterbrust, bevor das Baby geboren wird; auf IHN setzt euer ganzes Vertrauen, sucht Zuflucht in IHM allein.

Wer wird ein Freund genannt? Derjenige, der dich veranlasst, deinen Geist dem Geliebten zuzuwenden, ist dein bester Freund. Aber eine Person, die deine Gedanken von IHM ablenkt und dich verleitet, in die Richtung des Todes zu gehen, ist ein Feind, kein Freund. Versuche dich zu bessern. Ein Mensch, der sich nicht bemüht, besser zu werden, begeht in der Tat Selbst-Mord.

Es ist offensichtlich, dass Zweifel dem Wunsch nach Wissen zugrundeliegt. Wenn du die feste Überzeugung hättest, dass Gott es ist, der alles tut, würde der Wunsch, herauszufinden, warum die Dinge so geschehen, wie sie geschehen, nicht in dir aufkommen.

Unwissenheit besteht, solange sich der Geist ihrer gewahr ist. Wenn dieses Gewahrsein sich auflöst, verschwindet auch die karmische Bindung.

Frage: „Woher wissen wir, ob wir auf dem Weg des Sâdhanâs Fortschritt gemacht haben?"

Ma: „Ihr kennt das Gefühl des Sattseins nach dem Essen. Schaut, ob Lust und Verlangen weniger geworden sind? Neigt der Körper weniger dazu, ins Weltliche zu gehen? Wird euer Geist von Gott angezogen oder von etwas anderem? Wonach sucht er? Erforscht all das."

Jeder der fünf Finger an der Hand hat seine Eigentümlichkeit, jeder Teil des Körpers hat seine eigene Funktion, ob wichtig oder weniger wichtig. Die Zähne mögen manchmal wohl auf die Zunge beißen, aber da das Ganze dein eigener Körper ist, akzeptierst du all seine Vorgänge und gibst dir große Mühe, für jeden seiner Teile zu sorgen. In gleicher Weise versuche, jede Person, mit der du in Kontakt kommst, als zu dir gehörend zu betrachten. Wenn du dir das angewöhnst, wirst du irgendwann anfangen zu fühlen, dass jeder im Universum ein Teil deiner selbst ist. Die Unterscheidung zwischen „ich" und „du" aufzuheben, ist der einzige Zweck jedes spirituellen Bestrebens.

Aufrichtiger und fester Glaube führt dich direkt zum Göttlichen. Aber intellektuelle Diskussionen werden dich nur weiter von IHM entfernen. Gott ist der Ewige Klang (das WORT), der das Höchste Brahman symbolisiert. Hältst du an IHM fest, wirst du nicht mehr von IHM loskommen können. Natürlich bestimmt letzten Endes ER Selbst auch die Intensität deiner Zielgerichtetheit. Trotzdem versuche, dich IHM immer hinzugeben – sei dein Glaube auch noch so gering.

Wenn du Lust hast, zu reden, rede über IHN, wenn du etwas hören möchtest, so höre etwas über SEINE Herrlichkeit, wenn du dich zur Arbeit hingezogen fühlst, so bringe all deine Werke IHM dar. Betrachte deinen Körper als SEINEN Tempel, und halte ihn ebenso rein und sauber wie deinen Altar. Beschäftige dich mit positiven Gedanken, die deinen Geist und deine Seele läutern. Versuche, im gereinigten Spiegel deines Bewusstseins die Widerspiegelung deines wahren Selbst, dein Ich, zu finden. Entdecke, wer dieses „Ich" ist. Dein ganzes Streben sollte darauf gerichtet sein, es zu erkennen. So oft hört man die Leute sagen: „Halte den Spiegel deines Geistes rein." Tu es! ER wird Sich Selbst offenbaren und zwar zur rechten Zeit. Du brauchst dir um Seine Offenbarung keine Sorgen zu machen. Sei zufrieden mit dem wenigen, das ER dir vielleicht in diesem Leben gegeben hat, verbringe frohgemut damit deine Tage und sei in lebendigem Kontakt mit IHM.

Je mehr deine Zweifel schwinden, desto näher wirst du IHM sein. Eine Zeit wird kommen, wo du IHN überall erkennen und ganz eins mit IHM werden wirst.

Eine Frau aus Dhaka sagte zu Mâ einmal: „Mâ, ich habe so viel Leid durchzumachen."

Mâ: „Das ist sehr gut!"

Frage: „Wünscht Du, dass es so sein soll?"

Mâ: „In einem Körper zu leben, beinhaltet, sowohl das Gute als auch das Schlechte zu ertragen. Wann immer sich also Krankheiten, Unglücks- oder Todesfälle ereignen, solltest du daran denken, dass du von Samskâras (den individuellen Prägungen, die die Klarheit der ewigen Seele überschatten) gereinigt wirst. Leid ist untrennbar vom materiellen Leben. Es ist notwendig zu brennen, um geläutert zu werden. Wenn etwas brennt, wird es erst zu Feuer, und danach wird selbst das zu Asche. Wenn du Asche auf deinen Körper reibst, wird sie eins mit dem Körper, streust du sie auf Wasser, verbindet sie sich mit dem Wasser und geht darin auf. Es gibt keine Spannung mehr, kein Verlangen nach unzuträglichen Dingen. Wenn das Bewusstsein mit der Welt eins ist, ist man in Frieden gegründet. Was auch immer geschieht, ist willkommen, ohne irgendeine heftige Reaktion darauf. Deshalb sage ich, dass Leiden gut ist."

Durch Rezitation des Gâyatrî-Mantras[68], durch Feuerzeremonien, Japa, Meditation und ähnliche Übungen wird man von Karma und Unreinheiten, die in zahllosen früheren und auch in diesem Leben angesammelt wurden, gereinigt und geläutert. All dies beschleunigt die unverhüllte Offenbarung jener herrlich leuchtenden Wirklichkeit, die tief im Innern wie ein strahlendes Licht glänzt und die das ZIEL ist.

Das leichteste und wirksamste Mittel, den Geist zu reinigen, ist die Gemeinschaft mit Heiligen und Wahrheitssuchern und die unaufhörliche Anrufung von Gottes Namen.

Frage: „Ma, was ist der beste Weg von den dreien – Karma, Bhakti oder Jñâna?

Ma: „Der EINE ist in allen dreien gegenwärtig. Der beste Weg ist der, den dein Guru dir weist."

---

[68] heiliges Mantra aus dem Rig Veda, welches täglich von allen Hindus der drei oberen Kasten wiederholt wird, nachdem sie die heilige Schnur erhalten haben: „*Om bhur bhuvah svah. Tat savitur varenyam bhargo devasya dhimahi dhiyo yo nah pracodayat.*" Mâ's Erklärung der Bedeutung lautet: „Lasst uns über das strahlende Höchste Brahman meditieren, das allwissend im Herzen wohnt, über IHN, der ständig schafft, erhält und zerstört, der in allen Formen gegenwärtig ist und unseren Geist erleuchtet."

181

Frage: „Oft sagst Du, wir sollten ständig an Gott denken und in IHM versunken sein. Aber wenn wir das versuchen, werden die täglichen Pflichten im Haushalt vernachlässigt werden. Angenommen, ein Kind kommt und fragt nach etwas, und man antwortet ihm nur hastig, oder Gäste treffen ein, und man behandelt sie nicht so aufmerksam, wie sie es wünschen. Was soll man tun, während man ein Familienleben führt?"

Mâ: „Wenn du in Gott versunken bist, warum kümmerst du dich um die Welt? Lass geschehen, was will, du bist in Gott vertieft."

Frage: „Aber meine Familie wird mich tadeln. Sie sagen, ich sei halb hier, halb dort und deshalb in keinem Bereich wirklich erfolgreich."

Mâ: „Oh nein, du bist nicht halb ‚dort‘, viel weniger als halb, und mit dem bisschen Jenseitigkeit kannst du deine Haushaltspflichten tatsächlich sehr gut erfüllen, besser als sonst. Reserviere dir einige Stunden täglich für Meditation, und ansonsten tu deine Arbeit als Dienst an Gott. Wenn du deine Aufmerksamkeit die ganze Zeit auf Gott richtest und jeden als Ausdruck des Göttlichen betrachtest, wird deine Arbeit ausgezeichnet bewältigt und für jeden zufriedenstellend sein.

Wenn ein Mensch Reichtum anhäufen will, verbirgt er das Bisschen, was er bereits hat, und selbst wenn sich sein Besitz vergrößert, so muss er sorgfältig bewacht werden. Ebenso bewahre den kleinen, inneren Schatz, den du bereits erworben hast, in deinem Herzen, und diene in der äußeren Aktivität deiner Familie. Du brauchst das Wenige, das du bereits verwirklicht hast, nicht zur Schau stellen.

Wenn du einst wirklich im EINEN versunken bist, so dass du unmöglich arbeiten kannst, wird niemand dich tadeln. Im Gegenteil, die Menschen werden die göttliche Gegenwart in dir spüren und sich sehr darum bemühen, dir zu dienen. Wenn Gäste nicht bewirtet werden, werden sie dir nicht böse sein, denn allein deine Gegenwart wird sie bereits glücklich machen."

Frage: „An manchen Tagen kann sich der Geist sehr gut beim Japa und bei der Meditation konzentrieren, an anderen Tagen jedoch kann man ihn einfach nicht unter Kontrolle bringen. Warum ist das so?"

Mâ: „Es kann verschiedene Gründe haben. Bestimmt gibt es da etwas in deiner Lebensweise, das den Geist ablenkt und ihn während der für Japa bestimmten Zeit bei der Konzentration hindert. Beispielsweise etwas, das du gegessen oder gesehen hast oder jemanden, den du berührt hast oder mit dem du dich unterhalten hast – irgendetwas davon mag eine Bewegung in deinem Geist hervorgerufen haben, ohne dass du dir dessen bewusst bist. Deshalb sage ich, wenn jemand Fortschritte in diese Richtung machen will, ist es unbedingt erforderlich für ihn, sich von der Gesellschaft fernzuhalten und in Einsamkeit zu leben.

Zu Anfang muss man ständig darauf achten, alles zu vermeiden, was die Aufmerksamkeit von Gott ablenken kann. Natürlich ist es für diejenigen, die ein Familienleben führen, nicht möglich, der Gesellschaft anderer auszuweichen. Sie sollten, wann immer es geht, Satsang aufsuchen und über religiöse Themen sprechen. Wenn man mit Heiligen und Weisen zusammenkommt und über sie liest, wird das Bewusstsein gereinigt, und das hilft, sich Gott zu nähern.

Auch die Handlungen früherer Leben haben ihren Einfluss, aufgrunddessen verschiedene Stimmungen oder Tendenzen zu verschiedenen Zeiten Oberhand gewinnen. Wenn man sich darin übt, Gott immer durch die Haltung ‚jede Arbeit, die ich tue, ist Dienst für IHN‘ zu vergegenwärtigen, dann werden weltliche Anhaftungen verschwinden, und die Sehnsucht nach Gott wird stärker, so wie neue Blätter an einem Baum treiben und alte abfallen – äußere Interessen werden nachlassen und der inneren Suche Platz machen. Das ist der natürliche Lauf der Dinge. Die alten Blätter wiederum, die abgefallen sind, dienen dem Baum als Dünger. Seht, so wird nichts im göttlichen Plan verschwendet.“

Sehr oft erweisen sich die Handlungen früherer Leben als Hilfe oder Hindernis beim Fortschritt auf dem Weg zur Wahrheit. Die Wirkung des Karmas früherer Leben offenbart sich in diesem Leben, und das führt zuweilen dazu, dass eine bestimmte Haltung vorherrschend ist.

Die Eindrücke und Neigungen (Samskâras), die in sehr vielen früheren Leben angesammelt wurden, sind die Wurzel aller Bindung. Durch Handlung haben sich diese Samskâras entwickelt, und durch Handlung werden sie wieder vernichtet werden. Wie eine Schallplatte ist die Struktur des menschlichen Geistes durch seine vergangenen Handlungen, Gedanken und Gefühle geprägt worden. Wenn durch Identifikation mit den Sinnen alte Erinnerungen wiederaufleben, verhält sich der Geist wie die Nadel eines Plattenspielers, indem er die Wiederholung von Vorstellungen, Gefühlen und Taten der Vergangenheit anregt. Wie durch anhaltendes Praktizieren von gottgeweihten Handlungen, Gedanken und Bestrebungen gute und schöne Tendenzen an Stärke gewinnen, so werden in gleichem Maße die unerwünschten Tendenzen ausgelöscht. Und wie Feuer schließlich von selbst erstirbt, nachdem es alles Brennmaterial zu Asche verbrannt hat, so werden letztlich selbst eure guten und löblichen Samskâras von selbst erlöschen[69].

Aufgrund von Kîrtan können verschiedenste Zustände auftreten. Manchmal spürt man, wie eine Welle im Körper aufwärts steigt, wenn man den heiligen Namen hört, was danach in Ermattung oder Teilnahmslosigkeit übergeht und wodurch der Körper reglos wird (das könnte mit Samâdhi verwechselt werden) ... oder man wird von der göttlichen Form überwältigt. Man vergisst sich selbst völlig, während man die Form Krishnas sieht oder wird völlig überwältigt von der Pûjâ oder dem Namen von Krishna. In einem weiteren Zustand fällt man in Ekstase, sobald man die Form des Geliebten in jedem erblickt, den man sieht. Darin ist die göttliche Gestalt das Ziel. Dann gibt es die Möglichkeit der Brahmanverwirklichung, bei der der Suchende und das Gesuchte eins werden. Dabei liegt das Ziel nicht insbesondere auf der göttlichen Gestalt. Es wird erkannt, dass es niemand anderen als die eine höchste Instanz gibt. Noch darüber hinaus liegt Nirvikalpa Samâdhi – wenn nichts mehr bleibt, mit anderen Worten, man kann nicht mehr unterscheiden zwischen dem, was ist, und dem, was nicht ist. Dieser Zustand kann weder durch „Nein" noch durch „Ja" ausgedrückt werden. Es gibt so viele verschiedene Zustände, aber wie viel lässt sich zum Ausdruck bringen?

Frage: „Erscheinen diese Zustände unweigerlich einer nach dem anderen?"

Ma: „Natürlich, solange man nicht hartnäckig an einem Zustand festhält, wodurch man zum Stillstand käme."

Frage: „Wenn man im Laufe seines Sâdhanâs innerlich Darshan bzw. Visionen (von Gottheiten) empfängt, wie kann man zwischen echten und unechten Offenbarungen unterscheiden?"

Ma: „Du kannst den Unterschied anhand der Veränderung erkennen, der aufgrund des Sâdhanâs in dir geschehen ist. Wenn dein Geist durch die Vision allmählich zu Gott hingezogen wird und gleichzeitig weg vom Weltlichen, dann gehe davon aus, dass der Darshan echt ist. Wenn sich der

---

[69] Dann ist ein Zustand ewiger Freiheit erreicht, der jenseits von Dualität und persönlichen Neigungen liegt und in dem sich göttlicher Wille durch alle Handlungen bekundet.

Geist von Gott angezogen fühlt, wird seine Anziehung zu Versuchungen schwächer. Das Lebewesen besteht aus Denken, Fühlen, Intellekt, Ego – sie alle werden von den Offenbarungen beeinflusst.

Der wirkliche Darshan ist jedoch der, bei dem sich die Frage der Echtheit gar nicht erhebt, da der Schüler selbst in die Form des TAT verwandelt wird."

Frage: „Es kommt sehr oft vor, dass wir bestimmte Dinge nicht tun möchten und sie gegen unseren Willen doch tun, als seien wir gelähmt. Was können wir dagegen tun?"

Mâ: „Gelähmtheit liegt tatsächlich in der Natur des Individuums (Jîva). Alles, was die Menschen tun, tun sie wie unter Zwang. Schau, wenn ein Staubkorn ins Auge kommt, kann man nicht sehen. Selbst wenn es entfernt wurde, sind die Augen noch voll Tränen. Ebenso macht schon geringe Beschäftigung mit weltlichen Dingen den Geist ruhelos. Die Eindrücke zahlloser vergangener Leben haben ihre Prägungen in eurem Bewusstsein hinterlassen. Kann man sie so leicht auslöschen? Neigungen, die wir in der Vergangenheit entwickelt haben, zwingen uns jetzt zu bestimmten Handlungen, als seien wir machtlos. Deshalb ist anhaltende Bemühung notwendig. So eine ständige Bemühung könnte sogar zu einer anderen Art Lähmung führen! Wenn wir unsere weltlichen Aufgaben gegen unseren eigentlichen Willen tun, wie gelähmt durch Tendenzen und Neigungen, die wir in der Vergangenheit entwickelt haben, weshalb sollte es nicht auch möglich sein, aufgrund anhaltender Übung spontan spirituelle Aktivität auszuführen?"

Durch die Gespräche und Aktivitäten der Menschen in deiner Umgebung prallen alle möglichen Schwingungen aufeinander, die Zerstreuung und Ruhelosigkeit in deinem Bewusstsein erzeugen. Schon mit Menschen zu verkehren, die nicht nach innen gerichtet sind, lenkt dich vom Weg ab. Wenn man in die Wellen des Meeres eintaucht, muss man auch wieder hochkommen – diese Einstellung sollte ein Mensch in allen Lebenslagen entwickeln. Um Ablenkung auf dem Weg zu vermeiden, wird empfohlen, reine (sattvische) Nahrung zu sich zu nehmen, göttliche Bestrebungen zu hegen, sich sanftmütig und gütig zu verhalten und Bücher der Weisheit zu studieren. Gib dich dem Strom hin, der zu IHM führt, der dich geschaffen hat. Von dort wirst du die Kraft erhalten, mit allen Umständen zurechtzukommen.

Frage: Mâtâjî, ich höre Deine Worte jeden Tag und ich beachte auch das, was Du sagst. So oft habe ich gehört, wie Du über Gott sprichst, aber wenn ich wieder in meiner Arbeit versinke, warum denke ich dann nicht an Ihn?

Mâ: Unbeständigkeit ist eins der Merkmale des Denkens. Viele Leben hindurch hast du die Gewohnheit entwickelt, dass sich das Denken nach außen wendet. Daran hat es sich so gewöhnt, dass du seine Richtung nun umkehren musst, damit es sich nach innen wendet. Solange die Bewegung des Geistes sich nicht nach innen richtet, ist es unmöglich, Gott zu finden. Deshalb versucht euer Äußerstes, dass sich euer Geist nach innen wendet. In dieser Einkehr wird Gott, der im Lotus deines Herzens thront, offenbar. Wenn der Geist außen umherschweift, ist er von Gott abgewandt. Wenn man beharrlich Sâdhanâ übt, entsteht ein Zustand, in dem weltliche Unterhaltungen als richtig unangenehm empfunden werden. Man kann keinen Gefallen mehr daran finden. Solange du also nicht in den Strom hineinfindest, der dich nach innen nimmt, musst du in deinen Bemühungen fortfahren, ihn nach innen zu lenken. Der Geist kann sich nicht gleichzeitig in zwei Richtungen bewegen. Zwei anzustreben ist ungut, versuche, das EINE zu verwirklichen. Verehre Gott, aber nicht, um damit anzugeben. Werde beständig in deiner Übung. Was wird die Wirkung dessen sein? Es wird keine Unterbrechung mehr in deiner Praxis geben. Später wirst du sowohl über Übung als auch Nicht-Übung hinausgehen und die Einheit erkennen.

Gottes Schöpfung besteht aus beidem: Menschen, die die Natur der Welt begreifen und solchen, die sie nicht verstehen. Die letzten müssen eben mit den Spielsachen zufriedengestellt werden, nach denen sie verlangen.

Immerwährendes Glück liegt darin, dem Geheiß seiner wahren Natur (Svabhâva) Folge zu leisten ... Jede Tätigkeit, die man im Zusammenhang mit weltlichen Dingen ausführt, entsteht aus einem Bedürfnis (Abhâva) heraus. Natürlich fühlt man sich glücklich, wenn dieses Bedürfnis befriedigt worden ist. Doch denk daran: Das Glück, das dir aus weltlichen Erfolgen und Befriedigungen zuteil wird, hält nur weiter das Gefühl in dir wach, dass dir noch irgendetwas fehlt. Angenommen, du hast das Bedürfnis, etwas zu erwerben, und um dieses Bedürfnis zu erfüllen, beginnst du, etwas Bestimmtes zu unternehmen. Aufgrund deiner Bemühungen hast du das Bedürfnis dann nicht mehr und bist sehr froh darüber. Doch zusammen mit dieser Freude wird sich irgendein anderes Bedürfnis melden. Deshalb betone ich, dass jede Handlung, die mit weltlichen Dingen zusammenhängt, zum Bereich des Mangels (Abhâva) gehört. Folgt man jedoch dem Geheiß seiner eigenen wahren Natur (Svabhâva), so ist das Ergebnis immerwährende Freude ... Nun magst du entgegnen: „Was nützt Glückseligkeit für mich allein, wenn sich die ganze übrige Welt in Dunkelheit befindet?" Die Antwort darauf lautet: Wenn immerwährende Glückseligkeit erlangt wurde, wird sie sich auch anderen mitteilen.

Frage: „In der ganzen Welt machen die Wissenschaftler ständig neue Entdeckungen. Zum Beispiel wurde nach intensiver Forschung das Telefon erfunden, und die ganze Welt hat aus dieser Errungenschaft ihren Nutzen gezogen. Warum kann ein Gottverwirklichter nicht ebenso seine Erkenntnis jedem übertragen?"

Mâ: „Warum sollten die Menschen Heiligen zu Füßen sitzen, wenn dies nicht möglich wäre? Wissenschaftler erforschen Mittel und Wege, wie die Energiequellen der Welt nutzbar gemacht werden können, doch der Tod wird durch ihre Entdeckungen nicht besiegt. Ihre Forschungen gipfeln in dem Motto: ‚Handle und genieße.' Dabei wird nicht gefragt: ‚Wer bin ich? Was bin ich in Wirklichkeit?' Das Kernproblem ist: ‚Woher bist du gekommen? Wie bist du erschaffen worden?'

Wo liegt in Wirklichkeit der Ursprung der Elektrizität? Wie viele andere Kräfte sind noch in der Natur verborgen? Ein Devotee, der tief über Gott nachsinnt, forscht: Was ist das Lebewesen (Jîva)? Gibt es etwas jenseits des Lebewesens oder nicht?

Gewiss hat die Wissenschaft von heute Telefone, Motoren, Flugzeuge, Dampfschiffe usw. erfunden. Ich habe gehört, dass früher der Pushpaka-Wagen durch die Lüfte flog[70], heute fliegt das Flugzeug. Was es früher gab, wird heute überall in anderer Form wiederentdeckt. Alles ist in dir enthalten, und alles existiert in allem anderen – d.h. ob du IHN Gott oder das Selbst nennst, was du auch sagen magst – es ist nur der EINE Selbst. ER ist unbegrenzt, unendlich, ohne Ende. Gott sagt: „Geh zum Ursprung aller Dinge. Wie du säst (handelst), so wirst du ernten (d.h. entsprechende Ergebnisse bekommen)."

Ein Mensch mag soviel Reichtum besitzen, und doch weiß er nicht, wie er ihn nutzen soll. Er mag über Elektrizität, Telefone und was auch immer verfügen und doch nicht dazu imstande sein, Nutzen daraus zu ziehen. Das

---

[70] im Râmâyana erwähnt

187

Leid dieser Welt dauert nur einige Tage. Der Weg zu höchster Glückseligkeit ist der wirkliche Weg, den du einschlagen solltest."

Wer den wirklichen und immerwährenden „Rausch" anstrebt, benötigt keine künstlichen Rauschmittel. Sich mit Trügerischem abzugeben, wird nur die Illusion verstärken, denn jede Handlung setzt sich ins Unendliche fort. Wer das Echte sucht, arbeitet von selbst intensiv daran, Fortschritt in seinem Sâdhanâ zu machen.

Das Geld, das ihr verdient, hat die Angewohnheit, sich immer wieder zu verbrauchen. Was ewig unerschöpflich ist – das ist „Besitz". Deshalb ist nur Sâdhanâ wirklicher Besitz, wirklicher Reichtum.

Wer ist denn wirklich reich? Nur wer den HÖCHSTEN SCHATZ besitzt, ist tatsächlich reich und lebt im Überfluss. Arm und elend muss ein Mensch genannt werden, in dessen Herz nicht die ständige Erinnerung an Gott wohnt. Sich einzig und allein auf IHN zu verlassen, ist die höchste und einzige Pflicht des Menschen.

Als Mâ die Nachricht hörte, dass jemand erkrankt war, ließ sie dem Leidenden Folgendes ausrichten: „Verlasse dich absolut auf IHN. In was für Umständen du dich auch immer befinden magst, richte die Aufmerksamkeit ständig nur auf IHN. Lasse dies dein Gebet sein: ‚Herr, es hat dir gefallen, in Form von Krankheit zu mir zu kommen. Gib mir die Kraft, sie zu ertragen, verleihe mir Geduld und lass mich verstehen, dass DU es bist, der in dieser Verkleidung bei mir ist.'"

Setzt eure Verehrung so lange fort, bis es sich klar zeigt, dass alles – sei es benannt oder namenlos, gestalthaft oder gestaltlos – Gott ist. Fahrt fort, den Namen Gottes zu wiederholen.

Über Gesundheit und Krankheit äußert sich dieser Körper nicht. Das wirkliche, höchste und universelle Heilmittel für alle Krankheiten ist die ständige Vergegenwärtigung Gottes. Setzt euer ganzes Vertrauen in IHN.

Ständig ist jeder damit beschäftigt, einen Körper zu tragen und ihm alles zu essen zu geben, was er will. Aber es gibt auch eine Schwingung im Innern, die uns sagt, dass wir frei von dieser Dehâtma Buddhi (der Gleichsetzung von Körper und Seele) sein sollen. Die Hauptsache ist, diese Dehâtma Buddhi zu beseitigen.

Alles, was ihr erstrebt, kann erlangt werden, wenn der Durst nach dem Ziel eures Wunsches jede Faser eures Seins durchdringt.

Auch wenn du das Gefühl hast, deine spirituelle Übung sei bloß eine ständige langweilige Wiederholung, so ist es dennoch genau diese Übung, die dir innerlich den Weg öffnen wird.

Gehe diesen Weg (des Sâdhanâs), auf dem du viele Weggefährten treffen wirst, die sich von selbst nach deinem Ziel erkundigen werden. Oft werden sie dir den richtigen Weg zeigen, wenn du den falschen eingeschlagen hast.

Es gibt viele Möglichkeiten, die inneren Knoten zu lösen. Ein Weg besteht in der Meditation, in der Wiederholung von Gottes Namen oder welcher spirituellen Übung auch immer, je nach der eigenen Ausrichtung.

Welchen spirituellen Weg man auch geht – zuerst ist man bedrückt und verwirrt, da man das Ziel nicht erreicht. Dann folgt ein Schwebezustand, eine Art Leere: man kommt nicht weiter nach innen, doch auch weltliches Vergnügen befriedigt einen nicht.

Das Lesen heiliger Schriften kann auch hilfreich sein, wenn es nicht zur Sucht wird. Wenn man durch das Lesen nicht mit seinem eigenen wahren Selbst vereint wird, dann reicht bloßes Lesen nicht aus.

Mâ: Verbrennt eure Wünsche durch Unterscheidung und Leidenschaftslosigkeit oder schmelzt sie durch Hingabe.

Frage: Was von beiden ist besser?

Mâ: Es hängt davon ab, was der einzelnen Person entspricht. Was durch Unterscheidung und objektive Beobachtung verzehrt wird, kann auch durch Hingabe geschmolzen werden.

So wie ein Kind am Rockzipfel seiner Mutter hängt, obwohl sie mit anderweitiger Arbeit beschäftigt ist, und so wie es sie immer wieder plagt, selbst wenn es einen Klaps bekommt – ebenso darf man niemals in seinen Bemühungen nachlassen, das Selbst zu verwirklichen. Das ist das Kennzeichen eines Devotees: Immer wieder und immer wieder zu beten. Man kann nie wissen, wann sich der EINE als Erfüllung offenbaren wird.

„Ich wäre gern eine Zeitlang bei Dir geblieben, doch mein Baby plagt mich so, dass ich jetzt gehen muss." Mit diesen Worten verabschiedete sich eine Frau von Mâ und verneigte sich vor ihr.

Nachdem sie gegangen war, bemerkte Mâ lächelnd: „So solltet ihr euch alle verhalten, denn auch ihr seid kleine Kinder. Warum könnt ihr eure MUTTER (Gott) nicht ebenso belästigen? Warum könnt ihr nicht laut rufen: Oh Herr, wenn Du uns nicht Deine Glückseligkeit gibst, werden wir Dir keine Ruhe lassen! Wir sind doch Kinder – was wissen wir schon von Dienen? Wir werden Dich quälen, nur um dieses Geschenk der Glückseligkeit zu bekommen!"

Sowohl in dieser Alltagswelt als auch im spirituellen Bereich ist Geduld die Hauptstütze.

Ob ihr wollt oder nicht, ihr werdet den Ewigen zu eurem ständigen Begleiter machen müssen; so wie eine Arznei, die eingenommen werden muss. Ohne Gott zu lieben, werdet ihr nichts erreichen – denkt immer daran.

Bindung an Ungutes kann nur dadurch aufgehoben werden, indem man sich mit dem Heiligen verbindet ... Ungute Samskâras müssen vernichtet werden, indem man gute Handlungen vollbringt. Am Ende bleiben selbst die heiligen Werke nicht – so wie man erst Seife benutzt, um den Schmutz vom Körper zu entfernen, doch dann vermischt sich selbst die Seife mit dem Schmutz und beide zusammen müssen mit Wasser abgewaschen werden.

Solange man keine Unabhängigkeit von den Umständen entwickelt hat, existiert zwangsläufig Leid.

Über euer persönliches Sâdhanâ und euren Bhajan solltet ihr nicht einfach überall reden ... es ist notwendig, es geheimzuhalten. So wie man einen gesetzten Samen nicht täglich herausnimmt, um ihn zu studieren, ebenso wichtig ist es, das Ergebnis des Sâdhanâs und des Bhajans nicht zu offenbaren, solange es nicht seine Erfüllung gefunden hat.

Ihr solltet alles als eine Form Gottes betrachten. Wenn ihr zum Beispiel eine schöne Blume seht, solltet ihr versuchen zu denken: „Oh, Gott hat Sich Selbst in Form einer wunderschönen Blume offenbart." Sie jedoch als Gegenstand des Genusses zu betrachten, wird Schaden anrichten und einen Makel im Innern hinterlassen, der einen erneuten Läuterungsprozess erfordert.

Wir sollten unserer Aufmerksamkeit nicht erlauben, planlos umherzuschweifen, sondern an einem bestimmten Ziel festhalten. Dennoch werden wir zu Beginn ein Ziel wählen müssen, das unserem Sâdhanâ entspricht. In Einsamkeit zu leben bedeutet, einzig in Gesellschaft des Einen Geliebten zu sein, nicht wahr, Vater? Nur wenn man an nichts haftet, ohne Kummer und Sorgen, ist Freiheit von Konflikten und Schwierigkeiten möglich. Schreib ihm, dass er nicht den geringsten Anlass zur Besorgnis hat – Gottes Gnade strömt unaufhörlich und zu allen Zeiten herab. Ein Mensch, der Gottverwirklichung zum ausschließlichen Ziel seines Lebens gemacht hat, hat bereits Zuflucht in IHM gefunden – auch wenn ER Sich im Augenblick durch Seine Abwesenheit offenbart.

Frage: „Warum sollte man nicht weltliches Glück genießen?"
Mâ: „Vergängliches ist nicht begehrenswert."
Frage: „Was ist Sünde (Pâpa) und Tugend (Punya)?"
Mâ: „Gott zu vergessen, ist die größte Sünde. Sich immer an IHN zu erinnern, ist die größte Tugend."

Wenn Kinder Lesen und Schreiben lernen, müssen sie Tadel und Verweise hinnehmen. Auch Gott erteilt dem Menschen gelegentlich milde Schläge, doch ist das nur ein Zeichen Seiner Barmherzigkeit. Vom weltlichen Standpunkt aus betrachtet, werden solche Schicksalsschläge als äußerst schmerzlich empfunden, doch in Wirklichkeit rufen sie eine Wandlung im Herzen hervor und zeigen uns den Weg zum Frieden: Indem sie das weltliche Glück des Menschen stören, bewegen sie ihn dazu, den Weg zur Höchsten Glückseligkeit zu suchen.

Natürlich ist es wahr, dass die Existenz des menschlichen Körpers durch Atmung bedingt ist, und das beinhaltet Leid[71]. Es gibt zweierlei Pilger auf der Reise des Lebens: Der eine ist wie ein Tourist auf Sehenswürdigkeiten erpicht, wandert von Ort zu Ort und stürzt sich von einem Erlebnis ins nächste, nur um des Vergnügens willen. Der andere beschreitet den Weg, der im Einklang mit der wahren Natur des Menschen ist und zu seiner wirklichen Heimat führt, zur Selbsterkenntnis. Auf der Reise, wo man Attraktionen und Vergnügen sucht, wird man mit Sicherheit Kummer erfahren. Solange das wirkliche Zuhause nicht gefunden wurde, ist Leid unvermeidlich. Das Gefühl der Getrenntheit ist die Wurzel des Leids, da es auf Irrtum beruht, auf der Vorstellung von Dualität. Aus diesem Grunde wird die Welt *Du-niyâ* (auf Dualität basierend) genannt.

Der Glaube eines Menschen wird sehr durch seine Umgebung beeinflusst, deshalb sollte er die Gemeinschaft mit Heiligen und Weisen bevorzugen. Glaube bedeutet, seinem Selbst zu vertrauen, Unglaube hingegen hält das Nicht-Selbst für das eigene Selbst.

---

[71] Das menschliche und tierische Leben ist durch Atmung bedingt, die ein Merkmal der Störung des universellen Gleichgewichts darstellt. Die ganze Schöpfung ist von dieser Störung gekennzeichnet. Der Vorgang des Atmens beinhaltet eine zweifache Bewegung, nach innen und nach außen, und eine periodische Ruhepause zwischen beiden Atemzügen. Ein Zustand der Harmonie kann erreicht werden, indem man sich von diesem Drang zur Bewegung befreit und völliges inneres Gleichgewicht verwirklicht. Das ist möglich durch Yoga.

In einigen Fällen tritt Selbstverwirklichung durch die Gnade Gottes ein, während man andere Male sehen kann, wie ER in manchen Suchern eine fieberhafte Sehnsucht nach Wahrheit erweckt. Im ersten Fall wird das Ziel spontan erlangt, im letzteren erreicht man es durch Bemühung. In allem wirkt jedoch allein SEINE Barmherzigkeit.

Der Mensch meint, er sei der Handelnde, während in Wirklichkeit alles von ‚dort' gelenkt wird: Von ‚dort' kommt der Anschluss, und ‚dort' ist auch die Schaltzentrale – dennoch sagen die Menschen ‚ich tue'. Wie wundersam es ist! Wenn ihr trotz aller Anstrengungen den Zug verpasst, wird euch nicht klar, von wo all euer Handeln gesteuert wird? Was auch immer mit irgendjemandem geschehen soll, wo und wann auch immer, alles ist von IHM bestimmt, SEINE Vorkehrungen sind perfekt.

Eine ewige Beziehung besteht zwischen Gott und dem Menschen, doch ist sie innerhalb SEINES Spiels manchmal da und manchmal abgebrochen, vielmehr scheint sie abgebrochen zu sein – in Wirklichkeit ist dem nicht so, denn die Beziehung ist ewig. Von einem anderen Standpunkt wiederum gibt es so etwas wie Beziehung gar nicht. Eine Person, die diesen Körper einst besuchte, sagte: „Ich bin ein Neuling für Dich." Sie bekam zur Antwort: „Ewig neu und ewig alt, in der Tat."

Das Licht der Welt kommt und geht, es ist unbeständig. Das ewige Licht jedoch kann niemals erlöschen. Durch dieses Licht nehmt ihr das äußere Licht und alles im Universum wahr. Nur weil ES immer in eurem Innern erstrahlt, könnt ihr das äußere Licht wahrnehmen. Alle Erscheinungen im Universum verdanken ihre Sichtbarkeit nur jenem großen Licht *in* euch, und nur weil das Höchste Wissen um das Wesen der Dinge in den Tiefen eures Seins verborgen liegt, ist es euch möglich, überhaupt irgendein Wissen zu erwerben.

Frage: Was ist besser: die „Tür" (zu Gott) aufzubrechen und reinzugehen oder – wenn man das Ego gesprengt hat – vor der Tür liegen zu bleiben?

Mâ: Im ersten Beispiel vertraut das Ego noch auf seine eigene Kraft und Fähigkeit, während beim zweiten das Ich hingegeben wird – und deshalb öffnet ER die Tür mit Sicherheit und lässt dich das ewige Licht sehen. Es ist so vorgesehen, dass die Tür aufbricht – entweder durch eigene Bemühung oder durch das jeweilige Sâdhanâ, das der Guru empfiehlt. Jegliches Tapasya hat das Durchstoßen des Schleiers der Unwissenheit als Ziel. Doch Gott wird nicht durch die eigene Bemühung des Suchers offenbart, ER ist immer selbstleuchtend und unabhängig von jeglicher Handlung. Aber der Schleier wurde durch euer eigenes Handeln geschaffen und wird durch euer eigenes Handeln zerstört. Und dann wird der Eine, der ewig rein, voll erleuchtet und frei ist, aufleuchten. Es wird nur das entfernt, was entfernbar ist; wie könnte das entfernt werden, was durch kein Mittel entfernt werden kann? Wenn dein Leben aus Aktivität besteht, sei es in der Welt oder im Denken, erfährst du relatives Glück, denn die Sphäre des Denkens ist in Wirklichkeit das Königreich der Täuschung. Wahres Glück, das nicht von etwas anderem abhängt, kann nicht darin gefunden werden. Um von diesem Mangel befreit zu werden, muss man zu Sâdhanâ Zuflucht nehmen, dann wird der Geliebte (Ishta) mithilfe der Kraft des Gurus offenbar. Das ist euer Ishta, in dem nichts Unerwünschtes (Anishta) existieren kann, mit anderen Worten kein Mangel oder Leid. Versucht, das, was verbrannt werden kann, durch Erkenntnis zu verbrennen, und das, was geschmolzen werden kann, durch Glaube und Hingabe zu schmelzen, dann wird der Geliebte offenbar. Der Weg der Unterscheidung führt zur Verwirklichung der Essenz des Wissens und der Weg der Hingabe zur Offenbarung der Essenz der Liebe. Beide sind in Wirklichkeit eins: Durch Bhakti wird man zu einem Zustand kommen, in dem der Geliebte überall und in allem gesehen wird, und durch Unterscheidung wird man zum Einen Brahman ohne ein Zweites gelangen. Beide sind tatsächlich ein und dasselbe. Egal was der Weg eines Menschen sein mag, er wird schließlich das Eine Ziel erreichen. In der Natur geschieht allmähliche Entwicklung, während der Eine Zustand, in dem es weder Abstufungen noch Stadien gibt, jenseits der Natur ist. Darin wird Reines Bewusstsein erkannt, in dem das Ganze unversehrt bleibt, selbst wenn man dem Ganzen das Ganze entnimmt, in dem selbst da, wo die Leere von der Leere genommen wird, die Leere unverändert ist. ER allein existiert in Form der Natur und in Form des Übernatürlichen. Wenn man seine spirituelle Praxis beharrlich fortführt, wird das „Ich" (Aham) in „Ich bin DAS" (Soham) verwandelt. Oder im Falle derjenigen, die den Weg der Hingabe gehen, wird der eigensinnige Diener in den ewigen Diener des Herrn verwandelt.

Frage: Wenn unser Herz voller Glauben ist, ist es dann notwendig, Japa und Meditation zu üben?

Mâ: Die Tatsache, dass du fragst, zeigt, dass du keinen Glauben hast. Wenn du wirklichen, echten Glauben hättest, wären diese Übungen nicht notwendig.

194

Das Höchste besteht aus reiner Freude. Deshalb ist das Lebensziel aller empfindenden Wesen Freude (Ânanda). Gib und empfange immer Glück, höre und sieh Erfreuliches, so wirst du fähig werden, in Glückseligkeit zu leben. Schwermut ist das Zeichen des Todes, niemand im ganzen Universum heißt es willkommen. Wenn sich Niedergeschlagenheit in dein Herz einschleicht, vertreibe sie energisch. Sag zu dir selbst: „Warum sollte ich, der ich ein Abkomme der Höchsten Freude bin, deprimiert sein?" Zeigt der Sohn eines reichen Mannes jemals seine Armut? Selbst wenn das elterliche Vermögen verlorengegangen sein mag, wird er in sich zufrieden bleiben, denn er weiß, dass er Abkomme einer vornehmen Familie ist. Und ihr, deren innerer Schatz durchaus unversehrt ist – solltet ihr eure Tage wie Bettler verbringen? Kann irgendetwas erreicht werden ohne aufrechte Haltung und Zuversicht? Seht ihr nicht, mit wieviel Energie die Leute aus dem Westen reden und handeln? Herz und Seele haben sie der Sicherung des materiellen Wohlergehens der Welt hingegeben, und sämtlicher Wohlstand und Komfort steht ihnen zur Verfügung. Verbannt ein für allemal alles aus eurem Herz, was mit Angst, Sorge oder Verzagtheit zu tun hat. Wo Freude, Unternehmensgeist und Eifer sind, da ist die Höchste Energie (Mahâshakti) selbst gegenwärtig. Lernt es, Gott in allen wertvollen Unternehmungen der Menschheit zu sehen. Wenn ihr das tun könnt, werdet ihr von der materiellen Welt des Karma zur Realität vordringen, zum Brahman, welches identisch mit der Verwirklichung Höchster Glückseligkeit (Paramânanda) ist.

Seht ihr nicht, dass diese Welt wie ein Gasthaus (Dharmashala) ist? In ihr treffen wir Menschen, die auch unterwegs sind. Das Ziel eurer letztendlichen Wiedervereinigung ist das Selbst (Âtmâ). Dies vergessend identifiziert ihr euch mit eurem eigenen Körper und das ist die Ursache aller Bindung, allen Leidens im Leben. Welt bedeutet ständige Bewegung und das Ego ist das, was gebunden ist. Ihr möchtet euer Geburtsrecht erfahren. Ihr wünscht euch, frei zu sein und eure Fesseln abzuwerfen Versucht zu erforschen, von wo ihr hergekommen seid! Wenn der Körper ernstlich krank ist, verschwindet der Gedanke an euren Sohn, eure Frau, euren Bruder oder Freund. Ihr seid nur noch damit beschäftigt, euch selbst zu retten. Daraus könnt ihr ableiten, dass euer Selbst das höchste Ziel eurer Liebe ist. Das Selbst ist niemand anders als Râma (Gott), der in jedem von uns wohnt. Tiere verbringen ihr Leben lang damit, zu essen, zu schlafen und sich zu vermehren. Aber ist das eines Menschen würdig?

195

Genauso wie ein Schleier der Unwissenheit über euch allen liegt, gibt es auch einen Ausweg. Rüstet euch und sagt: „Ich muss mein Bestes versuchen, um einen Ausweg zu finden!" Dieser Wille, frei zu sein, ist euer Rettungsring. „Gott existiert und ich muss Ihn finden" – das sollte euer Leitsatz sein. Achtet darauf, dass kein einziger Atemzug mit weltlichen Belangen verschwendet wird.

Ihr solltet überall hingehen, wo ihr auch nur ein wenig spirituellen Gewinn erhalten könnt. Da gelten keine Einschränkungen. Man kann frei hingehen, wo immer man meint, dass man Freude findet.

Praktiziert jenen Vorgang der Erforschung, der euch dabei hilft, die Bewegungen eures Denkens aufzuheben. Wenn ihr den Zustand jenseits des denkenden Geistes erreicht, wird das Eine, das ihr in Wirklichkeit seid, erstrahlen.

Wenn man wirklich in seiner Suche nach Wahrheit gegründet ist, dann ist es egal, wie die Haltung ist – ob man sitzt oder steht, flach liegt oder auf der Seite – der innere Zustand des Geistes ist davon überhaupt nicht berührt. Man weicht kein bisschen vom Ziel oder von der Gottheit ab.

Von Anfang an solltest du vom Verständnis der Identität ausgehen, das besagt „Ich bin Er" und „Er ist ich" – „Ich bin in Ihm und Er ist in mir."

Egal welchen Weg man geht – ob mittels Erkenntnis durch „ich" oder durch Hingabe zum „Du" spielt keine Rolle, denn ER Selbst erscheint als beide.

Jeder spirituelle Pfad hat einen Höhepunkt, auf dem man das Höchste erreicht. Wenn sich dieser Höhepunkt nicht offenbart, sollte man begreifen, dass der Sucher seinen eigenen Weg, den Offenbarungsstrom, der für ihn bestimmt ist, nicht empfangen hat.

Frage: Mataji hat gesagt, das, was wir aufgeben müssen, ist recht wenig, aber das, was wir annehmen sollten, ist das wirklich Wesentliche. Stimmt das?

Ma: Das, was aufgegeben werden kann, und das, was angenommen werden kann – beides ist vorübergehend. Wo sich die Frage von Aufgeben oder Annehmen gar nicht erheben kann, ist ER offenbar. Nimm an, was ewig IST. Nimm DAS an, durch das die Dualität von Aufgeben und Annehmen aufgehoben wird. Umfange IHN, den man nicht umfangen kann. Er kann nicht vom Denken erfasst werden. DU allein existierst, ruhend in DIR selbst. Deshalb nimm das, welches einmal erfasst, die Frage von Annahme oder Aufgabe gar nicht mehr aufkommen lässt.

Was ist wirklicher Darshan? Mâ sagt: „DAS zu sehen, nach dessen Anblick der Wunsch, noch mehr zu sehen, für immer vergeht; DAS zu hören, nach dessen Hören der Wunsch, etwas anderes zu hören, nicht mehr aufkommt."

Mâ lächelte einmal ihre Besucher an und sagte: „Wie lange wollt ihr noch in einem Gasthaus am Weg verweilen? Wollt ihr nicht nach Hause gehen? Wie köstlich das alles ist ... Man ist, im eigenen Selbst, der Wanderer, der Verbannte, der Heimkehrer und das Heim ... Man selbst ist alles, was existiert ..."

Satsang
Die Gemeinschaft mit Heiligen und Wahrheitssuchern

Ein Mensch, der fest in seinem wahren Wesen gegründet ist, mit anderen Worten, der sich selbst kennt, der gleichgültig gegenüber Freude und Schmerz ist, da er immer von der Glückseligkeit des Ewigen durchdrungen ist, wird ein Sâdhu genannt. Von allumfassender Liebe erfüllt ist er frei von Sorgen und Ängsten, großmütig, von kindlicher Einfachheit und Zufriedenheit. Schon der Anblick solch eines erhabenen Menschen erfüllt unser ganzes Wesen mit einer himmlischen Freude, und seine Nähe erweckt göttliche Gedanken und Bestrebungen. So wie Wasser durch bloßen Kontakt alles reinigt, so beseitigt auch der Anblick, die Berührung und der Segen eines wirklichen Sâdhus, ja die bloße Erinnerung an ihn, nach und nach alle unreinen Wünsche und Sehnsüchte. Vereinigung mit Gott ist die einzige Vereinigung, die ein Mensch anstreben sollte. Sâdhus oder Heilige haben Kommunion mit Gott erlebt, und so liegt eine erlösende Gnade in ihrer Gegenwart. Gleiches zieht Gleiches an, daher bietet in unserer Zeit das Zusammensein mit Heiligen und Weisen – Satsang – die mächtigste Hilfe und Inspiration für den ernsthaft Suchenden. Heilige können mit Bäumen verglichen werden, sie weisen immer aufwärts und spenden allen Schatten und Schutz. Sie sind frei von Neigungen und Abneigungen, und wer immer von ganzem Herzen bei ihnen Zuflucht sucht, wird Frieden und Erfüllung finden. Wenn der brennende Wunsch im Menschen erwacht, die Wahrheit – DAS, was wirklich ist – zu erkennen, hat er das Glück, einen Heiligen oder Weisen zu treffen. Man sollte sich den Heiligen und Weisen mit reinem Herzen und in ausgeglichener geistiger Verfassung nähern, in aufrichtigem Glauben und Ehrerbietung. Es ist viel nützlicher, still in ihrer Gegenwart zu sitzen und zu meditieren, als sich in Diskussionen oder Argumente einzulassen. Das Verhalten von Heiligen darf von gewöhnlichen Menschen nicht nachgeahmt werden. Doch sollte man bemüht sein, die von ihnen erhaltene Lehre oder ihren Rat im eigenen Leben in die Tat umzusetzen. Sonst ist es so, als ob viele Samen ausgesät werden, ohne dass man jedoch auch nur einem erlaubt, zu einer Pflanze heranzuwachsen; das wäre wirklich sehr zu bedauern.

Wisst ihr, worin der Wert von Satsang (heiliger Gemeinschaft) liegt? Angenommen ein Zimmervogel hat aufgrund seines langen Lebens im Käfig vergessen, dass er fliegen kann: Selbst wenn die Käfigtür geöffnet wird, fliegt er nicht hinaus. Ganz plötzlich kommt eines Tages eine Schar Vögel an, und sofort sieht man, wie der zahme Vogel mit ihnen fortfliegt. Beim Individuum (Jîva) ist es ählich: Selbst wenn es seine wahre Natur vergessen hat – sobald es eine befreite Seele trifft, reicht schon ein kurzer Kontakt mit dem hohen Bewusstseinszustand dieses Wesens aus, eine Art Rausch in ihm auszulösen. Selbst wenn diese Erfahrung kurzlebig ist, hinterlässt sie ihren Eindruck. Nichts ist vergeblich. Auch das ist eine Wirkung von Satsang. Satsang hat sehr spezielle Wirkungen, seid euch dessen bewusst.

Schaut, wenn man etwas nie probiert hat, kann man sich auch nicht danach sehnen. Dass jeder nach dauerhafter Freude verlangt, kommt daher, weil tief in jedem Wesen immerwährende Freude verborgen liegt, deshalb sind alle so rastlos. Solange DAS nicht erreicht ist, erfahren sie keinen vollkommenen Frieden.

Manchmal sagen Leute: „Es ist nicht so leicht, Satsang zu bekommen. In unserer Stadt oder unserem Dorf gibt es keinen großen Heiligen."

Mâ sagt dazu: „Wenn du nicht Gemeinschaft mit lebenden Heiligen pflegen kannst, so lese Bücher über sie oder von ihnen, d.h. heilige Schriften, und versuche vor allem durch ständige Wiederholung von einem Seiner Namen in Gottes Gegenwart zu sein. Wenn du dies tust, wirst du mit Sicherheit einen lebenden Guru finden, der dich führen wird."

Es ist tatsächlich sehr gut, Satsang aufzusuchen. Allerdings ist es dazu nicht notwendig, wie wild von Ort zu Ort zu fahren. Man kann Satsang haben, während man bei sich zuhause sitzt.

Angenommen, du hast einen Heiligen aufgesucht und denkst jedoch ständig an dein Zuhause, so hast du nicht wirklich am Satsang teilgenommen. Wenn du jedoch zuhause bleibst, weil du durch deine Haushaltspflichten gebunden bist, es aber zutiefst bedauerst, dass du nicht am Satsang teilnehmen kannst, so beschleunigt das dein spirituelles Wachstum mehr, als wenn du den Heiligen tatsächlich getroffen hättest. Die innere Einstellung ist von ausschlaggebender Bedeutung.

Frage: „Mâ, der bloße Darshan von Heiligen reicht aus, Erfüllung zu schenken, und doch sagst Du uns: Beginnt zielstrebig mit eurer Arbeit (Sâdhanâ), und ihr werdet die Früchte ernten.' Warum? Jetzt, wo wir Deinen Darshan gehabt haben, können wir doch ebenso alles einfach dadurch verwirklichen."

Mâ: „Es stimmt, dass Darshan allein bereits volle Verwirklichung schenkt, aber die Frage ist: Findet wirklicher Darshan statt? Ich fordere euch auf, ununterbrochen zu üben, damit ihr würdig und imstande zu wirklichem Darshan werdet. Ohne Bemühung, nur durch Reden, kann man nichts erreichen. Wenn jemand, der noch nicht einmal sein Abitur bestanden hat, alles über das Magisterstudium erfahren will, so wird seine Neugierde zu nichts führen. Gebt euch alle etwas Mühe, und ihr werdet sicher Erfolg haben."

Guru und Initiation
Die Bedeutsamkeit des spirituellen Lehrers

Nur jemand, der vollkommen und heilig ist, durch wirkliche Größe und alle Tugenden ausgezeichnet, ist dazu würdig, das Ideal zu sein – von diesem Standpunkt aus existiert kein Ideal außer Gott. Dennoch sollte sich jeder für die praktischen Zwecke des aktiven und auch des spirituellen Lebens vom Beispiel irgendeines Heiligen oder Weisen leiten lassen. Aus heiligen Schriften gewonnene Lehren können die Vorstellung nie so machtvoll beeinflussen wie ein lebendiges Vorbild; mit anderen Worten, die Inspiration, die man erhält, wenn man etwas mit eigenen Augen sieht, kann nie aus etwas gewonnen werden, von dem man bloß durch Schlussfolgerung oder Vermutung weiß.

Zuerst muss man sich entscheiden, welchen Weg man einschlagen will, und dann muss man sich dementsprechend ein eigenes Ideal wählen und ihm folgen. Wenn man das besondere Glück hat, mit einem wirklichen Weisen oder Heiligen in Kontakt zu kommen und in Seiner Gegenwart zu leben, muss man Wunschlosigkeit entwickeln, Ihm voller Hingabe dienen und versuchen, sich durch Seine Gnade und Seinen Beistand zu erheben. Wenn ihr euch immer das Wesentliche aller Ideale, Gott Selber, vor Augen haltet und gewissenhaft die Lehren der Heiligen und Weisen befolgt, wird der Weg zum Ziel geebnet.

Auf die eine oder andere Weise muss die Gnade des Gurus erlangt werden. Bis der Guru gefunden wird, ist es die Pflicht des Menschen, Gott anzurufen und zu versuchen, IHN zu erkennen, indem alle Formen als SEINE Formen, alle Namen als SEINE Namen und alle Erscheinungsweisen als SEINE eigenen betrachtet werden.

Die Hilfe eines Gurus anzunehmen, ist unerlässlich. Es ist zwar möglich, alles aus Büchern zu lernen, sogar das Bîja-Mantra, doch es ist, als tränke man Wasser aus einem Tümpel, während das Lernen von der direkten Unterweisung eines Gurus dem Trinken vom Wasser eines Stroms entspricht. Obwohl beides Wasser ist und es auch stimmt, dass man Dinge aus Büchern lernen kann, so besteht doch ein Unterschied zwischen beiden.

Gott ist es, der diese Welt erschafft, erhält und wieder in sich aufnimmt. Wer kann also ihr Guru sein? Der wirkliche Guru ist nur Gott. Durch die vom Guru empfangene Kraft kann Gott erkannt werden. Solange kein innerer Wunsch nach Initiation besteht und man sich nicht danach sehnt, bei den Lotosfüßen eines Gurus Zuflucht zu suchen, sollte man sich nicht initiieren lassen. Bete immer zu Gott, er möge dir einen Sadguru (einen vollkommenen Meister) geben. Nimm nicht Initiation, weil jemand es dir geraten hat, sonst wirst du es später bereuen. Wenn du dich einmal von einem Guru hast initiieren lassen, musst du nach seinen Anweisungen leben. Wenn eine Ehe einmal geschlossen wurde, kann sie nicht wieder aufgelöst werden. Sobald du einen Guru gefunden hast, darfst du keinen anderen Lehrer annehmen. Wechsle nicht von einem Meister zum anderen.

Das, was sich als die Sehnsucht, einen Guru zu finden, ausdrückt, manifestiert sich auch als Erfüllung jener Sehnsucht. Doch ist es notwendig, dass diese Sehnsucht ganz aufrichtig ist. Vergegenwärtige dir IHN in jedem Augenblick, um IHN zu erkennen.

Im Grunde sind alle Meister eins. Nur der ist ein wirklicher Guru, der den ewigen Guru enthüllen kann, der im Schüler wohnt.

Es besteht keine Guru-Schüler-Beziehung, wenn der Schüler nicht da ist. Der Guru wird nur sprechen, wenn der Schüler echt und aufrichtig ist.

Frage: „Manche Leute sagen, dass der Guru selbst den Schüler finden wird. Stimmt das?"

Mâ: „Freilich wird dein Guru dich finden, halte nach ihm Ausschau!"

Der Fragende: „Ich mag den Gedanken nicht, dass sich der Guru die Mühe machen muss, mich zu suchen."

Mâ: „Die sehnsuchtsvolle Erwartung ‚der Guru wird mich finden' ist auch eine Art von Meditation. Andere um Rat zu fragen, wird nutzlos sein. Wenn du tief in dir das Gefühl hast, ohne einen Guru einfach nicht weiterzukommen, wenn dich dieser innere Drang zur Verzweiflung bringt, dann wird dein Guru Selber vor dir erscheinen."

Frage: „Wir sind alle zu Dir gekommen, so brauchen wir keinen anderen Guru."

Mâ: „Es ist nicht gut, über so etwas zu diskutieren, was für jeden notwendig ist, wird geschehen."

Frage: „Ich habe nicht den Mut, einen Guru anzunehmen, weil ich das Gefühl habe, mein Guru muss so sein, dass ich seinen Anweisungen vorbehaltlos folgen kann. Wenn ich das nicht tun kann, mache ich mich eines schwerwiegenden Vergehens schuldig. Solange ich also nicht das entsprechende Bewusstsein habe, habe ich auch nicht genügend Mut, einen Guru anzunehmen."

Mâ: „Diese Haltung ist auch in Ordnung. Du fühlst, du bist noch nicht reif dazu, ein Schüler zu sein. Wenn du ständig dieses Gefühl hegst, wird mit der Zeit der Wunsch in dir erwachen, dich dafür vorzubereiten, und aus dem Herzen werden spontan Gebete aufsteigen. Auf diese Weise wirst du einen gewissen Fortschritt machen. Aber es ist nicht gut, zu glauben, dass du niemals einen Guru annehmen wirst, weil du dich unwürdig fühlst. Weißt du, wie das wäre? Wenn du einen Stein als bloßen Stein betrachtest, bleibt er ein Stein[72], doch wenn du ihn als Shiva betrachtest, wird er Shiva. Eure heiligen Schriften erklären ebenfalls, dass man göttlich werden muss, um Gott zu verehren. Der Mensch wird zu dem, woran er ständig denkt. Deshalb beschäftige dich nie mit Schwäche. Sei immer überzeugt: ‚Ich muss Seine Gnade empfangen', und handle in dieser Überzeugung. Hast du nicht gehört, dass man sogar beim Wiederholen von Gottes Namen Vergehen begehen kann? Unter bestimmten Umständen könnte es ein ernstliches Vergehen sein, Gottes Namen auszusprechen. Sollte man aus Angst davor jedoch aufhören, Seinen Namen zu wiederholen? Besser man achtet auf die Umstände, die so ein Vergehen hervorrufen könnten, damit die Menschen Gottes Namen mit entsprechender Achtsamkeit benutzen.

Ebenso wäre es nicht richtig, niemals einen Guru anzunehmen, bloß weil du dich nicht reif genug fühlst. Es ist viel besser, zu einem Guru Zuflucht zu nehmen und dein Bestes zu versuchen, ein würdiger Schüler zu werden, denn in dem Fall, wird dir der Guru selbst in Seiner Güte entgegenkommen, um dich in einen wahren Schüler zu verwandeln."

Shaktipât von einem Guru ist etwas sehr Bedeutsames. Der Jagadguru, der seine Schüler von der Welt rettet, ist sehr selten, einer von zwei oder drei

---

[72] z.B. ein Lingam, das steinerne Symbol von Gott Shiva

Millionen ... Bei Shaktipat wird der Knoten gelöst und die Kundalinî erweckt, was den Weg zur Gottverwirklichung öffnet ... Dann kann man eine große Veränderung im Betragen, im Sprechen, im Blick einer Person feststellen. Er ist völlig verändert, sein Ich löst sich auf und geht im Selbst auf.

Über Initiation sagte Mâ einmal: „Du möchtest jemanden rufen, den du siehst, aber du weißt seinen Namen nicht; so versuchst du, irgendwie seine Aufmerksamkeit zu erregen, indem du ihn herbeiwinkst oder rufst und dabei die Worte benutzt, die dir gerade in den Sinn kommen. Er kommt zu dir und sagt: ‚Hast du mich gerufen? Mein Name ist soundso.‘ Ebenso offenbart Gott durch einen Guru Seinen Namen dem Pilger, der nach Führung sucht. Nach der Initiation enden für den Schüler all solche Bemühungen, die sich bis dahin in verschiedenen Richtungen zerstreuten. Er hat die Lebensader berührt, die ihn ans Ziel bringen wird. Zu guter Letzt erkennt der Schüler, dass Gott, das Mantra und der Guru *eins* sind. Und wie kann es anders sein? ER allein kann das Geschenk dieses NAMENS geben, und nur ER kann das Wissen um SEINEN NAMEN aufrechterhalten.“

Auf die Frage, ob Dîksha (Initiation) notwendig sei, antwortete Mâ: „Wenn Initiation notwendig ist, kommt sie zur rechten Zeit. Man sollte versuchen, das Denken auf Gott zu richten und unerschütterlichen Glauben daran haben, dass ER alles, was notwendig ist, im richtigen Augenblick gewähren wird.“

ER gibt Dîksha und ER nimmt auch Dîksha.

Derjenige, von dem du Initiation erhältst, wird dich mit den Ebenen in Verbindung bringen, die er selbst erreicht hat. Es ist wie beim Hören eines religiösen Vortrags: Je nachdem, wieviel Kraft der Sprecher selbst hat, so viel wird er seinen Zuhörern vermitteln. Dabei gibt es zwei Faktoren: die Kraft, die Worten der Wahrheit innewohnt, und die Kraft des Sprechers. Beides wird empfangen, und wenn der Empfänger außergewöhnlich aufnahmefähig ist, so wird das Höchste Wissen im gleichen Moment in ihm erblühen, in dem er die Unterweisung erhält.

Es gibt verschiedene Arten der Initiation: durch Mantra, durch Berührung, durch einen Blick, durch Unterweisung. Der Kontakt mit einem Heiligen hat immer eine Wirkung. Jeder wird entsprechend seiner eigenen Empfänglichkeit und Aufrichtigkeit Nutzen daraus ziehen. Ebenso gibt es so etwas wie besondere Gnade, durch welche ungewöhnliche Kraft für den weiteren Fortschritt erlangt wird. Dann wiederum gibt es Fälle, bei denen trotz tatsächlichem Kontakt kein Einfließen von Kraft stattgefunden hat; wer über Kraft gebietet, kann sie lenken – Geben und Nehmen hängen von seinem Willen ab. Wenn Unterweisung einen Menschen von den Knoten befreit, die sein Ego ausmachen, so wird das Initiation durch Unterweisung genannt. In dem Fall hat die Unterweisung ihren Zweck auf der Stelle erfüllt.

Bei Mantra Dîkshâ (Einweihung durch ein Mantra) wird das Mantra in das Ohr des Schülers geflüstert, und der Initiierende wird soviel Kraft übertragen, wie er selbst besitzt. Wenn er allmächtig ist, wird er den Schüler durch seine bloße Berührung oder bloßen Blick zum letzten Ziel bringen. Doch wenn er nicht mit dieser Höchsten Kraft begabt ist, kann er dem Schüler nur das an Kraft vermitteln, worüber er selbst verfügt und ihn so weit führen, wie er selbst gegangen ist. Wenn die Person, die das Mantra gegeben hat, nicht das letzte Ziel erreicht hat und somit noch auf dem Weg ist, kann sich der Schüler nicht weiter entwickeln, solange es der Guru nicht ebenfalls tut. Deshalb muss der Schüler auf dem Weg warten, solange der Guru nicht weitergeht. Jeder, der nach Selbstverwirklichung strebt und zu initiieren beginnt, während er sich noch auf dem Weg befindet, wird auf der Stufe stehen bleiben, die er erreicht hat.

Jedoch besteht auch die Möglichkeit, dass der Schüler den Guru übertrifft: Wenn nämlich jemand aufgrund der inneren Fähigkeiten und Neigungen, die er aus früheren Leben mitgebracht hat, initiiert wird, kann seine Kraft zu weiteren Fortschritten dadurch so sehr angespornt werden, dass er noch über die vom Guru erreichte Stufe hinauszugehen vermag. In dem Fall benötigte der Initiierte gerade nur das Maß an Kraft, das ihm die Dîkshâ gab, um ihn zu seinem Ziel zu bringen. Wenn sich ein Schüler völlig auf die Errungenschaften seines eigenen Gurus verlassen muss, wird er immer neben ihm gehen müssen.

In dem Zustand wiederum, in dem man erkennt: „Mein Guru ist der Guru der ganzen Welt, und der Guru der ganzen Welt ist mein Guru" (wobei Welt gleichbedeutend mit Bewegung ist, während das Individuum das ist, was gebunden ist, und der Guru sowohl von der sich getrennt wähnenden Individualität als auch von der Bindung an die Welt befreit) – in jenem Zustand erkennt man sich als SEINEN DIENER oder als SEIN eigenes Selbst oder als Teil von IHM – je nach dem Weg, den man geht.

Bei wirklicher Dîksha wird der spirituelle Keim gelegt. Er bringt einen Baum hervor, auf dem wiederum Früchte wachsen. Man weiß, dass das geschehen ist, wenn man die Shakti des Gurus in sich fließen fühlt.

Eine Frau aus Europa sagte zu Mâ, sie wolle sich gern von einem bestimmten Heiligen initiieren lassen und wollte Mâ's Meinung dazu wissen. Mâ sagte: „Sieh, man sollte einen Guru erst annehmen, nachdem man sorgfältig jedes Für und Wider erwogen hat. Denn wenn du einmal einen Guru angenommen hast und dann den Glauben an ihn verlierst, würdest du dich dadurch sehr schuldig machen. Es ist auch möglich, dass man fühlt: Mein Herz möchte genau diese Person als Guru annehmen, ich brauche überhaupt nicht zweimal darüber nachdenken – dann ist es etwas anderes. Wenn es jedoch so wäre, hättest du schon Initiation genommen, diese Frage wäre gar nicht in dir aufgekommen. Wenn du diese Frage in dir spürst, solltest du erst handeln, wenn du dich innerlich sorgfältig geprüft hast."

Die Frau sagte: „Ich fühle mich besonders von der Göttlichen Mutter (Devî) angezogen. Wenn ich nun mit dem Mantra von Krishna initiiert werde, was sollte ich tun? Und wenn ich das Krishna Mantra wiederhole und dabei eine Vision der Göttlichen Mutter bekomme, sollte ich dann beginnen, ihr Mantra zu wiederholen?"

Mâ: „Sieh, anweisungsgemäß solltest du weiter das Mantra wiederholen, das du von deinem Guru bekommen hast, egal welche Visionen du bekommst. Du magst gute oder auch schlechte Visionen bekommen. Du solltest denken: ‚Es ist meine geliebte Gottheit (Ishta) Selbst, die in all diesen Visionen erscheint.' Manchmal erscheint ihr in Hosen und manchmal im Kleid – so ähnlich ist es mit den verschiedenen Erscheinungsformen Gottes. Oder du hast vielleicht einige verschiedene Namen, und doch bist du ein und dieselbe Person. Schau, es gibt nur EINEN – EINEN allein. Es heißt, dass die Gopîs durch die Verehrung von Kâtyâyanî (Name der Göttlichen Mutter Durgâ) Krishna erlangten. Also egal, ob Devî kommt, während ihr Krishnas Mantra wiederholt, oder ob Krishna kommt, während ihr das Devî Mantra wiederholt, ihr solltet euch an euer Ishta Mantra halten.

Manchmal magst du einen Rishi (Seher) erblicken, der dir bestimmte Dinge mitteilt, oder vielleicht erscheint jemand mit einer Flasche Wein und weckt ungute Regungen in deinem Geist. Doch selbst dann solltest du denken, dass all dies in Wirklichkeit Bilder der von dir geliebten Gottheit sind. Du solltest dein Mantra vorziehen und all dies einfach beobachten. Deshalb sage ich, wenn zwei Neigungen in dir sind, prüfe dich genau, um herauszufinden, welche von beiden stärker ist. Bestimmt wirst du feststellen, dass eine von beiden vorherrscht. Wenn du zum Beispiel aus dem Haus kommst, siehst du, dass es mehr als eine Straße gibt, doch um irgendwohin zu gehen, musst du eine der verschiedenen Straßen wählen. Weißt du, wie es sich verhält? Da muss *ein* Samskara sein, dass tiefe Wurzeln in deinem Bewusstsein geschlagen hat und latent in dir ruht. Und es gibt einige andere Fälle, in denen die Neigungen nur oberflächlich sind. Du hast vielleicht den Namen einer Gottheit gehört und gesehen, wie andere Leute die Gottheit verehren, und das hat in dir den Wunsch erweckt, dasselbe zu tun. Doch hat diese Neigung sich nicht tief in deinem Herzen verwurzelt. Du verstehst es vielleicht, wenn du etwas darüber nachdenkst."

Frage: „Wird es erfolglos sein, wenn jemand Gottes Namen wiederholt, ohne initiiert zu sein?"

Mâ: „Warum sollte es keine Wirkung haben?"

Frage: „Ich meine, die heiligen Schriften behaupten, dass man nicht viel erreichen kann, wenn man keinen Guru annimmt."

Mâ (lächelnd): „Der Guru wohnt in deinem eigenen Herzen. Aber gewöhnliche Menschen sind unfähig, fest auf ihr eigenes Selbst zu vertrauen, so müssen sie bei einem äußeren Guru Zuflucht nehmen. Aber in Wirklichkeit wohnt Gott in unserem eigenen Herzen. ER ist es, der euch veranlasst zu sagen, dass ihr erfolgreich Gottes Namen wiederholen könnt, sogar ohne Zuflucht zu einem Guru zu nehmen. Und ER wird es auch sein, der euch zu gegebener Zeit sagen lässt, dass man ohne einen Guru nichts erreichen kann. Dann wirst du feststellen, wie stark deine Sehnsucht nach einem Guru werden wird, so dass du hier und dort, überall, nach Ihm suchen wirst. Das Wesentliche ist, dass der Guru, der in deinem Herzen thront, dir eingibt, welchem Weg du folgen sollst und wann es notwendig ist. Die Hauptsache ist es, Seiner Weisung Folge zu leisten."

Überlege es dir sehr gut, wen du als deinen Guru annimmst. Sei nicht hastig. Nimm dir Zeit und benutze deinen Verstand. Hast du den Guru jedoch einmal angenommen, so ist das unwiderruflich, und du musst dich vollkommen hingeben. Gelingt es dir nicht, so behaupte ich, dass du ihn nicht als deinen Guru angenommen hast.

Wenn die Beziehung zwischen Guru und Schüler wirklich hergestellt wurde, kann der Guru niemals aufgegeben werden, Er bleibt stets beim Schüler. Gott allein ist der Guru des Menschen. Man sollte sein ganzes Vertrauen auf IHN setzen. Kriyâs, Yoga und ähnliche Übungen können nicht ohne die Anwesenheit eines Gurus praktiziert werden. Japa und Meditation hingegen kann man überall machen. Versuche, völlig still und konzentriert in Kontemplation zu sitzen, um das Denken zu beruhigen. Strebe danach, deine Aufmerksamkeit nur auf das Höchste Ziel zu richten. Nur dann besteht Hoffnung, dass sich der Pfad zu innerem Frieden öffnet.

Wenn ein Schüler den Segen eines wahren Gurus empfangen hat, entwickelt er sich zur Ganzheit, egal wie er handelt. Sogar wenn er sich weiter seine weltlichen Wünsche erfüllt, macht er Fortschritte, denn allein ein Funke des Feuers genügt, um alle Samskâras des Schülers zu verbrennen.

Frage: „Wodurch kann man einen Guru erkennen?"
Ma: „Man kann einen Guru nur erkennen, wenn er sich zu erkennen gibt."

Die Gnade des Gurus ist alles. Wenn das vom Guru erhaltene Mantra immer im Herzen vibriert, so ist das wie ein Keim, der heranwächst und schließlich zum Baum wird, der voller Blüten und Früchte ist. Dhyâna (Meditation), Japa (die Wiederholung von Gottes Namen), Kîrtan (das Singen hingebungsvoller Gesänge), Pâtha (Rezitation aus den heiligen Schriften) und Satsanga (Gemeinschaft mit Heiligen und Wahrheitssuchern) – haltet euch zumindest an eins dieser fünf." Sie fügte lächelnd hinzu: „Es ist so, wie wenn ihr eure Mahlzeit in fünf Gängen einnehmt. Vielleicht werdet ihr es sonst müde, nur *eine* Zubereitung zu essen."

Frage: „Wie können die Knoten des Egos gelöst werden?"
Mâ: „Indem man die Anweisungen des Gurus vorbehaltlos ausführt. Da ist es nicht angebracht, sein Wissen und seine Intelligenz zu benutzen. Wissen und Intelligenz reichen in dem Fall nicht aus, sie sind nur bis zu einer bestimmten Stufe nützlich. Sie versorgen dich mit Information. Man hat die heiligen Schriften gelesen, studiert und auswendiggelernt; man hat sich Wissen über ein bestimmtes Gebiet angeeignet – doch dies ist nur Wissen aus dem Bereich der Unwissenheit. Nur wenn dich sogar dieses Wissen verlässt, kann Verwirklichung eintreten. Deshalb befolge die Anweisungen des Gurus ohne Vorbehalt. Wie können die Knoten gelöst werden, solange das Individuum noch vom Verstand beherrscht wird?"

Frage: „Wie entwickelt man bedingungslosen Glauben an den Guru?"
Mâ: „Durch Glauben! Zuerst hat man keinen Glauben – obwohl einige
sofort glauben können – was sollte man also tun? Man muss selbst überlegen
und das eigene Unterscheidungsvermögen anwenden. Ich habe gehört, ihr
sagt, dass man der tantrischen Lehre gemäß seinen Guru ein Jahr lang beobachten und prüfen sollte. Erst dann lässt man sich initiieren. Prüfe und unter-
suche deinen Guru, so gut du kannst. Wie kann ein Schüler seinen Lehrer
prüfen? Du kannst ihn nicht prüfen, wie Professoren ihre Schüler prüfen.
Dennoch nutze die Zeit soweit wie möglich, indem du ihm Fragen stellst und
ihn beobachtest. Hast du den Guru einmal als deinen geistigen Führer akzeptiert, ist dieses Band einmal geschmiedet, so gilt es für alle Zeiten, so wie es
auch nur einen Ehemann gibt. Du magst nach Belieben hier und dahingehen
und dich aufhalten, wo du willst, doch du kannst ihn nicht aufgeben, wenn
er dein Sadguru ist. Er lehrt dich, indem er dir einen Schlag nach dem andern
versetzt. Alles, was er tut, ist zu deinem Besten und für dein letztendliches
Heil bestimmt. Manchmal will ein Kind nicht lernen, und man bringt es ihm
bei, indem es einen Klaps bekommt. Es gibt ein Sprichwort, dass man durch
einen Schlag wieder zur Besinnung kommt. Jemand, der keinen Glauben an
seinen Guru hat, wird auf diese Weise weitermachen müssen. Dennoch wird
ein Sadguru seinen Schüler niemals loslassen, sondern stets über ihn wachen.
Wenn die Beziehung einmal hergestellt wurde, ist sie unauflöslich. Solange du
noch keinen Glauben entwickelt hast, lese Bücher der Weisheit, wiederho-le
dein Mantra, und sei ständig in spirituelle Übungen vertieft. Versuche dich
solchen Aktivitäten hinzugeben, ob du dazu Lust hast oder nicht. „Ich mag
nicht" oder „es liegt mir nicht" zu sagen, ist nicht von Nutzen. Solange man
sich von Zuneigung und Abneigung beeinflussen lässt, bleibt man in Welt-
lichkeit verstrickt. Wenn du Gott verwirklichen möchtest, bemühe dich, den
Anweisungen des Gurus gemäß zu leben. Lass nicht in deinen Bestrebungen
nach, bis du fähig bist, seinen Anweisungen ganz und gar zu folgen. Anhaltende Bemühung wirkt Wunder. Und was geschieht, wenn man dies wieder
und wieder versucht und unablässig an Gott denkt? Der geistige Weg öffnet
sich schließlich von selbst. So ein Zustand kann sehr wohl eintreten.

Wenn (in Indien) ein junges Mädchen verheiratet werden soll, suchen wir
im ganzen Land nach einem passenden Bräutigam. Doch wenn die Vermählung nach ausgiebigen Ermittlungen schließlich vollzogen wurde, sollte die Braut ihr ganzes Leben in den Dienst an ihrem Ehemann stellen.
Wenn die Hochzeit einmal stattgefunden hat, kann dieses Band jemals ge-

löst werden? Ebenso, wenn ein Schüler nach seiner Initiation durch den Guru sagt: ,Es stimmt, dass ich eingeweiht wurde, doch hat es mir nichts genützt' – dann sage ich, dass wirkliche Initiation nicht stattgefunden hat.

Frage: „Und was ist, wenn kein Fortschritt festzustellen ist, nachdem man einen Guru angenommen hat?"

Mâ: „Dann hat die wirkliche Trauung nie stattgefunden. ,Trauung' bedeutet hier, das Mantra vom Guru zu empfangen. Das Mantra erwies sich nicht so wirksam, wie es eigentlich sein sollte. Manchmal passiert es sogar, dass der Bräutigam nach der Hochzeit wegläuft!"

Frage: „Ich habe nach ausgiebiger Überlegung einen Guru erwählt, doch bis jetzt scheine ich keinen Fortschritt gemacht zu haben. Ich habe nichts erreicht, obwohl ich die Anweisungen des Gurus befolgt habe. Sollte ich unter diesen Umständen einen anderen Guru annehmen?"

Mâ: „Wenn du zu dem Schluss gekommen bist, dass du einen anderen Guru brauchst, muss klar verstanden werden, dass du nicht wirklich initiiert worden bist, deine ,Heirat' wurde nicht richtig vollzogen. Warum sollten sonst Gedanken an eine andere ,Heirat' aufkommen? Viele Leute erklären, dass der Guru sie zwar initiiert habe, doch dass sich danach nichts Wesentliches verändert hätte. Eine intensive Sehnsucht nach Gott oder der Wahrheit ist für dein Sâdhanâ sehr wichtig. Wenn nach der Initiation so eine Sehnsucht erwacht, ist das ein gutes Zeichen. Wenn man sich in einem fremden Land nicht wohlfühlt, so ist das ein Zeichen heftiger Sehnsucht (nach dem *wirklichen* Zuhause)."

Die Beziehung zwischen Guru und Schüler verdient es nur dann, ewig genannt zu werden, wenn der Guru im Besitz göttlicher Kraft ist und diese Kraft dem Schüler bei seiner Initiation übermitteln kann bzw. es auch tatsächlich tut. Da diese Kraft ewig ist, ist die auf diese Weise hergestellte Beziehung zwischen Guru und Schüler auch ewig.

Das Mantra, das dem Schüler während der Initiation gegeben wird, darf kein totes Wort sein wie im gewöhnlichen Sprachgebrauch, sondern muss eine Silbe oder Silbenfolge sein, die mit Leben oder spiritueller Energie erfüllt und imstande ist, aktiv im psychophysischen Organismus des Schülers zu wirken.[73]

---

[73] Ein Mantra als solches besitzt seine eigene Macht, die sich aber für gewöhnlich in schlummerndem Zustand befindet. Sie muss durch den Guru erweckt werden, bevor sie dem Schüler übermittelt wird. Sonst würde die ganze Verantwortung für ihre Erweckung dem Schüler zufallen, und die Verwirklichung wäre von Schwierigkeiten überhäuft.

Es kann keine echte Beziehung zwischen Guru und Schüler geben, wenn man nicht voraussetzt, dass diese Beziehung ewig ist. Das bedeutet, dass der Guru fähig sein sollte, anderen durch seine Gnade Kraft zu vermitteln. Nur im Fall eines göttlich begabten, machtvollen Gurus kann ein zeitweiliges Nachlassen im Glauben des Schülers nicht all zuviel wirklichen Schaden anrichten, denn die verborgene Kraft des Gurus, die dem Schüler eingegeben wurde und die beständig in ihm wirkt, hat – auch wenn es unbewusst geschieht – unweigerlich die Tendenz, sich zu entfalten und ihn zu einer Vertiefung seines Glaubens zu führen.

Wenn der Glaube des Schülers an den Meister aufrichtig und fest ist, stellt irgendeine Begrenzung im Guru kein Hindernis dar. Sobald dieser Glaube jedoch aus irgendeinem Grund erschüttert wird, müssen zwangsläufig Schwierigkeiten entstehen. Denn außer durch Glauben, der ganz natürlich göttliche Gnade herabruft und nicht vom individuellen Verdienst des Gurus abhängt, gibt es keinen anderen Weg, die Beziehung zum Guru zu verewigen.

Die Worte des Gurus sind Mantras. Übe den Anweisungen des Gurus gemäß mit tiefer religiöser Empfindung Sâdhanâ, und Gott wird antworten *müssen*.

Versuche immer in das Mantra vertieft zu sein, das dein Guru dir gegeben hat. Er hält deine Hand und wird sie niemals loslassen. Sei in Gedanken stets bei Seinen Lotosfüßen. Du bist Gottes Kind! Wenn dein Streben echt ist, wird ER dich nie umkehren lassen.

Der Mensch, der nach Wahrheit sucht, wird mit Hilfe der Anweisungen seines Gurus sein eigenes wahres Selbst in sich finden. In dem vom Guru verliehenen Mantra ist der Guru tatsächlich selbst gegenwärtig. Du magst vielleicht seinen Körper sterben sehen, doch der Guru verlässt dich nie. Dein Herz klagt über den Verlust seines physischen Körpers, aber warum schaffst du Hindernisse auf dem Pfad, den er für dich geplant hat? Letztlich gibt es nur Einen Guru.

Wirklicher Glaube erwacht, wenn der Guru dein wirklicher Guru ist. Unsere Beziehung zur Welt ist aus Täuschung entstanden, während die Beziehung zum Guru âtmisch (d.h. im Selbst, Âtmâ) ist. Anfangs gehorchte man den Anweisungen des Gurus nicht. Durch anhaltende Übung, die man sich zur Gewohnheit gemacht hat, durch die Bemühung, sich zu bessern, durch den Wunsch nach Gottverwirklichung, beginnt man seine Zweifel und seinen Ungehorsam zu bereuen. Nun kann der Schüler gar nicht mehr anders, als den Anweisungen des Gurus Folge zu leisten. Jedes Wort, jede Äußerung des Gurus, die ihm zu Ohren kommt – wenn er sie nicht in die Praxis umsetzt, fühlt er sich nicht wohl. Damit ist nicht das Wohlbefinden der Welt gemeint. In so einer Lage fühlt er sich niedergeschlagen und von einem Gefühl der Leere überwältigt, wenn er die Anordnungen des Gurus nicht ausführen konnte. Es folgt ein Stadium, wo er solange keinen Frieden findet, bis es ihm gelungen ist, die Anweisungen des Gurus zu befolgen. Er fühlt sich völlig leer, nichts erscheint ihm wichtig, solange er nicht dem Geheiß des Gurus ganz nachgekommen ist. Er fühlt sich elend, weil er die Anordnungen des Gurus nicht erfüllen konnte. Und was wird durch sein Leid bewirkt? Das Karma des Ungehorsams wird dadurch getilgt. Das Ergebnis wird ein Zustand sein, in dem der Strebende genau den Anweisungen seines Gurus gemäß handeln wird, buchstäblich jedem Wink Folge leistend, und dadurch wird sich sein eigener, unmittelbarer Pfad von selbst öffnen.

Um Befreiung zu erlangen, muss ein Mensch dem Weg folgen, den ihm der Guru weist. Wenn einmal ein Anfang gemacht wurde, ergibt sich alles Notwendige spontan und von selbst. Angenommen, du willst zum Ganges gehen. Du weißt aber nicht den Weg und fragst einen Ortskundigen. Er wird dir die Richtung zeigen. Wenn du sie vergisst oder vom Weg abkommst, werden dir andere Reisende behilflich sein, wieder die richtige Route zu finden. Die Person, die dich zuallererst unterwies, braucht nicht den ganzen Weg mit dir zu gehen. Du wirst Hilfe von anderen erhalten, die den gleichen Weg gehen. Das Wichtige ist, einmal einen Anfang zu machen. Die Hilfe kommt ganz von selbst.

Frage: „Ist Selbstverwirklichung von der Kraft des Gurus abhängig oder unabhängig davon?"

Mâ: „Zuerst einmal muss klargemacht werden, dass es die Kraft des Gurus ist, die die Willenskraft überhaupt in Gang setzt; mit anderen Worten manifestiert sich diese Willenskraft durch den Einfluss des Gurus. Folglich ist es nur der EINE Selber, der Sich in beiden offenbart: in der Kraft des Gurus und in der Willenskraft. Wer oder was ist jenes Eine Selbst? Alles Manifeste ist ER und kein anderer. Warum sollte dann der Weg, bei dem man sich auf sich selbst verlässt (Purushakâra) eine Ausnahme sein? Natürlich kann er von den übrigen Wegen unterschieden werden, aber man muss begreifen, dass er sich auf das Wirken des Inneren Gurus gründet. Es gibt Wahrheitssucher, die entschlossen sind, ohne Guru voranzugehen, weil auf ihrem Weg Selbstvertrauen und Unabhängigkeit zählen. Wenn man die Ursache herausfinden will, wird man feststellen: Wenn ein Mensch aus intensivem Streben heraus Sâdhanâ übt und sich dabei auf seine eigene Kraft verlässt, so offenbart sich das Höchste Wesen in diesem Fall auf besondere Weise durch die Intensität jener Anstrengung. Ist es in dem Fall berechtigt, von welchem Standpunkt auch immer, etwas gegen dieses selbstständige Vorgehen einzuwenden? Alles, was man in dieser Hinsicht behaupten oder in Frage stellen kann, unterliegt den Einschränkungen des menschlichen Denkens, welches begrenzt ist. Doch es existiert ein Zustand, in dem alles möglich ist.

Somit ist der Weg, bei dem man selbstständig im Vertrauen auf die eigene Kraft vorangeht, ebenso wie alle anderen Wege, nur auf das Wirken der Einen Universellen Kraft zurückzuführen. Zweifellos kann die Guru-Kraft auf solche Weise durch Selbstständigkeit wirken, so dass äußere Belehrung nicht nötig ist. Wenn einige Sucher auf äußere Unterweisung angewiesen sind, weshalb sollten andere nicht ohne die Hilfe des gesprochenen Wortes von innen her geführt werden können? Weshalb sollte dies nicht möglich sein, wo doch selbst der dichte Schleier menschlicher Unwissenheit zerstört werden kann? In solchen Fällen hat die Unterweisung des Gurus ihre Aufgabe von innen her erfüllt. Wenn Kinder im gewöhnlichen Leben belehrt werden, stellt man häufig fest, dass der Lehrer einem Durchschnittsschüler ein und dasselbe immer wiederholen muss. Es gibt jedoch auch Schüler, die etwas nach einmaliger Unterweisung sofort verstehen und behalten. Und sind euch nie solche Schüler begegnet, die sogar gar nicht ganz in einem Fach unterrichtet zu werden brauchen, sondern im Verlauf ihres Studiums so eine Sachkenntnis entwickeln, dass ihnen das ganze Fach klar ist? Wie ihr wisst, gibt es solche intelligenten Schüler.

Jemand fragte Mâ, ob ein Guru überhaupt notwendig für eine Person sei, die ihre Zuflucht zu Gottes Namen genommen habe.

Mâ: „Gut, wenn du denkst, dass du ohne Guru auskommen kannst, so ist das nicht falsch. Fahre fort, den Namen Gottes auf eigene Verantwortung zu wiederholen. Aber viele spirituelle Sucher, die sich auf ihre eigenen Kräfte verlassen, werden zuweilen müde und verzagt, und dann fühlen sie die Notwendigkeit eines Gurus, der ihnen weiterhilft. Für gewöhnlich können die Menschen nicht ohne einen Beistand weiterkommen, und deshalb ist ein Guru notwendig. Doch ist es nicht so, dass man Gott nur anrufen kann, wenn man einen Guru hat."

Ein Devotee aus dem Punjab namens Sadhu Singh sagte zu Mâ: „Mâ, ein Heiliger in Hardwar hat gesagt, rituelle Verehrung (Pûjâ) und Rezitation (Pâth) usw. seien nicht notwendig. Das Wissen käme automatisch, wenn der Geist von seinen Objekten abgewandt sei. Ich konnte das nicht ganz glauben, deshalb wollte ich von Mâtâjî Klarheit darüber bekommen."

Mâ antwortete: „Sieh, all diese Dinge, die von verschiedenen Personen gesagt werden, die gleichsam auf verschiedenen Stufen einer Treppe stehen, sind richtig, denn eine Person wird natürlich nur das sagen, was sie von ihrem besonderen Standpunkt aus sieht. Das Gleiche trifft nicht auf alle zu. Ein Ratschlag, der ohne Berücksichtigung der individuellen Verschiedenheit der Zuhörer gegeben wird, führt zu nachteiligen Folgen. Es ist ja gerade, um den Geist von Sinnesobjekten abzuwenden, dass Sâdhanâ, Bhajan, Pûjâ, Path usw. vollzogen werden. Aber wenn ein Mensch dies nicht nötig hat, sollte man daraus schließen, dass er es in der Vergangenheit bereits getan hat. Niemand kann den Wipfel eines Baums durch Springen erreichen."

Sâdhu Singh sagte: „Der Sâdhu von Hardwar sagte auch, dass Erleuchtung bereits durch das Lesen heiliger Schriften erlangt werden kann; ein Guru sei nicht notwendig. Und sie sprachen auch darüber, warum ein Brahmankenner (Brahmajñâni) einen Tiger oder eine Schlange töten sollte, die sich ihm nähert. Der Sâdhu sagte, es würde dumm sein, sie nicht zu töten. Es sei notwendig, den Körper zu beschützen, daher sei es auch notwendig, Schlangen, Tiger usw. zu töten."

Mâ sagte: „Was die Aussage betrifft, dass Wissen auch durch Lesen der Heiligen Schriften erlangt wird, so behaupte ich, dass man auch da Zuflucht zum Guru nimmt. Die heilige Schrift ist auch ein Guru, d.h. die Person, die das Buch geschrieben hat, wird selbst der Guru. Und wenn man ein Brahmajñâni wird, wird man nicht nur Kenntnis seiner selbst haben, sondern auch erkennen, dass man selbst überall ist, alles enthaltend. Wo kann da die Frage von Töten oder Nicht-Töten auftauchen? Wer tötet wen? Und selbst wenn er tötet, weißt du, wie das Töten ist? Es ist wie das Verletzen des eigenen Körpers mit seinen eigenen Fingernägeln – es gibt nur EINS für ihn, wo ist der Zweite? Es ist nicht mit dem Wunsch zu töten, dass er tötet. Ein Brahmajñâni kann gar keinen Wunsch danach haben, Gewalt auszuüben. Wer würde wen verletzen? Folglich findet es so nicht statt."

In einer Unterhaltung behauptete jemand, er habe gewisse Anweisungen von seinem inneren Guru erhalten. Mâ erklärte daraufhin, es sei ein bestimmter Reife- und Entwicklungsgrad (Adhikâra) notwendig, um Anweisungen seines inneren Gurus erkennen zu können. Es gäbe ganz bestimmte Merkmale, an denen eine solche Person zu erkennen sei: Sie sei frei von Ärger, Begehren, Verblendung, Stolz und Eigendünkel. Sie betrachte alles mit Gleichmut und sei allen wohlgesonnen. Sie werde nicht von Zuneigung und Abneigung beeinflusst und akzeptiere alles Geschehen als göttliche Fügung. Solange man so einen Zustand jedoch nicht erreicht habe, bestehe die Gefahr, die eigenen Eingebungen mit denen des inneren Gurus zu verwechseln. Bei der erwähnten Begebenheit sei das, was der Devotee als Anweisung seines inneren Gurus aufgefasst hatte, nichts als das Produkt seiner eigenen inneren Vorstellung gewesen. Daher sei es unbedingt erforderlich, den Anweisungen seines äußeren Gurus zu gehorchen, solange man den entsprechenden Entwicklungsgrad noch nicht ereicht habe.

Selbst nachdem man einen Guru gefunden hat, kann es sein, dass die innere Sehnsucht noch ungestillt bleibt. Dann kann es vorkommen, dass einige Sâdhakas bei einem Guru nach dem anderen Zuflucht suchen. Auch „stufenweise Initiation" wird in den heiligen Schriften erwähnt, und das ist ein ähnliches Phänomen. Guru, Mantra und Ishta (die verehrte Gottheit) sind eins. Vom weltlichen Standpunkt aus mag man meinen, es gibt verschiedene Gurus, aber im Licht der Höchsten Wahrheit sind sie alle eins. Obwohl es tausende von Wellen im Ozean gibt, sind alle Wasser. Ich nehme alles als eins wahr, ich kann von nichts als etwas Getrenntem sprechen.

Das Wesentliche ist ein aufrichtiges Verlangen nach dem Göttlichen, damit der Boden richtig vorbereitet wird. Der Körper ist der Boden. Wenn er gut vorbereitet ist, wird der Baum zu wachsen beginnen, kaum dass der Same gesät wurde. Um den Boden zu kultivieren und die Sehnsucht nach Wahrheit zu verstärken, rate ich zur Wiederholung eines heiligen Namens.

Von einer anderen Seite her gesehen: Angenommen, jemand sucht keinen menschlichen Guru auf und wiederholt einfach Gottes Namen und vollzieht religiöse Zeremonien. Obwohl es dem gewöhnlichen Betrachter so scheint, als habe er keinen Guru, würde ich sagen, dass das, was er tut, in jedem Fall vom Guru inspiriert wurde. Wenn wir von einem Guru sprechen, so meinen wir Gott Selber, der die Ursache allen Denkens, Fühlens und Handelns ist. In dem gerade erwähnten Beispiel würde ich sagen, dass der in seinem Herzen wohnende Meister ihn veranlasst, solche Übungen zu praktizieren. In diesem Sinne kann man also behaupten, dass nichts ohne einen Sadguru erreicht werden kann. Doch was wirklich ausgedrückt werden soll, wenn man von der Notwendigkeit eines Sadgurus spricht, ist: Wenn du einmal von einem Sadguru angenommen wurdest, kannst du nicht mehr fallen, denn er versieht das Mantra mit göttlicher Kraft, so dass es unzerstörbar ist.

Trotzdem seht ihr vielleicht, dass viele Sâdhakas selbst nach ihrer Initiation durch einen Sadguru noch nach einem anderen Guru Ausschau halten, da ihr Verlangen, Gott zu finden, so intensiv ist, dass sie nicht volles Vertrauen auf ihren Sadguru setzen können. In diesem Fall behaupte ich, dass selbst das heftige Verlangen, das sie veranlasst, einen Guru nach dem anderen aufzusuchen, auf den Willen des Sadgurus zurückzuführen ist. Und schließlich erreicht man eine Ebene, wo der Guru, Seine Gnade und alles übrige verschwindet – alles geht im EINEN auf.

Der Guru leitet den Schüler entsprechend dessen Samskâras (Prägungen und Neigungen aus früheren Leben). Deshalb kann es nicht einen bestimmten Weg für alle Suchenden geben. Dem gewöhnlichen Menschen bleibt es verborgen, auf welche Weise er seine spirituelle Reise zum Ziel bringen wird. Nur der Guru kennt den göttlichen Augenblick, der euer Schicksal entscheidet.

Frage: „Was ist die Aufgabe des Gurus, und was ist die Aufgabe des Schülers?"

Mâ: „Man sagt, dass es die Aufgabe des Schülers ist, das Ego auszulöschen und leer zu werden. Es gibt eine Geschichte von einem König, der die besten Künstler einlud, um in seinem Palast Wandgemälde malen zu lassen. Zwei Maler arbeiteten im gleichen Saal an gegenüberliegenden Wänden; zwischen ihnen war ein Vorhang gezogen, damit keiner von ihnen das Werk des anderen sehen konnte. Der eine Künstler schuf ein wunderbares Bild, das die Bewunderung jedes Betrachters hervorrief. Der andere Künstler hatte gar nichts gemalt. Er hatte die ganze Zeit damit verbracht, die Wände zu polieren und hatte sie so makellos poliert, dass sich nach Entfernung des Vorhanges das Bild des anderen Malers auf eine Weise widerspiegelte, die es noch schöner als das Original erscheinen ließ. Es ist die Pflicht des Schülers, die Ich-heit abzuschleifen. "

Frage: „Aber dann ist es der Schüler, der die meiste Arbeit tun muss? "

„Nein", sagte Mâ, „denn es ist der Guru, der das Bild malt! "

Frage: „Was ist der Unterschied zwischen einem Guru und einem Sadguru? "

Mâ: „Guru bedeutet Sadguru. "

Frage: „Aber ich glaube, die heiligen Schriften machen eine Unterscheidung zwischen beiden Begriffen? "

Mâ: „Weißt du, worin der Unterschied liegt? Der eine beginnt erst dann zu lehren, nachdem er selbst alle Prüfungen bestanden hat, während viele, die noch selber studieren, gleichzeitig schon andere unterrichten. "

Frage: „Was bedeutet Shishya (Schüler)? "

Mâ: „Sva, sva (Wortspiel: sein Sein, eigenes Selbst), d.h. Verwandlung in sein eigenes Selbst. Im Wesentlichen bedeutet es, den Schüler sein eigentliches Einssein mit dem Guru erkennen zu lassen, dieses Bewusstsein zu entwickeln.

Und was ist eine weitere Bedeutung von Shishya? Shishya bedeutet Shashya (Korn). So wie durch Einsäen der Körner ins Feld Getreide heranwächst, so sät man auch in diesem Fall Samenkörner, um die Ernte, nämlich Offenbarung des Selbst, heranwachsen zu lassen. "

Frage: „Sollte man mehr als einen Guru haben? "

Mâ: „Wenn du einen Brunnen gräbst, musst du an einer Stelle graben. Nur dann wirst du immer süßes, erfrischendes Wasser schöpfen können. Wenn du heute einen Brunnen hier gräbst und morgen an einem anderen Ort, wie kannst du jemals Wasser bekommen? Wo auch immer du hingehst, denk daran, dass alles ringsherum eine Erscheinungsweise deines Gurudevas (göttlichen Meisters) ist. Diese Betrachtungsweise eines gereinigten Bewusstseins entwickelt sich von selbst. Gewiss kann man auch aus den Lehren anderer Heiliger Nutzen ziehen, vorausgesetzt sie sind im Einklang mit denen des eigenen Gurus. Aber wenn dir ein Mahâtmâ etwas sagt, das den Anweisungen deines eigenen Gurus widerspricht, ist es nicht richtig, es zu befolgen. Du solltest dich noch nicht einmal so einem Mahâtmâ nähern, da es sich als schädlich (anishta) für dich erweisen könnte. Wenn du das Glück hast, geistig fortgeschrittenen Menschen zu begegnen und ihren Worten zuzuhören, solltest du begreifen, dass sich diese wunderbaren Gelegenheiten durch die Gnade deines Sadgurus ergeben haben, weil du zu Ihm Zuflucht genommen hast. Fühle: All dies Glück verdanke ich der Barmherzigkeit meines Gurudevas."

Viele lassen enttäuscht ihren Kopf hängen und murren: „Ich habe Initiation von einem Sadguru bekommen, aber was für einen Fortschritt habe ich gemacht?" Bedenkt einmal, wenn ein bisschen Tinte auf ein Tuch verspritzt wurde, wie lange man braucht, um sie zu beseitigen. Wie könnt ihr erwarten, dass die dicke Schicht der Unreinheiten, die das menschliche Bewusstsein verdunkeln, in einigen Tagen oder Monaten beseitigt ist? Ihr solltet nicht versuchen abzuschätzen, wie wirksam die Kraft des Gurus und des Mantras ist, sondern vielmehr Wert darauf legen, euch selbst aufs äußerste anzustrengen. Spiritualität kommt nicht, indem man sich bequem zurücklehnt und keinen Preis dafür bezahlt. Harte und aufrichtige Bemühung ist unerlässlich, damit man das Selbst erkennt. Mit unbedingtem Glauben und heiliger Achtung vor den Anweisungen des Gurus setzt eure Übung mit größtmöglichster Regelmäßigkeit und Konzentration fort – seid sicher, ihr werdet erfolgreich sein. Wer dem Dharma dient, wird vom Dharma gehalten und auf den Pfad des Dharmas geführt.

Frage: „Mâ, vorhin sagtest Du, nur aufgrund vieler guter (vorangegangener) Handlungen fände man einen Sadguru. Warum ist dann kein Fortschritt zu bemerken, selbst wenn man so begnadet war, einen Sadguru zu finden?"
Mâ: „Nicht nur aufgrund guter Handlungen erhält man einen Sadguru. SEINE Gnade ist jenseits von Vernunft und Ursache. Deshalb kann manchmal jemand schnelle Fortschritte machen, wenn er den Segen eines Sadgurus erhalten hat, während ein anderer nur langsam vorankommt."

Frage: „Ich habe davon gehört, dass ein Sadguru im Augenblick der Initiation dem Mantra Leben verleiht (Chetana). Du hast ein Chetana Mantra als ein Mantra bezeichnet, durch dessen Wiederholung sich die angebetete Gottheit (Ishta Deva) offenbart. Aber wir machen die Erfahrung, obwohl wir das Mantra beim Japa wiederholen, offenbart sich die angebetete Gottheit nicht. Sollen wir daraus schließen, dass unser Mantra nicht mit genügend Kraft aufgeladen wurde, um unser Bewusstsein zu wecken?"

Mâ: „Nein, warum sollte das so sein? Es gibt verschiedene Arten von Initiation (Dîksha). Es gibt eine Art von Initiation, durch welche der Schüler augenblicklich radikal verändert wird. Sobald diese Art von Initiation erhalten wird, löst sich der physische Körper des Schülers ganz in die fünf Elemente auf, und er erlangt volle Verwirklichung des Selbst. Dies wird Höchste Initiation genannt.

Initiation durch einen Mahâpurusha (großen Heiligen) oder Sadguru (vollkommenen Meister) könnte man als mittlere Initiation bezeichnen. Dabei gibt der Guru dem Schüler das Mantra, nachdem er es mit seiner eigenen Kraft erfüllt hat. Infolge so einer Initiation wird der Schüler allmählich frei von seinen Samskâras (Prägungen, Konditionierungen) und erkennt zu gegebener Zeit sein Wahres Selbst. Auf diese Weise von seinen angesammelten Eindrücken und Neigungen befreit zu werden, braucht Zeit. Einige Leute sind der Meinung, dass der Schüler nach maximal drei Inkarnationen Befreiung erlangen wird. Sogar wenn sich der Schüler der Kraft des Mantras nicht bewusst ist, so ist es dennoch in ihm wirksam. Deshalb heißt es, wenn ein Sâdhaka bei einem Sadguru Zuflucht genommen hat, kann sein Fortschritt nicht aufgehalten werden, ob er sich nun anstrengt oder nicht. Wenn er nach Erhalt des Mantras gewissenhaft seine spirituellen Übungen macht, wird er jedenfalls mit großer Geschwindigkeit Fortschritte machen.

Dann gibt es noch eine andere Art von Initiation, die allgemeinerer Natur ist, so wie (in Indien) die Initiation durch den Familienguru. Dieser mag nicht die innere Fähigkeit besitzen, aus der heraus ein Mantra gegeben wird, dennoch besitzt jedes Mantra eine eigene, ihm innewohnende Kraft, denn jedes Mantra ist aus sich selbst heraus wirksam. Irgendwann kann jemand durch ständige Wiederholung des Mantras befreit werden, denn die dem Mantra innewohnende Kraft kann ihn voranbringen. Doch ist dieser Vorgang in der Tat sehr langsam.

Abgesehen von all dem besteht auch die Möglichkeit von wiederholten Initiationen, eine nach der anderen. Zum Beispiel mag ein Guru seinem Schüler ein Mantra geben, durch dessen Wiederholung Fortschritte bis zu einer bestimmten Ebene gemacht werden. Um dann weiteren Fortschritt zu bewirken, kann der Guru ihm sodann ein anderes Mantra geben. Auf diese Weise können mehrere vorbereitende Initiationen gegeben werden, bevor man für die höchste, letzte Einweihung bereit ist. So eine stufenweise Initiation kann sich auch spontan im Laufe der Zeit aus dem Innern des Schülers entfalten, d.h. die allererste Initiation durch den Guru kann von selbst für all das sorgen, was notwendig ist, um den Schüler von einer Ebene zur nächsten zu bringen.

Außerdem kann der Guru auch selbst erscheinen und den Schüler Schritt für Schritt durch immer neue Initiationen auf dem Weg voranbringen. Die Tatsache, dass sich der Guru nicht mehr im Körper befindet, braucht für die schrittweise aufeinanderfolgenden Initiationen kein Hindernis zu sein, denn der Guru kann niemals sterben. Zur angemessenen Zeit und wenn es notwendig ist, kann er stets dem Schüler erscheinen."

Ob die höchste, die mittlere oder die gewöhnliche Einweihung stattfindet, hängt vom Schritttempo des Schülers ab.

Frage: Was ist die Bedeutung von Sabîj und Nirbîj Dîksha?

Ma: Diese beiden Arten werden auch Sakar und Nirakâr Diskha genannt. Nirbîj bezeichnet die Wirkung der Dîksha, bei welcher der Schüler von allen Samskâras befreit und dann zum höchsten Ziel berufen wird. Sie läutert den Schüler von allen Samskâras, bis das Selbst erkannt ist. Sabîj hat dasselbe höchste Ziel, doch der Schüler muss innerlich verschiedene Formen oder göttliche Gestalten erfahren, bevor er schließlich von den Samskâras befreit wird.

Oft bleibt in den Menschen ein subtiles Geltungsbedürfnis, ein Wunsch nach Anerkennung, der sich später manchmal in verschiedenen Formen ausdrückt. Beispielsweise können in bestimmten Menschen innerlich alle Merkmale von Samâdhi da sein, ohne dass es sich nach außen zeigt. Alle Vorgänge, die ein Zeichen für Samâdhi sind, finden weiter statt, ohne dass man es von außen wahrnehmen kann. Beispielsweise zeigt es sich bei manchen, dass der Körper in Samâdhi völlig bewegungsunfähig ist, während es bei anderen nicht so ist. Das ist darauf zurückzuführen, dass noch ein Geltungsbedürfnis oder ein Wunsch nach Anerkennung in subtiler Form im Innern besteht, wodurch sich Samâdhi und andere Fähigkeiten nach außen ausdrücken. Auch wenn man sich dieser Neigung gar nicht bewusst ist, ist sie da und drückt sich so aus, und die Menschen verehren einen, wenn sie es sehen.

Aber wenn all das einfach nicht innerlich vorhanden ist, werden sich diese Fähigkeiten, selbst wenn jemand sie besitzt, nicht nach außen zeigen.

Frage: „Nützt es irgendetwas, sich von einem Guru initiieren zu lassen, der nicht die Merkmale aufweist, welche die heiligen Schriften für einen wirklichen Guru niedergelegt haben?"

220

Mâ: „Es gibt zwei Möglichkeiten. Eine besteht darin, einen Guru ‚anzunehmen' – die andere ist: der Guru *ist* der Guru – da gibt es kein Fragen, kein Annehmen, kein Verlassen. Der Guru ist das Selbst (Khuda). Wenn er es nicht ist, kann er dir zwar einen Weg zeigen, aber er kann dich nicht geradewegs zum Ziel, zur Erleuchttung (Prakâsha) führen, weil er sie selbst nicht erreicht hat. Wenn du jemanden zu deinem Guru ‚machst', kannst du ihn auch verlassen, aber dann werde ich sagen, du hast nie einen Guru gehabt. Der Guru kann nicht aufgegeben werden, Er ist einfach von Natur aus Guru und gibt spontan das, was notwendig ist. So wie die Blume ganz spontan und natürlich ihren Duft verströmt, so initiiert der Guru durch Blick, Hören, Berührung, Belehrung oder Mantra oder sogar ohne all das, einfach weil Er Guru ist. Die Blume bemüht sich nicht, Duft auszuströmen, sie sagt nicht: ‚Komm und riech an mir!' Sie ist da. Jeder, der ihr nahekommt, wird sich an dem Duft erfreuen. So wie die reife Frucht vom Baum fällt und entweder vom Menschen aufgelesen oder von Vögeln aufgepickt wird, so gibt der Guru allen Wesen das, was sie brauchen; sie sind ihm verbunden, egal wer sie sind.

Wenn der Guru (dem Schüler) Sannyâsa erteilt hat, wirft er sich der Länge nach vor den Schüler, um zu zeigen, dass kein Unterschied mehr zwischen Meister und Schüler besteht – beide sind eins.

Es gibt eine Ebene, auf der man sich selbst einfach nicht als Guru ansehen oder jemand anderen als Guru annehmen kann. Auf einer anderen Ebene wiederum kann man Meister und Schüler nicht mehr als getrennt voneinander betrachten. Und auf einer weiteren Ebene scheint es so: Jeder in dieser Welt, der eine Anweisung oder Lehre erteilt, wird als Guru angesehen. Es gibt zahllose Methoden und heilige Silben, die dazu dienen, den Menschen zur Selbstverwirklichung zu führen. Indem er *einen* Weg auswählt, kann er auf das ZIEL zugehen.

Von einem Standpunkt aus kann man jede Person, von der man etwas gelernt hat, und sei es auch noch so wenig, seinen Guru nennen. Doch der wirkliche Guru ist Der, dessen Lehre zu Selbstverwirklichung verhilft.

Angenommen, ein Mensch geht im Dunkeln, und plötzlich fängt ein Hund ganz in seiner Nähe laut zu bellen an. Was ist los? Der Mann knipst seine Taschenlampe an und sieht sich einer großen Giftschlange gegenüber. Sehr vorsichtig gelingt es ihm nun, ihrem Angriff zu entgehen. Muss man in diesem Fall den Hund seinen Guru nennen oder nicht? Sicherlich kann man etwas dagegen einwenden, denn der Hund bellte nicht, um den Mann eigens darauf aufmerksam zu machen. Doch ER, der Bewusstsein verleiht, kann sehr wohl durch die Gestalt eines Hundes wirken.

Du solltest die Haltung haben: „Mein Guru oder mein geliebter Gott ist in allen gegenwärtig." Wenn du das Gefühl hast, dass jemand schlecht über deinen Guru spricht, so schenke dem kein Gehör, d.h. lasse seine Worte nicht in dich eindringen.

Frage: „Wenn Gott mit uns ungehalten wird, kommt uns der Guru zur Hilfe. Warum kann Gott uns jedoch nicht retten, wenn der Guru mit uns unzufrieden ist?"

Mâ: „Weil es der Guru ist, der euch Gott offenbart."

Wer ist ein Guru? Nun, Vater und Mutter beispielsweise, und darüberhinaus ist jeder, von dem wir auch nur ein klein bisschen spirituelles Wissen erhalten, ein Guru. Wer auch immer uns auch nur einen kleinen Hinweis zum PFAD gibt, ist ein Guru. Alle haben sich als Clowns verkleidet. Wie kann eine Person Frieden erlangen, die sich das Kostüm eines Clowns angezogen hat?

Frage: „Was bedeutet ‚die Gnade des Gurus' wirklich?"

Mâ: „Wenn der Guru zusammen mit seinen Anweisungen die Fähigkeit verleiht, diese auch zu befolgen – das ist Seine Gnade!"

Der wirkliche Sinn des Begriffs ‚Guru' ist außerordentlich tief. Der Guru sollte als Gott angesehen werden. Dem Guru kann man nie abtrünnig werden. Wenn sich jemand von seinem Guru abgewandt hat, sollte man begreifen, dass der Akt, durch den die Beziehung von Guru und Schüler hergestellt wird, nie stattgefunden hat. Nichts Falsches oder Ungeeignetes kann jemals von dem Guru übertragen werden, von dem man sagt, dass er uns Leben für Leben führt. Seine Kraft und die Hingabe an Ihn können nie nachlassen. Das Höchste Wesen, welches auf der Suche nach Wahrheit die Wahrheit selbst ist, sorgt dafür, dass das Ziel des Schülers erreicht wird.

Wie kann man von einem Guru sagen, er sei der Weltenlehrer? Aus dem einfachen Grund, weil dies der Status eines Gurus ist. Wer z.B. ist ein Koch? Das Wort ‚Koch' bezeichnet ja nicht den Namen einer bestimmten Person, es bedeutet: jemand, der Nahrung zubereiten kann. Ebenso versteht man, wenn der Status eines Gurus offenbar wird, dass dieser Status nichts mit irgendeiner Person zu tun hat, der Guru ist niemand anders als der Weltenlehrer. Wenn die Kraft des Gurus wirksam werden kann, wird man erkennen, wer man ist. Wer diese Kraft verleihen kann, ist tatsächlich ein Weltenlehrer. Ein Guru wird Der genannt, der aus tiefer Dunkelheit heraus die verborgene Wahrheit offenbaren kann. „Mein Guru existiert in vielen Formen als Guru eines jeden, und der Guru jedes anderen ist tatsächlich mein Guru". Nun erkennst du, wie der Guru zu EINEM geworden ist.

Ein Guru ist kein gewöhnlicher Lehrer – ein Guru ist Der, der den Menschen aus dem Ozean von Geburt und Tod (Bhava Sâgara) erretten kann. Angenommen, ein Sucher wurde von jemandem initiiert, der nicht über die Höchste Kraft verfügt: Er kann sich nur bis zur Stufe seines Gurus entwickeln und wird dort warten müssen. Dennoch kann es durch irgendeinen günstigen Umstand geschehen – sei es durch seinen eigenen überwältigen-den Wunsch nach Selbstverwirklichung oder durch Neigungen, die er in früheren Leben entwickelt hat oder sogar ohne diese oder ähnliche Grün-de, sondern einfach durch das Eingreifen göttlicher Gnade – dass er durch Unterweisung, Berührung, Blick oder ein Mantra einen Kraftstoß bekommt, der ihm ermöglicht, weiteren Fortschritt zu machen. Wenn eine Flut kommt, trifft sie keine Unterscheidungen, indem sie sagt „dieser Baum bleibt stehen und der wird entwurzelt", sondern sie trägt alles ohne Unterschied mit sich fort. Ebenso gibt es im spirituellen Bereich keine Vorliebe, denn hier ist das Selbst in Sich Selbst enthalten.

Dann gibt es noch eine andere Möglichkeit: Ohne Unterweisung, ohne Blick, Berührung oder Mantra kann Kraft übertragen werden, ob der Empfänger es im selben Moment merkt oder erst viel später. Der EINE, der diese Kraft verliehen hat, nimmt wie eine Flut alles mit Sich, liegt es doch in Seiner Natur, alles in Sich aufzunehmen und in Sich zurückzuwandeln. Deshalb stimmt es nicht, in einem bestimmten Fall zu behaupten, Initiation sei nicht aus *dieser* Quelle, sondern von jemand anderem empfangen – gehört nicht alles zu IHM, nein, *ist* nicht alles ER SELBST? Ebenso wie die Flut alles gleichermaßen mit sich fortträgt, so verwandelt jenes Erhabene Wesen ganz spontan und natürlich alles in Sich Selbst zurück, was vorher fälschlicherweise als abgesondert aufgefasst wurde. ‚Mein' und ‚dein' existieren hier nicht – nur das SELBST ist aus Sich Selbst offenbar, DAS und nur DAS. Eine Mutter stellt nicht in Rechnung, was sie für ihre Kinder tut – schließlich sind sie doch Teil von ihr! Ebenso wird hier nicht ‚berechnet', wieviel Kraft übertragen wurde.

Eine bestimmte Person ließ sich einst von einem Guru einweihen. Später traf sie einen Heiligen (Mahâtmâ) und suchte ihn häufig auf, da sie das Gefühl hatte, großen Nutzen aus diesem Kontakt zu ziehen. Als der Guru davon hörte, wurde er ärgerlich und sagte: „Ich habe den Garten angepflanzt, und nun gibst du einem anderen die Früchte?" Der Schüler erwiderte: „Nein, so ist nicht, vielmehr hat der Kontakt mit dem Mahâtmâ den Glauben an meinen Guru gestärkt." Doch der Guru konnte das nicht verstehen. Für den besagten Mahâtmâ war die Welt und das Jenseits alles das Gleiche. Er sah alles mit gleicher Wertschätzung nur als das eine alldurchdringende Selbst. Ob man sich so einem Erleuchteten nähert oder nicht, ER wird jeden auf gleiche Weise einbeziehen. Deshalb kann man sagen: Der Mann hatte keineswegs einen ‚anderen' Guru, denn die Übertragung von Kraft vollzieht sich auf der Ebene, wo *alle eins* sind. Ferner kann man nicht sagen, dass der und der soundsoviel Kraft erhalten habe – unterscheidet denn ein loderndes Feuer, indem es ein Ding verbrennt und ein anderes trocken lässt? Ganz spontan manifestiert sich die Unterweisung, die Berührung, der Blick oder das Mantra, das die Initiation ausmacht. Hier gibt es keine Unterscheidung zwischen ‚mein' und ‚dein'. Es gibt zwei Möglichkeiten: Die Kraft kann entweder kanalisiert werden oder sich völlig gleich und universell verströmen. Alles liegt in SEINER Hand.

Jemand, der einen Sadguru gefunden hat, hat ihn im Augenblick seines Todes bei sich. Und nicht nur das – jemand, der nach Befreiung verlangt, kann auch die unmittelbare Vision seines Gurus haben.

Frage: „Muss ein Guru, der nach der Initiation seines Schülers in Nirvâna eingeht und daher befreit ist, zurückkommen, um für seinen Schüler Befreiung zu erwirken?"

Mâ: „Wenn du glaubst, dass dein Guru die endgültige Befreiung erlangt hat, dann wird er auch Mittel und Wege finden, dir zu helfen und dich zu führen, selbst wenn du dir dessen nicht bewusst bist. Dein Guru bedeutet alles für dich. Wenn du durch Seine Gnade Gott gefunden hast, wirst du dies erkennen. Wenn du dich verzweifelt nach dem Anblick des barmherzigen, verehrungswürdigen HERRN sehnst und IHN aufrichtigen Herzens mit intensiver Hingabe anrufst, wird ER deinem Rufen bestimmt Gehör schenken. Indem ER dir in eben jener Gestalt erscheint, in der du IHN am meisten liebst, und wie du IHN zu sehen wünschst, wird ER dir vollkommene Erfüllung schenken."

Bhakti – Der Weg der Hingabe

Es ist notwendig zu versuchen, dem Höchsten jede einzelne Handlung des täglichen Lebens zu weihen. Vom Augenblick an, da man des Morgens erwacht bis zum Einschlafen am Abend sollte man bestrebt sein, diese Einstellung zu haben. Allmählich wird man dabei zu fühlen beginnen: „Wie kann ich IHM Verlangen, Ärger und andere solch unerwünschten Eigenschaften darbringen? IHM, der mir so unendlich lieb ist, der ganz mein eigen ist? Gibt man denen, die man liebt, etwas Schlechtes?" Wenn man das immer mehr bedenkt, wird man schließlich unfähig, irgendetwas Schlechtes oder Unwünschenswertes zu tun. Dann, wenn man ohne jeden Vorbehalt auch nur die wenige Kraft, die man besitzt, zu Seinen Lotusfüßen geopfert hat, so dass nichts geblieben ist, was man sein eigen nennen kann, wisst ihr, was ER in jenem glücklichen Augenblick tut? Aus eurer Begrenztheit heraus macht ER euch vollkommen, ganz, und dann bleibt nichts, was noch zu wünschen oder zu erreichen wäre. Wenn die Hingabe eurer selbst vollkommen wird, genau in dem Moment offenbart sich die unteilbare, unversehrte Vollkommenheit, die ständig aus dem Selbst erstrahlt.

Frage: „Was ist das Ziel des menschlichen Lebens?"
Mâ: „Gott zu lieben und deine Einheit mit Ihm zu verwirklichen."

Schon zu allen Zeiten gab es die Vorstellung einer ewigen Trennung zwischen Mensch und Gott. Gott ist immer bereit, den Menschen mit offenen Armen zu empfangen. Aber der Mensch, verstrickt in die Maschen seines Karmas, ist sich der göttlichen Gegenwart im eigenen Innern nicht bewusst, und wie ein Blinder sieht er Ihn nicht, noch sucht er Ihn überhaupt. Doch wenn jemand von Sehnsucht nach dem Göttlichen verzehrt wird, so wird dieser Schmerz der Trennung zu einer Brücke, die zur Vereinigung führt, und dadurch öffnen sich die Schleusen der Glückseligkeit. Die Hoffnung auf Vereinigung mit Gott ist sogar wunderbarer als das Einswerden selbst. Mit wachsendem Glauben und Hingabe frohlockt man immer mehr in dieser Hoffnung, bis schließlich Sehnsucht und inniges Gebet zur Erfüllung führen.

Habt ihr nie beobachtet, wie sich Vögel in den Bergen gegenseitig von zwei verschiedenen Gipfeln zurufen, ohne zu ermüden? Sie hören den Ruf des anderen gut, aber sie finden soviel Befriedigung an diesem Liebesspiel aus der Ferne, dass sie nie nah zueinander fliegen. Schon nach Gott zu rufen erleichtert bereits die zeitweilige Qual der Trennung. Das Gefühl des Mangels und der Abwesenheit Gottes ist wirklich sehr notwendig. Der starke Antrieb weiterzukämpfen, der durch die Trennungsqual geweckt wird, kann nie durch die intellektuelle Erkenntnis bewirkt werden, dass Suche nach Wahrheit des Menschen Pflicht ist. Seid euch immer eurer Leere bewusst, und versucht sie durch intensives Streben zu füllen. Je tiefer eure Aufmerksamkeit bei IHM weilt, desto mehr wird eure wachsende Sehnsucht nach dem Göttlichen eure Interessen von allen anderen Zielen abwenden und zu völliger Selbsthingabe führen.

Von etwas angezogen werden, heißt verwandelt werden. Jedesmal wenn ihr euch zu einem Menschen, einem Gegenstand oder einer Idee hingezogen fühlt, müsst ihr etwas von euch selbst opfern. In dem Maße, wie ihr aufgebt, werdet ihr empfangen – das ist ein Gesetz des Lebens. Alles zu empfangen, ohne irgendetwas loszulassen, ist aus dem einfachen Grund nicht möglich, weil zwei Dinge nicht zur gleichen Zeit ein und denselben Platz einnehmen können. Ohne Opfer kann man daher nichts erreichen. Je mehr euer Herz von Liebe zu Gott erfüllt ist, desto weniger werdet ihr nach materiellem Genuss verlangen. In dem Augenblick, wo ER euch anzieht, verwandelt und durchdringt, wird euer Bewusstsein still. Es ist wahr, ihr könnt nicht von Ihm fasziniert sein, wenn ihr nicht fühlt, wie ER euch von innen zu sich zieht; dennoch ist es wichtig, sich entschlossen um diese Erfahrung zu bemühen. So wie sich ein Geschäftsmann ständig über die Preise auf dem Markt informiert, sollte man immer in die spirituelle Suche und Nachforschung vertieft sein.

Vollkommene Ergebenheit schenkt die allertiefste Freude – nimm sie als deine einzige Zuflucht an! Was auch immer Gott fügt, geschieht nur zu deinem Heil. Wenn du dir dessen ständig bewusst sein kannst, wirst du Frieden finden.

In allen Lebenslagen solltest du absolutes Gottvertrauen anstreben. Wo immer du sein magst, bete zu IHM so hingebungsvoll wie nur möglich. Hab keine Angst, dass du etwas falsch machst. Was immer dir geschieht – alle Möglichkeiten sowie alle Hindernisse sind von IHM gesandt. Wenn ER dich etwas tun lässt, tut ER Selbst es, ER handelt, ER weiß, ER hört. Du brauchst dich einzig und allein nur immer auf Ihn zu verlassen.

Als Mâ die Nachricht hörte, dass jemand erkrankt war, ließ sie dem Leidenden Folgendes ausrichten: „Verlasse dich absolut auf IHN. In was für Umständen du dich auch immer befinden magst, richte die Aufmerksamkeit ständig nur auf Ihn. Lasse dies dein Gebet sein: ‚Herr, es hat dir gefallen, in Form von Krankheit zu mir zu kommen. Gib mir die Kraft, sie zu ertragen, verleihe mir Geduld und lass mich verstehen, dass DU es bist, der in dieser Verkleidung bei mir ist'."

Alles im Menschen rührt von IHM und nur aufgrund dessen werdet ihr fähig, euch um Selbsterkenntnis zu bemühen.

Ein Mensch nimmt Geburt an aufgrund seines Karmas und der Neigungen, die er in zahlreichen Leben entwickelt hat. Der Höchste, der Sieger über Gefahr und Unheil, der eure Schmerzen lindert – ER Selbst ist es ja, der auch als unerträgliches Leid kommt. Inmitten von Unglück und Trübsal ist es für den gewöhnlichen Menschen schwierig, seinen Glauben an die göttliche Fügung zu bewahren. Aber für jemanden, der sich Gott ganz ergeben hat, ist nur ER, der EINE, und kein anderer, in allen Zuständen gegenwärtig. Der Mensch, in dem Gottes Name einmal Wurzeln geschlagen hat, ist mit Sicherheit auf dem Weg zu seinem endgültigen Heil.

Wenn man den spirituellen Weg geht, können innere Erfahrungen nicht ausbleiben. Bereits die Tatsache, dass man diesen Weg eingeschlagen hat, beweist, dass von früher her schon eine Verbindung dazu besteht. Gott (Bhagavân) ist der einzige Geliebte – das Vergessen dieser Tatsache hat dazu geführt, dass man Sinnesobjekte liebt. Wenn man irgendetwas anderes neben Gott liebt, so ist diese Liebe geteilt – du ishta (zwei Geliebte) = dushta (Übel). Wann wird dieses ungute Missverständnis beseitigt werden? Es ist wichtig, ganz genau zu unterscheiden. Wenn du dich selbst prüfst, wirst du sehen: „Was habe ich heute den ganzen Tag gemacht? Wie lange war mein Bewusstsein nicht bei Gott? Wie oft habe ich an den GELIEBTEN (Ishta) gedacht und wie oft an unwünschenswerte Dinge (Anishta), die letztlich zum Tode führen?" Achte einmal darauf.

Frage: „Wie kann die Unruhe des Geistes überwunden werden?"
Mâ: „Durch intensive Liebe zu Gott."

Wirkliche Sehnsucht ist noch gar nicht erwacht, ansonsten wärst du bereits verwirklicht. Gott braucht keine Minute, nicht einmal eine Sekunde, um Sich zu offenbaren.

„Was geschehen soll, wird geschehen" – dieses Sprichwort enthält eine tiefe Wahrheit. Wenn du auf dein eigenes Leben und das Leben anderer zurückblickst, wirst du erkennen, wie wenig ein Mensch von sich aus die Ereignisse bestimmen kann und wie sehr die meisten Dinge vom unergründlichen Gesetz einer verborgenen Macht abhängen. Das Universum bewegt sich perfekt nach dem Willen des Höchsten Vaters aller Wesen. Deshalb sollte es dein Lebensgrundsatz sein, alle Umstände, in die Gott dich versetzt, willkommenzuheißen. Je fester du in dieser Einstellung gegründet wirst, desto vollkommener wird deine Ergebung in Gottes Willen, und durch deine Hingabe und deinen Glauben an die Kraft des Göttlichen werden dir schießlich die Augen geöffnet.

Was auch immer geschieht, ist letztlich zum Besten.

Frage: „Bin ich verantwortlich für das, was ich tue, oder ist es Gott, der meine Handlungen verursacht?"
Mâ: „Verwandle das ‚Ich' in ‚ich bin DEIN Werkzeug'. Wenn du sagst, Gott sei es, der dich einen Diebstahl begehen lässt, solltest du auch ohne Bedauern davon überzeugt sein, dass Gott es ist, der dich ins Gefängnis bringt, und dass Er das Recht hat, dich zu strafen. Gehe Gottes Wege, Gott ist immer Wahrheit. Wo Râma ist, da ist Arâma (Ruhe und Sorglosigkeit), wo Râma nicht ist, ist Be-ârâma (Unruhe und Unbehagen). Solange du nicht erkennst, dass es nur eine MUTTER, einen Gott (Bhagavân) gibt, darfst du

nicht behaupten, dass Gott falsch ist. Gott ist Wahrheit. Du solltest die Haltung haben, dass alles so geschieht, wie Gott es will. Entwickle diese Einstellung!"

Es war einmal ein König, der sich so in den Finger schnitt, dass dieser schließlich abgenommen werden musste. Anstatt sein Mitgefühl angesichts dieses Unglücks zu bekunden, bemerkte sein Minister nur: „Was immer Gott tut, ist zum Besten." Das ärgerte den König sehr, und zur Strafe für die Gefühllosigkeit und Unverfrorenheit des Ministers ließ er ihn ins Gefängnis werfen.

Nach einiger Zeit begab sich der König eines Tages zur Jagd in einen Wald. Dort wurde er plötzlich von einer Bande Kapalikas[74] überfallen, die beschlossen, ihn Kâlî zu opfern. Der König war hilflos, doch ganz unerwartet tat sich ein Ausweg auf, und zwar durch seinen fehlenden Finger: Weist der Körper des Menschenopfers nämlich auch nur irgendwo eine geringe Verstümmelung auf, darf er der Göttin Kâlî nicht geopfert werden. Und so setzte man den König wieder auf freien Fuß. Nach seiner Rückkehr ließ der König seinen Minister frei. Er dankte ihm für seine weisen Worte, deren Wahrheit er damals nicht erkannt hatte. Der König fragte sich jedoch, warum Gott ihn wohl dazu veranlasst habe, den unschuldigen Minister ins Gefängnis zu werfen? „Wozu war so eine ungerechte Bestrafung gut?" fragte er. Der Minister antwortete: „Wäre ich frei geblieben, hätte ich Dich, wie es immer meine Pflicht ist, in den Wald begleitet. Dort hätten mich die Kapalikas mit Dir festgenommen und mich hätten sie nicht geschont, da mein Körper ganz gesund ist!"

Erlaube deinen Gedanken nicht, sich in Zukunftsplänen oder in Reaktionen auf Vergangenes zu verlieren. Was auch immer irgendwann und irgendwo geschehen soll, ergibt sich von selbst.

Zu Menschen, die sehr in ihr Leid verstrickt sind, sagt Mâ manchmal: „Warum zieht ihr es unnötigerweise vor, die Last zu tragen, die ER für euch trägt?"

Verhält sich so ein Mensch doch wie ein törichter Fahrgast, der in einem fahrenden Zug die ganze Zeit sein Gepäck auf dem Kopf trägt, weil er fürchtet, dass ihn der Zug ohne sein Gepäck zum Reiseziel befördert ...

---

[74] Eine Sekte, die der Göttin Kâlî Menschenopfer darbringt

Wenn überhaupt noch ein „Ich" in euch bleibt, so lasst es SEIN Diener oder SEIN Kind sein – dies wird die Auffassung, ER sei weit entfernt, ausschließen.

Sogar durch Tränen, die in Sehnsucht nach IHM vergossen werden, lässt der EINE gelegentlich Seine Gegenwart fühlen.

Aus Liebe zu Gott zu weinen, ist sehr gut. Wenn du fühlst, wie Kraft oder die Liebe zu Gott in dir erwachen, versuche sie anzunehmen und in dir zu bewahren. Was ist das Ergebnis, sein Gefühl zurückzuhalten, weißt du das? Es vergrößert deine Kraft.

Man muss nicht aus einem Satsang herausgehen, wenn Tränen kommen. Versuche, dein Gefühl zu beherrschen. Selbst wenn du von starken Gefühlen überwältigt bist, hör dem Vortrag weiter zu. Halte das Gefühl in dir, versuche es innerlich zu absorbieren. Wenn du es beherrschen kannst, umso besser. Dadurch wird deine innere Kraft wachsen. Wenn so ein Bhâva über einen Menschen kommt und er dann wieder in die Welt geht, sollte er diese Bhâvas auf jeden Fall kontrollieren. Sie können auch in der Welt auftreten. Dann sollte er sein Äußerstes versuchen, sie zurückzuhalten ... Es gibt zwei Arten von Bhâva: 1. Das Bhâva, das eine Person erfährt, die sich noch im Bereich des Mangels befindet. Dieses Bhâva sollte so sehr wie möglich unter Kontrolle gebracht werden. Man sollte das Bhâva, das unter dem Einfluss von Gottes Namen eintritt, so sehr wie möglich verbergen. 2. Mahâbhâva.

Frage: Was ist der Unterschied zwischen einem weltlichen Bhâva und diesem Bhâva?

Mâ: Durch das göttliche Bhâva werden die Wünsche nach Sinnesobjekten allmählich weniger. Dieses Bhâva ist der Gradmesser, wie weit man sich zur Gottverwirklichung entwickelt hat.

Eure Gefühle von Liebe und Verehrung gleiten wie Windböen über euren Körper und Geist. Wenn sich nicht die innerste Kammer eurer Seele öffnet, um ein freies Fließen wirklicher Hingabe zu ermöglichen, wie könnt ihr imstande sein, das Echte anstelle des bloßen Scheins darzubringen?

Frage: Sollte man versuchen, sich selbst auszulöschen? Oder das Ichgefühl zerstören? Oder der göttlichen Mutter die Vollmacht über das unreife Ich übergeben?

Mâ: Wenn das Gefühl des Gebens noch vorhanden ist, hat die Auslöschung noch nicht stattgefunden. Auslöschung geschieht von selbst. Es geht nicht darum, sich selbst auszulöschen, sondern seine Wünsche, sein Ego. Solange man sich im Reich des denkenden Geistes befindet, hat die Auslöschung nicht stattgefunden und kann nicht stattfinden. Der denkende Geist muss dazu eingesetzt werden, um zu unterscheiden. Zur Erweckung des guten Willens kann man eine Bemühung machen. Aber Auslöschung findet statt, wenn der denkende Geist transzendiert wurde. Er hat jedoch zahllose Ebenen. Auf einer bestimmten Ebene sieht es so aus, als hätte ein Erwachen des Selbst stattgefunden. Aus einer anderen Perspektive ist auch der denkende Geist ER. Was muss aufgegeben oder ausgelöscht werden? In der Sphäre des denkendes Geistes findet „Tun" statt und jenseits des denkendes Geistes (müheloses) „Sein". Wer muss ausgelöscht werden? Wer löscht wen aus? Auslöschung bedeutet Verwirklichung – Seine Verwirklichung. Bis ER Sich Selbst offenbart, versucht man, sich auszulöschen. Auslöschung bedeutet schrittweise Eliminierung, die Methode von „neti, neti" (nicht dies, nicht dies), das Vergängliche zu eliminieren, was dem Vergehen unterliegt. Im Königreich jenseits des denkenden Geistes existierst DU in allen Formen und Gestalten. Was ist in Wirklichkeit ewig und was ist vergänglich? Alles ist in Wirklichkeit nur ER. Auf der Ebene des denkenden Geistes herrscht relatives Glück, nicht unbedingte Glückseligkeit. Und wo relatives Glück ist, wird damit Leid Hand in Hand gehen. Unbedingte Glückseligkeit ist die Glückseligkeit Brahmans (Brahmânanda), und was ist Brahmânanda? DU. Aus einer Perspektive ist alles DU und nur DU. Und von einem anderen Standpunkt aus bin ich auch DAS, was DU bist. Reinige den Geist von allem und ER wird als das DU, als der Âtmâ offenbar. Anfangs musst du dich des denkenden Geistes (man) bedienen, um jenseits von ihm zu gehen (aman) und das Selbst zu erkennen, um erleuchtet zu werden.

Mâ sagte einmal zu einer Frau, deren Mann sich gerade in politischer Gefangenschaft befand: „Sieh, heute sorgst du dich Tag und Nacht um deinen Mann, weil du seine Frau bist. Bevor du ihn geheiratet hast, war er ein Fremder für dich, und du konntest gar nicht an ihn denken. Ebenso musst du zuerst eine Beziehung zu Gott herstellen, indem du die Form von IHM verehrst, die dein Herz anzieht. Dieses Band der Vertrautheit wird an Intensität zunehmen und dich mit Gedanken an Gott Selbst erfüllen. Durch diesen irdischen Pati[75] erfährst du sowohl Glück als auch Leid. Doch von jenem Höchsten Herrn (Pati) kommt Glückseligkeit und nichts als Glückseligkeit. Jedoch ist selbst dein Mann eine Form des Höchsten EINEN; wenn du also ständig in diesem Sinn an ihn denkst, wirst du an Gott denken. Alle sind Seine Formen, ER allein IST."

Frage: „Manchmal bin ich ziemlich verzweifelt, weil ich keinen spirituellen Fortschritt zu machen scheine."

Mâ: „Man ist verzweifelt, wenn man Wünsche hat, die unerfüllt bleiben. Doch wie kann man verzweifelt sein, wenn man nach Gott um Seiner Selbst willen strebt?"

Heutzutage verehren Frauen Lakshmî, damit sie reich werden. Oder ihr verehrt Sarasvatî, damit ihr Weisheit und Wohlstand erwerbt, um euren Haushalt besser zu führen. Doch meiner Ansicht nach ist eine solche Verehrung nutzlos, weil Wissen und Wohlstand nicht permanent dauern. Das ist eine Verehrung aus Mangel heraus. Wenn ihr schon verehrt, dann verehrt Mahâlakshmi statt Lakshmî, denn der Wohlstand, der daraus entsteht, wird nicht vergehen. Und die Verehrung von Mâhasarasvatî anstatt von Sarasvatî führt zur Erkenntnis von Brahman.

Bevor ihr euch abends schlafen legt, nachdem ihr euer Japa, Meditation und Pranâm (Verneigung, Niederwerfung) gemacht habt, bittet IHN um Vergebung für die Fehler, die ihr tagsüber begangen habt. Wenn ihr jemandem Unrecht getan habt, bittet ihn im Herzen um Verzeihung. Auf diese Weise werden Glaube und Hingabe in euch wachsen. Wenn ihr schlafen geht, stellt euch vor, dass ihr euer Haupt zu Füßen des Herrn legt. Es ist sehr hilfreich, all dies zu tun.

Verliert euch ganz und gar, wenn ihr euch mit aufrichtiger Hingabe vor Gott verneigt, und im selben Maße werdet ihr Freude und Kraft bekom-

---

[75] *Pati* bedeutet sowohl „Herr" als auch „Ehemann"

men. Wenn ihr nichts anderes tun könnt, so legt zumindest morgens und abends zu festgesetzter Zeit euren Körper, euren Geist und euer Leben vor IHM in ehrerbietigem Gruß und in Hingabe nieder und denkt ein bisschen an IHN. Es gibt zwei Arten von Pranâm: Entweder man bringt IHM gänzlich Körper und Geist mit allen Gedanken, Wünschen, Sinneseindrücken, Liebe, Zuneigung und Hingabe dar, so wie man den Inhalt eines vollen Krugs bis zum letzten Tropfen entleert – oder man streut gleichsam Gesichtspuder durch die winzigen Löcher einer Puderdose: Der größere Teil eurer Gedanken und Wünsche wird in einem verborgenen Winkel eures Geistes zurückgehalten, und nur ein wenig Staub darf herauskommen.

Jedes Pranâm (Verneigung) ist ausnahmslos ein Geben und Nehmen von Kraft. Die Eigenschaften der Person, vor der man Pranâm macht – seien sie nun gut oder schlecht – übertragen sich auf den, der sich verneigt, egal ob die Verneigung wirklich aus seinem Herzen kommt oder eine bloße äußerliche Gebärde ist. Daher wird immer, wenn ihr euch vor einer spirituell hochentwickelten Person verneigt – ob ihr es mit wirklichem Glauben und Ehrfurcht tut oder nicht – durch die bloße Tatsache eures Grüßens etwas von ihr zu euch fließen. Wenn man Pranâm vor seinen Eltern macht, so ist das ein Ausdruck von aufrichtiger Liebe und Respekt. Daher ist es förderlich, sich vor ihnen zu verneigen.

Frage: Angenommen, man verneigt sich vor jemandem, der scheinbar ein großer Heiliger, aber in Wirklichkeit eine böse Person ist, so wird das einen nachteiligen Einfluss auf den eigenen Charakter haben. Wie kann man sich davor schützen?

Mâ: „Indem man jeden, dem man huldigt, als Höchstes Wesen betrachtet. Jeder, sei er gut oder schlecht, ist nur eine Erscheinungsform des Göttlichen. Wenn ihr das bedenkt und nur vor dem EINEN, in welcher Gestalt auch immer, Pranâm macht, kann euch kein Schaden zustoßen."

Pranâm macht man nur vor Gott, nie vor einer Person, und daher kann man es überall tun, denn ER ist alldurchdringend.

Die heiligen Orte Benares und Vrindâvan sind tatsächlich *in* euch.

So wie ein Mensch, der dem Weg der Erkenntnis folgt, durch innere Erforschung die vollkommene Einheit und Identität als das Selbst erkennt, so erreicht ein Mensch, der fest dem Pfad der Liebe und Hingabe folgt, am Ziel der Reise den höchsten Zustand, wo alles eins und ununterschieden wird. In jenem Zustand ist kein Raum mehr für emotionale Inbrunst, sonst kann sich Mahâbhâva, der Zustand der Vereinigung von Gottheit und Devotee, nicht offenbaren.

Auf dem höchsten Gipfel der Liebe zu Gott (Mahâbhâva) ist kein Raum für überschwängliche Emotionen. Emotionale Erregung und Höchste Liebe sind gar nicht miteinander vergleichbar, sie sind völlig verschieden voneinander.

Wenn ein Devotee beginnt, seine Gottheit zu verehren, erreicht er durch einen allmählichen Prozess den Zustand, in dem er die Gottheit überall sieht. Wo auch immer sein Blick hinfällt, erscheint der Herr. Er erkennt, dass das ganze Universum von seiner Gottheit erfüllt ist. Die verschiedenen Formen und Gestalten, die gesehen werden – wer ist in diesen Formen? „Wer könnte es anders sein als meine Gottheit?" Es gibt niemand anders, ER Selbst ist alles.

Entsprechend der eigenen Hingabe wird einem Segen zuteil. Je mehr man auf dem Weg voranschreitet und die höheren Stufen erreicht, umso mehr wird sich der alldurchdringende Charakter der Gottheit offenbaren. Am Ende der Reise, wenn alle Unterschiede sich aufgelöst haben, wird man mit der Gottheit vereint sein und die Gottheit wird Sich uns in Ihrer Unendlichkeit offenbaren.

Gott zu erkennen, beinhaltet sich selbst zu erkennen.

Was immer geschehen soll, wird geschehen. Warum sich darüber Sorgen machen? ER, der alles tut, wird für das Notwendige sorgen.

Eigentlich gibt es nur einen inneren Ruf, aber die verschiedenen Religionen haben verschiedene Methoden entwickelt, damit sich der Mensch dessen bewusst wird. Wenn man diesen Ruf einmal vernommen hat, so besteht keine Notwendigkeit mehr, immer wieder aufs Neue zu rufen. In Wirklichkeit ruft nicht ihr IHN, sondern ER ist es, der euch ruft. Wie in der lautlosen Nachtstille der Klang ferner Tempelglocken und Muschelhörner klar zu hören ist, so wird auch SEIN Ruf aus eurem tiefsten Inneren eine Antwort erhalten und in eurem ganzen Wesen widerhallen, wenn einmal durch intensive und ungeteilte Hingabe an IHN der Hunger der Sinne gestillt wurde. Dann und nur dann wird eurem Herzen spontan wirkliches Gebet entströmen. Dieser göttliche Ruf muss zwangsläufig zu jedem kommen, denn Shiva, der ewige Geist, hat sich in Jîvas, empfindende Wesen, verwandelt, und jedes Geschöpf muss wieder in Shiva zurückverwandelt werden. So wie Wasser zu Eis gefriert und Eis zu Wasser schmilzt, so setzt sich dieses Spiel der Umwandlung von Shiva zu Jîva und von Jîva zu Shiva von Ewigkeit zu Ewigkeit fort.

Japa
Die Wiederholung von Gottes Namen

Der göttliche NAME und DAS, was er benennt, sind identisch, denn ER Selbst offenbart sich als NAME. Die Lautsilbe (Akshara) ist tatsächlich Gottes eigene Gestalt. Wenn der NAME, den man wiederholt, zu einer lebendigen Realität wird, ist es so, als ob aus dem Samen, den man gesät hat, ein Baum wächst. Wenn der Name, der eine bestimmte Person am meisten anzieht, ständig wiederholt wird, erkennt man schließlich, dass alle Namen SEINE Namen und alle Erscheinungsformen Ausdruck von IHM sind. Ebenso wird man zu gegebener Zeit erkennen, dass ER auch jenseits von Namen und Formen ist.

Der Meditation und dem heiligen Namen, der dich am meisten anzieht, solltest du dich hingeben, um höchsten Frieden und Glückseligkeit zu erlangen. Was immer das Wort oder der Name ist, den du am meisten liebst und welcher für dich Gott ausdrückt, dieses Wort oder Mantra wird dich zu IHM führen.

Wann immer es dir möglich ist, wiederhole einen heiligen Namen. SEINEN Namen zu wiederholen bedeutet, in SEINER Gegenwart zu sein. So wie dir ein menschlicher Freund sein Herz öffnet und dir alles über sich erzählt, wenn du zu ihm kommst, ebenso wird dir der Höchste Freund Sein wahres Wesen offenbaren, wenn du dich mit IHM verbindest. Unterlässt du ein Bad im Meer, bloß weil Wellen aufkommen? Sicher springst du doch mitten hinein und badest! Ebenso bemühe dich inmitten all der Bedrängnisse und Schwierigkeiten des weltlichen Lebens, immer an IHN zu denken, Seinen NAMEN zu wiederholen.

Alle Namen sind SEINE Namen, alle Formen sind SEINE Formen. Egal welchen Namen ihr für Japa wählt, er wird euch letztlich zu SEINER Offenbarung führen. Ein Baby, das noch nicht ‚Mâ' sagen kann, ruft ‚Oa, oa!' Ebenso weiß Gott als Universeller Vater, Mutter oder Meister, dass ihr IHN ruft, egal was für einen Namen ihr anfangs zum Japa benutzt. Zu gegebener Zeit antwortet ER und erscheint, wenn es notwendig ist, als Guru oder in einem Traum oder einer geistigen Vision und ändert den Namen in einen wirkungsvolleren oder in ein Mantra um.

Frage: „Was ist Mantra-Chaitanya?"

Ma: „Mantra-Chaitanya? Angenommen, ich rufe dich ‚Vater' und du reagierst entsprechend. Der ‚Name' ist dasselbe wie der ‚Benannte', deshalb erwidert der ‚Benannte' den Ruf des ‚Namens'. Wenn also der Gott des Mantras oder die geliebte Gottheit aufgrund der Äußerung eines Mantras wahrgenommen wird, nennt man das Mantra ‚chetan'. Das ist Mantra-Chaitanya."

Frage: „Kannst Du bitte erklären, was Du in Bezug auf die Wahrnehmung des Gottes des Mantras oder der geliebten Gottheit sagtest? Sieht der Schüler sich selbst als getrennt von der geliebten Gottheit oder nimmt er sich als in ihr wahr?"

Ma: „Anfangs sieht sich der Schüler als verschieden von der geliebten Gottheit, aber später, wenn die Essenz des Gottes des Mantras oder der geliebten Gottheit offenbar wird, findet er sich ebenfalls in derselben Essenz. Deshalb sagt man: Werde göttlich, um Gott zu verehren. Selbst wenn der Schüler die geliebte Gottheit verehrt, verehrt er also im Grunde sich selbst, dann sind die Gottheit und der Schüler identisch."

Alle Mantras und Götter sind in eurem Körper lokalisiert. Auch die verschiedenen Welten und Reiche, von denen ihr hört, befinden sich in diesem Körper. Oft wird gesagt: „Was nicht im Körper exisiert, existiert auch nicht im Universum."

Sei niemals ohne die Gegenwart und den Namen der Gottheit, die du verehrst. Sei ständig in den Fluss Seines heiligen Namens vertieft, auch während du aktiv bist, isst und schläfst. Je nachdem wie man eine Pflanze düngt und bewässert, wird sie schneller oder langsamer wachsen. Wenn du keine merklichen Fortschritte machst, solltest du einsehen, dass der Fehler ganz bei dir liegt. Werde dir bewusst, dass du dich einfach nicht von Denkweisen lösen konntest, die du bereits viele Leben lang hattest, und gib dich gänzlich zu Seinen Füßen hin. Der Fehler liegt allein bei dir.

Eine Möglichkeit der Praxis: Setz dich hin und konzentriere dich auf die Gestalt deiner Gottheit in deinem Herzen. Dann fühle, dass die Gestalt aus dem Herz herausgekommen ist und vor dir Platz genommen hat. Dann mache Japa (wiederhole innerlich den Namen der Gottheit). Danach verneige dich vor ihr und nimm sie wieder zurück in dein Herz.

Durch Gottes Namen wird die Anziehungskraft des Bösen überwunden. Es gibt ein Sprichwort, dass es unmöglich für den Menschen ist, so viele Sünden zu begehen, wie durch Gottes Namen getilgt werden können. So wie ein einziger Funke eines Feuers mehr Dinge vernichten kann, als ihr überhaupt jemals besitzen könnt, so werden all eure Sünden durch die Kontemplation über das Höchste Wesen, durch die Bemühung, sich IHM zu nähern, ausgelöscht. Das Zerstörbare wird zerstört, und die WIRKLICHKEIT offenbar.

Sei ständig in die Wiederholung von Gottes Namen vertieft. Durch Wiederholung Seines Namens wird dir Freude, Befreiung, Friede, all dies zuteil. Gib Stolz auf und wiederhole den NAMEN mit unerschütterlichem Glauben, vorbehaltlosem Vertrauen und Hingabe, und du wirst merken, dass sich all deine Arbeit wie von selbst erledigt. Als dieser Körper in das Spiel des Sâdhanâ vertieft war, geschah genau das, und deshalb wird es so betont.

Nichts Böses kann den Menschen besiegen, der an Gottes Namen festhält. Was man erleidet, sind die Folgen der eigenen Handlungen. Wo der Fluss des Gottesnamens ständig aufrechterhalten wird, wird jede Handlung Gutes bewirken.

Fahrt damit fort, den heiligen Namen zu wiederholen, und ihr werdet sehen, dass sich alles spontan offenbart. Ich kann dies bestätigen, weil es bei mir so geschehen ist. Âsanas, Mudrâs, Prânâyama – alle ergeben sich durch den heiligen Namen.

Wenn Gott nur einmal wirklich und aufrichtig angerufen wird, so wird ER geradewegs vor dir erscheinen. Um überhaupt so rufen zu können, müssen zahllose Japas verrichtet werden, damit sich das Japa an einem bestimmten Zeitpunkt schließlich erfüllt.

Wo immer über Gott gesprochen oder Sein Name gesungen wird, ist es zweifellos eine Tatsache, dass Gott Selbst gegenwärtig ist. Wessen Augen geöffnet wurden, der kann es sehen.

Nimm Zuflucht zum Namen Gottes, denn Gottes Name wird dich befreien. Japa von Gottes Namen wird deinen Geist reinigen und ebenso den Ort heiligen, wo es ausgeführt wird. Das Gleiche gilt für Kîrtana. Derjenige, der Kîrtana singt, der, der es hört, und der Ort, an dem es gesungen wird, werden alle gereinigt.

Seit undenklichen Zeiten angesammeltes Karma, Sünden und Begierden werden durch Gottes heiligen Namen zerstört. So wie das Anzünden einer Lampe eine Höhle erleuchtet, in der es jahrhundertelang finster war, so wird auch die Dunkelheit zahlloser Leben durch die Kraft eines göttlichen Namens zunichte gemacht.

Gottes Name kann selbst unter den widrigsten Umständen wiederholt werden. ER verursacht alles und ist daher immer nahe.

Ein Same muss durch das Säen eines anderen Samens vernichtet werden, das bedeutet, durch ständige Wiederholung des Bîja-Mantras[76] wird der Same des Karmas zerstört, und dann wird kein neues Karma mehr erzeugt.

Das unwandelbare Brahman, der uranfängliche Klang, das OM, sind ein und dasselbe wie das Wort „Mâ" – dem Wesen nach Glückseligkeit. Sagt

---

[76] bîja= Same, Keim; ein Bîja-Mantra ist eine mystische Silbe, die wie ein Same ein ungeheures, spirituelles Kraftpotential enthält.

ihr nicht zu Gott: „Du bist Mutter, Du bist Vater, Du bist Freund, Geliebter und Herr"? ER ist wirklich die MUTTER, alldurchdringend (mayî), die jedem genau das gibt, was er braucht – Sie Selbst schenkt Sich Selbst an Sich Selbst.

Selbst wenn du kein Interesse hast, nimm den Namen Gottes wie eine Medizin. Auch das wird dir gut tun. Du wirst Fortschritte machen. Gottes Name ist nicht wie weltliche Medizin, die einmal wirkt und ein andermal nicht wirkt – Gottes Name hat immer eine förderliche Wirkung.

Fahre damit fort, den Namen zu wiederholen, während du ständig dem Atem folgst. Dadurch wirst du alles erreichen.

Ein Mann fragte, wie man Leidenschaft und Zorn (Kâma Krodha) überwinden könne. Mâ erwiderte: „Indem man Gottes Namen wiederholt." „Auch wenn man nicht rein ist?" fragte der Mann. „Ja", sagte Mâ, „Gott reinigt alles."

Frage: „Da ich nicht lange in einer meditativen Haltung sitzen kann, während ich Japa mache, sitze ich dabei auf einem Stuhl. Ist das falsch?"
Mâ: „Warum sollte es vom Sitzen auf einem Stuhl abhängig sein? Ich würde sogar so weit gehen zu sagen: Selbst wenn du dich gerade ausgestreckt hinlegst oder den Namen in einer beliebigen anderen Haltung wiederholst, so ist das in Ordnung. Doch du musst dich auf den Namen konzentrieren, nicht darauf, wie bequem die Haltung ist. Denk daran, wie Kinder ihre Lektionen für die Prüfungen auswendig lernen müssen. Ob sie es beim Liegen, Laufen oder Spielen tun, sie bestehen! Es ist nicht zwingend notwendig, die ganze Zeit sitzen zu bleiben, während man sich die Hausaufgaben einprägt. Ganz ähnlich verhält es sich mit der Wiederholung von Gottes Namen. Was auch immer wir tun, ohne an den Namen des Herrn zu denken, läuft darauf hinaus, eine Rückfahrkarte zu nehmen. Du wirst dahin zurückkehren, von wo du begannst, d.h. immer wieder zurückkommen, um die gleiche Aufgabe zu erfüllen. Deshalb betone ich immer, dass man keine Aufgabe unerledigt lassen sollte. Man sagt, man kann sich nicht mal seines nächsten Atemzuges sicher sein. Was für eine Garantie besteht, dass du die Arbeit, die du auf morgen verschiebst, vollenden kannst? Ist es

241

dir nicht möglich, so wird der Same des Wunsches, der gesät wurde, dich nötigen, zu einer weiteren Geburt zurückzukehren. Deshalb muss man nach besten Kräften versuchen, jede Aufgabe zu Ende zu führen, welche einem zugeteilt wurde. Verschwende nicht deine Zeit mit Überlegungen, ob sie erstklassig ausgeführt wurde oder nicht. Du musst immer denken: Ich habe meine Pflicht nach besten Kräften erfüllt, nun möge kommen, was will."

Frage: „Wie kommt es, dass selbst das vom Guru erhaltene Mantra ohne Wirkung ist? Wir scheinen überhaupt nichts zu erreichen."

Mâ: „Nun, es ist so, als ob ihr Medizin einnehmt und dann etwas esst, was ihre Wirkung wieder zunichte macht. Wie kann ein Kranker wieder gesund werden, wenn er die Medizin nicht durch richtige Ernährung ergänzt? Wir lassen uns so von weltlichen Angelegenheiten beanspruchen, dass die Wirkung des Mantras gar nicht gespürt wird. Alle Aspekte eures Lebens müssen so verändert werden, dass sie zum Wirken des Mantras beitragen."

Frage: In welchem Sinn sind der Name, der Guru und der Ishta eins?

Mâ: Der Name und ER, dessen Name es ist, sind eins. Man sagt, der Guru ist Brahma, Vishnu, Shiva – in diesem Sinne sind sie eins, das heißt, auf der Ebene der Vollkommenheit sind sie eins, aber auf der Ebene des Sadhanas sind sie verschieden.

Frage: „Wird die Wiederholung des Mantras erfolgreich sein, wenn man die Bedeutung des Mantras nicht weiß?"

Mâ: „Man wird schon das Ergebnis des Japas erhalten, doch nicht das Ergebnis, welches durch das Verständnis seiner Bedeutung bewirkt wird. Wenn man die Bedeutung versteht, wird das Ergebnis noch besser sein."

Frage: „Ist es notwendig, ein Mantra korrekt auszusprechen?"

Mâ: „Auf bestimmten Stufen wird klare und richtige Aussprache das gewünschte Ergebnis bewirken. Wenn jedoch jemand das Mantra nicht ganz richtig sagt, aber mit tiefer Hingabe, so wird auch das fruchtbar sein. Intensive Hingabe ist immer wirksam. Doch um vollen Nutzen zu ziehen, ist beides notwendig – richtige Aussprache und tiefe Hingabe. Nilmani, erzähle bitte die Geschichte von *jagat dhipâya*."

Nilmani erzählte daraufhin folgende Geschichte: Ein Vaishnava-Devotee pflegte bei seiner täglichen Pûjâ zu sagen: „*Jagad dhipâya Shrî Krishna*

Govindâya namah" anstatt *„Jagad hitâya Shrî Krishna Govindâya namah"* („Vor Shrî Krishna Govinda, der das Heil der ganzen Welt ist, verneige ich mich"). Dennoch bekam er jedes Mal Gänsehaut, Zittern, Freudentränen und Shrî Krishnas Darshan. Eines Tages besuchte ihn ein Sannyâsî, wies ihn auf seinen Fehler hin und sagte ihm, er solle *„jagad-hitâya"* (dem Heil der Welt) statt *„jagad dhipâya"* rezitieren. So änderte der Bhakta die Worte, aber er fühlte Shrî Krishnas Gegenwart nicht mehr und wurde sehr traurig. Einige Tage später vertraute er seine Not einem anderen Vaishnava Sâdhu an, der ihn besuchte. Der Sâdhu fragte: „Nun, was meintest du damit, als du sagtest *jagad dhipâya?"* Der Devotee erwiderte: *„Jagad dhipây* bedeutet, dass Shrî Krishna die ganze Welt bedeckt hat, so wie ein Ameisenhaufen die Erde bedeckt. In diesem Ameisenhaufen in Form von Shrî Krishna lebe ich frei von Sorgen." Während er so sprach, fühlte er die Berührung von Shrî Krishnas Körper, und Tränen der Glückseligkeit strömten seine Wangen herab. Der Sâdhu riet ihm daher, seine ursprüngliche Weise, das Mantra zu sagen, beizubehalten, und daraufhin erfuhr der Devotee wieder wie zuvor alle Symptome der Gegenwart des Herrn.

Mâ: „Dennoch wird das *vollständige* Ergebnis nur bei richtiger Aussprache *und* tiefer Hingabe erfahren werden. Der betreffende Devotee war noch nicht ganz vervollkommnet, deshalb konnte er die Schau Shrî Krishnas nicht beibehalten, als er das richtige Wort *jagadhitây* sagte. Wenn die Hindernisse durch Hingabe geschmolzen werden oder verbrennen – wie ihr es auch nennen mögt – so wird die Wahrheit mit Sicherheit offenbar werden. Auf dem Pfad der Liebe ist es das Schmelzen und auf dem Pfad der Erkenntnis ist es das Verbrennen durch das Feuer der Unterscheidung. Durch jede von beiden Methoden wird die Wirklichkeit schließlich offenbart werden. Wenn wirklich alles geschmolzen ist, folgt zweifellos volle Verwirklichung.

Mantra[77] bedeutet das, was den Geist befreit. Aber in der lustigen Ausdrucksweise dieses kleinen Kindes bedeutet ‚Mantra': ‚Man-tor' – der Geist gehört DIR. Das heisst: ER, dessen Namen du wiederholst, SEIN wird der Geist. Habt ihr verstanden?"

Schau, wenn man einen Samen sät, muss man ihn mit Erde bedecken. Wenn du ihn immer wieder herausnimmst, um ihn anzuschauen, kann er nicht zu einem Baum heranwachsen. Egal, von wem du ein Keimmantra bekommen hast – wenn du es in deinem Herzen verwahrst und es der Anweisung nach

---

[77] Man = Geist; trân = Befreiung

regelmäßig benutzt, wird es mit der Zeit zu einem Baum heranwachsen und Blüten und Früchte tragen. Verbirg es wie den Samen einer Pflanze und begieße es. Zur rechten Zeit wird es sich mit Sicherheit zu einem Baum entwickeln. Wie auch immer der Guru sein mag, der dir das Mantra gegeben hat, es ist schließlich Gottes Name selbst, den du erhieltest. Warum sollte er daher nicht seinen Zweck erfüllen? So wie ein kleines Kind noch nicht einen Samen vom anderen unterscheiden kann, weißt du vielleicht nicht, was für einen besonderen Samen du erhalten hast. Aber wenn du ihn ernsthaft hegst, wirst du ganz bestimmt herausfinden, was es für ein Same war, nachdem er zu einem Baum herangewachsen ist und Blüten und Früchte hervorgebracht hat. Selbst wenn man gar nicht weiß, was für ein Same in die Erde gesät wurde – warum sollte er nicht gedeihen und zu einem Baum werden, wenn man ihn mit all der notwendigen Nahrung versorgt? Ebenso hängt es nicht davon ab, wer der Guru ist: Wenn du den Keim den vorgeschriebenen Regeln gemäß heranziehst, wirst du mit Sicherheit die Früchte ernten.

Die Bedeutung des Pranava (OM) ist „unzerstörbares Brahman" und auch „der Buchstabe oder die Silbe, die Brahman ausdrückt". Es ist in allen andern Buchstaben des Alphabets enthalten, es ist das, was unvergänglich ist: Das ist Shabda Brahman[78].

Wenn man Kandiszucker im Mund hat, schmilzt er ganz langsam, und man hat dabei immer einen süßen Geschmack im Mund. Ebenso wird durch die ständige Wiederholung von Gottes Namen alles süß.

Führt Mantra Japa zu irgendeiner Verwirklichung?

Mâ: Mach dir keine Gedanken um „irgendeine Verwirklichung". Lass erst einmal Gottes Form offenbar werden und dann wird die Erkenntnis des Einen Brahman ohne ein Zweites folgen. Welche jeweilige Form Gottes offenbar wird, hängt davon ab, welcher jeweilige Name ständig angerufen wird.

---

[78] Der ewige Klang, der die erste Manifestation der Höchsten Wirklichkeit ist und der ganzen Schöpfung zugrundeliegt.

Frage: „Bitte sage uns, wie wir uns von unseren Zweifeln befreien können!"

Mâ: „Sagte ich euch nicht schon mal, ihr sollt mit dem beginnen, was euer Guru euch lehrt? Oft hört man die Frage: Wie kann das Denken durch Japa zur Ruhe kommen? Jeder sehnt sich nach geistigem Frieden, doch ohne den Geist zu beruhigen, kann Glückseligkeit nicht erfahren werden. Hier ist ein Weg, das Bewusstsein ruhig werden zu lassen:

Ich erklärte euch bereits, dass der Meister, das Mantra und Gott dem Wesen nach eins sind. Somit läuft es auf dasselbe hinaus, ob ihr über den Guru meditiert oder über die von euch verehrte Gottheit oder ob ihr Mantra-Japa macht, denn der NAME und DAS, was er benennt, sind identisch. Also beginnt damit, das Mantra zu wiederholen, das ihr von eurem Guru erhalten habt. Während ihr Japa macht, meditiert vor einem Bild, das euer Guru euch angegeben hat oder vor dem Photo des Gurus. Wo solltet ihr euch beim Meditieren konzentrieren? Es ist gut, sich auf das Herz zu konzentrieren, denn dort befindet sich der Ausgangspunkt für Gefühle wie Freude und Schmerz. Wenn euch der Guru jedoch angewiesen hat, auf eines der sechs Cakras zu meditieren, ist es etwas anderes. Konzentriert euch auf die Stelle, die euch der Guru angegeben hat. Vielleicht habt ihr etwas über Cakras gelesen – dass sie sich an verschiedenen Stellen des Körpers befinden, dass jedes Cakra anders aussieht und einem bestimmten Aspekt Gottes zugeordnet ist. Dieser Körper hat nichts gelernt, aber er spricht darüber, da er all dies ganz klar und real erfahren hat. Durch Meditation auf diese verschiedenen Cakras können sich verschiedene Zustände und spirituelle Erfahrungen einstellen. Aber wir wollen dies jetzt einmal außer Acht lassen.

Ihr beginnt eure Meditation, indem ihr euch vorstellt, wie sich euer Guru oder die von euch verehrte Gottheit auf einem Thron sitzend in eurem Herzen befindet. Es gibt einen weiteren Grund, warum man sich auf das Herz konzentrieren sollte. Wollt ihr aus einem Samen einen Baum heranziehen, so sät ihr ihn in die Erde und bewässert ihn regelmäßig. Eure Pflege und die gute Bodenbeschaffenheit lassen den Samen zu einem Baum gedeihen, denn gute Erde ist notwendig, damit aus dem Samen ein Baum wird. Obwohl der Baum nach oben wächst, bleiben seine Wurzeln unter der Erde, und es sind diese Wurzeln, die das Leben des Baumes ausmachen. Man sieht nämlich, dass der Baum solange lebt, wie er seine Wurzeln behält, egal wieviele Äste und Zweige man abschneidet. Außerdem bewässert ihr den Baum regelmäßig, damit er wachsen kann. Dieses Wasser gießt ihr auf den unteren Teil des Stamms und nicht direkt auf die Wurzeln. Doch das Wasser dringt bis zu den Wurzeln und fördert das Wachstum des Baumes. Ebenso befinden sich die Wurzeln eures Lebensbaumes an eurem Kopf, während seine Äste tiefer unten liegen. Das Herz ist die Grundlage, auf der dieser Baum wächst, und jede Nahrung, die ihr ihm hier gebt, wird die Wurzeln erreichen. Deshalb sollte man mit der Aufmerksamkeit im Herzen meditieren."

Frage: „Wo genau befindet sich das Herz?"

Mâ: „Das Herz ist überall, in den Händen, in den Füßen, in jedem Teil des Körpers. Doch wenn wir vom Herzen sprechen, meinen wir normalerweise diese Stelle (an der Brust). Darauf sollte man sich während der Meditation konzentrieren. Was sollte man nun tun, wenn man sich zur Meditation setzt? Sei es der Guru oder euer geliebter Gott (Ishta), den ihr auf den Thron eures Herzens gebeten habt – meditiert nun über Seine Gestalt. Während dieser Meditation bemerkt ihr, dass euer Geist unruhig wird. Er kann kaum eine Minute bei einem Gedanken bleiben. Deshalb habe ich euch geraten, die Bewegung des Atems zu beobachten, nachdem ihr innerlich den Guru auf Seinem Sitz vergegenwärtigt habt. Der Atem ist es, der uns am Leben erhält. Wie verschieden alle Menschen und Tiere der Art nach und auch untereinander sein mögen, in dieser Hinsicht, d.h. was Prâna oder die Lebensenergie betrifft, so sind sie einander gleich, denn alle leben durch den Atem. So vergegenwärtige dir nun deinen Guru im Herzen, und meditiere darüber, wie Er das ganze Universum durch Prâna, den Atem des Lebens, durchdringt. Der Guru ist alldurchdringend. Während man also das Mantra wiederholt, das man vom Guru bekommen hat, sollte man gleichzeitig seinen Atem beobachten. Jeder kann das tun. Japa im Einklang mit dem Atem sollte jedoch auf Anweisung des Gurus geübt werden. Wenn man es nur tut, weil man es in einem Buch gelesen hat, kann das Gehirn überanstrengt werden. Doch stellt man häufig fest, dass sich das Japa ganz natürlich und von selbst in den Atemrhythmus einfügt – in solchen Fällen besteht keine Gefahr.

Ihr wisst, wie die Leute eine Statue aus Ton formen und ihr dann gleichsam Leben einhauchen, um sie in dieser Form verehren zu können. Bewusstsein (Caitanya Satta) existiert überall. Es ist gleichermaßen in jedem Lebewesen (Jîva) und auch in der Erde gegenwärtig. Doch weil wir nicht erkennen, dass sogar Lehm lebendiges Bewusstsein enthält, formen wir eine Statue daraus und beleben die innewohnende göttliche Kraft durch bestimmte Zeremonien. Ebenso vergegenwärtigt euch, wenn ihr den Guru auf einen Thron in eurem Herzen gebeten habt, wie Er alles als Lebenskraft (Prâna) durchdringt, und wiederholt dann Gottes Namen, während ihr das Ein- und Ausatmen des Atems beobachtet.

Wenn man sich während Japa des Atemrhythmus' bewusst ist, so hat das den Vorteil, dass sich das Denken etwas beruhigt. Sei es ein Photo oder eine Statue, der Geist kann nicht unbegrenzt lange darauf verweilen. Da Atmen jedoch Bewegung beinhaltet, ist es etwas leichter, den ruhelosen Geist damit zu verbinden. Wenn man will, dass ein unruhiges Kind still in einem Zimmer bleibt, muss man ihm ein Spielzeug geben.

Nun zu einem anderen Punkt: Wellen, die sich im Wasser erheben, sind selbst nichts anderes als Wasser. Dennoch scheinen sie aufgrund ihrer Bewegung voneinander getrennt zu sein. Dasselbe Sein ist gleichzeitig Ruhe und Bewegung – es erscheint abgesondert und ist doch auch ungeteilt. Darin besteht das unaufhörliche Spiel des Universums! Jenseits dessen existiert ein Zustand, in dem es weder Wasser, noch Wellen gibt. Das ist das Unmanifestierte (Avyakta).

Wenn ihr euch eine Weile auf die Wellen konzentriert, werdet ihr merken, dass sie nichts als Wasser sind. Dasselbe geschieht, wenn ihr eine gewisse Zeit Japa macht, während ihr euren unruhigen Geist auf den Atem konzentriert oder auf euren Guru in Form von Prâna: Ihr werdet merken, dass sich euer Denken beruhigt hat und dass das Bewusstsein (Caitanya Satta), das schon immer in euch gegenwärtig ist, von selbst offenbar wird. Hat diese Offenbarung einmal stattgefunden, so enden alle Zweifel.

Ein anderer Vorteil, Japa mit dem Atem zu verbinden, besteht darin, dass dies überall und jederzeit geübt werden kann. Ein- und Ausatmen ist ein unaufhörlicher Vorgang – alles, was ihr also zu tun braucht, ist, das Mantra im Einklang mit eurem Atem zu wiederholen. Es ist nicht notwendig, immer ein Bild oder ein Photo vor sich zu haben. Außerdem kann diese Übung von allen praktiziert werden, ob sie nun den Weg der Hingabe, den Weg selbstlosen Handelns oder den Weg des Wissens gehen. Sich den Guru als Lebenskraft (Prâna) in allen Geschöpfen zu vergegenwärtigen, ist förderlich auf dem Pfad des Wissens. Seinen Guru oder geliebten Gott auf dem Thron seines Herzens zu verehren, hilft euch auf dem Pfad der Hingabe, und Japa und ähnliche Übungen unterstützen euch auf dem Pfad selbstlosen Handelns. So seht ihr, dass sich diese Art von Sâdhanâ für alle Sucher eignet, egal welchen Weg sie gehen.

Frage: Kann es manchmal passieren, dass das Japa den Übenden überwältigt und ihn zwingt, damit fortzufahren?

Mâ: Ja, das ist möglich.

Frage: Macht Gott Selbst manchmal das Japa eines Menschen?

Mâ: Natürlich – denn wer bist du dem Wesen nach? Übe dein eigenes Japa! Von einem anderen Standpunkt aus: Besteht irgendeine Notwendigkeit, Japa zu üben? Wer macht das Japa in Wirklichkeit? In der Sphäre von Gottes Lîlâ ist alles notwendig – Sîtâ, Lakshman, Mahâvîr, alle werden gebraucht, damit sich das Spiel ereignen kann. Doch in Wirklichkeit ist überhaupt nichts notwendig.

Frage: Warum ist das Spiel so voller Tragik?

Mâ: Alles geschieht gemäß Seinem Willen.

Frage: Wie viel länger müssen wir noch weinen?

Mâ: Solange ihr nicht erkennt, wer ihr seid.

Mâ's Erklärung des Gâyatrî Mantras[79]: „Lasst uns über das strahlende Höchste Brahman meditieren, das allwissend im Herzen wohnt, über IHN, der ständig schafft, erhält und zerstört, der in allen Formen gegenwärtig ist und unseren Geist erleuchtet."

---

[79] Heiliges Mantra aus dem Rig Veda, welches täglich von allen männlichen Hindus der drei oberen Kasten wiederholt wird, nachdem sie die heilige Schnur erhalten haben: Om bhûr bhuvah svah. Tat savitur varenyam bhargo devasya dhîmahi dhiyo yo nah pracodayat.

Gebet

Anbetung ist kein Ritual, sie ist eine Einstellung, eine Erfahrung.

Was auch immer Gott gibt, sollte mit einem Lächeln angenommen werden. Wenn wir irgendetwas wollen, müssen wir uns an IHN wenden und nicht an irgendein menschliches Wesen. Aufrichtiges Gebet zu Gott wird von IHM auf die eine oder andere Weise erhört werden, manchmal indem ganz unerwartet ein Mensch zum Werkzeug wird.

Ein kleiner, Hunger leidender Junge hatte von seiner Mutter gehört, dass nur Gott das Problem des täglichen Brotes lösen könne. In seinem einfachen Glauben kritzelte der Junge einen Brief an Gott, indem er IHN um das tägliche Brot bat, aber er konnte ihn nicht in den Briefkasten stecken, weil der Schlitz zu hoch für ihn war. Wieder und wieder versuchte er sein Bestes, aber jedesmal verfehlte er sein Ziel, das jenseits seiner Reichweite lag. Doch hatte der Junge keinen Zweifel, dass sein Brief Gott erreichen würde. Physisch war das nicht der Fall. Doch wurde das Gebet des Jungen von Gott auf geheimnisvolle Weise erhört. Seine Beharrlichkeit zog die Aufmerksamkeit eines wohlhabenden Nachbarn auf sich, der sich schließlich erbot, für das tägliche Brot des Jungen und seiner Familie Sorge zu tragen.

Frage: „Ist Gebet wirksam?"

Mâ: „Ja. Gebet hat immer eine Auswirkung, zwar nicht unbedingt diejenige, um die du bittest, aber da dich das Gebet mit Gott verbindet, ist es immer förderlich. Angenommen, du bittest um die Genesung deines kranken Kindes, und das Kind stirbt. Dein Gebet ist nicht erhört worden, dennoch wird es deinem Kind auf irgendeine Weise helfen. Du weißt nicht, was *wirklich* gut für dich ist. Angenommen, du bittest um eine Arbeit und bekommst sie, aber du wirst krank; oder du bittest um Geld, aber ein Räuber lauert dir auf und tötet dich dieses Geldes wegen. Nur Gott weiß, was du wirklich brauchst. So wie ein Kind einen Keks bekommt, damit es aufhört zu weinen, so magst du manchmal nicht das bekommen, was du wünschst, sondern etwas anderes."

Frage: „Warum sollte man überhaupt zu Gott beten? ER tut doch ohnehin alles, was notwendig ist."

Mâ: „Ja, auch das stimmt auf einer gewissen Ebene. Aber Gebet ist gut, denn Beten heisst, seine Gedanken Gott zuzuwenden. Es gibt verschiedene Arten von Gebet. Zuerst bittet der Mensch um materielle Dinge wie Reichtum, Gesundheit, Familie, Stellung usw. Er befindet sich auf einer Ebene, auf der er sich überhaupt nicht an Gott erinnern würde, wenn er nicht um die Erfüllung solcher und ähnlicher Wünsche bitten würde. An IHN zu denken, egal aus welchem Beweggrund, ist heilsam.

Dann gibt es ein Stadium, insbesondere auf dem Weg der Hingabe (Bhakti), wo spontan Gebete aus dem Herzen strömen. Man sehnt sich so heftig nach Gott, dass man nicht anders kann als beten: ‚Ich kann es nicht ertragen, ohne Dich zu sein. Offenbare Dich! Wann wirst Du mich mit Deinem Anblick segnen?' Es ist wie ein Fieber, das nur durch die Vereinigung mit IHM gelindert werden kann. Die erste Art von Gebet geht vom Ego aus; die zweite geht ebenfalls noch vom Ego aus, aber von einem Ego, das dabei ist, sich aufzulösen; wenn sein Gebet erfüllt ist, wird kein Gebet mehr kommen.

In wiederum einem anderen Zustand betet man: ‚Tue mit mir, was DU willst. Ich bin ein Werkzeug in Deiner Hand, verleih mir nur die Stärke, alles zu ertragen, was Du von mir verlangst.'

Ein weiterer Zustand existiert, in dem man überhaupt nicht betet. Man hat das Gefühl: ‚Gott tut alles, was notwendig ist, um was sollte ich also beten?' Im festen Glauben, dass ER für alle Bedürfnisse Seiner Geschöpfe sorgt, wird man sodann frei von aller Unruhe und bleibt in tiefer Meditation versunken."

Frage: „Können auch weltliche Wünsche durch Gebet in Erfüllung gehen?"

Mâ: „Räuber beten zur Göttin Kâlî, sie verehren Sie und brechen auf, nachdem sie Ihren Lobpreis gesungen haben. Dann machen sie ihre Raubüberfälle und beschlagnahmen ihre Beute. Das Ergebnis ist, dass sie ins Gefängnis kommen. Was auch immer jemand wünscht und um was er bittet, wird ihm gegeben werden. Aber ein guter, weiser und frommer Mensch sagt: ‚Woher soll ich wissen, um was ich bitten soll? Lass IHN tun, was immer ER für das Beste hält.' Andere wiederum erklären: ‚Es ist richtig, um das zu bitten, was gut und förderlich für dich ist.' Dieser Körper ist der Meinung, dass man den Weg wählen sollte, bei dem man um keinerlei Gunst bittet. Aber wenn du nicht ohne Beten leben kannst, dann bete zu IHM um Seiner Selbst willen, so dass du, wenn ER gefunden und erkannt ist, nie wieder irgendjemanden um etwas bitten musst. ‚Oh allmächtiger Gott, mögest Du mir von Dir aus die Gnade erweisen, Dein eigen zu werden!‘ Diese Art von Gebet, das sich auf Gott Selber bezieht, ist kein weltlicher Wunsch oder ein Verlangen, sondern stellt eine ganz bestimmte Stufe des Gebets dar.“

Frage: „Mâ, ich weiß nichts, bitte sage mir, welchem Weg ich folgen soll.“

Mâ: „Bitte IHN, dir den richtigen Weg zu zeigen. Bete jeden Tag zumindest eine kleine Weile so zu Ihm: ‚Herr, bitte zeige mir den Weg.‘ Wenn du wirklich nach Ihm rufst, wird Er dich niemals im Stich lassen. Wie kann Er dich verlassen? Es gibt keinen Ort, wo Er nicht ist. Er hat doch nicht mal Platz, sich umzudrehen ... Sagt ihr nicht, dass das Wort ‚Krishna‘ Anziehung bedeutet? Derjenige, der anzieht, ist Krishna. Schaut, alles in dieser Welt ist anziehend, weil nichts getrennt von Ihm existiert.“

Sobald ihr morgens erwacht, betet: „Herr, nimm alles, was ich heute tun werde, als Gottes-Dienst an.“ Und nachts vor dem Einschlafen betet wieder: „In Selbsthingabe verneige ich mich vor DIR und lege mein Haupt zu Deinen Heiligen Füßen nieder.“ Versucht den ganzen Tag in dieser Haltung zu verbringen.

Wisst ihr, was wirkliche Verehrung ist? Der Ausdruck der Liebe des Menschen zu Gott. Wenn etwas in einem geschlossenen Behälter gekocht wird, kommt ein Stadium, in dem der Dampf den Deckel hochstoßen wird und der Behälter nicht länger zubleiben kann, wenn man nicht Gewalt anwendet. Ähnlich ist es, wenn beim Japa oder anderen spirituellen Übungen eine Welle ekstatischen Gefühls von innen aufsteigt: dann wird es sehr schwierig, sie zurückzuhalten. Dieses ekstatische Gefühl wird Bhâva genannt. Es entspringt tief aus dem Innern und drückt sich nach außen aus. Zuerst manifestiert es sich nur für kurze Momente, aber durch spirituelle Übungen wird es mit der Zeit stärker. Denn Mahâbhâva, die höchste Quelle göttlicher Liebe und Inspiration, ist in jedem menschlichen Wesen gegenwärtig und fließt frei und spontan, sobald man ihr Gelegenheit gibt. Wird dieser Zustand göttlicher Liebe allmählich beständiger, so wird dem Strebenden ein Anblick seines GELIEBTEN zuteil. Religiöse Handlungen, die mechanisch, ohne tiefes Gefühl ausgeführt werden, sind wie künstliche Blumen: sehr schön anzusehen, aber ohne Duft. Kîrtana mag in großem Stil gesungen werden, die Halle mag überfüllt sein von der Menge der Teilnehmer, aber wenn das Singen ohne tiefes Gefühl (Bhâva) ist, wird keine Antwort von oben kommen. Die Gottheit antwortet nur dem Ruf des Herzens. Es ist daher unbedingt erforderlich, immer wachsam zu sein und darauf zu achten, dass äußere religiöse Veranstaltungen und Praktiken von Aufrichtigkeit, Reinheit und Zielstrebigkeit inspiriert sind. Wenn ein Feuer mit reichlich Brennmaterial unterhalten wird, muss es einfach hoch emporlodern.

Meditation

Reinheit von Herz und Geist wird durch Konzentration auf ein Ideal, das der jeweiligen Veranlagung entspricht, erreicht. In dem Maße, wie ein Mensch allmählich Fortschritte macht, richten sich all seine zerstreuten Gedanken auf dieses eine Ziel. Wenn die verschiedenen Gedanken übereinstimmend in eine Richtung fließen, wird der Devotee scheinbar unbeweglich und empfindungslos. Schließlich findet er bei dem Einen Universellen Wesen Zuflucht und geht in das Bewusstsein der Einheit alles Existierenden ein.

Frage: „Wie sollte man meditieren? Ist es besser, sich auf einen Gegenstand, z.B. eine Blume oder ähnliches zu konzentrieren oder sollte man versuchen, den Geist leer zu machen?"

Mâ: „Es gibt verschiedene Methoden. Eine besteht darin, sich auf eine Gottheit wie Shiva, Kâlî, Durgâ, Krishna, Râma o.ä. zu konzentrieren. Das gilt für diejenigen, die sich zu einem bestimmten Aspekt Gottes hingezogen fühlen. Bei einem anderen Weg macht man den Geist leer und tritt als Zeuge in den Hintergrund. Es hängt von Temperament und Neigung des Meditierenden ab.

Jedoch ist es für die meisten Sucher sehr schwierig, den Geist leer zu halten. Deshalb kann man sich ebenfalls auf das innere Licht konzentrieren, das Licht, durch welches auch alle äußeren Dinge wahrgenommen werden. Sogar ein Blinder sieht ein inneres Licht. Eine weitere Methode besteht darin, absolut still zu sitzen und die Bewegung des Atems zu beobachten. Das wird das Denken beruhigen und Stetigkeit geben."

Jemand befragte Mâ zum Thema Meditation (Dhyâna).

Ma sagte: „Das Wichtigste ist eine stabile Sitzposition. Das Âsana ist das Fundament des Gebäudes, das danach beliebig hoch gebaut werden kann. Das Schöne an den von Gott offenbarten Anweisungen ist, dass sich der Weg öffnet, indem man einfach ernsthaft den Anweisungen des Gurus folgt. Dhyâna geschieht von selbst, die Technik ermöglicht es sozusagen nur. Der

Körper ist nur ein Instrument in den Händen Gottes, alles ist Sein Spiel. Wenn du mit Ausdauer sitzen kannst, ist dir das Âsana angenehm und was sich dann auf dem Weg zum Ziel zeigt, ist spontan. Dann ereignen sich verschiedene Aktivitäten im Körper spontan. Sie dienen dazu, Stille eintreten zu lassen, und die Stille wiederum stellt sich spontan ein, sobald der Zustand des Ewigen, das Unmanifeste, das Manifeste, das Unendliche erkannt wird. Du musst geduldig sein. Ablenkungen wie Jucken, Husten, Schmerzen usw. müssen im Laufe der Meditation allmählich überwunden werden."

Man sollte immer bedenken, dass die Kraft der Unterscheidung und richtiger Überlegung entsprechend der Zeit wächst, die man in Meditation verbringt. Der Sâdhaka wird dann intuitiv wissen, was für ihn auf seiner Suche wichtig ist.

Frage: „Was ist der Unterschied zwischen Gebet und Meditation, vorausgesetzt, man bittet um nichts Bestimmtes?"
Mâ: „Im Gebet bittet man um die Erfüllung eines Wunsches, selbst wenn es der Wunsch ist, mit Gott einszuwerden oder IHM zu dienen oder IHN zu erkennen. Meditation (Dhyâna) hingegen heißt, in Kontemplation über IHN versunken zu sein. Da haben Wünsche keinen Platz mehr."
Frage: „Wie kann man so eine Meditation erreichen?"
Mâ: „Sie ergibt sich spontan. Zuerst erinnerst du dich an IHN und sinnst über IHN nach, und dann beginnt die Kontemplation von selbst. Ebenso wie die Erinnerung, der Gedanke an dein Zuhause und an deine Kinder ungebeten kommt, während du hier sitzt, und du gar nicht anders kannst, als darüber nachzudenken – ebenso ergibt sich die Kontemplation des Göttlichen Geliebten natürlich und von selbst."

Frage: „Was ist der Unterschied zwischen der Verehrung von Gottheiten und der Meditation über die Seele?"
Mâ: „Die Verehrung von Gottheiten bewirkt der Handlung entsprechende Ergebnisse. Meditation über die Seele beseitigt den Schleier der Unwissenheit."

Während ihr euch im Bereich der Namen und Formen bewegt, haltet an Ihm als Name und Form fest. Wenn euch Name und Form fremd sind, kontempliert über das Licht des Âtmâ. Das äußere Licht ist eine Reflektion Seines Lichtes.

Ein Besucher aus England sagte zu Mâ: „Ich glaube, ich bin ein hoffnungsloser Fall, denn ich kann nur ein bis zwei Stunden täglich für die Meditation erübrigen, obwohl ich versuche, alle Arbeit als Gottes-Dienst zu tun."
Mâ sagte: „Es kommt nicht auf die Anzahl der Stunden an, sondern auf die Intensität, mit der dein Herz und dein Geist auf Gott konzentriert sind."

Eine Frau aus Europa fragte: „Ich habe in einem Buch über Meditation gelesen, dass es für Anfänger gut ist, sich auf einen konkreten Gegenstand oder auf ein Symbol zu konzentrieren, wie auf das Kreuz, einen Abendmahlskelch oder das Licht einer Kerze, weil es sehr schwierig ist, sich auf das Höchste zu konzentrieren."
Mâ: „Ist das alles, was das Buch vorschlägt? Warum soll man sich nicht auf Jesus Christus konzentrieren?"
– „Ich habe nicht den Mut dazu. Christus ist zu heilig, zu erhaben. Ich würde bei dem Versuch nur etwas falsch machen, ich fühle mich nicht rein genug dazu."
Mâ: „Alles, was du wahrnimmst, siehst du, weil Licht existiert. Ohne Licht kann man nichts sehen. Es gibt nur ein Licht. Was auch immer vom Menschen oder vom Tier wahrgenommen wird, wird durch das gleiche Licht erblickt. Das äußere Licht hat seinen Ursprung im inneren Licht – selbst ein Blinder ist sich eines inneren Lichtes bewusst. Das Licht des Selbst ist überall und in jedem gegenwärtig. Ob du Christus, Krishna, Kâlî oder Allâh verehrst, du verehrst im Grunde das Eine Licht, das auch in dir ist, weil es alle Dinge durchdringt. Alles geht aus Licht hervor, alles ist dem Wesen nach Licht."

Ein junges Mädchen aus dem Ausland bat Mâ um Initiation. Als man ihr sagte, dass Mâ selbst niemanden direkt initiiert, fragte sie: „Was für ein Mantra kann ich wiederholen?"
Mâ fragte sie: „Bist du Christin? Glaubst du an Christus?"
– „Ja."

Mâ: „Meditiere über die Gestalt Christi, umgeben von himmlischem Glanz, und warte auf Seine Führung."

Während eines Satsangs in Mâ's Âshram in Benares geschah es einmal, dass ein europäischer Herr ohnmächtig zu Boden fiel. Man hörte einige Gurgellaute, seine Augen verdrehten sich nach oben, sein Gesicht lief blau an, und Schaum trat auf seine Lippen wie bei einem Epileptiker. Er zog sofort jedermanns Aufmerksamkeit auf sich.

Mâ sagte: „Dieser alte Herr hat die letzten dreißig Jahre lang Meditation geübt. Seine Übung gründet sich auf Anweisungen aus Büchern und nicht auf die direkte Führung eines qualifizierten Lehrers. Was ihm jetzt passiert, ist eine natürliche Konsequenz davon. Immer wenn er sich zur Meditation hinsetzt, fällt er in eine Art Trancezustand. Es ist keine wirkliche Meditation, denn sein Geist, der nicht richtig gereinigt wurde, kann nicht den ewigen Frieden im Herzen finden und Festigkeit erlangen. In Ermangelung dessen irrt er auf andere Wege ab, und das führt zu unheilvollen Konsequenzen, die klar auf die Notwendigkeit direkter Anleitung durch einen fähigen Lehrer hinweisen. Die Vorschriften und Belehrungen eines Meisters entsprechen vollkommen den jeweiligen Bedürfnissen und Fähigkeiten des Schülers, und infolgedessen bleiben ihm die Unannehmlichkeiten erspart, die sich aus falscher Anleitung ergeben.

Und noch etwas: Wer im Herzen keine tiefe Sehnsucht nach Gottverwirklichung empfindet, sondern nur mechanisch Atemkontrolle übt, kann mit unguten Folgen konfrontiert werden, wie ihr es hier miterlebt habt."

Wisst ihr, warum ihr euch während der Meditation so schwer konzentrieren könnt? Letztlich sind es eure Wünsche, die euch immer wieder an die Oberfläche zurückholen – ebenso wie euch beim Baden im Meer die Wellen stets wieder an den Strand zurückwerfen. Wenn ihr jedoch beharrlich bleibt und in tiefere Schichten eintaucht, sind die Wellen nicht länger ein Hindernis.

Die Leute beklagen sich darüber, in der Meditation würden störende Gedanken wesentlich intensiver auftreten als zu anderen Zeiten. Ich sage zu ihnen, dass selbst das ganz natürlich ist. Als ich ein Kind war, sah ich, wie meine Mutter Kalkwasser auf den Boden rings um unser kleines Haus schüttete. Das bewirkte, dass alle Regenwürmer aus dem Boden krochen. Dann fegte Mutter sie fort, und der Boden war wieder sauber zum Gehen und Spielen. Meditation ist wie Kalkwasser. Es bringt alle verborgenen Unreinheiten in dir ans Licht.

Alles, was wir wahrnehmen, hinterlässt seinen Eindruck in unserem Bewusstsein, und es dauert eine ebenso lange Zeit, diesen Eindruck wieder auszulöschen.

Dhyâna (Meditation) tritt von selbst ein. Es gibt einen Unterschied zwischen dem Machen und dem Geschehen von Dhyâna. Wenn man Dhyâna übt, kommt eine Zeit, wo es von selbst geschieht. Dhyâna offenbart sich von selbst.

Frage: „Mâ, wie kann der Geist ausgeglichen werden? Nichts scheint zu helfen."
Ma: „Tu Folgendes – konzentriere dich auf deinen Atem. Wenn der Geist umherwandert, hol ihn zurück und verbinde ihn mit deinem Atemvorgang. Nach und nach wirst du das erreichen, was du angestrebt hast und der Geist wird stabil.
Wenn wir versuchen, eine Welle zu berühren, kommen wir gleichzeitig auch zum stillen Wasser; ebenso kann das Sâdhanâ des Prâna auch den Mahâprâna (den Odem Gottes) berühren."

In dem Maße, wie das Denken tiefer eintaucht, verringert sich seine Aktivität, und dann beginnt man zu fühlen, dass ER, der für alles sorgt, die Dinge in die Hand nehmen wird. Je näher man der Vereinigung kommt, desto mehr wird man bemerken, dass Hindernisse wegfallen, und was auch immer nötig ist, ergibt sich von selbst.

Alles wird leicht, wenn einmal der Segen SEINER Berührung gefühlt wurde. Beim Baden im Fluss schwimmt man zuerst aus eigener Anstrengung, doch wird man einmal von der Strömung erfasst, so wird man mitgerissen, egal ob man gut schwimmen kann oder nicht. Du musst in den Rhythmus deiner eigenen wahren Natur hineinfinden. Ihre Offenbarung wird dich sofort blitzartig und unwiderstehlich an sich ziehen, und ein Punkt kommt, an dem du selbst nichts weiter tun brauchst. Solange dieser Kontakt noch nicht stattgefunden hat, übergib Gott innerlich alle Neigungen und Widerstände und diene, meditiere, kontempliere – tue irgendetwas in dieser Richtung.

Für gewöhnlich vollziehst du deine tägliche spirituelle Übung immer in gleicher Weise. Wenn du den Wunsch verspürst, etwas mehr Japa oder Meditation zusätzlich zu machen, so ist das ein Anzeichen, dass du einen Lichtblick bekommen hast, wenn auch nur vorübergehend, und dann besteht Hoffnung, dass sich nach und nach der Rhythmus deiner wahren Natur offenbart.

Wenn du in dir eine Kraft spürst, wenn sich dir innerlich ein neues Licht offenbart, so wird diese Erfahrung umso intensiver werden, je mehr du sie in völliger Ruhe und Stille für dich behalten kannst. Selbst wenn man nur ein wenig darüber spricht, besteht immer die Gefahr, dass sie wieder vergeht. Sei wachsam! ER Selbst wird für alles Notwendige sorgen – sei es Initiation, Unterweisung, was auch immer.

Ein Mann brachte seine Schwiegertochter zu Mâ, um eine Auskunft über ihren spirituellen Zustand zu bekommen.

Mâ fragte die junge Frau: „Was erfährst du beim Meditieren?"

Sie antwortete: „Zuerst fühle ich eine starke Glückseligkeit und am Ende ebenfalls, dazwischen ist überhaupt nichts."

Mâ sagte zu dem Schwiegervater: „Das ist noch ein Anfangsstadium. Du kannst selbst zu der Schlussfolgerung kommen: Solange noch Ich-Bewusstsein da ist, kann es kein Samâdhi sein. Dennoch kann man sagen, dass ihr Körper und Geist einen bestimmten Grad von Stille erlangt haben. Ihre eigenen Worte geben Aufschluss darüber: ‚Zuerst war da Glückseligkeit, dann gar nichts.' – Wer erfährt all dies? Solange das individuelle Denken noch tätig ist, ist es kein Samâdhi.

Ein anderer Mann kam auch einmal zu diesem Körper und erklärte, dass er nicht länger an irgendeiner Arbeit oder Beschäftigung interessiert wäre, da sein Geist in Samâdhi versunken und seine Kundalinîkraft[80] erweckt

---

[80] Lebenskraft, die gleichsam wie eine Schlange zusammengerollt am unteren Ende der Wirbelsäule schlummert und durch Yoga erweckt und die Cakren (Energiezentren) emporgelenkt werden kann. Wenn sie das höchste Energiezentrum am Scheitel erreicht hat, tritt Erleuchtung ein.

worden sei. Während er redete, benutzte er häufig die Worte ‚ich' und ‚mein'. Ihm wurde klar gemacht, dass es sich nicht um Samâdhi handeln könne, solange ‚ich' und ‚mein' existieren. Im wirklichen Samâdhi bleibt nichts davon. Sieh, wenn eine Mango auf einem Baum reif ist, ruft sie nicht: ‚Ich bin reif, komm und nimm mich!' Wenn niemand sie pflückt, fällt sie von selbst zu Boden. Siehst du die Schönheit, die darin liegt? Sie kehrt genau zu dem Ort zurück, der sie hervorgebracht hat."

Die Visionen von Göttern und Göttinnen ereignen sich in Übereinstimmung mit den eigenen psychischen Prägungen und Tendenzen (Samskâras).

Beim Samyam Vrata 1957 fragte jemand Mâ nach dem Sinn der Mitternachtsmeditation. Mâ antwortete: „Es liegt eine besondere Kraft in den Augenblicken, wo zwei entgegengesetzte Strömungen zusammentreffen. Innerhalb der 24 Stunden gibt es vier solche Zeitpunkte, an denen sich Kommen und Gehen begegnen. Wenn jemand sein Sâdhanâ zur Brahma Muhûrta (frühmorgens vor der Morgendämmerung), mittags und bei Sonnenuntergang praktiziert, wird er diese besondere Energie fühlen.

Die Brahma Muhûrta ist als Amrita Belâ (Nektarzeit) bekannt, weil zu jenem Zeitpunkt göttlicher Nektar herabströmt. Deshalb sollte man während der Brahma Muhûrta nicht schlafen, sondern sein Sâdhanâ üben. Man hat mir erzählt, dass einige Leute bis halb acht oder halb neun Uhr morgens schlafen. So entgeht ihnen die Möglichkeit, die heilige Atmosphäre jener geweihten Zeit zu erfahren. Einige Sâdhakas machen ihre spirituellen Übungen um Mitternacht. Ihr wisst, dass Shrî Krishna um Mitternacht geboren wurde. Auch der Kult der Shakti-Verehrung wird nachts vollzogen, weil man um diese Zeit besondere Kraft empfängt. Yogis schlafen am Tag und bleiben nachts wach. Während sie um Mitternacht meditieren, werden einige Yogis mit Visionen gesegnet. Es ist eine wunderbare Übung, sich in der Stille der Mitternacht der inneren Sammlung hinzugeben. Ich habe gehört, dass zu solchen Zeiten große Heilige in ihrer Güte erscheinen, um dem Sâdhaka zu helfen. Einige Leute erschrecken natürlich, da ein gewöhnlicher Mensch noch nicht reif für solche Erfahrungen ist. Wenn man seine Furcht abschütteln und sich zur Meditation hinsetzen kann, wird man diese besondere Kraft spüren.

Ein junger Mann hatte häufig außergewöhnliche Bewusstseinszustände und viele Visionen. Beispielsweise verneigte er sich und blieb dann stundenlang ohne auch nur den Kopf zu heben in dieser Haltung, während Tränen über seine Wangen liefen. Er behauptete, er sehe und höre, wie Shrî Krishna Arjuna belehre, so wie es in der Gîtâ steht, und er pflege viele andere Visionen und Unterweisungen auf solche Weise zu empfangen. Dieser Körper sagte ihm, wenn ein spiritueller Sucher sein Wesen noch nicht völlig geläutert habe, bestehe die Gefahr, dass er sehr leicht viele Dinge hören und sehen könne, die völlig vermischt, d.h. zum Teil echt, zum Teil jedoch eine Täuschung seien. Er könne sogar unter den Einfluss eines „Geistes" oder einer bestimmten Kraft geraten, und so etwas, das wirklich kein reines göttliches Streben fördere, sei mehr ein Hindernis als eine Hilfe. Außerdem kann dies leicht ein Anlass zu Selbstzufriedenheit und egoistischem Vergnügen werden, wenn man jemanden in einer Vision sieht oder hört und selbst von ihm angeredet wird. Die Beherrschung über sich selbst zu verlieren ist nicht wünschenswert. Auf der Suche nach Wahrheit darf man von nichts überwältigt werden, sondern muss sorgfältig beobachten, was geschieht, vollbewusst, hellwach und mit völliger Selbstkontrolle. Verlust der Geistesgegenwart und Selbstkontrolle sind niemals richtig ...

So wie es einen Zustand Höchster Selbsterkenntnis gibt, gibt es ebenso Vollendung auf dem Höhepunkt des Pfades der Liebe. Dort erkennt man, dass der Nektar vollkommener Liebe mit Höchstem Wissen identisch ist. In diesem Zustand ist kein Raum für überschwängliche Emotionen, ja, diese würden gar nicht zulassen, dass Höchste Liebe (Mahâbhâva) aufleuchtet. Achtet auf eins: Wenn man auf einem bestimmten spirituellen Weg nicht das endgültige ZIEL, in das alle spirituelle Übungen münden, erreicht, so hat man diesen Weg nicht wirklich betreten. Auf dem höchsten Gipfel der Liebe (Mahâbhâva) sind übertriebene Gefühlsäußerungen und ähnliches überhaupt nicht möglich. Emotionale Erregung und Höchste Liebe sind überhaupt nicht miteinander vergleichbar, sie sind völlig verschieden voneinander.

Ob man sich während der Meditation seines Körpers bewusst ist oder nicht, ob man sich mit ihm identifiziert oder nicht – unter allen Umständen ist es notwendig, hellwach zu bleiben, Unbewusstheit muss absolut vermieden werden. Man muss ein unverfälschtes Wahrnehmungsvermögen bewahren, ob man nun über das Selbst als solches oder über irgendeine besondere Form kontempliert. Was ist das Ergebnis so einer Meditation? Sie öffnet unser Wesen dem LICHT, dem EWIGEN. Angenommen, der Körper empfand irgendwelche Schmerzen oder eine Steifheit – siehe da, nach der

Meditation fühlt er sich völlig wohl und munter, ohne auch nur eine Spur von Müdigkeit oder Schwäche. Es ist so, als sei eine lange Zeit dazwischen vergangen, als habe man nie ein Unwohlsein verspürt. Das würde ein gutes Zeichen sein. Doch wenn man sich gleich beim ersten Anflug von Glückseligkeit verlocken lässt, darin aufzugehen und nachher zu erklären: „Ich kann nicht sagen, wo ich war, ich weiß es nicht", das ist nicht erstrebenswert. In dem Maße, in dem man fähig wird, wirklich zu meditieren und mit der REALITÄT in Verbindung zu treten, entdeckt man die unbeschreibliche Freude, die selbst in äußeren Objekten verborgen ist.

Wenn man jedoch während der Meditation in eine Art Betäubung verfällt und danach behauptet, in intensive Glückseligkeit versunken gewesen zu sein, so ist diese Art von Glückseligkeit ein Hindernis. Wenn die Lebensenergie in einem Schwebezustand zu sein schien, so deutet das auf einen Stillstand hin. Es ist ein Zeichen für Anhaftung, und diese Anhaftung verhindert wirkliche Meditation, da man dazu neigen wird, immer wieder zu diesem Zustand zurückzukehren, selbst wenn man ihn vom weltlichen Standpunkt, der ein gänzlich anderer ist, für eine Quelle innerer Freude und somit auf jeden Fall als ein Zeichen spirituellen Fortschritts auffasst. Auf irgendeiner Stufe aufgehalten zu werden, behindert den weiteren Fortschritt und bedeutet schlicht und einfach, dass man in seiner Entwicklung zum Stillstand gekommen ist. Während der Meditation sollte man sich als rein spirituelles Wesen (cinmayî) vorstellen, als Licht des SELBST, versunken in die Glückseligkeit des Selbst (Âtmârâma) und entsprechend den Anweisungen des Gurus versuchen, sich auf die Gottheit, die man am meisten liebt, zu konzentrieren. Der zuvor erwähnte Mann war intelligent und konnte diese Art von Argumenten verstehen. Folglich hörten die aufsehenerregenden Erfahrungen auf, und jetzt praktiziert er seine Meditation und andere spirituelle Übungen auf sehr ruhige und unaufdringliche Weise.

Über Cakras

Durch diese Energiezentren ineinander verflochtener Nerven wirken die ererbten Impulse, die Neigungen, die man erworben hat, Emotionen, verschiedene Triebe, Gedankengänge und Vorstellungen über Leben und Tod usw., die sich vom höchsten Zentrum im Gehirn nach unten hin verbreiten, sobald sie durch die Sinnesorgane angeregt wurden.

Ströme von Lebensenergie und Vitalfluidum fließen schnell oder langsam durch diese Kanäle und lenken die Lebensprozesse und Gedankengänge des Menschen. Ebenso wie sich Erde, Wasser, Feuer, Luft und der Raum jenseits der Atmosphäre gegenseitig durchdringen, so scheinen auch diese sechs Hauptzentren im Körper übereinander zu liegen, funktionieren jedoch abhängig voneinander als eine Kette der Lebensenergie. Ein wenig Überlegung wird euch davon überzeugen, dass sich das Spiel des Lebens in den höheren Zentren eures Körpers abspielt, wenn eure Gedanken rein und voller Glückseligkeit sind. So wie Wasserquellen am Grund eines Brunnens oder Wasserbeckens ein ständiges Reservoir bilden, oder so wie sich der Lebenssaft der Pflanzen tief unter der Erde um die Wurzeln herum befindet, so schlummert auch am untersten Ende der Wirbelsäule (Mûladhâra) die Quelle der gewaltigen Lebenskräfte, die letztlich von der Sonne stammen und von denen die Ströme unseres Lebens ausgehen. Wenn ihr euch mit großer Geduld und Reinheit bemüht, euch innerlich und äußerlich zu läutern, berühren die sich daraus ergebenden Gedankenschwingungen zunehmend höhere Zentren, lösen ihre Spannung und setzen die aufgestaute Lebenskraft am untersten Zentrum frei, sich Öffnungen nach oben hin zu suchen. Dann verschwinden allmählich alle Stumpfheit, die Triebe und Samskâras des Devotees, so wie Nebel den Strahlen der Sonne weicht. Zusammen mit der Lösung der Blockaden lässt die Verhaftung an die Sinnesobjekte nach, und das innere Leben beginnt, Gestalt anzunehmen.

Wenn die aufwärtsgerichtete Bewegung der Lebenskraft das Energiezentrum zwischen den Augenbrauen erreicht, fließt der innere Strom des Lebensfluidums mühelos und in Reinheit völlig gleichmäßig durch das ganze menschliche Nervensystem, und das hat zur Folge, dass der Devotee etwas von der Natur des Egos, der Welt und der Schöpfung erkennt. Wenn ein Mensch lange in diesem Zustand bleibt, werden all seine Samskâras und Triebe allmählich schwächer und schwächer; sein Geist erreicht zunehmend höhere Ebenen der Kontemplation und mächtigere Zentren der Lebenskraft.

Wenn der Devotee sich über das höchste Energiezentrum, welches zwischen den Augenbrauen liegt (Dvidala Cakra), erhebt, verschmelzen seine mentalen Kräfte mit dem Supramentalen, sein Ego löst sich in Mahâbhâva auf, und er findet seine ewige Zuflucht in Svarûpa (seinem eigenen wahren Selbst). Dann geht er in Samâdhi, in einen Zustand immerwährender Glückseligkeit.

Wenn sich die verschiedenen Energiezentren zu öffnen beginnen, werden innerlich verschiedene Klänge wahrgenommen, und der Devotee hört die

Töne von Muschelhörnern, Glocken, Flöten usw., die schließlich alle im kosmischen Rhythmus einer großen Stimme unendlicher Stille aufgehen. Auf dieser Stufe kann kein Gedanke oder Objekt der Außenwelt seine Aufmerksamkeit ablenken. Wenn er weitervordringt, geht sein Wesen in der unergründlichen Tiefe jener seligen Musik auf, die das ganze Universum durchdringt, und er findet auf ewig Ruhe.

... Die gleiche Substanz, aus der euer Gehirn besteht, bildet auch diese Nervenzentren, aber ihre Formen, Strukturen und Funktionen variieren. Jedes Zentrum besitzt seine besonderen Merkmale und charakteristischen Eigenschaften, so wie das Auge, das Ohr, der Nabel oder sogar eure Handlinien sie aufweisen. In ihnen findet ein sich ständig veränderndes Spiel verschiedener Farben, Klänge und ihrer Symbole, d.h. den Keimmantren statt, die sich alle natürlich aus der Bewegung der Lebenskraft und dem Fließen des Vitalfluidums ergeben ... Wenn ein Mensch regelmäßig betet, Pûjâs und Yogaübungen macht, meditiert und mit genügend Konzentration und Stetigkeit über die höheren Wahrheiten des Daseins nachsinnt, wird sein Geist gereinigt, die Gedanken werden verfeinert, und die Zentren öffnen sich von selbst. Andernfalls kann kein menschliches Wesen dem Sturm und der Bedrängnis solcher physischer Triebe wie Lust, Gier und Zorn entgehen.

Nur vollständiges Erwachen ist wirkliches Erwachen.d.h. ganz bis zum tausendblättrigen Lotus am Scheitel. Die Schwingung, die man gelegentlich vom unteren Ende der Wirbelsäule aufwärts spürt, ist kein Beweis für ein vollständiges Erwachen. Wenn man aufgrund eines teilweisen Erwachens der Kundalini zittert o.ä., dann ist das nicht die vollständige Offenbarung, sondern gleichsam nur ein flüchtiger Eindruck. Man muss versuchen, völlig ruhig zu bleiben. Wenn die acht sattvischen Zeichen oder körperlichen Phänomene auftreten, so bedeutet das keineswegs in allen Fällen dasselbe. Eine sattvische Verfassung ist von äußerster Wichtigkeit. Je mehr Verlangen, Leidenschaft und Zorn zurückgegangen sind, umso mehr kann man davon ausgehen, dass man in seinem Sâdhâna Fortschritte gemacht hat. Ruhe ist keine Untätigkeit – aus der wirklichen Ruhe entstehen Zielgerichtetheit, Wissen, Glückseligkeit und Frieden.

Gott wohnt in der Höhle des Herzens. Entsprechend den Samskâras und dem jeweiligen Weg kann sich der Suchende der Höhle des Herzens in jedem der Cakras bewusst werden, aus dem einfachen Grund, weil alles in allem enthalten ist. Ebenso wie die unteilbare Zeit aus praktischen Gründen für die Arbeit des Menschen in Morgen, Mittag, Abend und Nacht geteilt ist, kann jedes der Zentren des menschlichen Körpers, der uns von der unendlichen Vielfalt der Dinge am nächsten ist, in der Meditation als Konzentrationspunkt genommen werden, damit der Geist zielgerichtet ist. Dann wird jedes Zentrum, in dem sich der Geist des Suchenden ausruhen kann wie in einer Höhle, für jene Zeit die Herzenshöhle des Suchenden.

Schweigen

Frage: „Was ist die Bedeutung von Mauna (Schweigen) und wie kann es erreicht werden?"

Mâ: „Mauna bedeutet, des Denkens ledig (*a-mana*) zu werden, mit anderen Worten, es existiert nichts mehr, wohin sich die Gedanken wenden können. Freude und Leid werden durch das Denken erfahren. Die Regungen des Denkens zu transzendieren, sich jenseits der mentalen Aktivität zu begeben, das ist der tiefere Sinn von Mauna. Rede und Klang ‚schaffen' gewissermaßen immer ihren Inhalt. Wenn ihr daher sprechen müsst, redet über Themen, die mit dem Göttlichen zusammenhängen, das wird förderlich sein. Wenn ihr von weltlichen Dingen sprecht, werdet ihr auch die Früchte davon ernten. Man kann nicht ständig von göttlichen Dingen sprechen, doch werden zumindest, solange man schweigt, weltliche Themen vermieden. Immerhin ist dies ein Mittel, das Denken auf Gott gerichtet zu halten. Wenn man das Reden einschränkt, sollte das Bewusstsein bei Gott sein. Ob ihr Japa oder Meditation übt, ihr solltet euch auf das Ewige konzentrieren. Man macht Mauna, um die umherschweifenden Gedanken zu transzendieren."

Frage: „Wie kann man diese Stufe erreichen?"

Mâ: „Angenommen, ihr grabt einen Brunnen. Im Laufe des Grabens werdet ihr an einem bestimmten Zeitpunkt auf Wasser stoßen. Das Ziel, weshalb man einen Brunnen gräbt, ist also das Auffinden von Wasser. Ebenso besteht das Ziel längeren Schweigens darin, *a-mana* zu werden, d.h. das Denken abzuschalten. Es ist das Denken, das all eure Handlungen verursacht, das Denken wandert ständig von einer Sache zur anderen. Mauna ist ein Zustand, in dem keine Worte gebildet werden. Um das Denken ständig auf das Göttliche gerichtet zu halten, muss man sein Sprechen strikt beherrschen. Es gibt zwei Arten von Mauna: die eine wird *Go*(Kuh)*-Mauna* genannt, die andere *Kashtha*(Holz)*-Mauna*. *Go-Mauna* bedeutet: So wie eine Kuh das, was sie möchte, mit Zeichen andeutet, so kann auch ein menschliches Wesen seine Bedürfnisse durch Zeichen und Gesten ausdrücken. *Kashtha-Mauna* bedeutet: So wie ein Holzstück unbeweglich ist, so werden auch keinerlei Zeichen oder Gesten mehr benutzt.

Es gibt zahllose Arten und Weisen, Mauna zu üben. Wie man es einhält, wird von der jeweiligen Entwicklungsstufe abhängen. Das Reden zu beherrschen ist der Ausgangspunkt auf dem spirituellen Weg. Das Wesentliche des Schweigens liegt darin, das Denken abzuschalten, die ständig umherschweifende Aufmerksamkeit auf einen Punkt zu konzentrieren und auf Gott zu richten. Alle ohne Ausnahme können Mauna üben, ohne Rücksicht auf die geistige Richtung oder den Glauben, dem sie angehören. Wenn man jedoch schweigt, nachdem man Ärger mit seinen Angehörigen hatte, ist das kein wirkliches Mauna. Das Ziel von Mauna besteht darin, den Weg zur Selbstverwirklichung zu öffnen.

Handlung erzeugt von Natur aus eine Kette weiterer Handlungen. Die Abfolge von Handlungen, die darüber hinaus zum höchsten ZIEL des menschlichen Lebens führt, die sollte man wählen.

Wenn ihr wirkliches Schweigen einhalten wollt, sollten Herz und Verstand so sehr in *einem* Zustand der Kontemplation verschmelzen, dass euer ganzes Wesen sowohl innerlich als auch äußerlich wie zu Stein erstarrt. Doch wenn es euch nur darum geht, nicht zu sprechen, so ist das etwas ganz anderes.

Jemand behauptete: „Durch Schweigen erlangt man Höchstes Wissen (Jñâna)."

Mâ: „Wie ist das möglich? Warum hat man das Wort ‚durch' hier benutzt?"

Ein Devotee: „Stille an sich ist bereits Weisheit, das Mittel ist selbst das Ziel."

Eine andere Person: „Unter Schweigen müssen wir die Beruhigung der fünf Sinne verstehen."

Mâ: „Ja, aber warum soll man sagen ‚durch'?"

Ein Devotee: „Ausschließliche und vollkommene Konzentration auf das Selbst – das ist die Bedeutung von ‚durch'."

Mâ: „Wenn man nicht spricht, geht die geistige Aktivität dennoch weiter. Trotzdem hilft so ein Schweigen, den Geist zu beherrschen. In dem Maße, wie das Denken tiefer eintaucht, verringert sich seine Aktivität, und dann beginnt man zu fühlen, dass ER, der für alles sorgt, die Dinge in die Hand nehmen wird. Wenn der Geist mit weltlichen Gedanken beschäftigt ist, verliert man den Nutzen, den man durch Schweigen eigentlich anstrebte. Zum Beispiel kann man, wenn man ärgerlich ist, schweigen, aber früher oder später wird sich der Ärger entladen. Wenn der Geist auf Gott gerichtet ist, entwickelt er sich beständig weiter, und gleichzeitig werden Körper und Geist immer mehr gereinigt. Seine Gedanken auf Sinnesobjekten verweilen zu lassen, ist Energieverschwendung. Wenn sich das Denken mit weltlichen Dingen beschäftigt und man nicht schweigt, werden die Gedanken durch Reden freigesetzt, schweigt man jedoch, so kann das zu Überspannung der Sinne und sogar zu Krankheit führen. Richtet sich die Aufmerksamkeit aber nach innen, ist nicht nur gesundheitlicher Schaden ausgeschlossen, sondern es werden darüberhinaus durch die ständige Vergegenwärtigung Gottes alle Knoten (*granthi*) des Egos gelöst, und dadurch wird das verwirklicht, was verwirklicht werden muss.

Zu schweigen bedeutet, den Geist auf IHN gerichtet zu halten. Zuerst fühlt man den Drang zu sprechen, später verschwinden sämtliche Neigungen oder Abneigungen. Es ist so wie mit der Biene, die Honig sammelt: Alles, was man braucht, stellt sich von selbst zur Verfügung, bietet sich gleichsam an, je mehr man mit IHM vereint ist. Wie wird der Körper am Leben erhalten, wenn man sich völlig aller Worte, Zeichen oder Gesten enthält (*Kâshtha Maunam*)? Alles fügt sich ineinander, und der Schweigende schaut nur zu. Je näher man der Vereinigung kommt, desto mehr wird man merken, dass Hindernisse wegfallen, und was auch immer nötig ist, ergibt sich von selbst. Wenn alles von selbst geschieht, ist es etwas ganz anderes, als wenn man etwas aus eigener Bemühung heraus tut. Wirkliches Schweigen bedeutet, dass tatsächlich nichts anderes existiert, worauf sich das Denken richten könnte. Zu guter Letzt wird kein Unterschied mehr da sein, ob geistige Aktivität nun weiter existiert oder nicht, ob man spricht oder nicht.

Es ist nicht richtig zu sagen, ‚*durch* Stille wird ER erkannt', denn Höchste Erkenntnis kommt nicht *durch* irgendetwas – Höchstes Wissen offenbart Sich Selbst. Um den Schleier zu zerstören, gibt es geeignete spirituelle Disziplinen und Übungen.“

Selbstdiziplin – Samyam

Um das Unvergängliche in euch zu enthüllen, um zu entdecken, dass ihr Kinder des Ewigen und dem Wesen nach unsterblich seid, deshalb macht ihr spirituelle Übungen (Sâdhanâ) und faßt den Beschluss zur Selbstdisziplin (Samyam Vrata[81]). Warum Selbstdisziplin (Samyam)? Ohne ein Leben der Selbstdisziplin öffnet sich der Weg zur Gottverwirklichung nicht. Wann kommen eure Feinde, d.h. Egoismus. Leidenschaft und Verlangen ans Licht? Wenn ein Wunsch durchkreuzt wird, wenn ihr daran gehindert werdet, das zu tun, was ihr tun möchtet, dann erscheinen diese Feinde und behaupten sich. Selbst eurer besseren Einsicht und eurem Willen zum Trotz machen sie sich bemerkbar. Wenn das geschieht, habt ihr Gewissensbisse und seid unglücklich. Auch durch Widerwillen und Abneigungen bekunden sich diese Feinde. All das ist im menschlichen Leben nur natürlich, jedem geht es so.

Wenn der Sucher also zu verstehen beginnt, dass die spirituelle Übung, die er für Gott tut, negativ beeinflusst wird, sobald er den Einflüsterungen dieser Feinde Gehör schenkt, und wenn er den Wunsch verspürt, Höchstes Wissen (Brahma Vidyâ) zu erlangen, was ist dann sein Bestreben? Ein Leben der Selbstdisziplin zu führen. Und was geschieht, wenn er seine Genusssucht aufgibt? Es kommen Leute und nehmen am Samyam Vrata teil, die es gewohnt sind, die Neigungen ihrer Sinne zu befriedigen, sich zu benehmen, wie es ihnen passt, zu sagen, was ihnen gefällt, ihren Launen entsprechend zu handeln und dem Ego volle Freiheit zu lassen. Sie pflegten zu essen, wozu sie Lust hatten, sich anzuziehen, wie sie gerade wollten und sich eben ganz nach Lust und Laune zu verhalten. An diese Lebensweise haben sie sich gewöhnt. Sie sind keineswegs darauf vorbereitet, ihren weltlichen Komfort aufzugeben. Da sie also nur vom Verlangen nach Bequemlichkeit und Genuss getrieben werden, anstatt Yoga anzustreben, ist es klar, dass sie Rückenschmerzen, Schwierigkeiten mit ihren Beinen, körperliche Hitze und große geistige Unruhe empfinden. Viele haben diesem Körper so etwas berichtet.

---

[81] Im engeren Sinn spricht Mâ hier die „Woche der Selbstdisziplin" an, welche einmal jährlich im Herbst in Form von Fasten, gemeinsamen Meditationen, Rezitationen und Kîrtan sowie religiösen Vorträgen gemeinsam von Mâ's Devotees praktiziert wird.

Es mangelt dir an Übung, du bist nicht gewohnt zu meditieren. Wenn du daher versuchst, Yoga zu üben und zu erkennen, dass du ewig mit der Höchsten Wirklichkeit verbunden bist, dass du ein Yogi bist, der untrennbar zu Gott gehört, ein großartiger Sâdhaka und Nachkomme eines Rishis (Sehers), ja, dass ein Rishi in dir verborgen ist – wenn sich dein Bewusstsein in diese Richtung wendet und du versuchst, still zu sitzen, dann wird die alte Gewohnheit, immer das zu tun, was dir gerade beliebte, deine Aufmerksamkeit ablenken, und du wirst dich unbehaglich fühlen. Merk es dir, das ist das, was du Leid nanntest, als du fragtest, ob es notwendig sei, den Körper leiden zu lassen, um Gott zu finden. Wenn dir etwas unangenehm erscheint, solltest du daran denken, dass du es erträgst, um den Göttlichen Geliebten zu finden.

Warum erfahren wir Schmerz und Leid, Kummer und Schwierigkeiten? Weil wir den Geliebten noch nicht gefunden haben, IHN, der der ewige Ursprung alles Guten und Heilsamen ist, voller Erbarmen und Güte. Wir erfahren IHN nicht auf diese Weise. Wenn sich die, die hier sitzen, verzweifelt nach der Glückseligkeit der Gottverwirklichung sehnen würden, hätten sie kein Gefühl für das, was du Schmerz nennst, für körperliches Unbehagen. Dem Körper Leid zuzufügen, ist nicht richtig. Sich bequem hinzusetzen und ungezwungen und oberflächlich zu plaudern, wird deine eigenen Wünsche und dein Ego nähren. Nun findet selbst heraus, worin das Leid besteht. Wenn es wirklich schlimm wäre, würdet ihr nie herkommen und hier sitzen. Ihr kommt, weil ihr Gottverwirklichung anstrebt, die Offenbarung des Einen Höchsten Selbst, der endgültigen Wahrheit, euer eigenes wahres Wesen, die Glückseligkeit des Selbst, den Herrn (Svayam Bhagavân), Göttliche Liebe, Höchste Freude – jeder auf seinem eigenen Weg. Ihr ersehnt SEINE Offenbarung, SEINE Berührung, SEINEN Anblick, deshalb seid ihr zum Samyam Vrata gekommen. Nun sagt, wie kann es da Leiden oder Beschwerden geben.

Samyam (Disziplin) bedeutet die Handlung, in der ER Selbst (Svayam) gegenwärtig ist. Eine andere Bedeutung von Samyam ist ER Selbst (Svayam) in der Form von Selbstbeherrschung (Yama)[82]. Meine Väter und Mütter amüsieren sich über die Verspieltheit ihrer kleinen Tochter, weil sie alles ohne Zögern ausspricht, da sie sich mit ihren eigenen Vätern, Müttern und Freunden unterhält. Samyam ist ein Pfad, der zum Tod des Todes führt.

---

[82] Ein Wortspiel mit Sva-yam, Samyam und Yama

So wie es in seinen Kräften liegt, sollte man versuchen, einen Tag für Selbstdisziplin (Samyam) zu reservieren, wenn nicht einmal wöchentlich, dann alle vierzehn Tage oder wenigstens einmal im Monat. An diesen Tagen sollte strikte Beherrschung hinsichtlich Essen und Trinken, Sprechen und Verhalten, Besuchen von Orten und Leuten, ja in jeder Hinsicht, geübt werden. Auf diese Weise kann man allmählich Herr über sich selbst werden und vermag unter Umständen ganz mühelos nach diesen Regeln zu leben oder zumindest relativ leicht zwei, drei Monate in jedem Jahr. Später ist es vielleicht möglich, ständig eine solche Lebenshaltung zu praktizieren, die einen Strom in Bewegung setzt, der zur Selbstverwirklichung führt. Die Folge von Disziplinlosigkeit und Genusssucht ist Leid, es bedeutet, sich vom eigenen wahren Selbst zu entfernen.

Frage: „Ich finde, es ist besser, man lebt seine Wünsche nach weltlichen Vergnügen aus, indem man Sinnesfreuden genießt. Es ist sicher nicht gut, seine Verlangen zu unterdrücken."

Mâ: „Aber dann ist dein Leben lang kein Ende dieser Sinnesfreuden abzusehen."

Der Fragesteller: „Und wenn schon – dann eben im nächsten Leben."

Mâ: „Diese Theorie akzeptiere ich nicht. Um das Verlangen nach Genuss zu überwinden, sollte man ihm nicht immer nur nachgeben – das vergrößert das Verlangen nur noch mehr. Sich erfreuen – ‚gewürzt' mit Entsagung – ist in Ordnung. Dispeptiker z.B. wollen die ganze Zeit nur essen. Gäbe man ihnen jedoch so oft Essen, wie sie wollten, würde ihre Krankheit nie geheilt werden, und auch ihre Gier nach Nahrung würde niemals geringer. Alles sollte mit Maß getan werden, nur so bleiben Körper und Geist gesund. Wende dich nach und nach immer mehr solchen Tätigkeiten zu, die deine Sehnsucht nach der wirklichen Freude steigern. Du wirst merken, wie die kleinen Vergnügungen, die du aufgegeben hast, ganz von selbst unwichtig werden. Es ist das Schicksal dieser niedrigeren Befriedigungen, ohnehin irgendwann aufgegeben zu werden.

Sieh, es ist wie bei einem Baum, den du hegst und pflegst: die alten, verwelkten Blätter fallen eins nach dem anderen von selbst ab, du brauchst sie nicht mit Gewalt abreißen. Nur wenn man an frischen Blättern zerrt und sie ausreißt, kann der Baum Schaden erleiden. So sollte man nichts mit Gewalt tun. Dennoch solltest du auch nicht müßig bleiben und jegliche Bemühung unterlassen. Dies ist die Welt des Handelns. Man sollte sein

Leben so einrichten, dass man sich mit Tätigkeiten, die im Einklang mit den Regeln und Anweisungen der Heiligen Schriften sind, beschäftigt.

Vergnügen muss durch Entsagung im Zaum gehalten werden. Wenn ein Kind bereits einiges in seinen Fächern gelernt hat, erhält es schlechtere Noten, sobald ihm Fehler unterlaufen. Zu einem Kind jedoch, das noch gar nichts weiß, sagt der Lehrer ‚gut gemacht‘, egal wie miserabel es schreibt. Hat das Kind aber mehr hinzugelernt, gibt ihm der Lehrer schon bei kleinsten Fehlern eine schlechtere Note. Das ist das Gesetz der Erziehung. Und wenn das Kind einige Lektionen, wenn auch noch unvollkommen, gelernt hat, teilt der Lehrer ihm weitere Aufgaben zu. Während der Schüler die neuen Lektionen lernt, werden die Mängel seiner früheren Lektionen von selbst behoben. In ähnlicher Weise sollte man seine Zeit nicht müßig in der Annahme verbringen, dass man Sinnesfreuden nur dann aufgeben kann, wenn das Verlangen danach völlig ausgelebt und zufriedengestellt wurde. Wenn Genießen und Entsagen in ausgewogener Weise einander abwechseln, wird dein Verlangen allmählich schwinden. Nur die Reinigung deines Herzens bestimmt deinen Fortschritt. Wenn man es versäumt, sich so zu bemühen, bereut man im hohen Alter, dass man keine Anstrengungen gemacht hat, sich von den Fesseln des Verlangens zu befreien. Es ist auch nicht richtig, dieses Samskâra weiter bestehen zu lassen. Durch stetiges Üben von Entsagung werden deine Wünsche allmählich schwinden. Deshalb ist es falsch, seine Bemühungen aufzugeben, sich bequem zurückzulehnen und darauf zu warten, dass Entsagung sich von selbst ergibt.“

Nicht ihr genießt Tee, Zigaretten usw., sondern Tee und Zigaretten genießen euren Körper. Wenn nämlich ihr sie genießen würdet, könntet ihr sie auch aufgeben, aber Tee, Zigaretten usw. haben euch in ihrer Gewalt, und deshalb könnt ihr sie nicht aufgeben. Aus diesem Grund ist ein Leben der Selbstbeherrschung unumgänglich.

Beherrsche deine Wünsche nach Sinnesobjekten. Sei mäßig im Essen und Schlafen. Als Pilger auf dem Weg zu Gott solltest du mit dem Maß an Nahrung und Schlaf zufrieden sein, welches dir ermöglicht, schnelle Fortschritte zu machen.

Frage: „Sarva bhute hite ratah" – „man sollte auf das Wohlergehen aller Wesen bedacht sein", sagt die Bhagavad Gîtâ. Mâ, solange wir kein selbstdiszipliniertes Leben führen, ist es schwierig, diese und ähnliche Anweisungen in die Praxis umzusetzen."

Mâ: „Dieser Körper sagt manchmal, dass es für Männer und Frauen schwierig ist, selbstdiszipliniert zu sein. Das führt zu einem wunderbaren Thema: Früher gab es vier Âshramas (Lebensabschnitte) – 1) den Brahmacârya Âshrama: Stand eines in Enthaltsamkeit lebenden Schülers 2) den Grihastha Âshrama: Familienleben als berufstätiger Hausvater oder Mutter 3) den Vânaprastha Âshrama: für Männer und Frauen, die zurückgezogen leben, um Sâdhanâ zu üben und 4) den Sannyâsa Âshrama: Mönchsstand, in dem man alle Bindungen gänzlich aufgibt. So wurde früher das ganze Leben bereits von Anfang an durch den Brahmacârya Âshrama geprägt. Wer den überwältigenden Wunsch verspürte, der Welt zu entsagen, trat von da aus direkt in den Sannyâsa Âshrama ein, während andere nach der festgesetzten Zeit für Brahmacâris den normalen Weg des Familienlebens einschlugen. Auch im Hausvater-Âshrama gibt es den Weg, der zu Gott führt. ‚Âshrama' bedeutet einen Ort, an dem ‚Shrama' nicht existiert, d.h. eure Bemühungen erzeugen keine Anspannung (Shrama). Deshalb wird es ein ‚Âshrama' genannt. Selbst innerhalb des Hausvater-Âshramas pflegten die Menschen ein Leben der Selbstdisziplin zu führen. Wer die Regeln des Brahmacârya Âshramas befolgt hatte, hatte bereits sein Training in Selbstbeherrschung erhalten. Deshalb pflegte er auch strikt die Einschränkungen, Sitten, Gebräuche und Regeln, die für das Familienleben (Grihastha Âshrama) niedergelegt waren, zu praktizieren. Die Rishis waren solche Hausväter und hatten auch eigene Kinder. Heutzutage gibt es so etwas wie den Brahmacârya Âshrama nicht, und deshalb sind Ausschweifung und Mangel an Selbstbeherrschung aufgekommen. Aus denselben Gründen werden der Vânaprastha Âshrama und der Sannyâsa Âshrama nicht mehr richtig eingehalten. Würde der Hausvater den vorgeschriebenen Verhaltensweisen und Regeln folgen, so würden das richtige Verhalten und die Regeln für ein zurückgezogenes Leben von selbst praktiziert werden. Für solche Menschen würde danach wiederum das Leben als *Sannyâsî* einfach und unkompliziert sein. Doch weil die Regeln des ersten Âshramas nicht befolgt werden, gibt es auch danach im Leben der Männer und Frauen keine Selbstbeherrschung. Dennoch kann es möglich sein, jenen höheren Zustand zu erreichen, wenn man sich genau an die Anweisungen seines Gurus hält."

Regeln für einen Tag der Selbstbeherrschung

Diese eure Tochter bittet euch alle um eines, meine guten Väter und Mütter. Ihr wünscht erleichtert zu werden von all den Schwierigkeiten, die euch bedrücken. Ihr wisst, wenn eine Person krank ist, braucht sie sowohl die richtige Diät als auch Medizin. Eure Medizin ist die Wiederholung des Göttlichen Namens und die Kontemplation über seine Bedeutung, eure tägliche Diät wird Selbstbeherrschung sein. Übt beides zusammen an einem bestimmten Tag der Woche oder alle 14 Tage oder zumindest einen Tag im Monat. Je öfter es euch möglich ist, umso besser. Folgende Regeln solltet ihr an jenem besonderen Tag der Hingabe (*Samyam Vrata Divas*) einhalten:

1) Wahrhaftigkeit in Gedanken, Worten und Handlungen.

2) Achtet auf äußerste Einfachheit, was Ernährung und Kleidung betrifft.

3) Euer Geist sollte an jenem Tag ruhig und klar sein und das Ewige gegenüber dem Vergänglichen vorziehen. Beschäftigt euch ständig in inniger Hingabe mit Seinen Erscheinungsformen, Seinen Botschaften an die Menschen und Seinen Lobpreisungen, wie sie durch die Gîtâ offenbart wurden.

4) Versucht euch an jenem Tag immer daran zu erinnern, dass Gott sämtliche Schwierigkeiten des Lebens nur sendet, um euch zu lehren und zu erheben.

5) Lebt an jenem Tag mit einer Einstellung des Dienens, indem ihr eure Eltern, Kinder, Ehepartner und Nachbarn einfach als zahlreiche Kanäle auffasst, durch welche euer Dienst Gott erreicht.

6) Festigt immer eure Überzeugung, dass ihr in der Wahrheit wohnt, dass ihr im Schoße des Guten wachst und euch selbst verliert, um IHN täglich mehr zu finden.

7) Bedenkt immer, dass alle Freuden und Leiden der Welt vergängliche Schatten eures eigenen Selbst sind. Sich in die göttlichen Kräfte einzustimmen, schenkt immerwährenden Frieden und Glück.

8) Gebt eurem Denken genügend Freiheit, mit IHM zu spielen. Erfreut euch an der Schönheit Seiner Erscheinungsformen, Eigenschaften und Tugenden und an dem, was die heiligen Schriften und die Heiligen aller Länder über IHN ausgesagt haben.

9) Wenn ihr das Gefühl habt, keinen spirituellen Fortschritt zu machen, denkt immer daran, dass ihr allein für den Stillstand verantwortlich seid. Stärkt euren Willen, und veredelt ihn durch ein reineres oder höheres

Ichbewusstsein, wie ‚ich muss Seinen Namen anrufen‘, ‚ich werde IHN verehren‘, ‚ich muss lernen, IHN zu lieben‘. Diese Ich-heit, die sich auf Gott richtet, ist besser als das selbstsüchtige Ego.

10) Denkt den ganzen Tag daran, dass die Wiederholung Seines Namens genügend Macht besitzt, alle Sünden zu tilgen, ob sie aus diesem oder aus vergangenen Leben stammen.

Wahrhaftigkeit

Mâ sprach einmal darüber, wie wichtig es sei, in Gedanken, Worten und Taten völlig ehrlich zu sein. Ein konsequenter Sucher nach Wahrheit würde z.B. sofort eine Veränderung im Körper spüren, wenn er nur irgendeine Unwahrheit höre, ganz zu schweigen von der Wirkung, wenn er selbst lügen würde. Dies ereigne sich aufgrund der Reinigung des Bewusstseins, noch bevor die eigentliche Selbsterkenntnis erlangt werde. Hand in Hand mit der Entwicklung von Demut, Sanftheit und anderen Tugenden sowie zunehmender Loslösung von allen Anhaftungen und Abneigungen, manifestieren sich außergewöhnliche psychische Kräfte und das unfehlbare Eintreffen seiner Worte im Wahrheitssucher. Nirgendwo in seinem Körper, in seinen Blicken, Gebärden und Worten könne auch nur die geringste Spur von Unaufrichtigkeit bleiben. Die Folge sei ein Erwachen, das so intensiv wie ein elektrischer Schlag ist.

Ein Junge fragte Mâ: „Wenn man die Wahrheit sagt, kommt man in der Welt nicht voran – wenn man lügt, kann man Gott nicht finden. Was soll man da machen?"

Mâ: „Versuche immer, die Wahrheit zu sagen, und beobachte, was geschieht. Willst du eine Geschichte hören?

Ein berüchtigter Dieb suchte einst einen Heiligen auf. Zuerst beachtete der Heilige ihn gar nicht, doch nachdem der Dieb jeden Tag wiederkam und um Unterweisung bat, antwortete der Sâdhu schließlich: „Zuallererst musst du aufhören, zu lügen und zu stehlen. Wenn dir das einige Tage gelingt, kannst du wiederkommen." Der Dieb fiel ihm zu Füßen und ging nach Hause. Einige Tage später kam er wieder und sah ganz abgemagert und elend aus. „Mahârâj", sagte der Dieb, „ich habe deine Anweisungen treu befolgt, aber so kann ich nicht weitermachen. Meine ganze Familie verhungert. Ich bin zu bekannt als Dieb, als dass jemand mir Arbeit geben würde. Wie sollen wir am Leben bleiben, wenn ich nicht stehle?" „Nun gut", sagte der Sâdhu, „du kannst wieder stehlen, doch darfst du unter keinen Umständen lügen, halte dich strikt an die Wahrheit!" Das Gesicht des Diebes hellte sich auf. Er versprach, die Anweisungen seines Gurus zu befolgen.

„Nach so langem Fasten müssen wir jetzt in die Schatzkammer des königlichen Palastes einbrechen", dachte er bei sich. Wie das Schicksal es so wollte, konnte der König in jener Nacht nicht schlafen. Als er ein merkwürdiges Geräusch hörte, zog er sich die alten Kleider eines Dieners an und ging hinunter. Als er den Einbrecher auf frischer Tat beim Stehlen wertvoller Gegenstände ertappte, tat er auch so, als sei er selbst ein Dieb und sagte: „Sieh her, Bruder, ich gehöre zum gleichen Gewerbe wie du, bloß bin ich noch ein Anfänger. Könnte ich dir nicht helfen, und du gibst mir dafür ein bisschen von der Beute ab?" „Keine schlechte Idee", meinte der alte Dieb und willigte ein. „Es war sehr schwer, diese mächtigen Schlösser aufzubrechen, und bald kommt die Morgendämmerung. Wenn du siehst, dass der Nachtwächter hierherkommt, gib mir früh genug ein Zeichen. Ein Viertel der Beute soll dir gehören." „Abgemacht", sagte der König, „aber gib mir noch deinen Namen und deine Adresse." Der Dieb dachte an die Anweisung seines Gurus und gab ihm die richtigen Angaben. Mithilfe des verkleideten Königs gelang es ihm, die Beute sicher beiseite zu schaffen, und er ließ ein Viertel seinem Kumpanen übrig.

Am nächsten Morgen gab es großen Aufruhr im königlichen Palast. Die Nachricht vom Diebstahl wurde dem König überbracht. Man stellte Nachforschungen an, doch es fand sich keine Spur von dem Missetäter. Der König verriet das Geheimnis nicht, doch als der Fall vor Gericht gebracht werden sollte, ließ er den Dieb holen. „Weißt du etwas über den Diebstahl?" fragte ihn der König ganz offen. „Ja", erwiderte der Dieb. „Erzähle alle Einzelheiten!" befahl der König. Der Dieb schilderte genauestens alles, was passiert war. Der König traute seinen Ohren kaum. „Wie kann jemand, der so aufrichtig ist, sich eines Diebstahls schuldig machen?" rief er aus. Der Dieb erklärte, dass er nur den Anweisungen seines Meisters folge und nur deshalb zum Stehlen gezwungen sei, um sich und seine Familie vor bitterster Armut zu bewahren. „Wieviel brauchst du monatlich für den Unterhalt deiner Familie?" fragte der König. Der Dieb nannte eine bescheidene Summe. „Du brauchst nicht länger zu stehlen", sagte der König, „ich werde bis zu eurem Lebensende für euch sorgen."

„Seht ihr", sagte Mâ, „weil er absolut ehrlich war, wurde es dem Dieb ermöglicht, ein rechtschaffenes Leben zu führen. Es ist sehr wichtig, die Wahrheit zu sagen. Gott ist Wahrheit, und durch Wahrheitsliebe kommt man IHM näher. Die andere Lehre dieser Geschichte besteht darin, dass die genaue, vorbehaltlose Befolgung der Anweisungen des Gurus nicht nur zum höchsten Heil führt, sondern auch die Probleme des täglichen Lebens löst."

Hinweise zum Verhalten eines spirituellen Suchers

Der Charakter, die Worte und Verhaltensweisen eines Menschen sollten Ausdruck des in ihm wohnenden Göttlichen sein. Dein Leben sollte in jedem Augenblick wie ein makellos reiner Strom sein. Wenn man die in den heiligen Schriften angegebenen Regeln genau befolgt, wird Shakti (spirituelle Kraft) erweckt. Ein Mensch wird nur dann wahrhaft Mensch, wenn er den Zweck seiner Geburt erfüllt. Die wirkliche Natur des Selbst (Âtmâ Tattva) zu offenbaren, das sollte immer euer Ziel sein.

Nichts in diesem Universum darf mit Geringschätzung oder Verachtung behandelt werden. ER spielt Sein Göttliches Spiel auf unendliche Weise, durch unendliche Formen und in unendlicher Mannigfaltigkeit. Wie könnte dieses Spiel inszeniert werden, ohne dass ER als Vielfalt erscheint? Seht ihr nicht, wie Licht und Dunkelheit, Freude und Schmerz, Feuer und Wasser unauflösbar in einer ununterbrochenen Kette miteinander verknüpft sind? Denkt daran, dass spirituelles Streben mit Reinheit des Herzens gepaart sein muss. In dem Maße, wie wir unfreundliche oder engstirnige Gedanken hegen, vermehren wir die Ursache des Übels in der Welt. Wozu ist es notwendig, darauf zu achten, was andere haben oder nicht haben? Seid vielmehr auf eure eigene Besserung bedacht. Wenn ihr innere Schönheit entfalten könnt und IHN, den ewig Schönen, im herrlichen Tempel eures Herzens wie in einem Schrein verwahren könnt, dann werdet ihr fähig sein, in allem Schönheit wahrzunehmen.

Ihr solltet nicht versuchen, Fehler an anderen zu finden. Denkt daran, dass *alles*, was man tut, bevor wirkliche Erkenntnis erlangt wurde, aus einer Art Unbewusstheit heraus geschieht. Die Menschen können nicht anders, als so zu handeln. Versucht, nie schlecht von anderen zu sprechen. *Wen* beurteilt ihr so schlecht? Ihr seid alle Gottes Ebenbild. Ob gut oder schlecht, es ist Seine Offenbarung. Wenn du selbst gut und rein werden möchtest, solltest du allem, was du siehst, mit Glauben und Hingabe begegnen. Wenn du etwas Schlechtes bemerkst, solltest du sagen: „Oh Herr, wir möchten Dich nicht in dieser Erscheinungsform sehen. Behalte sie für Dich." So solltet ihr das Gute in allem aufnehmen.

Es gab eine Zeit, in der ich nichts tun konnte, was die Gefühle eines anderen verletzen würde. Wann immer ich mit so einer Situation konfrontiert wurde, begann ich innerlich zu zittern, weil die Verletzung sofort auf diesen Körper zurückprallen würde.

Da man sich selbst nicht mit eigenen Augen sehen kann, sollte man aufmerksam zuhören, wenn andere auf die eigenen Fehler hinweisen. Das hilft dir dabei, dich selbst zu prüfen. Sein eigenes Lob zu hören, richtet hingegen Schaden an. Die meisten Menschen haben genau die entgegengesetzte Haltung. Sie mögen gern gelobt werden, aber fürchten sehr die Kritik. Aufgrunddessen bleiben sie zeitlebens abhängig von Lob und Tadel und erleiden folglich häufig Enttäuschungen. Im weltlichen Leben ist es notwendig, auf Lob und Tadel zu achten. Doch auf dem spirituellen Weg kann man nur fest und beständig bleiben, wenn einem beides gleichgültig wird.

Achtet nicht auf die Fehler anderer. Es trübt die Sicht, verunreinigt das Denken und trägt zur Last der Sünde in der Welt bei. Versucht daher in allem, was ihr wahrnehmt, nur die positive Seite zu sehen. Das Gute und Schöne ist wahr und lebendig, während das Schlechte und Hässliche nur der Schatten der Wirklichkeit ist. Eigentlich möchte niemand schlecht sein. Wenn ihr die Gesellschaft anderer aufsucht, denkt daran, dass ihr das Gute und Schöne entdecken wollt. Wenn ihr sowohl im Innern als auch nach außen hin einfach und aufrichtig seid, wird euer Herz rein und von Freude erfüllt und eure Einsicht und euer Verstand werden gesund und treffend sein. Dann werdet ihr überall Gutes finden, und nichts wird schlecht erscheinen. Gott allein ist vollkommen, kein Mensch kann fehlerfrei sein. Wenn ihr euch darin übt, die guten Eigenschaften in anderen zu sehen, so entwickeln sich die gleichen Tugenden in euch selbst, denn wie ihr denkt, so werdet ihr. Es schenkt in der Tat viel größere Befriedigung, die Verdienste anderer wertzuschätzen, als seinen eigenen Wert herauszustreichen. Sich am Gedanken der eigenen Vortrefflichkeit zu erfreuen, wird nur das Ego aufblasen und die Fehler und Schwächen anderer vergrößern.

278

Oft kommt es vor, dass Sannyâsîs in Mâ's Gegenwart über die heiligen Schriften sprechen und Mâ sehr aufmerksam und voll Freude selbst dann zuhört, wenn es den anderen Zuhörern schon zu lang und ermüdend wird. Mâ sagt oft: „Lasst ihn sprechen – er hat Freude daran, das zu wiederholen, was die heiligen Schriften sagen. Niemals sollte man einen anderen in seinem Bhâva (seiner jeweiligen spirituellen Gemütshaltung) stören. Shâstras sind schließlich Worte, die sich auf Gott beziehen!"

Manchmal beginnen einige Menschen, nachdem sie Mâ begegnet sind, ihr Sprechen und ihr Bhâva nachzuahmen. Wenn man Mâ dies erzählte, sagte sie: „Lasst ihn so sprechen, hindert ihn nicht. Selbst wenn ihr ihn daran hindert, weil ihr jetzt hier seid, wird er damit fortfahren, wenn ihr nicht hier seid. Wie wollt ihr es also ändern? Sogar eine Nachahmung von etwas Wahrem, von meinem echten Bhâva, ist gut." Sie hielt eine Weile inne und sagte dann: „Seht, wenn eine Mango reif ist, kommt sie nicht und sagt zu euch: ‚Ich bin reif'. Ihr geht hin und stellt fest, dass sie rötlich geworden ist, dass sie entsprechend duftet und gereift ist. Ebenso ist es, wenn das reine Bhâva in einem Menschen erwacht, nicht notwendig, es allen zu sagen. Aus dem Verhalten und Ausdruck jener Person wird es offenkundig für die anderen."

Gott ist tatsächlich in allen Erscheinungsformen gegenwärtig. Diese Tatsache solltest du deinem Herz und Geist zutiefst einprägen. Jedem sollte gesagt werden, dass es dem Hindu Sanâtana Dharma[83] zufolge nicht richtig ist, in Gottes Schöpfung etwas zu äußern, das in irgendjemandem feindliche Gefühle oder Kummer hervorruft. Denn Gott und nur ER offenbart sich in allen Erscheinungsformen. Jemandem feindlich gesinnt zu sein bedeutet, dem Höchsten feindlich gesinnt zu sein: Wir alle sind ein Selbst – dessen müssen wir uns bewusst sein. Bleibe immer ruhig und freundlich.

Man sollte nicht auf die Fehler anderer schauen. Anstatt sich um ihre Unzulänglichkeiten zu kümmern, sollte man besser seine eigenen Fehler erkennen. Zuallererst sollte man versuchen, sich selbst zu bessern. Wenn ihr

---

[83] die ewige, universelle Religion Indiens, die auf den Offenbarungen der Veden und den Erfahrungen zahlloser Heiliger beruht

jemanden tadelt, wird automatisch etwas von der Untugend, die ihr an ihm tadelt, in euch eindringen. Auch Ärger ist sehr schlecht und stellt ein großes Hindernis auf dem Weg zur Gottverwirklichung dar. Wenn ihr ärgerlich sein müsst, seid ärgerlich auf euch selbst. Wenn ihr gierig seid, seid gierig danach, Gott zu finden. Wenn ihr ein starkes Verlangen spürt, lasst es zu einem Verlangen nach Gottverwirklichung werden.

Frage: Warum nehmen Sâdhus Unterschiede wahr?

Mâ: Das ist nur auf dem Weg möglich. Wenn das Ziel erreicht wurde, hört die Wahrnehmung von Verschiedenheit auf. Auf dem Weg sollte man das Edle, das Beste wählen – die Nahrung, die einen auf dem spirituellen Weg unterstützt, die Gemeinschaft vermeiden, die einen ablenkt usw. und bloßes Vergnügen aufgeben. Doch wenn man in DEM gegründet ist, dem Ganzen, Ungeteilten, ist man frei, so zu handeln, wie man möchte. Ein gewöhnlicher Sâdhaka kann jedoch sein Verhalten nicht mit dem eines solchen Wesens vergleichen.

Beim leichtesten Anzeichen von Ärger trinkt eine ausreichende Menge kalten Wassers. Ärger schadet einem Menschen in jeder Hinsicht. Er ruft die Wirkung von Gift im Körper hervor. Betet zu Gott, euch vor dieser Stimmung zu bewahren. Leute zu kritisieren oder jemandem feindlich gesinnt zu sein, schadet einem selbst und verursacht Hindernisse auf dem eigenen Weg zum Höchsten. Wenn jemand etwas Schlechtes tut, solltet ihr nichts als Zuneigung und Güte für ihn oder sie empfinden. Denkt: „Herr, auch dies ist eine Deiner Erscheinungsweisen!" Je gütiger und freundlicher ihr gegenüber jedem empfinden und euch verhalten könnt, desto mehr wird sich der Weg zu dem EINEN, der das GUTE Selbst ist, öffnen.

In dieser Welt kann man es sich nicht erlauben, irgendjemanden zu ignorieren. Jedes menschliche Wesen hat Anspruch auf ein gewisses Maß an Achtung und Unterstützung von seiten eines jeden anderen. Niemand sollte meinen, dass er für die Aufrechterhaltung der Ordnung im Universum von größerer Bedeutung ist als ein anderer. Ohne einen Herrscher kann ein Land nicht regiert werden, ohne Untertanen wiederum kann es keinen Herrscher geben. Jeder entwickelt sich beständig auf dem Weg der Handlung, der ihm vom Schöpfer zugewiesen wurde. Sich selbst daher wegen irgendeines Verdienstes oder einer angesehenen Position, die man erlangt hat, für bedeutend und andere für unbedeutend zu halten, ist ein schwerwiegender Fehler. Man sollte dieses weite Universum nicht so sehr als Anhäufung zahlloser Teilchen ansehen, sondern es vielmehr als *einen* unteilbaren Kosmos betrachten, und dann werden alle Unterscheidungen zwischen hoch und niedrig verschwinden. Ein Mensch, der sich selbst achtet, wird anderen sogar noch mehr Achtung entgegenbringen. Ohne Respekt kann sich keine Ehrfurcht entwickeln, und ohne Ehrfurcht wird keine Liebe erwachen. Wenn Liebe fehlt, geht der Herr der Liebe weit fort und wird schwer zu finden sein.

Zu einer Person, die mit im Âshram lebte, sagte Mâ einmal: „Was du auch tust, tu es mit Herz und Seele, und lass dich nicht von Lob und Tadel beeinflussen. Wenn jemand dir Vorwürfe macht, wirst du unsicher, und wenn man dir auf den Rücken klopft, fühlst du dich bestätigt. Das bedeutet, es geht dir in Wirklichkeit nicht um deine Aufgabe, sondern mehr um die Anerkennung der anderen."

„Wir sind halt alle so ...", sagte die betreffende Person.

Mâ: „Warum verteidigst du dich damit? Was geht es dich an, was andere tun? Bessere dich selbst. Deine eigene Besserung sollte dein Schutz sein." Dann drehte sie sich zu Âtmânanda um und sagte: „Wenn ich dir manchmal wegen irgendetwas Vorwürfe mache, entgegnest du: ‚Warum immer ich? Soviele andere handeln genauso, und Du sagst nichts dazu.‘ Doch ich sage: Bessere dich selbst, übe Kritik an dir selbst, und achte nicht auf die Fehler anderer, um dich damit zu rechtfertigen."

Kritik kann mit Kuhdung verglichen werden. Wenn Kuhdung einfach irgendwo herumliegt, ist er unnütz. Wenn er aber mit Erde vermischt in Dünger verwandelt und unter die Pflanzen gegeben wird – welch schöne Blumen, Früchte und Getreide werden dort gedeihen! Ebenso wird es sehr förderlich sein, wenn ein geistiger Sucher Vorwürfe und Kritik erdulden kann, d.h. wenn er sie nutzt, um seinen Charakter zu verbessern – so wie der Boden durch Dünger fruchtbar gemacht wird. Siehst du nun, wie gut Kritik ist? Auch Kritik ist nichts anderes als ER, der EINE.

281

Verhaltensweisen, die unhöflich, nicht verfeinert und unkultiviert sind, behindern den Fortschritt auf der Reise zum Höchsten Ziel in jedem Fall. Tatsächlich erzeugen sie große Hindernisse auf dem Weg, dessen sollte man sich bewusst sein.

Wenn man anderen Vorwürfe macht, geht man in Kontakt mit dem, wofür man sie beschuldigt.

Wenn du andere verurteilst, gehen ihre Fehler in dich ein. An anderen Fehler zu finden, ist selbst ein Fehler. Wenn du in einen Garten gehst, bewundere die schönen Blumen. Warum sollte man nach Dornen Ausschau halten?

Frage: „Angenommen, ein Atheist lebt ein ethisch einwandfreies, rechtschaffenes Leben. Befindet er sich auf einer niedrigeren Ebene als ein gläubiger Devotee?"

Mâ: „Ein rechtschaffenes Leben reinigt den Geist. Selbst wenn man nicht an Gott glaubt, so wird der Glaube an eine übergeordnete Kraft oder das Streben nach einem hohen Ideal einem ebenfalls nützen. Durch ein rechtschaffenes Leben macht man Fortschritte zur Gottverwirklichung. Wenn man an das Ideal eines vollkommenen Menschen glaubt, heißt das, man glaubt nicht an Gott? An Gott als ein bestimmtes Ideal zu glauben, ist auch ein Weg!"

Man sollte nie schlecht über irgendjemanden reden. Auch wenn man jemanden außerordentlich lobt, beinhaltet das, dass wir in gewisser Weise von anderen, die nicht so sind, schlecht sprechen.

An anderen Fehler zu finden, führt dich selbst zu Fall.

Versuche Gott in jedem und allem zu sehen, auch in dir selbst.

Über Siddhis
und Gefahren auf dem spirituellen Weg

Frage: „Dürfen übernormale psychische Kräfte angewandt werden, um etwas in der materiellen Welt damit zu erreichen, z.B. im Geschäft oder in der Beziehung zu Menschen?"

Mâ: „Wenn göttliche Energie (Bhagavat Shakti) für irgendetwas anderes als göttliche Zwecke (Bhagavat Kârya) benutzt wird, hat man sie vergeudet. Ein Mann, der Medizin studiert, gebraucht sein Wissen, um Patienten zu heilen; jemand, der Ingenieurwissenschaft lernt, wendet sie an, um als Ingenieur zu arbeiten. Wenn man die Kraft, die man bei seinem Weg zur Wahrheit erwirbt, auf materielle Ziele richtet, wird dadurch der Strom Höchster Spiritueller Energie (Mahâshakti) gehemmt. Die Kraft, die sich als Ergebnis spiritueller Übungen im Innern ansammelt, darf nicht für weltliche Zwecke vergeudet werden. Bestimmte übernormale Fähigkeiten (Vibhûtis)[84] mögen sich entwickeln – doch ist nicht alles Gottes Vibhûti, Sein Lîlâ (göttliches Spiel), Seine Mâyâ (die Macht, die das Eine als Vielfalt erscheinen lässt)? Wenn ihr inmitten dieses Spiels nicht die WIRKLICHKEIT dahinter sucht und wenn ihr – anstatt die Kräfte und Fähigkeiten, mit denen ihr gesegnet wurdet, zu *diesem* Zweck zu gebrauchen – abseits auf die Wege der Welt gelockt werdet, so wird das unerwünschte Konsequenzen haben. Wenn man einmal Pilger auf dem Weg zur Unsterblichkeit geworden ist und mit Kräften beschenkt wurde, so behindert es den spirituellen Fortschritt, diesen Pfad zu vernachlässigen und an Seitenwegen zu säumen. Es bedeutet, wieder in weltliche Interessen zurückzufallen.

Man darf sich nicht von der Verlockung übernormaler Fähigkeiten blenden lassen. Angenommen, man hat die Fähigkeit erlangt, dass alles, was man sagt, wahr wird oder sich alles erfüllt, was man wünscht. Was heißt das schon? Das ist nur eine Stufe. Wenn man solche Kräfte gebraucht, um Menschen zu vernichten oder zu verbessern, ist es möglich, dass man auf jener Ebene festgehalten wird, anstatt weiteren Fortschritt zum endgültigen Ziel zu machen. Auf der Ebene dieser Fähigkeiten hängenzubleiben, ist

---

[84] Das Wort *Vibhûti* bezeichnet die verschiedenen Machtentfaltungen des Alldurchdringenden (Vibhu)

Energieverschwendung. Wenn man solche Kräfte erlangt hat, darf man nicht das höchste Ziel menschlicher Existenz aus dem Auge verlieren, sondern muss unaufhörlich nach Selbstverwirklichung streben. Unterlässt man dies, so wird das Hindernisse schaffen, und es ist möglich, dass man wieder fällt.

Hier fragte eine andere Person: „Wenn man übernormale Fähigkeiten erlangt hat, schwindet dann nicht der Wunsch, sie für niedrigere Zwecke zu gebrauchen?"

Mâ: „Wenn man nur ein wenig Kraft entwickelt, mag man versucht sein, sie zu weltlichen Zwecken zu benutzen. Aber wo die *Höchste Kraft* des Selbst wirkt, ist es vollkommen anders. Die Welt wird nicht länger als getrennt wahrgenommen, und es ist durchaus möglich, dass diese *Kraft* auch bestimmte materielle Veränderungen hervorruft. Dabei ist jedoch kein persönlicher Wille im Spiel, und darüberhinaus zeigen sich unverkennbare Merkmale: Ein Mensch, durch welchen sich diese Höchste Kraft ausdrückt, ist voller Demut, Mitgefühl, Nachsicht und Barmherzigkeit, er kann keinerlei Feindseligkeit gegenüber irgendjemandem empfinden. In so einem Fall manifestiert sich die *Kraft* spontan, während sie im anderen Fall ‚benutzt' wird. Wo sie benutzt wird, beinhaltet das ein ‚Handeln' und einen ‚Handelnden', und daher hat man sich noch nicht über Lob und Prestige erhoben. Deshalb besteht die Gefahr zu fallen."

Siddhis bewusst anzuwenden, ist etwas sehr anderes, als wenn sie sich spontan und von selbst ergeben. Wenn eine Kraft bewusst eingesetzt wird, bleibt noch ein ‚Ich', was dich zu Fall bringen kann – wo sie sich jedoch spontan manifestiert, ist das nicht der Fall.

Die übernatürlichen Fähigkeiten sind nichts anderes als die Kräfte Gottes. Wenn sich diese Fähigkeiten von selbst offenbaren, so schadet es nicht. Doch wenn der Schüler sie absichtlich zeigt, ist es abträglich und der Fortschritt seines Sâdhanâs ist behindert. Wenn diese Kräfte sich unter dem Deckmantel von Ego und Prestige zeigen, hemmen sie das Sâdhâna. Ego und Prestige sind die Haupthindernisse für Sâdhâna und führen dazu, dass diese Kräfte verschwinden.

Es ist äußerst schwierig, seinen eigenen Willen zu beherrschen. Sehr leicht hält man seinen eigenen Willen fälschlicherweise für ein Zeichen oder eine Inspiration des Göttlichen. Man sollte seine Beweggründe stets sorgfältig prüfen. Göttliche Inspiration beweist sich selbst und wird das Leben verwandeln. Selbst die erhabenste persönliche Motivation darf nicht mit göttlichem Willen gleichgesetzt werden. Dennoch muss man immer offen oder bereit sein, göttliche Inspiration zu empfangen.

Mâ sagt, wenn jemand – ohne Verwirklichung, nur aufgrund einiger Beschäftigung mit den heiligen Schriften – nach Schülern, Devotees und Geld trachte, würden ihm mit Sicherheit leidvolle Erfahrungen zuteil. Allein der Gedanke „ich verkünde den Leuten spirituelle Wahrheit" und Handlungen, die dazu dienen, das Interesse der Öffentlichkeit auf die eigene Person zu lenken, gefährden den Fortschritt auf dem Weg zur Verwirklichung erheblich. Wo Sünde unter einer schönen Maske erscheine, könne man nie wissen, wohin das im nächsten Augenblick führe.

Solange du nach den Früchten (deiner spirituellen Übungen) verlangst, ist es offensichtlich, dass du nicht Unsterblichkeit suchst.

285

Hatha Yoga

Frage: „Was sind die Vor- und Nachteile von Hatha Yoga?"

Mâ: „Was bedeutet ‚Hatha'? Etwas gewaltsam zu tun. ‚Sein' und ‚tun' sind zwei sehr verschiedene Dinge. Im Zustand des Seins werden sich spontan die entsprechenden Symptome manifestieren, da Prâna (die Lebensenergie) in einem bestimmten Zentrum des Körpers aktiv geworden ist. Wenn man jedoch Hatha Yoga nur als Gymnastik praktiziert, wird das Bewusstsein nicht im geringsten dadurch verändert. Durch Gymnastik wird körperliche Fitness entwickelt. Häufig hört man von Fällen, bei denen das Aufgeben von Yogaübungen usw. zu Erkrankungen geführt hat. So wie der Körper schwach wird, wenn er keine vollwertige Nahrung erhält, ebenso braucht auch der Geist die richtige Kost. Wenn der Geist die richtige Ernährung erhält, kommt der Mensch Gott näher. Kümmert man sich jedoch hauptsächlich um den Körper, so bleibt die Aufmerksamkeit mehr und mehr im weltlichen Bereich verstrickt. Bloße Gymnastik ist Nahrung für den Körper.

Was nun das ‚tun' betrifft: Anhaltende Bemühung mündet in müheloses Sein, mit anderen Worten, was man durch stete Übung erreicht hat, wird zu guter Letzt transzendiert. Dann kommt Spontaneität. Solange das nicht geschieht, kann der Nutzen von Hatha Yoga nicht verstanden werden. Wenn das bessere körperliche Befinden, das sich aus Hatha Yoga ergibt, als Hilfe auf dem spirituellen Übungsweg benutzt wird, so ist das nicht vergebens. Andernfalls jedoch ist es kein Yoga, sondern Bhoga (Handlung zur eigenen Befriedigung). In mühelosem Sein liegt der Pfad zum Unendlichen. Solange Hatha Yoga nicht das Ewige anstrebt, ist er nichts weiter als Gymnastik. Wenn man nach einiger Praxis nicht SEINE Berührung spürt, war der Yoga vergeblich.

Manchmal trifft man Personen, die durch all diese Übungen wie Neti, Dhauti[85] usw. schwer krank geworden sind. Neulich traf ich in Nainital einen jungen Mann, der seine Gesundheit durch Hatha Yoga völlig ruiniert

---

[85] Neti: Yogaübung zur inneren Reinigung des Körpers, indem man einen Faden durch Nase und Mund zieht; Dhauti: eine andere Übung zum gleichen Zweck, bei der man ein langes Band verschluckt und dann wieder aus dem Mund zieht.

hatte. Er litt an ständigem Durchfall, der einfach nicht aufhören wollte. Er und einige seiner Freunde hatten beschlossen, Experten in Hatha Yoga zu werden und ein Institut zu gründen, in dem man durch diese Disziplin Gott erreichen würde. Aber alle ohne Ausnahme wurden krank.

Ein fähiger Lehrer, der jede Veränderung im Prânafluss des Schülers versteht, wird den Vorgang richtig beschleunigen oder verlangsamen – so wie ein Steuermann sein Ruder immer fest im Griff hat, während er das Schiff lenkt. Ohne solche Führung ist Hatha Yoga nicht ratsam. Der Lehrer muss um alles, was irgendwann passieren kann, aus eigener Erfahrung wissen und es mit scharfem Blick sofort erfassen. Schließlich ist er der Arzt derer, die diesen Weg gehen! Ohne die Hilfe so eines Arztes besteht die Gefahr, dass man sich verletzt.

Alles geht leicht, wenn einmal der Segen SEINER Berührung gefühlt wurde. Beim Baden im Fluss schwimmt man zuerst aus eigener Anstrengung, doch wird man einmal von der Strömung erfasst, so wird man mitgerissen, egal ob man gut schwimmen kann oder nicht. Man muss in den Rhythmus seiner eigenen wahren Natur hineinfinden. Ihre Offenbarung wird einen sofort blitzartig und unwiderstehlich an sich ziehen, und ein Punkt kommt, an dem man selbst nichts weiter tun braucht. Solange dieser Kontakt noch nicht stattgefunden hat, übergib Gott innerlich alle Neigungen und Widerstände, und diene, meditiere, kontempliere – tue irgendetwas in dieser Richtung.

Für gewöhnlich vollziehst du deine tägliche Andacht immer in gleicher Weise. Wenn du den Wunsch verspürst, etwas mehr Japa oder Meditation zusätzlich zu machen, so ist das ein Anzeichen, dass du einen Lichtblick bekommen hast, wenn auch nur vorübergehend, und dann besteht Hoffnung, dass sich nach und nach der Rhythmus deiner wahren Natur offenbart. In diesem Zustand besteht noch ein Ich-Bewusstsein (aham), doch richtet sich dieses Ich auf das Ewige und erstrebt Vereinigung mit IHM. Handlungen jedoch, die aus dem Wunsch nach Anerkennung, aus einem Geltungsbedürfnis heraus getan werden, entspringen dem Ego (Ahamkâra) und sind somit Hindernisse.

Ob ihr Hatha Yoga, Râja Yoga oder irgendeinen anderen Yoga praktiziert, er kann nur gefährlich sein, wenn es an Reinheit im spirituellen Streben mangelt. Wenn ihr Âsanas und ähnliche Übungen macht und Zugang zum wahren Rhythmus der Natur gefunden habt, werdet ihr merken, dass alles leicht und spontan abläuft. Woran lässt sich das erkennen? Man spürt ein Einssein, eine innige Wonne, und die Erinnerung an den EINEN ist ständig gegenwärtig. Das ist wirklich nicht das Ergebnis weltlicher Übungen. So etwas kann sich nur spontan, aus sich selbst heraus, manifestieren, und deshalb weilt die Erinnerung ständig beim EINEN: Zu Gott allein fließt des Menschen wahre Natur.

Manchmal werdet ihr während der Meditation bemerken, dass sich Recaka, Pûraka oder Kumbhaka[86] ganz von selbst ohne Bemühung ergeben haben. Wenn die Bewegung eurer wahren Natur einsetzt, dann werden die Knoten eures Herzens entwirrt werden, weil diese Bewegung einzig auf Gott gerichtet ist. Wenn ihr während der Meditation bemerkt, dass sich von selbst vollkommen korrekte Âsanas formen – wenn die Wirbelsäule von selbst gerade wird – dann solltet ihr wissen, dass der Strom eures Prâna dem Ewigen zugewandt ist. Im anderen Fall wird der richtige Fluss sich beim Japa nicht einstellen, und ihr werdet Rückenschmerzen bekommen. Trotzdem ist selbst so ein Japa nicht vergeblich, obwohl man keine besondere Wirkung spürt. Mit anderen Worten, der Geist ist willig, doch der Körper folgt nicht, und daher spürt ihr nicht die tiefe Freude, die vom Duft der Göttlichen Gegenwart ausströmt.

Mit euren Gedanken auf Sinnesobjekten zu verweilen, vergrößert nur eure Anhaftung an sie. Wenn ein intensives Interesse an der Höchsten Suche erwacht, so wird man religiösen Gedanken, religiöser Philosophie und der Vergegenwärtigung Gottes in der ganzen Schöpfung immer mehr Zeit und Aufmerksamkeit widmen, bis dadurch schließlich jeder einzelne innere ‚Knoten‘ gelöst wurde. Eine heftige Sehnsucht bewegt das Innere: Wie kann ich IHN finden? Aufgrund dessen wird der Rhythmus von Körper und Geist gleichmäßig, ruhig und klar.

Einige von euch fühlen spontan den Wunsch, Âsanas und ähnliches als spirituelle Übungen zu praktizieren. Wenn kein Wunsch, damit anzugeben, dabei im Spiel ist, wird es leicht sein, den Rhythmus der eigenen wahren Natur zu finden. Doch wenn der Geist vom Körper festgehalten wird, werden diese Übungen zu bloßer Gymnastik. Es kommt auch vor, dass Sâdhakas in die richtige Richtung gelenkt werden, obwohl sie sich dessen zuerst nicht bewusst sind, oder keinen Widerstand leisten können, selbst wenn sie es bemerken.

Nehmt an, einige Leute gehen im Meer baden und entschließen sich, allen anderen voraus zu schwimmen; daraus folgt, dass sie zurückschauen

---

[86] Recaka – der bewusste Prozess, den Atem auszustoßen; Puraka – das Einziehen des Atems; Kumbhaka – Einbehaltung des Atems im Körper oder den Atem ausgestoßen lassen, wobei die entgegengesetzten Bewegungen des Ein- und Ausatmens aufgehoben sind.

müssen. Aber für den, dessen einziges Ziel der Ozean selbst ist, gibt es niemanden, um dessentwillen er zurückschaut oder besorgt ist, und dann geschieht, was geschehen soll. Übergib dich der Welle, und du wirst von der Strömung aufgenommen werden: Wenn du ins Meer getaucht bist, kehrst du nicht wieder zurück. Der Ewige selbst ist die Welle, die den Strand überflutet, um dich hinwegzutragen. Jene, die sich selbst für dieses Ziel aufgeben können, werden von IHM angenommen. Aber wenn eure Aufmerksamkeit auf den Strand gerichtet bleibt, könnt ihr nicht weiter vordringen – nach dem Baden werdet ihr heimkehren. Wenn euer Ziel das Höchste, das Endgültige ist, werdet ihr vom Strom eurer wahren Natur geführt werden. Es gibt Wellen, die hinwegtragen, und Wellen, die zurückziehen. Jene, die sich selbst aufgeben können, werden von IHM erfasst werden. In der Erscheinung der Welle streckt ER Seine Hand aus und ruft euch: kommt, Kommt, KOMMT!

... Wenn sich eine Yogahaltung formt, spricht sie – genauso wie du und ich. Wie? Wenn das Ziel, wozu man das Âsana ausführt, offenbar wird, wenn man das erreicht, was man durch eine spezielle Yogahaltung anstrebt, so kann das seine Sprache genannt werden.

Wenn sich ein kranker Mann zuviel bewegt, überanstrengt er sich und beginnt, nach Luft zu schnappen. Der Atemrhythmus verändert sich ständig automatisch, je nachdem wie man sitzt oder sich bewegt, man merkt es bloß nicht. Jemand, der seinen Atem beherrscht, kann ihn willentlich auf jede Ebene bringen. Am Anfang wissen diejenigen von euch, die Yogaübungen machen, nicht, welches Bein sie zuerst kreuzen sollen, und welches danach, und wann sie dabei ein- oder ausatmen sollen. Folglich ist eure Übung teilweise fehlerhaft. Warum? Wenn ihr etwas öffnen wollt und nicht wisst, wie es gemacht wird, kann es beschädigt werden. Wenn sich ein Âsana von selbst formt, werdet ihr merken, dass sich eure Beine ganz richtig und im Einklang mit dem Atem verschränken und lösen. Wenn das Âsana und der Atem in völliger Harmonie miteinander sind, so ist das ein Zeichen dafür, dass der Guru an dir arbeitet. Während man vorher kein Wissen über die Yogastellung hatte, versteht man sie jetzt ganz klar.

Auf der geistigen Ebene ist es so, als ob man sich selbst als Zeuge zuschaut, gleichsam wie ein Kind. Man spürt, dass jemand all das geschehen lässt, und gleichzeitig beruhigt sich die Aktivität des Denkens.

Wenn die Schwingungen deines Körpers und deines Prânas eine Ebene erreicht haben, auf der sich bereits eine große Vervollkommnung in allem zeigt, was für die *Höchste Suche* von Bedeutung ist, dann wirst du merken, dass du spirituelle Wahrheiten aussprichst – das ist ein spontaner Vorgang

auf jener Ebene. Und wenn du auf der Ebene eines Rishis gegründet wirst, dem Mantras offenbart werden, d.h. wenn die Schwingungen deines Körpers und Prânas sich dort konzentrieren, so werden Worte, die dieser Ebene entsprechen, von deinen Lippen kommen.

Es gibt einen Zustand, in dem du weder weißt, noch verstehst, was geschieht – z.B. wenn sich eine Yogahaltung, die dir zuvor unbekannt war, unvermutet formt. Wer hat das bewirkt? Der Innere Guru. Das Gleiche gilt, wenn sich ein Mantra offenbart und die Lösung deines Problems und die innere Bedeutung (Tattva) des Mantras in seiner transzendentalen Form (Pratyaksha Mûrti) direkt vor dir erscheint, wenn sich mit anderen Worten zusammen mit seinem inneren Wesen seine feinstoffliche Form enthüllt: In dem Augenblick beginnst du, die wahre Natur des Inneren Gurus zu verstehen – Er wohnt im Innern und arbeitet von dort aus. Nicht nur wurden deine Zweifel behoben, du hast auch die innere Bedeutung des Mantras verstanden. Das ist wirklicher Darshan. Hier hast du eine Antwort erhalten ohne zu wissen, wie es dazu gekommen ist. Bei einer anderen Art von Erfahrung enthüllt sich der verborgene Mechanismus des Geschehens, und das Mantra, seine innere Bedeutung, der Guru und die Gottheit werden gleichzeitig offenbar. Das ist ein Beispiel für eine innere Erfahrung, die ein volles Wissen aller Stufen und Aspekte einschließt. Angenommen, man macht Japa oder Meditation, und eine Frage taucht im Geist auf. Sofort ist die Antwort da. Man erkennt: Das hat mir der Guru gesagt, es ist Seine Unterweisung, die ich bekommen habe.

Es gibt den Weg durch Handlung und den Weg des Geistes, oder um es genauer zu sagen, im ersten Fall spielt Aktivität eine größere Rolle, im zweiten Fall der Geist, obwohl geistige Konzentration für beide notwendig ist. Sie wirken zusammen, nur eines dominiert jeweils: Wenn Âsanas angewandt werden, herrscht Aktivität vor, wenn jedoch Mantras benutzt werden, steht der Geist an erster Stelle.

Dann wiederum – wer ist es, der mich von außen führt? Auch ER, denn niemand anders existiert!

Diese Aussagen sind Fragmente von hier und da. Sie wurden gemacht, damit jeder bekommt, was für ihn nützlich ist, und in dem Maß, wie er es verstehen kann."

Ernährung und Schlaf

Ihr diskutiert viel über sattvische[87] Nahrung. Für diesen Körper bedeutet sattvische Nahrung, sich mit göttlichen Gedanken und Gefühlen zu nähren und im Bewusstsein der Wahrheit oder Gottes zu bleiben. Wenn ihr einmal am Tag vollkommen reine Nahrung esst, aber Tag und Nacht hindurch in weltliche Gedanken vertieft seid, was kann euch dann sattvische Nahrung nützen? Zerstoßt die Arznei des Namens Gottes oder der Selbsterforschung zusammen mit dem Honig reinen Strebens im Mörser des Geistes und esst davon. Auf diese Weise werden sich von innen her sowohl die Gelegenheit zu richtiger Ernährung als auch die notwendigen Bestandteile, um sie wirksam zu machen, ergeben.

Habt immer edle Ziele vor Augen und schenkt eurer Arbeit eure ganze Aufmerksamkeit, dann werden Körper und Geist die Eigenschaften entwickeln, die ihr durch sattvische Nahrung erzeugen wollt.

Alles, was durch die Sinne aufgenommen wird, ist Nahrung; seid daher wachsam und achtet darauf, dass ihr nicht abhängig von dem werdet, was ihr aufnehmt. Bemüht euch immer, eure Verlangen unter Kontrolle zu haben.

Mäßig im Essen, Schlafen usw. zu sein, ist unbedingt erforderlich. Schaut, wenn ihr auf Reisen geht, nehmt ihr nur soviel mit, wie ihr braucht. Ihr tragt nicht alles mit, was sich bei euch zuhause befindet. So solltet ihr, wenn ihr Pilger auf dem Pfad zum Höchsten werdet, auch nur eben soviel essen und schlafen, wie es euch hilft, um immer in SEINER Gegenwart zu leben.

Ein gesunder Körper hilft dir, deine Aufmerksamkeit auf IHN zu richten. In dem Maße, wie du Forschritte in deinem Sâdhanâ machst, werden sich automatisch gewisse notwendige Veränderungen in deiner Ernährung und in deinem Schlaf ergeben.

---

[87] Sattva ist eine der drei Grundeigenschaften der Schöpfung, die für Licht, Reinheit und Harmonie steht, während Rajas das erregende Prinzip und Tamas das Trägheit und Unwissenheit erzeugende Prinzip darstellt.

Frage: „Man sagt, was man isst, beeinflusst das Denken. Ist das wahr? Was für eine Beziehung besteht zwischen Bewusstsein und Ernährung?"

Mâ: „Es besteht tatsächlich eine enge Wechselbeziehung zwischen Denken und Nahrung. Sattvische Nahrung wird sattvische Eigenschaften erzeugen, rajasische Nahrung rajasische Eigenschaften usw. Deshalb befolgen die Leute auch bestimmte Regeln bei ihrer Ernährung. Aber wenn jemand Sâdhanâ übt, wird er automatisch die Notwendigkeit spüren, bestimmte Arten von Nahrung aufzugeben und andere einzuführen. Allmählich wird er eine Abneigung gegenüber Lebensmitteln empfinden, die seinem Sâdhanâ hinderlich sind. Wie ein fiebernder Patient nach Wasser verlangt, so wird der Sâdhaka instinktiv einen Wunsch nach bestimmten Nahrungsmitteln haben und gegenüber anderen eine Abneigung entwickeln."

Frage: „Ist es richtig, Fleisch zu essen?"

Mâ: „Du solltest von allem essen, was dein spirituelles Streben unterstützt und dich all dessen enthalten, was es behindert."

Frage: „Aber Fleisch ist tamasisch."

Mâ: „Genau. Deshalb sagte ich es ja eben. Du kannst selbst deine Schlüsse ziehen."

Frage: „Wenn ein Mensch tötet, um zu essen, wird es nicht eine ungute Wirkung für ihn haben?"

Mâ: „Sicher wird es das."

Frage: „Wie steht es mit Tieropfern? Sie werden in manchen heiligen Schriften befürwortet."

Mâ: „Dieser Körper äußert sich nicht dazu, was die heiligen Schriften anordnen oder untersagen. Man muss jedoch verstehen, dass die eigentliche Bedeutung des Ausdrucks Tieropfer nicht das Opfern von Tieren nahelegt, sondern das Opfern der eigenen tierischen Natur."

Prasâd hat immer eine segensreiche Wirkung, ob man daran glaubt oder nicht ... Deshalb rate ich den Leuten immer, ihre Nahrung zu opfern, bevor sie sie zu sich nehmen.

Frage eines Inders: „Wenn ich nach Europa reise, sollte ich kein Fleisch und keinen Fisch essen? Auch nicht, wenn es notwendig erscheint?"

Mâ: „Wenn du glaubst, dass es zur Gottverwirklichung beiträgt, kannst du es essen."

Frage: „Ich verstehe nicht, was Du meinst."

Mâ: „Was du tust und wie du es tust, bestimmt das Ergebnis, das du erhältst. Wenn du es nicht gewohnt bist, Fleisch und Fisch zu essen, iss es nicht. Wenn Ausländer Fleisch essen, lass sie es tun. Wenn das Klima eines Landes fleischliche Ernährung nahelegt und seine Bewohner sich so ernähren, weil sie dort geboren und aufgezogen wurden, ist nichts dagegen einzuwenden, soweit es sie betrifft. Aber du solltest deinen eigenen Regeln treu bleiben. Was immer dir an Essen und Trinken bei der Suche nach Gott hilft, das solltest du zu dir nehmen. Wenn du ins Ausland reist, heißt das nicht, dass du dir zwangsläufig eine nicht-vegetarische Ernährungsweise aneignen musst. Wenn Gottes Devotees fremde Länder besuchen, weihen sie ihre Nahrung auch Gott, bevor sie essen. Wer ins Ausland reist und dann anfängt, Fleisch und Fisch zu essen, tut es aus Verlangen, seinen Gaumen zu befriedigen."

Frage: „Wie kann man Herr über den Schlaf werden?"

Mâ: „Schlaf kann nicht überwunden werden, doch unter bestimmten Umständen schwindet die Notwendigkeit für Schlaf ganz von selbst. Wenn ihr brennend an etwas interessiert seid, fühlt ihr euch nicht schläfrig, im Gegenteil, ihr bleibt ohne Anstrengung hellwach; aber später spürt ihr eine Nachwirkung und müsst den verlorenen Schlaf nachholen. Wenn ihr nicht genug geschlafen habt, könnt ihr nicht gut arbeiten, aber ein gesunder Schlaf erfrischt euch. Zumindest einige der 24 Stunden des Tages muss man schlafen, sonst fühlt man sich müde und zerschlagen. Warum? Im tiefen Schlaf ruht die Tätigkeit der Sinne, und darüberhinaus berührt ihr – obwohl noch bedeckt mit dem Schleier der Unwissenheit – euer Selbst. Wenn dies nicht mindestens einmal täglich geschieht, könnt ihr das Leben nicht ertragen, es wird zu einer Qual. So verhält es sich für den Durchschnittsmenschen.

Je weiter man jedoch im Sâdhanâ kommt, desto mehr Ruhe erhalten die Sinne und man nähert sich seinem Selbst. Je mehr man sein Selbst erkennt, desto weniger Schlaf braucht man. Wenn man das Selbst verwirklicht hat, wenn man in der Glückseligkeit des Selbst aufgegangen ist, ist keine Rede mehr von Arbeit, von Erfahrung oder von Schlaf, weil nur noch das EINE existiert. Dann wird es keinen Schlaf mehr für euch geben, ihr habt euch jenseits dessen begeben. Deshalb sagte ich zu Beginn, dass Schlaf nicht bezwungen wird, er hört von selbst auf. Dennoch ist es auch wahr, dass ein Yogi Schlaf durch die göttliche Energie überwinden kann, welche in ihm durch seinen Yoga erwacht. Doch für jemanden, der âtmâstha geworden ist, gegründet im Selbst, kann sich die Frage nach Schlaf nicht mehr stellen.

Das Maß an Schlaf, das eine Person benötigt, hängt von verschiedenen Faktoren ab. Wenn Tamas (die Eigenschaft der Dunkelheit und Trägheit) überwiegt, braucht man mehr Schlaf, und auch wenn der Körper schwach oder ungesund ist. Ebenso hat die Art der Nahrung, die man zu sich nimmt, eine Auswirkung auf das Maß an Schlaf, das man benötigt."

Frage: „Woher kann man wissen, ob man aus Trägheit zuviel schläft oder weil der Körper es aufgrund seiner Schwäche braucht?"

Mâ: „Wenn du dich sorgfältig beobachtest, wirst du es bald herausfinden."

Frage: „Ist es gut, tagsüber mal zu schlafen?"

Mâ: „Für gewöhnlich ist das Leben ohnehin eine Art Schlaf, aus dem man aufwachen muss – daher ist es gut, soviel wie möglich wachzubleiben. Brahmacâris und Sâdhus dürfen tagsüber gar nicht schlafen. Je mehr Fortschritte man in seiner Meditation macht, desto weniger Schlaf braucht man. Der gewöhnliche Mensch berührt sein Selbst nur im Tiefschlaf, während er sonst immer getrennt davon ist. Dieser Kontakt ist unbewusst, doch er ist da, und das macht das Leben erträglich. Deshalb ist Schlaf für einen gewöhnlichen Menschen absolut notwendig. Das Ziel allen Sâdhanâs liegt darin, sich seines Selbst voll bewusst zu werden. Wenn dies erreicht wurde, hat man einen Zustand erlangt, der sowohl den Schlaf als auch das, was man für gewöhnlich als Wachen bezeichnet, transzendiert. Wenn ihr wirkliches Interesse an der Suche nach Gott oder der Wahrheit entwickelt, werdet ihr immer mehr Freude an der Meditation finden und immer weniger Schlaf brauchen. Die Schlafenszeit sollte allmählich reduziert werden, aber nicht gewaltsam.

Die Notwendigkeit für Schlaf muss spontan weniger werden, sonst wird man sich müde fühlen und unfähig sein, seine Arbeit zu tun. Doch wenn man, sagen wir, zehn Minuten von den sechs Stunden, die man schläft, abzieht, so wird das keine nachteilige Wirkung haben. Das Schlafbedürfnis hängt in gewissem Grad vom Gesundheitszustand ab und von der Qualität und Menge der Nahrung."

Dienen und Pflichterfüllung

Nârâyana, der Herr der Menschen, kommt in Gestalt jedes Menschen, um Dienst von dir zu akzeptieren.

Oft wird gesagt, dass spiritueller Fortschritt unmöglich ist, solange man ein Familienleben führt. Stimmt das wirklich? Wieviele Gelegenheiten bieten sich einem Hausvater oder einer Hausmutter, um Religion im täglichen Leben zu üben! Elterliche Zuneigung, die Verbundenheit unter Geschwistern, die Liebe zwischen Mann und Frau in der Ehe, die Ehrerbietung und Hingabe der Kinder an ihre Eltern, Kameradschaft unter Verwandten und Freunden, Wohltätigkeit gegenüber Untergebenen, Armen und Leidenden, all dies sind große Hilfen für ein Leben, das letztlich Selbstverwirklichung anstrebt. Denkt darüber nach, und ihr werdet es verstehen. Unaufhörlich zwischen den schweren Prüfungen und den Freuden des Familienlebens hin und hergerissen, erwacht zuweilen im Menschen eine Haltung der Entsagung zusammen mit einer verzweifelten Sehnsucht nach Gott: Wo dies der Fall ist, bietet sich dem Haushälter eine bessere Gelegenheit als manch einem Einsiedler, der Heim und Familie verlassen hat.

Da das erste der vier Lebensstadien (Âshramas), der Brahmacârya Âshrama, nicht eingehalten wird, können die Regeln der anderen Âshramas auch nicht so befolgt werden, wie sie es sollten – genauso wie ein Haus nicht ohne ein solides Fundament gebaut werden kann. Âshrama bedeutet Nicht-Vorhandensein von Mühe und Anspannung (Shrama), und alles außer Gott vermehrt Mühe und Anspannung. Wie kann es folglich Ruhe und Erleichterung (Vishrâma) geben? Wenn man während des Familienlebens dem Höchsten in jedem dient, so entspricht das echtem Âshramleben. Diene dem Höchsten Herrn in deinem Ehemann, diene dem Kind Krishna in deinem Sohn, diene deiner Frau als einem Strahl von Mahâmâyâ (der Göttlichen Mutter). Ihr sagt doch: „Wo immer ein Mann ist, da ist Shiva und wo immer eine Frau, da ist Gauri."

Versuche in dieser Welt nicht, Herrscher zu sein, bleibe ein Diener. Die bloße Tatsache, ein Herrscher zu sein, bereitet Schwierigkeiten, hingegen wird es keine Sorgen mehr geben, wenn du ein Diener werden kannst. Auf diese Weise wird Familienleben geheiligtes Leben. „Ich bin nur SEIN Diener und handle nach SEINEM Willen." Wenn man immer diese Einstellung aufrechterhalten kann, entstehen selbst durch das Familienleben keine neuen Bindungen. Dein Prârabdha Karma[88] wird sich zu Ende wirken, das ist alles. Wenn du dein Familienleben ständig in dieser Haltung leben kannst, vor was brauchst du dich zu fürchten? ER Selbst wird alles zum Rechten lenken.

Frage: „Mâ, wenn der Mensch eine der Erscheinungsformen Gottes ist, ist dann Dienst am Menschen und Dienst an Gott ein und dasselbe?"

Mâ: „Wenn man menschlichen Wesen dient, sollte man es klar verstehen, dass Gott in jedem Wesen wohnt. Betrachte jeden als Erscheinungsform des Absoluten. Wenn man nicht mit dieser Einstellung dient, kann sich Verblendung (Moha) einschleichen. Deshalb sollte jeder Dienst als Gottes Dienst getan werden. Wenn man den Menschen mit dieser geistigen Haltung dient, kann dies zum selben Ergebnis wie Gottes Dienst führen. Dasselbe wird einem zuteil, wenn man Tieren und sogar Bäumen und Pflanzen in der Auffassung dient, dass sie göttliche Manifestationen sind."

Frage: „Wenn ein Sohn nicht seinen Eltern dient, sondern nur Gott, was ist daran falsch?"

Mâ: „Wenn ein spiritueller Sucher Gott so verehrt, wie er es sollte, wird Dienst an seinen Eltern niemals zum Hindernis. Jemand, der Gott aufrichtigen Herzens verehrt, kann einfach niemanden hassen. Wenn er echten Glauben an Gott entwickelt, wird er auch pflichtbewusst gegenüber allen Wesen werden. Wenn wirklicher Glaube an Gott erwacht, gibt es keinerlei Zweifel mehr, und der Charakter eines solchen Menschen wandelt sich völlig."

---

[88] diejenigen früheren Handlungen, welche sich im gegenwärtigen Leben auswirken müssen und nicht abgewendet werden können, das Tun, das bereits begonnen hat, jetzt Frucht zu tragen.

Frage: „Sollte man eine Pûjâ (religiöse Verehrung) unterbrechen, wenn eine Person in äußerster Not nach Hilfe verlangt?"

Mâ: „Betrachte den Notleidenden als Gott, und es wird kein Problem sein."

Frage: „Kann ein Mensch näher zu Gott kommen, indem er der Gesellschaft dient?"

Mâ: „Ja, wenn es ihm dabei nicht um sein Ansehen geht."

Eine Frau fragte Mâ: „Mâ, was für ein Sâdhanâ kann eine Hausfrau machen?"

Mâ: „Dienen (Seva) und das Mantra wiederholen (Japa). Alle Pflichten können in einer Haltung des Dienens und der Hingabe erfüllt werden. Gott Selber erscheint dir in Form deiner verschiedenen Verpflichtungen in der Welt. Wenn du immer denkst ‚auch dies ist ein Aspekt des Göttlichen‘, wird kein Konflikt zwischen dem Weltlichen und dem, was religiös genannt wird, auftreten."

Wenn jemand etwas spendet und diese Spende in den Dienst des Göttlichen gestellt wird, so können die positiven Folgen dieser guten Tat nicht ausbleiben. Erhält jedoch jemand eine Gabe und benutzt sie dazu, Alkohol zu trinken oder ähnliches, so wird der Spender dafür auch die Konsequenzen mitzutragen haben. In Gottes Königreich herrscht haargenaue Gerechtigkeit. Versucht euer Bestes, einen würdigen Empfänger für jede Gabe zu wählen. Wenn ihr etwas spendet, so tut es, als ob ihr dem Göttlichen, das in allen Lebewesen, sogar in den Tieren, wohnt, huldigt, und betrachtet den Empfänger als Manifestation Gottes. Solange euer Pranâma (Gebärde der Ehrerbietung) nicht mit dieser Einstellung vollzogen wird, findet unweigerlich ein Austausch von Shakti (Kraft) zwischen dem Gebenden und dem Empfangenden statt, und man muss die Folgen seiner Gabe, seien es gute oder schlechte, in Kauf nehmen. Wenn ihr jedoch jeden als Manifestation des Höchsten Wesens betrachtet und an SEINE innewohnende Gegenwart denkt, so existiert keine Beziehung von Geben und Nehmen in dieser Handlung. Wenn ihr etwas spendet, so müsst ihr versuchen, euch ganz klar darüber zu sein, dass ihr nur Gott in ebenjener Gestalt das gebt, was IHM sowieso bereits gehört. So ist es möglich, schließlich den Lohn der Höch-

sten Opfergabe zu empfangen. Ihr kennt ja die Geschichte von König Bali[89].
Dienst am Gast wird als Dienst an Gott (Nârâyana) angesehen. Ein Gast ist
die Verkörperung von Nârâyana. Wo Nârâyana gedient wird, hat Leid und
Sünde ein Ende."

Frage: „Was soll man tun, wenn man absehen kann, dass die Spende
wahrscheinlich missbraucht wird?"

Mâ: „Die Spende darf nicht an die zweifelhafte Person als solche gegeben werden, die Spende muss sich an Nârâyana richten."

Frage: „Heutzutage kommen kaum noch Gäste, um an einer Mahlzeit
teilzunehmen. Aber wenn es eine Gelegenheit gibt, etwas mitzunehmen,
drängen die Leute sich nur so herein."

Mâ: „Gib nur an Nârâyana. Versuche nicht, herauszufinden, was mit
deiner Gabe geschieht. Dann ist es zu deinem Vorteil und auch zum Vorteil
des Empfängers. Du musst deinen Gästen dienen, als seien sie Personifika-
tionen deines eigenen göttlichen Geliebten."

Ein Mensch, der nicht aus Liebe zu Gott und frohgemut die ihm zufallende
Verantwortung erfüllt, wird das Leben äußerst schwierig finden und niemals fähig sein, etwas zu erreichen. Es ist die Pflicht des Menschen – insbesondere derjenigen, die das Höchste zu ihrem einzigen Ziel gemacht haben
– voll Freude zum Wohl der Welt zu arbeiten, mit der Überzeugung, dass
jeder Dienst Gottes Dienst ist. Arbeit, die mit einer solchen Einstellung
getan wird, trägt zur Reinigung von Herz und Verstand bei.

Eine Frau fragte Mâ: „Wie kann sich unser Geist dem Gebet und der Meditation hingeben, wenn wir so mit Arbeit und familiären Verantwortungen
gegenüber Ehemann, Kindern usw. belastet sind? Was sollten wir in solchem Fall tun?"

Mâ: „Lass die Arbeit aus sich selbst heraus geschehen, ohne eine Anstrengung deinerseits. Arbeite nicht mit dem Gefühl, dass du derjenige bist,

---

[89] Der Dämonenkönig Bali, der das ganze Universum unter seine Herrschaft gebracht
hatte, war ein großer Ergebener Gottes, welcher ihn vor langer Zeit einmal in Gestalt
Seiner Inkarnation als Zwerg (Vamana) um drei Schritte Land gebeten hatte. Da Vamana aber Gott Selbst war, umfassten diese drei Schritte wider Erwarten alle Welten vom
Himmel bis zur Erde. So hatte Bali dem Herrn das zugesagt, was IHM sowieso gehörte,
und empfing daraufhin Gottes nie versiegende Barmherzigkeit.

der arbeitet. Fasse es als Gottes Arbeit auf, die durch dich, Sein Werkzeug, vollbracht wird. Dadurch wird dein Geist ruhig und friedvoll – das ist Gebet und Meditation."

Ein Besucher sagte: „Ich habe das Gefühl, dass die Pflichterfüllung gegenüber meiner Familie ein Hindernis bei der Verehrung Gottes ist und dass andererseits völlige Hingabe an Gott Hindernisse bei der Arbeit für die Familie verursacht."

Mâ antwortete: „Die Heiligen raten immer wieder: Wo du auch bist – versuche alles und jeden als Erscheinungsform des Höchsten anzusehen. Wer ist daher dein Sohn? Betrachte ihn als Verkörperung von Gopâl. ‚In jeder Form bist DU es, oh Herr, der erscheint! In jeder Person und im Unpersönlichen bist DU allein.' Werde Sein Diener, werde der Verwalter im Haus des Herrn. Tue alle Arbeit wie zuvor, nur tue sie in einer Haltung des Dienens.

Dieser Körper sagt: Besinne dich auf DAS in jedem Menschen. Diene deinen Söhnen als dem Kind Krishna, deinen Töchtern als Kumarî[90] und deinem Ehemann als dem Höchsten Herrn. Wenn du dem Göttlichen in allen dienst, wird ES sich von selbst offenbaren. Über IHN zu reden ist das einzige Thema, das der Rede wert ist, der Rest ist sinnlos und schmerzvoll. Wo Gott ist, da ist Ruhe und Wohlbefinden, wo Gott nicht ist – Unruhe und Leid."

Frage: „Was ist besser: anderen zu dienen (Par Seva) oder Gottes Namen zu singen (Bhajana)?"

Mâ: „Es ist falsch, Dienen als Dienst an *anderen* aufzufassen, das nährt nur das Ego. Du musst in jedem das Göttliche (TAT = DAS) sehen und so nur IHM dienen."

Für irgendeinen Zweck tätig zu sein, wird Arbeit genannt, und die Arbeit, die einer bestimmten Person obliegt, nennt man ihre Pflicht. Es ist wichtig, gut darüber nachzudenken, worin jedermanns Pflicht besteht. Die Pflicht des Hausvaters und der Hausmutter ist es, für ihr Heim und ihre Familie zu

---

[90] die ewig unbefleckte, göttliche Jungfrau, die Gestalt, die die Göttliche Kraft vor der Erschaffung der Welt annahm.

sorgen. Wenn ein Mensch jedoch den überwältigenden Drang verspürt, das weltliche Leben aufzugeben, um sich ganz der HÖCHSTEN SUCHE zu widmen, so wird das zu seiner unbestreitbaren Pflicht. Folglich kann nicht ein und derselbe absolute Maßstab an alle angelegt werden: Die Pflicht eines jeden wird von Zeit, Ort, Umständen und der Art seines Ziels im Leben bestimmt. Dass jedoch Besinnung auf Gott die erste und wichtigste Pflicht jedes menschlichen Wesens ist, haben die meisten Menschen vergessen. In der alten Kultur der Hindus wurde das menschliche Leben durch vier Lebensstufen (Âshramas) reguliert: Brahmacârya, das Leben eines Schülers, das die Speicherung der Lebenskraft zum Zweck der endgültigen Selbstverwirklichung beinhaltet; Grihastha, die Stufe des Familienlebens, in der man verschiedene Pflichten gegenüber der Gesellschaft erfüllt; Vânaprastha, wenn man sich in die Einsamkeit zurückzieht, um über Gott zu meditieren, und Sannyâsa, völlige Entsagung. Heutzutage findet man jedoch nur noch den Grihastha-Âshrama. Deshalb haben die Menschen nicht mehr die Möglichkeit, sich so wie früher durch weltliche Erfahrungen und durch Entsagung auf das Höchste ZIEL vorzubereiten. Von der Wiege bis ins Grab ist man auf Genuss und Vergnügen aus, und die meisten Menschen verbringen ihr ganzes Leben in weltlichen Bestrebungen. Was ist der Sinn des Lebens? Was ist die Welt und was für eine Welt folgt ihr? Diesen Fragen wird heutzutage viel zu wenig Beachtung geschenkt.

Wenn Mâ sagt „Folge dem Weg der Rishis (Rishi Panthâ)" – so bedeutet das, dass man versuchen sollte, wie die Rishis zu leben, die verheiratet und dennoch große Heilige waren. Nach diesem Ideal sollte jeder Haushälter streben. Alles ergibt sich aus der Entwicklungsstufe, die man bereits erreicht hat.

Diene jedem als einer Erscheinungsform Gottes – dann wird dies Dienst am EINEN. Alle sind Gottes Geschöpfe – ER nimmt deinen Dienst auf diese Weise an.

Wenn du jeden als eine Verkörperung des Höchsten Wesens betrachtest und dir Seiner Gegenwart bewusst bist, existiert in dem Akt keine Beziehung von Geben und Nehmen. Wenn diese Haltung nicht da ist, findet ein Energieaustausch zwischen Gebenden und Empfangendem statt und man erntet dadurch gutes oder schlechtes Karma.

301

Diene deinen Gästen, als ob sie Verkörperungen deines eigenen Ishtas sind.

Auch wenn du mit deiner Hand arbeitest, lerne es so zu tun, als ob du eine Pûjâ machst, d.h. Gott damit verehrst.

Erfüllt eure täglichen Pflichten gewissenhaft, liebevoll und mit gutem Willen, und versucht, euch Schritt für Schritt höher zu entwickeln. Bewahrt in allen menschlichen Aktivitäten den lebendigen Kontakt zum Göttlichen, und ihr werdet nichts aufgeben müssen. Eure Arbeit wird in Ordnung sein, und ihr werdet auf dem richtigen Weg sein, Gott zu finden. So wie eine Mutter ihr Kind mit größtmöglicher Sorgfalt und Liebe nährt und erhält, damit es ein gesunder Junge und ein stattlicher junger Mann wird, so werdet ihr merken, wie subtil die Hand der Göttlichen Mutter euer inneres Leben formt und euch schließlich zum Ziel eurer Entwicklung führt. Welche Arbeit ihr auch zu tun habt, tut sie ganz zielgerichtet und so einfach, bereitwillig und fröhlich wie möglich. Nur so werdet ihr die besten Ergebnisse bei eurer Arbeit erlangen. Und zu gegebener Zeit werden die trockenen Blätter eures Lebens ganz natürlich abfallen, und neue Blätter werden hervorsprießen.

Was immer geschieht, ist deine Pflicht, was immer sich ergibt, ist deine Pflicht. Der Weg, den du einschlägst, bestimmt deine Pflicht und wenn du nicht vorankommst, so ist selbst das so, wie es sein soll. Wozu bin ich verpflichtet, wenn ich auf einen bestimmten Weg gelenkt werde? Ich bin SEIN Werkzeug.

Dienen und Wiederholung eines Mantras sind das geeignete Sâdhanâ für Hausvater und Hausmutter.

Was für eine Arbeit du auch tust, geh mit Herz und Seele darin auf. Ob die Aufgabe klein oder groß ist, spielt kaum eine Rolle.

Welche Aufgabe dir auf dieser Welt auch zufällt – nimm sie als deine Pflicht an, und erfülle sie tadellos nach besten Kräften ... In allen Situationen des Lebens sollte man soviel wie möglich in Japa, Dhyâna und ähnliche Übungen vertieft sein.

Ein Medizinstudent kam zu Mâ. Sie fragte ihn: „Bist du mit der Pferdekutsche gekommen?" Er antwortete: „Nein, ich ging zu Fuß. Ich vermeide Pferdekutschen, denn es ist Sünde, dem Pferd solche Mühsal zu bereiten." Mâ sagte: „Schau, es ist keine Sünde, eine Pferdekutsche zu benutzen. So wie du für bestimmte Aufgaben geboren wurdest und dein Karma nicht abträgst, ohne diese Aufgaben erfüllt zu haben, so ist es zu deinem Vorteil, wenn jemand dir Gelegenheit gibt, diese Arbeit auszuführen. Ein Pferd kann nicht Medizin studieren. Indem es Wagen zieht, erfüllt es seine Bestimmung. Deshalb sollte der Mensch dem Pferd die Möglichkeit geben, seine Aufgabe zu erfüllen. Es ist notwendig, dass jeder seine spezielle Pflicht erfüllt."

Frage: „Wie ist es möglich, ohne Wunsch zu handeln?"

Mâ: „Indem man mit dem Gefühl arbeitet, dem Höchsten Wesen in jedem zu dienen. Der Wunsch nach Gottverwirklichung ist natürlich kein Wunsch im normalen Sinne des Wortes. ‚Ich bin Dein Werkzeug, benutze das Werkzeug nach Deinem Ermessen.' Wenn man in allem das Höchste sieht, erreicht man die Vereinigung, die zur Befreiung führt. Was immer du tust, tu es aus vollem Herzen und mit der Haltung ‚DU allein handelst!', so dass kein Anlass zu Betrübtheit, Sorge und Leid entsteht.

Und noch etwas: Wenn man nicht immer die Einstellung hat ‚durch meine Unzulänglichkeit wurde die Arbeit nicht gut genug gemacht, ich hätte mich für diesen Dienst noch mehr anstrengen sollen!' – so muss die Arbeit als nachlässig bezeichnet werden. Deshalb vermeidet nach besten Kräften jede Nachlässigkeit. Darüberhinaus fühlt, dass alles, was geschieht, in SEINEN Händen liegt, ihr seid nur das Werkzeug. Widmet euch daher mit Körper, Geist und Seele der jeweiligen Arbeit, die ihr tut, und fasst es ansonsten so auf, dass das geschieht, was geschehen soll: ‚DU hast DICH auf diese Weise offenbart, wie es bestimmt war, und so ist es geschehen'."

Wann immer du etwas von anderen annehmen musst, nimm nur so wenig wie du wirklich brauchst. Wenn *du* jedoch etwas gibst, so bemühe dich aufs äußerste, den Empfänger voll zufriedenzustellen. Öffne dein Herz weit, lasse die Interessen anderer zu deinen eigenen werden, und diene ihnen soviel wie möglich durch Anteilnahme, Freundlichkeit, Geschenke usw. Solange man die Dinge dieser Welt genießt und Wünsche und Bedürfnisse hat, ist es notwendig, seinen Mitmenschen zu dienen, sonst verdient man es nicht, ein Mensch genannt zu werden. Wann immer du Gelegenheit hast, gib den Armen etwas, speise die Hungrigen, pflege die Kranken. Wenn dir jedoch gar nichts möglich ist, kannst du zumindest Freundlichkeit und Güte allen gegenüber entwickeln und für ihr Wohlergehen beten. Vergiss deinen Körper, versuche dich auf das Selbst zu besinnen und Dienst als eine religiöse Pflicht darzubringen, und du wirst allmählich durch direkte Erfahrung erkennen, dass die Person, der du dienst, der Dienende und der Vorgang des Dienens nur dem Anschein nach verschieden sind. Die Grundlage des Dienens ist Entsagung – solange noch ein Wunsch nach persönlichem Glück, ein Verlangen nach Genuss oder eine Erwartung von Anerkennung oder Entgelt da ist, solange ist wirkliches Dienen nicht möglich. Jemand, der Gott dienen möchte, muss diese drei Arten von Wünschen aufgeben. Man kann mit Körper, Geist und im Sprechen dienen. Zu Beginn wähle eines davon, und widme dich diesem Dienst beständig, dann wird er dich mit der Zeit dahin führen, wo alle drei im Ozean vollkommener Selbsthingabe münden.

Du bist unglücklich, weil du den Garten (die materielle Welt) besitzen möchtest. Sei einfach Gärtner, anstatt zu versuchen, Besitzer zu sein – dann wirst du glücklich sein.

Frage: „Wie kann man spirituellen Nutzen aus der Aktivität ziehen?"
Mâ: „Indem man die Arbeit um ihrer selbst willen tut, als Karma Yoga. Solange noch irgendein Geltungsbedürfnis damit verbunden ist, ist es Karmabhoga (Arbeit zur eigenen Befriedigung). Man tut die Arbeit und genießt das Ergebnis aufgrund der Anerkennung, die einem dadurch zuteil wird. Wenn man jedoch losgelöst vom Ergebnis der Handlung ist, wird es Karma Yoga."

Frage: „Mâ, alle sprechen über Dharma, aber was ist Dharma eigentlich?"
Mâ: „Alle Handlungen, die einem helfen, das Göttliche zu verwirklichen, nach dem eigentlich jeder strebt, sind tatsächlich Dharma, denn sie sind Impulse der eigenen wahren Natur. Das, was Unruhe und Leid bewirkt, ist negative Handlung, mit anderen Worten Adharma."
Frage: „Einige streben nach Geld, andere nach Ruhm ..."
Mâ: „Es stimmt, dass sie nach Geld streben, doch Geld steigert nur das Gefühl des Mangels und mehrt somit nur die Sorgen und Probleme, ohne

Frieden zu schenken. Geld anzuhäufen ist daher keine Handlung, die von unserer wahren Natur ausgeht. Was wir uns wünschen, ist Friede und Glückseligkeit. In weltlichen Dingen kann man zeitweiliges, begrenztes Glück finden, aber das befriedigt uns nicht. Wonach wir uns wirklich sehnen, ist grenzenlose, absolute Freude, ununterbrochener und vollkommener Friede. Man muss sich mit Aktivitäten beschäftigen, die zur Erlangung von unerschütterlichem Frieden und Glück beitragen."

Kinder und Erziehung

Mâ nannte alle Kinder ihre Freunde. Oft schenkte sie ihnen Girlanden und Blumen und, wann immer möglich, Süßigkeiten und Früchte. Sie lachte und scherzte mit ihnen, während sie sie gleichzeitig sehr ernst nahm. Sie bat sogar kleine Kinder von fünf oder sechs Jahren, an Gott zu denken.

„Ihr seid meine Freunde, nicht wahr? Hört ihr mir dann mal zu? Wollt ihr für eure Freundin auch etwas tun? Gut, dann merkt euch gut, worum ich euch bitte.

Zuallererst, macht sobald ihr morgens erwacht, Pranâma, verneigt euch bis zum Boden vor Gott, bittet IHN, euch zu einem guten Jungen oder Mädchen zu machen und sagt: ‚Lieber Gott, ich weiß nicht, wo DU bist – mach, dass ich DICH finde‘. Bevor ihr abends schlafen geht, kniet wieder nieder, verneigt euch, und wenn ihr tagsüber irgendetwas falsch gemacht habt, bittet Gott, es euch am nächsten Tag besser tun zu lassen.

Das Zweite ist: Versucht, euren Eltern und Lehrern zu gehorchen.

Drittens: Lernt gut. Seid aufmerksam im Unterricht, und bemüht euch, eure Hausaufgaben gut zu machen.

Viertens: Lacht und spielt, rennt und springt nach Herzenslust, und wenn ihr meine ersten vier Bitten erfüllt, ist es nicht schlimm, wenn ihr auch ein bisschen ungezogen seid."

Zu größeren Kindern sagt Mâ häufig: „Wieviel Zeit habt ihr für mich übrig? Antwortet nicht in Eile – überlegt es euch, wieviel Zeit ihr mir geben könnt. Fünf Minuten am Tag oder zehn? Nicht nur hin und wieder, sondern jeden Tag euer ganzes Leben lang. Wählt die Tageszeit, die euch am besten passt. Wenn ihr still sitzen und allein sein könnt, umso besser. Aber wenn das nicht möglich ist, dann denkt an IHN im Liegen, Stehen oder Gehen, ob ihr im Bett liegt oder euer Bad nehmt – aber gebt es nie auf. Diese wenigen Minuten an jedem Tag gehören Gott, auch wenn ihr mit dem Zug oder Bus reist, unter allen Umständen."

Immer wieder weist Mâ darauf hin, dass viele Schwierigkeiten des menschlichen Lebens ihre Ursache im Mangel an richtiger Erziehung haben. Wenn das erste der vier Lebensstadien, nämlich der Brahmacârya Âshrama, vorschriftsgemäß gelebt wird, kann der Mensch den Schwierigkeiten des Lebens furchtlos die Stirn bieten, weil der höhere Zweck der menschlichen Existenz fest in seinem Geist verankert ist.

Wenn das heranwachsende Kind bzw. der Jugendliche wirklich begreift, dass die wahre Bestimmung des Menschen darin liegt, das Selbst zu finden, wenn er erkennt, dass alles Wissen nur eine Vorbereitung für Brahmavidyâ, die Erkenntnis der Wirklichkeit, ist, wenn man ihn gleichzeitig lehrt, wie man Körper und Geist beherrscht, indem man das einfache, genügsame und disziplinierte Leben eines Brahmacâris lebt, so dass all seine Energien für dieses Streben, das die eigentliche Bestimmung des Menschen ausmacht, verfügbar sind – dann wird er die Kunst des Lebens gelernt haben. Ob er dann den Abkürzungsweg wählt, indem er gleich auf weltliche Bindungen verzichtet und Mönch (Sannyâsi) wird oder ob er zuerst noch die Stadien des Familienlebens und des Einsiedlers durchläuft – der Weg zur Selbstverwirklichung und Unsterblichkeit steht ihm offen.

Ebenso wie wir nicht umhin können, die Luft um uns herum einzuatmen, nehmen wir ständig die subtilen Einflüsse unserer Umgebung auf. Kein Mensch kann ganz unbeeinflusst von den Kontakten bleiben, die er mit seiner Umwelt hat. Ein Kind ist viel sensibler als ein Erwachsener. Daher ist es wichtig, dass sich junge Menschen in Gesellschaft von Männern und Frauen aufhalten, die ihr Leben dem Höchsten Ziel geweiht haben, damit ihr leicht beeinflussbares Gemüt eher durch Bücher der Weisheit als durch Filme und Unterhaltungsromane geprägt wird. Jungen und Mädchen, die einmal zutiefst die Notwendigkeit gespürt haben, nach Wahrheit und Erleuchtung zu streben, die man hat fühlen lassen, wie trügerisch und vergleichsweise unbedeutend Besitz, Ruhm, glänzende Karriere usw. sind, werden zu den Idealen zurückkehren, die ihnen in der Jugend eingeprägt wurden, selbst wenn sie zeitweilig davon abweichen sollten.

Entsagung

Frage: „Was ist das Wesen von Entsagung (Vairâgya)?"
Mâ: „Liebe zu Gott (Anurâga)."

Je mehr man Gott liebt, desto losgelöster wird man von Objekten der Sinneserfahrung. Sich auf Gott zu konzentrieren bedeutet, zu IHM hingezogen zu werden. Und Entsagung (Vairâgya) bedeutet, von der Verstrickung durch Sinnesobjekte frei zu werden. Die Anziehungskraft des Göttlichen zu erfahren und die Gleichgültigkeit gegenüber Sinnesobjekten gehen Hand in Hand. Entsagung ergibt sich von selbst. Es ist nicht notwendig, irgendetwas aufzugeben. Das ist wirkliche Entsagung.

Momentan verzichtet ihr alle auf die Höchste Glückseligkeit, somit seid *ihr* die eigentlichen Entsagenden: Indem ihr das HÖCHSTE außer Acht lasst, verzichtet ihr auf das, was wirklich wertvoll ist.

Nicht durch Anstrengung kann Verhaftung aufgegeben werden. Nur indem wir immer mehr Sehnsucht entwickeln, IHN zu finden, wird das Verlangen nach anderen Dingen schwinden. Es liegt in der Natur weltlicher Dinge zu vergehen. Glückseligkeit und Friede sind das Ziel eines jeden, denn sie befinden sich tatsächlich tief im Innern eines jeden und können daher niemals aufgegeben werden. Nur das, was ohnehin wegfallen muss, das kann man aufgeben.

Auf die oft gestellte Frage: „Sollte ich der Welt entsagen, weil es förderlich für ein spirituelles Leben wäre?" hat Mâ verschiedene Antworten gegeben:

„Die Zeit ist noch nicht reif für dich, solange du dich noch fragst, ob du es tun solltest oder nicht."

„Der Ruf des Göttlichen muss wie ein Zwang gespürt werden. Ein Mensch, der diesen Ruf hört, lässt alles hinter sich, wie ein trockenes Blatt, das von seinem Zweig fällt."

„Wenn Entsagung dich nicht von jedem Pflichtgefühl läutert und befreit, ist sie nur eine Flucht in eine andere Welt."

„Ein Mensch überlegt sich nicht, ob er vor einer Feuersbrunst fliehen sollte!"

Nach einer wirklichen Meditation verlieren weltliche Vergnügungen ihren Reiz und werden langweilig und absolut nichtssagend. Was bedeutet Vairâgya[91]? Wenn alle Dinge der Welt gleichsam das Feuer der Entsagung aufbrennen lassen, so dass man wie von einem Schock zurückprallt, dann findet ein inneres und äußeres Erwachen statt. Das heißt jedoch nicht, dass Vairâgya Widerwillen oder Verachtung gegenüber Weltlichem beinhaltet – die weltlichen Dinge werden einfach unannehmbar, der Körper verweigert sie. Weder Abneigung noch Ärger werden aufkommen. Wenn Vairâgya zur lebendigen Inspiration wird, beginnt man mit Hilfe der Unterscheidung die wahre Natur dieser Welt zu untersuchen, bis schließlich, mit der leuchtenden Gewissheit direkter Schau die Erkenntnis um ihre trügerische Natur dämmert. Alles, was zur Welt gehört, scheint zu brennen, du kannst es nicht berühren. Auch dieser Zustand kann zu einem bestimmten Zeitpunkt eintreten.

Momentan hast du nicht den Eindruck, dass das, woran du dich erfreust, kurzlebig ist; vielmehr scheint es dich glücklich zu machen. Aber je mehr das Gefühl der Loslösung erwacht, umso mehr wird der Geschmack an solchen Vergnügen absterben, denn sind sie nicht vergänglich? Mit anderen Worten: Der Tod wird sterben. Nun, wo du auf das zugehst, was jenseits von Zeit ist, wird das Schein-Glück der weltlichen Dinge zunichte. Folglich wird sich die Frage erheben: „Was ist diese Welt eigentlich?" Solange dir die Welt erfreulich scheint, stellt sich so eine Frage nicht. Da du auf das zugehst, was Zeit transzendiert, wird sich dir alles, was dem Zeitlichen angehört, allmählich in seinem wahren Licht offenbaren. Wenn du nach einer Meditation noch in der Lage bist, dich genauso weltlich zu verhalten wie vorher, hast du keine innere Wandlung erlebt. Nach der wirklichen Meditation, welche Indifferenz gegenüber der Welt bewirkt, wirst du beginnen, dich leidenschaftlich nach dem Göttlichen zu sehnen, du wirst danach hungern und erkennen, dass nichts Vergängliches diesen Hunger sättigen oder dich befriedigen kann.

---

[91] Indifferenz, Gleichgültigkeit, Desinteresse, Unparteilichkeit, innerer Abstand gegenüber weltlichen Dingen, die Welt wird einem farblos, ihre Reize verblassen, spontaner Zustand der Entsagtheit, Loslösung und Freiheit von weltlichen Wünschen.

Wie soll ich es dir klarmachen, Vater? Leute kommen zu diesem Körper und erzählen, dass ihre Söhne und Töchter ins Auto gestiegen und fortgefahren sind, ohne überhaupt aufzuschauen, um zu sehen, ob ihre Eltern weinten. Sie waren ganz ungerührt über den Kummer ihrer Eltern. Siehst du, genauso ist es auf einer bestimmten Stufe des spirituellen Weges: Weltliches Vergnügen kann dich einfach nicht beeindrucken. Du hast das Gefühl: „Jene, die ich für meine wirklichen Angehörigen hielt, sind mir nur durch Fleisch und Blut verbunden. Was bedeutet mir das?" Niemand streckt seine Hand freiwillig ins Feuer oder tritt auf eine Schlange – mit genau dieser Einstellung wirfst du einen flüchtigen Blick auf die Dinge der Welt und wendest dich ab. Dann wirst du in die Strömung kommen, die dich in die entgegengesetzte Richtung trägt, und später, wenn du dich sogar von der Entsagung gelöst hast, existiert das Problem von Entsagung oder Nicht-Entsagung überhaupt nicht – was ist, ist DAS. Einige sagen, dass man durch anhaltende Bemühung zur Erleuchtung gelangen kann. Aber ist es wahr, dass Anstrengung Erleuchtung bewirken kann? Hängt Erleuchtung von Handlung ab? Der Schleier ist zerstört, und wenn dies erreicht wurde, ist DAS, was IST, offenbar.

Jemand wollte wissen, wie man Entsagung (Vairâgya) entwickelt. „Wenn sie sich von selbst ergibt", sagte er, „ist es kein Problem. Aber wie kann denen geholfen werden, die sich in zwei Richtungen gezogen fühlen und lau sind?"

Mâ: „Wenn du gern Süßigkeiten isst und feststellst, dass es dein Sâdhanâ behindert, gib es ein oder zwei Tage auf, und sage dir: ‚Ich kann diese Süßigkeiten später wieder bekommen, aber diese zwei Tage werde ich ohne sie auskommen.' Das wird die Gewohnheit unterbrechen.

Wenn ein Junge intelligent ist und eifrig lernt, gibt es keine Schwierigkeiten. Aber selbst ein Schüler, der dumm und faul ist, kann seine Prüfungen mit Hilfe eines tüchtigen Lehrers bestehen. Dennoch gibt es im Hinblick auf weltliches Wissen auch Leute, die ganz und gar unfähig sind, irgendetwas zu erlernen. Aber im spirituellen Bereich ist das nicht möglich, da jeder ohne Ausnahme schließlich das Ziel des menschlichen Daseins erreichen muss. Wenn er daher den richtigen Lehrer findet, kann er auf die eine oder andere Weise angehoben werden.

Es gibt Fälle, bei denen Leute durch ein Zusammentreffen verschiedener Umstände dazu gebracht werden, schlechte Gewohnheiten oder Laster abzulegen. Folgendes ist ein treffendes Beispiel dafür:

Im Âshramgelände ist das Rauchen verboten. Als sich dieser Körper einmal im Kishenpur Âshram aufhielt, ging ein Devotee aus Delhi, der zu einem kurzen Besuch gekommen war, auf die Straße hinaus, um eine Zigarette zu rauchen. Kaum hatte er sie angezündet, musste ihm dieser Körper etwas sagen, und er wurde gerufen. Er drückte seine Zigarette aus und kam herein. Als unser Gespräch beendet war, ging er zurück und zündete seine Zigarette wieder an. Aber genau in dem Moment rief ihm jemand zu, Mâ bitte ihn, in den Âshram zu kommen. Durch irgendeinen Zufall oder was auch immer es gewesen sein mag, wiederholte sich genau dieselbe Situation mehrere Male hintereinander, bis er es völlig satt hatte und, anstatt seine Zigarette anzuzünden, das ganze Päckchen fortwarf und nie wieder rauchte. Er hatte einen engen Freund, mit dem er viel Zeit zu verbringen pflegte. Als sein Freund die Geschichte hörte, teilte sich ihm die Erfahrung mit, und auch er ließ vom Rauchen ab.

Ein ganz ähnlicher Vorfall ereignete sich einmal, als dieser Körper in einem Hausboot auf dem Ganges in Benares lebte. Damals bekam dieser Körper Schmerzen im Arm. Einer von den Leuten, die damals bei mir waren, sagte, er kenne persönlich einen ausgezeichneten Arzt, und bat um Erlaubnis, ihn zu rufen. Der Arzt kam. Als er den Arm untersuchte, spürte dieser Körper, dass er von einem starken Zigarettengeruch umgeben war. Offensichtlich war er ein starker Raucher. Ich bemerkte jedoch nichts dazu und ließ mir auch durch keine Gebärde etwas davon anmerken. Der Doktor erbot sich, einige Medikamente zu verschreiben, aber da dieser Körper keine Arznei nimmt, konnte er nichts ausrichten, und ging nach einer Weile wieder fort.

Auf seinem Heimweg zündete er sich eine Zigarette an. Zu seiner Überraschung stellte er fest, dass er eine Abneigung dagegen empfand, er wollte nicht rauchen. Der gleiche Widerwille kam in ihm auf, als er sich zuhause eine weitere Zigarette anzündete. Er rauchte danach nie wieder. Das Verlangen hatte ihn einfach verlassen.

Wenn es sich auf solche Weise ergibt, gleichsam durch Gnade, braucht oder kann nichts getan werden. Doch ist es möglich, auch sehr viel durch Entschlossenheit und anhaltende Bemühung zu erreichen."

Wer sich auf die Suche nach dem Ewigen gemacht hat, kann nicht länger von irgendetwas gefesselt bleiben, das nicht zur Selbsterkenntnis, zur Gottverwirklichung, führt. Genauso wie man die Tür öffnet, wenn ein Haus in Flammen steht, und es schleunigst verlässt, so taucht die Frage, in irgendeine andere Richtung zu gehen, nicht auf, sobald einmal Unterscheidung und Leidenschaftslosigkeit geweckt worden sind.

Âshrama bedeutet Abwesenheit von Anstrengung und Spannung, d.h. Leben im Einklang mit den Erfordernissen deiner wahren Natur (Sahaja Jîvan). Wie sich ein solches Leben gestaltet, hängt von deiner Bewusstseinsebene ab.

Ihr sagt, dass ihr frei von den Bindungen dieser Welt sein wollt. Doch in Wirklichkeit sieht man, dass ihr – wie ein Drachen, der an einer Schnur gehalten wird oder wie ein Flugzeug, das den Piloten braucht – unfähig seid, ohne eine gewisse Unterstützung oder Führung zu bleiben. Wenn ihr befreit werden wollt, müsst ihr wie ein Vogel sein, der seine Kette zerbrochen hat und sich furchtlos ohne einen Gedanken an Nahrung oder Obdach in den Himmel emporschwingt.

Frieden

Als Carl Friedrich von Weizsäcker Mâ in Vrindâvan traf, fragte er sie: „Wie ist Friede möglich?"

Mâ: „Nur in Gott gibt es Frieden. Gott ist EINER, und diese EINHEIT ist der Friede. Suche diese EINHEIT in Gebet und Meditation, und du wirst Frieden finden."

Weizsäcker: „Ich habe auch den Frieden unter den Völkern gemeint."

Mâ: „Die Natur ist der Bereich des Entstehens und Vergehens. Sieh: Der Wind weht, die Blätter fallen. Wie kann es da dauernden Frieden geben? Wenn die Menschen den Frieden in Gott suchen, dann besteht die Hoffnung, dass es auch unter den Völkern mehr Frieden gibt."

Weizsäcker: „Ich lebe in einer Spannung. Ich suche diesen Frieden in Gott. Zugleich sehe ich die Gefahr eines großen Krieges zwischen den Völkern und meine, für seine Verhinderung wirken zu müssen."

Mâ: „Tue, was Gott dir sagen wird."

Weizsäcker: „Ich bin zufriedengestellt."

Frage: „Mâ, wie kann man Frieden erlangen?"

Mâ: „Wenn die Auffassung der Trennung schwindet, herrscht Friede. Solange man meint, Gott ist weit entfernt, ist man rastlos."

Wenn sich dein Geist auf das richtet, was Frieden schenkt und dein Blick da weilt, wo Friede gefördert wird, wenn dein Ohr dem lauscht, was dein Herz mit Frieden erfüllt und allzeit eine Antwort von IHM, der der Friede selbst ist, kommt – nur dann kann wirklich Hoffnung auf Frieden bestehen.

Ein unerfüllter weltlicher Wunsch macht dich unglücklich. Wird er erfüllt, folgt fast unweigerlich irgendein anderer Wunsch, und diese Kette von Wünschen beeinträchtigt den Frieden deines Geistes. Erst wenn du dich über weltliche Wünsche erhebst, wirst du Frieden erlangen.

Wie könnt ihr erwarten, Frieden zu erlangen, wenn ihr euch mit Dingen umgebt, die Unruhe auslösen? Jeder Gegenstand, mit dem wir leben, beeinflusst unseren Körper mit Sicherheit.

Ihr redet von Kommunismus, Sozialismus usw., aber ihr solltet wissen, dass sie nicht möglich sind, wenn Gott ausgeschlossen wird. Im wahren Sozialismus gibt es keinen Krieg oder Kämpfe. Wenn sich ein sozialistisches Land auf Gewalt, Parteilichkeit und Krieg eingelassen hat, kann es keinen wahren Sozialismus leben. Wie kann Sozialismus eintreten, ohne dass Gott in jedem Menschen erkannt wird?

Während des zweiten Weltkriegs wurde Mâ einmal gefragt: „Wer wird diesen Krieg gewinnen? Wird er sich ungünstig auf Indien auswirken?"
   Mâ brach in ihr spontanes fröhliches Lachen aus: „Wird Krieg geführt? Wie kann es einen Krieg ohne einen Feind geben? Gibt es mehr als ‚Einen‘, dass da zwei Gegner sein können? Der Krieg, von dem du sprichst, ist wie das Klatschen deiner beiden Hände – wie kann da von Sieg oder Niederlage die Rede sein? Es gibt nichts außer IHM, es ist SEIN Wille, den du darin ausgedrückt findest. Vater, warum machst du dir Sorgen? Versuche alles, was geschieht, als Manifestation des Göttlichen anzunehmen."
   Diese Antwort war speziell an eine Person gerichtet, die die tiefe Aussage dahinter richtig verstehen konnte. Mâ überspielte keineswegs die kritische Situation und empfahl auch kein gleichgültiges Hinnehmen der Schicksalsschläge. Sie verlieh nur dem Ausdruck, was sie immer sagte: Man soll sich innerlich auf Gott ausrichten – nichts ist von Gott getrennt, auch das „Böse" nicht!

Ein Besucher fühlte sich einst sehr bedrückt von der zunehmenden Armut der Massen und den auf der ganzen Welt herrschenden Spannungen und flehte Mâ um eine Lösung an. Sie hörte sich still seine Klagen an, hielt einige Augenblicke inne und sagte dann lächelnd: „Bâbâ, verzage nicht, all dies sind SEINE Ausdrucksweisen, die ER wählte, um dem Menschen in dieser notleidenden Zeit zu erscheinen. Fürchte dich nicht, solche Geburtswehen sind unvermeidlich für das kommende Gesellschaftssystem, das ER plant."

Solange noch persönliche Wünsche da sind, gibt es keinen Frieden. Friede wird nur erlangt, wenn man seinen persönlichen Willen mit dem Willen des Allmächtigen identifiziert. Dann empfindet man alles, was ER will, auch als eigenen Willen, alles, was ER wünscht, wird wünschenswert, und kein Wunsch kann uns mehr beunruhigen.

Karma
Unser Schicksal aufgrund vergangener Handlungen

Ein Mensch wird geboren, um sein Karma zu erfüllen, und er wird auch geboren, um den Kreislauf von Geburt und Wiedergeburt zu beenden. Ein Mensch mit außergewöhnlichen Fähigkeiten, durch den göttliche Kraft wirkt, vermag jedoch sein Karma auch selbst zu verändern.

Wieviel Karma aus früheren Leben muss noch abgetragen werden! Es verhält sich ähnlich wie bei jemandem, der seine Verdauung durch übermäßiges und unbeherrschtes Essen verdorben hat – selbst wenn er danach zu einer einfachen und wohlgeregelten Ernährungsweise übergeht, werden die Ergebnisse dieser einsichtigen Maßnahmen nicht sofort bemerkbar sein. Wie die jetzigen Handlungen auch immer sein mögen, man muss gleichzeitig auch die Freuden und Leiden erfahren, die sich als Folgen früheren Verhaltens einstellen. In Gottes Schöpfung herrscht vollkommene Gerechtigkeit. Im allgemeinen wird der Mensch in diese Welt geboren, um die angenehmen Früchte seiner guten Taten zu ernten sowie auch die Folgen seiner schlechten Handlungen. Wie steht es mit den Folgen irgendeiner Verfehlung oder Ungerechtigkeit, die er jetzt begeht? Natürlich muss er sie erleiden. Der Mensch erfreut sich am Ergebnis seiner angesammelten guten Werke aus der Vergangenheit, doch muss er ebenso die Auswirkungen seiner schlechten Taten erdulden. Der Wille des Allmächtigen wird erfüllt. Der Mensch muss den Wunsch entwickeln, richtig zu handeln. Sogar das Unmögliche wird durch Gottes Willen möglich: Lass Seine Lotosfüße deine einzige Zuflucht sein.

Frage: „Muss man immer die Ergebnisse seines Handelns ernten?"
Mâ: „Sicher."
Frage: „Folgende Geschichte erzählt man von Maudagalayan, einem der geliebten Schüler Lord Buddhas. Als Maudagalayan einmal in tiefe Meditation versunken war, kamen einige Räuber und schlugen so heftig mit ih-

ren Stöcken auf ihn ein, bis er starb. Als man Buddha fragte, warum einer seiner geliebten Schüler ein so furchtbares Schicksal erleiden musste, erklärte Lord Buddha, in einem früheren Leben habe Maudagalayan auf den bösen Rat seiner Frau hin seine Eltern in den Wald gelockt und ihnen dasselbe zugefügt, was ihm die Räuber angetan hatten. Meine Frage ist nun: Hätte nicht die angesammelte Kraft von Maudagalayans ständigem Sâdhanâ das schlechte Karma ausgleichen können, selbst wenn er zweifellos in seinem früheren Leben durch seine Schandtat eine Todsünde begangen hat? Ist es nicht möglich, schlechtes Karma durch tiefe Hingabe an Gott und durch Sâdhanâ zu neutralisieren?"

Mâ: „Solange man nicht die WAHRHEIT verwirklicht hat, muss man die Folge jeder Handlung erfahren. Da jede Reaktion wieder eine neue Reaktion auslöst, kann man sich unbegrenzt lange in diesem Kreislauf der Handlung und ihrer Wirkung fortbewegen – da ist kein Ende abzusehen. Aber wenn du den Zustand erreicht hast, in dem du einfach ein Werkzeug in SEINEN Händen wirst und fühlst, dass ER der Lenker ist, wirst du frei von moralischer Verantwortlichkeit. In jenem Zustand kann Feuer dich nicht verbrennen, und Wasser kann dich nicht ertränken. Doch wenn du nur *denkst*, du bist SEIN Instrument, ohne dass dies wirklich der Fall ist, dann wird Feuer dich verbrennen und Wasser dich ertränken. Dann läuft es auf Selbstmord hinaus, wenn du in Feuer oder Wasser springst."

Frage: „So viele Menschen sind gelähmt oder leiden an anderen furchtbaren Krankheiten. Warum befreit Gott sie nicht von ihren heftigen Schmerzen?"

Mâ: „Die Menschen werden in diese Welt geboren, um die Ergebnisse ihrer früheren Handlungen in Form von Freude und Leid zu erfahren und dadurch ihr Karma abzutragen."

Frage: „Werden diejenigen, die in diesem Leben als Menschen geboren wurden, im nächsten Leben wieder Menschen sein?"

Ma: „Die unterschiedlichen Geburten hängen vom Karma ab. Die Menschen, deren Handlungen tierisch sind, werden nicht wieder als Menschen geboren werden. Außerdem wird das nächste Leben auch von den Bedrängnissen bestimmt, die ein Sterbendet durchmacht. Da König Bharat sich beispielsweise vor seinem Tod um ein Reh sorgte, wurde er im nächsten Leben als Reh wiedergeboren."

Frage: „Wie verhält es sich bei Tieren?"

Ma: „Für sie gilt dasselbe mit dem kleinen Unterschied, dass die Nöte an ihrem Lebensende vorherbestimmt sind und ihre nächsten Leben dem entsprechen. Die schlimmen Taten von Tieren basieren nicht auf Karma. Doch die Menschen können ihre Wiedergeburten durch ihr eigenes Tun beeinflussen … Geht aber nicht davon aus, man könne unbekümmert vor sich hin leben und sich dann am Ende des Lebens ändern, denn kurz vor dem Tod kommt eine Phase, wo man keinen Einfluss mehr darauf hat, was innerlich auftaucht. Was dann auftaucht, wird von allen Handlungen des Lebens bestimmt und diese Sorgen bestimmen das nächste Leben. Deshalb ist es wichtig, ständig tugendhafte Handlungen und tugendhafte Gedanken zu pflegen."

Oft tauscht Gott sehr viele schwere Leiden, die jemandem eigentlich bestimmt wären, gegen vergleichsweise leichtere ein.

Wie eine Spinne webt der Mensch Netz um Netz und tut sein Bestes, um selbst für Ewigkeit in den Maschen verstrickt zu bleiben. Von Sinnesreizen und Täuschung gefesselt, hält er keinen Augenblick lang inne, um darüber nachzusinnen, wie qualvoll die ständig wiederkehrende Aktion und Reaktion von Geburt und Tod ist. Beschließt unwiderruflich und ein für allemal, dass die Bindung durch Karma mit diesem Leben enden muss, und vereint wie ein Kriegsherr all eure Kräfte in äußerster Bemühung, den Schleier der Mâyâ zu zerreißen; oder werft euch wie eine geschlagene Garnison nieder vor dem Allmächtigen und übergebt euch bedingungslos SEINER GNADE – und ER Selbst wird für alles sorgen.

Nach Gottes Vorsehung muss der Mensch dann und wann heftige Schicksalschläge erleiden. Wisst ihr, dass diese Schicksalsschläge Gottes Gnade sind? Ohne sie könnte sich das Herz des Betroffenen in jenem Zustand unmöglich wandeln.

Ein junger Mann fragte: „Obwohl wir gut und rechtschaffen handeln möchten, gelingt es uns nicht. Was sollen wir da tun?"

Mâ: „Erinnere dich immer daran: Immer wenn du dich bei irgendeiner

Handlung glücklich fühlst, solltest du dir sofort darüber klar sein, dass diese Handlung wieder neues Karma erzeugt hat. Und wenn du merkst, dass du abgeneigt bist, eine bestimmte Sache zu tun – vielleicht meinst du, dass es etwas Schlechtes ist – und es treibt dich dennoch dazu, so solltest du wissen, dass dies auf irgendwelche schlummernden Eindrücke deiner vergangenen Taten (Samskâras) zurückzuführen ist. Die Handlungen, an denen du keine Freude hast, sind Handlungen, durch welche du dein Prârabdha Karma abträgst. Dies im Sinn behaltend solltest du deine jeweilige Aufgabe ausführen, indem du deine Aufmerksamkeit fest auf Gott richtest. Dann wird diese Handlung kein neues Karma hervorrufen."

Frage: „Ist es unvermeidlich, die Auswirkungen des eigenen Prârabdha Karmas erfahren zu müssen? Können die Folgen unserer Handlungen nicht durch Japa aufgehoben werden?"

Mâ: „Schau, wie die Folgen des Prârabdha Karmas erfahren werden: Sogar zu Lebzeiten Befreite (Jîvan Muktas) müssen sie ertragen, doch auf welche Weise? Wie ein Ventilator, der sich noch eine Zeitlang weiterdreht, nachdem er abgeschaltet wurde. Das bedeutet jedoch nicht, dass Jîvan Muktas gebunden sind. Nun sieh, angenommen du hast dir viel Arbeit aufgebürdet, die sehr lange Zeit braucht, um ausgeführt zu werden. In dem Augenblick besuchen dich einige Freunde, die deine schwierige Lage sehen und dir mit vereinten Kräften helfen, die vor dir liegende Arbeit zu bewältigen, und so bist du im Nu frei: Japa und ähnliche Übungen helfen dir, schnell von karmischen Bindungen frei zu werden."

Frage: „Kann Prârabdha durch Gebet aufgehoben werden?"

Mâ: „Nein. Prârabdha aufzuheben ist sehr schwierig, manche sagen, unmöglich. Einige lehren, es könne nicht einmal durch Befreiung (Jîvanmukti) ausgelöscht werden. Doch welche Rolle spielt Prârabdha, da es nach der Befreiung doch gar kein Individuum mehr geben kann? Dieser Körper sagt, wenn das Feuer der Befreiung alles verbrennen kann, warum nicht auch das Prârabdha? Es ist wie bei den Umdrehungen eines Ventilators, nachdem der Schalter bereits abgestellt wurde. Wenn der Strom aus ist, hört die Bewegung zwangsläufig nach einer Weile auf. Doch für einen Befreiten existiert selbst diese Bewegung nicht, denn *wer* ist da, um das Prârabdha zu erfahren? Für den Befreiten gibt es keinen Körper – obwohl *ihr* vielleicht einen Körper seht.

319

Als Mâ einmal zu Bhâijî erwähnte, er habe früher als Sannyâsî auf dem Gelände des Ramna Âshrams gelebt, fragte Bhâijî sie: „Warum muss ich mich heute so abmühen, wenn ich bereits einmal ein Sannyâsî war?" Mâ erwiderte: „Man muss seine noch unvollendeten Aufgaben erfüllen, bis man sein Karma abgetragen hat."

Zu jemandem, der Selbstmord begehen wollte, sagte Mâ einmal: „Du bist nur geboren worden, um dein in früheren Leben angesammeltes Karma abzutragen. Gegründet in Geduld bemühe dich herauszufinden, wo und auf welche Weise Gottes Barmherzigkeit selbst inmitten all dieser Schwierigkeiten am Werk ist. Übergib IHM alles. Wirklich aufrichtige Suche nach der Wahrheit ist nie vergeblich. Niemand hat das Recht, sich des Körpers zu entledigen, der ihm von Gott gegeben wurde – allein daran zu denken ist Sünde. Selbst während du an den Folgen deiner eigenen vergangenen Handlungen leidest, rufe IHN aus tiefster Seele an. Gib Gott niemals auf!

Wünsche und Begierden bilden euren feinstofflichen Körper. So wie der Duft einer Blume herüberweht und wieder verfliegt, so wechseln auch eure Geburten und Tode einander ab. Von einem anderen Standpunkt aus wiederum existiert weder Geburt noch Tod. Wenn der physische Körper gestorben ist, schweben jene Wünsche und Sehnsüchte, d.h. der feinstoffliche Körper, schutzlos umher, und dann wird der Mensch entsprechend seinem Karma wiedergeboren. Das Ego, das voll von Wünschen ist, kommt und geht, während es für das Selbst (Âtmâ) kein Kommen und Gehen gibt. Der Mensch hat einen groben, einen feinstofflichen und einen Kausalkörper; die Grundlage des Kausalkörpers ist der Âtmâ (das ewige Selbst). Solange man dies nicht erkennt, wird es weiterhin Geburt und Tod geben. Das Selbst ist Licht aus eigenem Licht. Geburt und Tod existieren nur für das Individuum. Um euer Selbst zu erkennen, müsst ihr einfach den Schleier entfernen.

Bhâijî erzählte Hari Râm Joshi einst von der großen Hingabe, die sein Freund Niranjan Roy für Mâ empfunden hatte. 1928 war er mit Niranjan zu Mâ nach Dhaka gegangen, und Niranjan hatte Mâ ernsthaft gebeten, sie möge seinen Wunsch erfüllen, dass er und Bhâijî so bald wie möglich den Körper verlassen dürften, um Mâ in ihrer nächsten Inkarnation als Brahmacâris dienen zu können. Mâ hatte nichts zu Niranjan geäußert, doch zu Bhâijî sagte sie, er brauche nicht als Brahmacâri wiedergeboren zu werden, da er während seiner letzten schweren Krankheit bereits so gut wie gestorben sei, Mâ ihn jedoch wieder ins Leben zurückgerufen habe. 1929 starb Niranjans Frau, und Niranjan litt stark unter dieser Trennung. Entgegen Mâ's Rat suchte er täglich den Verbrennungsplatz auf. Bald danach wurde er selbst schwer krank und starb am 30. Juni 1929.

Während Bhâijîs Erzählung hatte Mâ die ganze Zeit in einem weißen Tuch eingehüllt auf dem Boden gelegen. Hari Râm Joshi sagte zu Bhâijî, er habe den Eindruck, dass Niranjan sich als sein zweiter Sohn Hari Mohan, geboren am 4.August 1929, wieder inkarniert habe. In dem Augenblick hob Mâ das Tuch von ihrem Gesicht und fragte Bhâijî, was Hari Râm Joshi über Niranjans Wiedergeburt gesagt hätte. Als Bhâijî ihr alles wiederholt hatte, lachte Mâ nur. Joshi meinte zu ihr, wahrscheinlich könne seine Vermutung hinsichtlich Niranjans Wiedergeburt nicht stimmen, da zwischen Niranjans Tod und der Geburt seines Sohnes nur ein Zwischenraum von einem Monat und vier Tagen läge. Mâ bestätigte seine Meinung nicht definitiv. Sie wies nur darauf hin, dass eine Seele auf jeden Fall bereits geraume Zeit vorher ihre sterbliche Hülle mit ihrem feinstofflichen Körper (sûkshma sharîra) verlassen könne, um sich eine neue Stätte für ihre Wiedergeburt zu suchen. Nicht jede Seele müsse neun Monate im Mutterleib verbringen. Acht Monate nach diesem Vorfall sagte Mâ zu Hari Râm Joshi, wenn er wolle, könne er seinen Sohn Hari Mohan von nun an Hari Niranjan nennen. Sie fügte hinzu, Niranjan sei in seinem früheren Leben auch unter dem Namen Hari Charan Giri bekannt gewesen, und durch den Namen Hari Niranjan würde Joshi somit immer an Niranjan, bzw. Hari Charan Giri erinnert werden.

Es ist gut daran zu denken, dass alles, was man an weltlichem Glück erfährt, sei es gutes Essen oder was auch immer, etwas von dem Verdienst (dem guten Karma oder Punya) aufbraucht, den man angesammelt hat. Deshalb ist es ratsam, sich immer auf Gott zu besinnen und alles, was einem zuteil wird, als von IHM kommend anzunehmen. Ebenso sollte man daran denken, dass jedes Leid oder Unglück, das man durchmachen muss, schlechtes Karma (Pâpa, d.h. negative Handlungen oder Gedanken) sühnt.

Frage: Ist alles in dieser Welt vorherbestimmt?

Mâ: Wenn es nicht so wäre, warum wird man sonst in einem endlichen Körper geboren? Ihr kommt und geht, weil ihr Glück und Leid erfahren müsst. Ihr nehmt einen Körper an, um zu genießen und zu leiden.

Frage: Kann das eigene Schicksal nicht verändert werden?

Mâ: Es liegt in Gottes Händen. Er kann es verändern.

Frage: Können wir es nicht ändern?

Mâ: Nur du existierst. Du bist ja das Selbst, Gott, alles. „DU,DU" und „DAS; DAS; DAS!"

Frage: So einen Standpunkt kann ich nicht nachvollziehen.

Mâ: Du musst deine Aufgabe erfüllen; ER wird sich um Seine kümmern.

Frage: Bedeutet das, der Mensch hat nicht das Recht oder die Fähigkeit, etwas zu tun?

Mâ: Natürlich hat er es.

Frage: Wie wird dann unser Schicksal bestimmt? Was ist Schicksal? Kann der Mensch sein Schicksal nicht durch seine Taten beeinflussen?

Mâ: Es kann nicht nur durch Taten verändert werden. Ihr seid geboren worden, um zu genießen und zu leiden. Euer Körper wurde geboren, damit ihr euer Schicksal erduldet. Einen Körper zu haben führt zu ständigem Mangel, weil es „zwei" gibt (nicht eins).

Frage: „Was war zuerst? Karma oder der Körper? Was existierte zuerst? Der Same oder der Baum?"

Mâ: „Beide existieren gleichzeitig: Der Baum ist nur eine abgewandelte Form des Samens."

Niemand kann Tätigkeit durch die Kraft seines Willens aufgeben. Wenn sein Karma erschöpft ist, kommt alle Arbeit automatisch zu einem Ende.

Über den Tod und die richtige Einstellung
zu unseren Verstorbenen

Zeit (Kâla) beinhaltet die Dualität von Aufbau und Zerstörung, aber Mahâkâla, der Große Gott, der über aller Zeit thront, ist vollkommen als das ganze Sein und vollkommen als Manifestation in der Vielfalt. Daher sind für IHN Schöpfung und Zerstörung gleichwertig, und aufgrund dieser Unparteilichkeit ist ER der Quell der Güte und wird von Glücklichen wie Leidenden gleichermaßen verehrt. Ohne Schöpfung kann es keine Zerstörung geben, und umgekehrt ist es genauso. Folglich ist beides im Kreislauf irdischer Existenz unvermeidlich. Doch wir, die wir wie Gefangene in unsere Hüllen eingeschlossen sind, sind begrenzt und engstirnig geworden und können das Gefühl von ‚ich‘ und ‚mein‘ nicht überwinden. Bei der Geburt eines Sohns jubeln wir vor Freude, und wenn er stirbt, vergießen wir bittere Tränen. Wenn wir einen Augenblick die Bande von Fleisch und Blut vergessen könnten, würde die Unterscheidung zwischen Vater und Sohn verschwinden. In Wirklichkeit gibt es weder Vater noch Sohn. ER allein, der EINE, ist in allen Erscheinungsformen verkörpert, überall.

Weil man es sich in zahllosen früheren Leben gewünscht hat, wurde man mit einem menschlichen Körper gesegnet. Im menschlichen Körper ist es möglich, Gott zu erkennen. Dein Verhalten wird deine nächste Geburt bestimmen. In Gottes Schöpfung entspricht die Geburt eines jeden ganz genau seinen Handlungen. Es hängt vom geistigen Zustand im Moment des Todes ab, was für einen Körper du erhältst. Man kann auch durch den Wunsch, eine bestimmte Aufgabe zu erfüllen, wiedergeboren werden. Das Feuer der Kraft des Gurus kann die Tendenzen, die man viele frühere Leben hindurch angesammelt hat, vernichten. Solange alle Wünsche nicht durch das Feuer des Wissens verbrannt oder durch Bhakti geschmolzen sind, wird die Neigung zum Handeln jedenfalls bleiben. Wenn man beim Zeitpunkt des Todes an Gott denkt, so wird das zu Gottverwirklichung führen. Was mit der Seele nach dem Verlassen des Körpers geschieht, wird vom Geisteszustand der jeweiligen Person im Todesmoment bestimmt. Wenn man sein Leben lang ein Missetäter gewesen ist, wie sollen am Ende rechtschaffene Wünsche kommen?

Manchmal ist es auch möglich, dass sich jemand sein ganzes Leben lang schlecht verhält, aber dass ihn im Todesmoment eine völlige Wandlung überkommt, weil gute Tendenzen aus früheren Leben in ihm verborgen waren.

Mâ betont die Bedeutsamkeit der Gedanken, die man im Augenblick des Todes hat. Je nach dem Geisteszustand des Sterbenden heftet sich die Seele, wenn sie den Körper verlässt, an irgendeine Art von neuer Existenz. Doch hat man in dem Augenblick keine Kontrolle über sein Denken. Die Gedanken werden automatisch bei dem weilen, womit sie sich sonst beschäftigen. Deshalb muss man sich in der Vergegenwärtigung Gottes üben, wenn man gesund und kräftig ist, so dass der Gedanke an Gott auch spontan kommt, wenn man krank und schwach ist.

Zur Veranschaulichung dieser Tatsache erzählte Mâ zwei Geschichten: „Eine alte Frau, die viele Jahre lang Öl verkauft hatte, lag im Sterben. Ihre Verwandten hatten sich um sie versammelt und drängten sie, die Namen ‚Râma' oder ‚Krishna' zu wiederholen. Aber die sterbende Frau war nur halb bei Bewusstsein, und ihre Hörfähigkeit war beeinträchtigt. Auf das Rufen ihrer Kinder und Enkel: „Wiederhole Gottes Namen!" wiederholte sie nur ständig das, was sie zu den Bettlern zu sagen pflegte, die zu ihrem Laden kamen und um Öl bettelten: „Nicht einen Tropfen werde ich euch geben, nicht einen Tropfen!" Mit diesen Worten auf den Lippen starb sie.

Die alte Mutter von einem der Âshrambewohner war in den Benares-Âshram gezogen, um dort ihren Lebensabend zu verbringen. Mit großer Regelmäßigkeit pflegte sie von morgens früh bis fast zum Mittag ihre Pûja und ihr Japa zu machen, ohne zu essen oder Wasser zu sich zu nehmen. Danach kochte sie, aß ihre Mahlzeit und reinigte das Geschirr. Gegen Abend widmete sie sich wieder ihren spirituellen Übungen. Nach einiger Zeit wurde sie krank und bettlägerig, setzte ihr Japa jedoch ununterbrochen fort. Immer wenn man ihr etwas zu essen oder zu trinken brachte, gab sie durch Zeichen zu verstehen, dass sie ihr Japa noch nicht beendet habe und deshalb nichts zu sich nehmen könne. Als sie schließlich starb, befanden sich ihre Finger in der korrekten, den Vorschriften entsprechenden Haltung für Japa. Diejenigen, die ihren Körper zum Verbrennungsplatz brachten, erzählten, das Skelett habe, nachdem es zu Asche verbrannt und nur noch die Gebeine übriggeblieben seien, noch dieselbe Haltung beibehalten, bis sich zuletzt die Arme über der Brust kreuzten. Die Anwesenden erklärten, sie hätten so etwas noch nie zuvor gesehen."

Solange man Wünsche hegt, kann man nicht das Selbst erkennen. Wenn beim Verlassen des Körpers starke Wünsche da sind, muss man eine Rückfahrkarte nehmen und wird wiedergeboren. Zu sterben, wenn noch Wünsche da sind, bedeutet Tod. Für die Erfüllung seiner Wünsche zu leben, ist wie langsam wirkendes Gift, das einen allmählich dem Tod ausliefert.

Frage: Werden auch die Menschen wiedergeboren, die nicht an Wiedergeburt glauben?
Ma: Sâdhanâ ist notwendig, weil es Glaube und Unglaube gibt. Dennoch ist das Gesetz wirksam, ob man daran glaubt oder nicht.

Wenn man für Verstorbene das Shraddha-Ritual vollzieht, so besänftigt es ihren Geist. Man sollte sich nicht lustig darüber machen und es verwerfen. Die Botschaft des Shraddha wird genauso überbracht, wie ein Telegramm. Die Kraft des Mantras macht alles möglich.

Auf die Frage, ob man durch Begehen von Selbstmord mit einer verstorbenen Person vereint werden könne, antwortete Mâ: „Niemals. Jemand, der Selbstmord begeht, kommt in eine sehr tiefe Dunkelheit, aus der er nur sehr schwer befreit wird, wenn sich nicht jemand von überirdischer Macht erbarmt und ihn rettet. In einer derartigen Finsternis kann man niemandem begegnen. Selbstmord ist eine äußerst abscheuliche Sünde. Der Mensch wurde geboren, um die Folgen seiner Handlungen aus früheren Leben auszuleben. Der Versuch, dieser Gesetzmäßigkeit durch Selbstmord zu entgehen, ist äußerst töricht; er verlängert nur die Qual auf unbestimmte Dauer. Niemand, der bei Sinnen ist, kann sich sein Leben nehmen – im Augenblick eines solchen Tuns ist man ausnahmslos in seinem Verstand gestört. Selbstmord ist für nichts eine Lösung; im Gegenteil, so etwas schafft endlose Komplikationen und hindert einen Menschen daran, seine karmische Schuld abzutragen."

Mâ erzählte manchmal die folgende wahre Begebenheit, wenn Menschen zu ihr kamen, die schmerzlich um einen Verstorbenen trauerten:

„Als ich in Bengalen lebte, pflegte ich etwa einmal jährlich Târâpîth zu besuchen. Eines Tages kam eine Frau, die den Verlust ihrer Tochter beweinte, welche im Alter von siebzehn oder achtzehn Jahren am Vorabend ihrer Hochzeit gestorben war. Die Frau hatte noch eine jüngere Tochter im Alter von zehn oder elf Jahren. Dieser Körper riet beiden, bei Gott Trost zu suchen, und das kleine Mädchen begann auch regelmäßig jeden Morgen und Abend mit Hilfe einer Gebetskette (Japa Mâlâ), die ich ihr schenkte, Japa zu machen. Sie hing immer mehr an dieser Übung und bewahrte die Mâlâ sogar unter ihrem Kissen auf, als sie krank wurde, und machte das Japa mit großer Regelmäßigkeit weiter. Aber wie das Schicksal es wollte, erlag sie schließlich der Krankheit und starb.

Als dieser Körper im darauffolgenden Jahr nach Târâpîth kam, war die Frau wieder in Trauer. Da sie nun beide Töchter verloren hatte, war sie natürlich untröstlich. Ich sagte ihr, dass sich ihr Kummer auf ihre Kinder auswirken und sie an die Erde fesseln würde, anstatt ihnen eine unbehinderte Weiterentwicklung zu ermöglichen. Nach langem Reden versprach sie schließlich, ihr Bestes zu versuchen, frohen Mutes zu bleiben. Sie bemühte sich aufrichtig, aber oft konnte sie nicht umhin, sich nach ihren Kindern zu sehnen. Eines Abends dachte sie voller Bedauern: ‚Noch nicht einmal im Traum darf ich meinen Liebling sehen.‘ In jener Nacht träumte sie von ihrem jüngeren Kind, das ihr in einem weißen Kleid mit einem Blumenkranz im Haar erschien und freudestrahlend und schön aussah. Sie winkte ihrer Mutter, ihr zu folgen und führte sie zu einem Ort, wo viele Mädchen ihres Alters den Lobpreis Gottes sangen. Alle waren wie sie gekleidet und mit Blumen geschmückt. Ein ehrwürdiger, alter Mann mit langem, weißen Bart, der wie ein Rishi aussah, schien die Mädchen zu unterweisen. Sie alle schienen von Freude und Frieden erfüllt zu sein. Als die Frau von ihrem Traum erwachte, hatte sie das deutliche Gefühl, dass ihre kleine Tochter an jenem Ort glücklich war, und sie beschloss, sie nicht zu stören.

Nach einiger Zeit jedoch begann sich die einsame Frau wieder nach ihren verstorbenen Kindern zu sehnen. Eines Nachts hatte ihr Mann einen seltsamen Traum. Seine jüngere Tochter kam zu ihm, schlang ihre Arme um ihn und sagte: ‚Mutter ist so traurig und verlassen ohne mich, ich kann es nicht länger ertragen, sie weinen zu sehen, ich komme zu euch zurück.‘ Und in seinem Traum nahm der Vater sein Kind in seine Arme und legte sie in den Schoß ihrer Mutter. Zehn Monate später wurde ihnen ein kleines Mädchen geboren. Als ich das folgende Jahr nach Târâpîth kam, brachte mir die Frau ihr kleines Baby. Das Kind wuchs heran und ist nun eine Frau. Auf diese Weise kann es geschehen, dass Seelen durch den Kummer ihrer geliebten Angehörigen in diese Welt zurückgeholt werden, aber es ist besser, ihnen die Freiheit zu lassen, sich weiter und höher zu entwickeln. Gott allein weiß, was für jeden am besten ist und sorgt dafür."

Einer Frau aus Südindien, die erst ihren Mann und dann ihre Tochter verloren hatte und die sich untröstlich nach ihrem Kind sehnte, sagte Mâ: „Kummer entsteht aus dem Empfinden von ‚ich‘ und ‚mein‘. Du sagst *,meine* Tochter starb‘, und deshalb grämst du dich. Aber wer bist du? Finde heraus, wer du bist! Sie war die Frucht deines Leibes. Solange du dich mit dem Körper identifizierst, ist Leid unvermeidlich. Soviele Jungen und Mädchen sterben jung und schön, doch es berührt dich nicht tief. Du *denkst* nur, dass dieses eine Kind dir gehörte und du es verloren hast.

Dann muss man noch etwas einsehen: Alles Leid rührt daher, dass man sich von Gott getrennt hält. Wenn du bei IHM bist, verschwinden alle Schmerzen. Halte deine Aufmerksamkeit auf IHN gerichtet. Denk daran, dass deine Tochter jetzt bei IHM ist. Je mehr du an Gott denkst, um so näher wirst du bei ihr sein. Wenn du Tränen vergießen musst, so weine nach IHM.

Ebenso wie einige Blüten abfallen, ohne Früchte hervorzubringen, so sterben manche Menschen in jungen Jahren. Eine Weile lang hat Gott das Kind deiner Sorge anvertraut, und dann nahm ER es zu sich zurück. Nun sorgt ER Selber für sie. Eines Tages wirst auch du dort hingehen. Solange richte deine Aufmerksamkeit auf Gott und du wirst auch bei deinem Kind sein.

Woher weißt du, dass es deiner Tochter nicht dort, wo sie jetzt ist, viel besser geht? Wieviel Leid und Kummer hat dir das Leben bereitet! Hättest du ihr das gleiche Schicksal gewünscht?

Auf der Ebene wiederum, wo nur das Eine Selbst existiert, gibt es nicht mehr so etwas wie Geburt und Tod. Wer wird geboren? Wer stirbt? Alles ist Ein Selbst. Das Bewusstsein, das sich mit dem Körper identifiziert, kann auf das EWIGE gerichtet werden, und dann wird einem körperlicher Schmerz gleichgültig. Da der Körper zwangsläufig manchmal verwundet wird oder erkrankt, muss es Leid geben, solange man sich mit ihm identifiziert. Diese Welt schwankt endlos zwischen Glück und Leid, da ist keine Sicherheit oder Stabilität zu finden. Diese existieren nur in Gott. Auf dem Weg scheint es zwei zu geben: Gott und die Welt. Aber wenn man angekommen ist, gibt es nur EINS. Was weltliches Leben ist, hast du bereits erfahren. Wer gehört dir wirklich? Nur dein Guru, dein geliebter Gott (Ishta) – in IHM wirst du alles, jeden, finden. Ich bin dein Kind."

Einige Monate später kam die gleiche Frau wieder zu Mâ's Darshan. Sie sah jünger und glücklicher aus. „Ich habe meinen Schmerz überwunden", erzählte sie, „und habe mich mit meinem Schicksal abgefunden. Als Mâ sagte ‚ich bin dein Kind', war ihre Stimme die Stimme meiner Tochter. Meine Haare standen zu Berge, und ich hatte ein außergewöhnliches Gefühl, das ich nicht in Worten ausdrücken kann. Von jenem Augenblick an begann die Wunde in meinem Herzen zu heilen. Ich habe die innere Überzeugung gewonnen, dass mein Kind da glücklich ist, wo es ist. Ich spüre immer größeren Frieden und kann wieder meditieren. Nun plane ich eine Pilgerfahrt nach Badri und Kedarnath. Ich wünschte, alle hinterbliebenen Mütter könnten den gleichen Trost durch Mâ erfahren wie ich."

Eine Frau, die Mâ sehr ergeben war, hatte ihren Mann und ihren Sohn verloren und kam zum ersten Mal nach dem Unglück wieder zu Mâ's Darshan. Ihre Augen waren voller Tränen, doch trotz ihres Kummers saß sie still da. Mâ erzählte den anderen: „Sie (der Mann und der Sohn) haben sie durch ihren Tod zur Yoginî gemacht, damit sie die Einheit mit IHM sucht. Das Herz ist Seine heilige Wohnstätte, und ER befindet sich bereits da. Um diese Wahrheit zu erkennen, muss man Sâdhanâ üben. ER ist ewig, doch wie kann die Glorie Seines Throns bewahrt werden, wenn Vergängliches, das einen Anfang und ein Ende hat, darauf gesetzt wird? Jene vergänglichen Dinge müssen ihren Anfang und ihr Ende haben, deshalb führen sie unausweichlich zu Leid. Wenn du IHN nicht auf Seinem Sitz thronen lässt und anderen Dingen erlaubst, Seinen Platz einzunehmen, muss das zu Leid führen."

Einer anderen Mutter, deren Kind gestorben war, sagte Mâ: „Was soll man tun, Mutter? ER lieh dir eine Weile etwas, das IHM gehört, damit du IHM auf diese Weise dienen konntest; und ER blieb auch eine Zeitlang bei dir und nahm deinen Dienst an. Dann nahm ER Selbst wieder Sein Eigentum zurück. Wenn deinen Augen Tränen kommen, weine nach Gott – nach dem Göttlichen Geliebten. Manchmal schadet es der Person, die diese Welt verlassen hat, wenn man um sie weint. Man hört von vielen Begebenheiten dieser Art. Es ist daher die Pflicht der Hinterbliebenen, ruhig und gefasst zu bleiben und für das spirituelle Wohlergehen des Verstorbenen zu beten. ER ist es, der gibt, und ER ist es, der wieder hinwegnimmt. Was kann ein Mensch daran ändern?"

Einer Frau aus Amerika, die ihren Ehemann verloren hatte, sagte Mâ: „Wir müssen immer daran denken, dass wir Gottes Kinder sind und wir uns deshalb auf IHN besinnen und versuchen sollten, IHN zu erkennen. Gott verursacht kein Leid, ER ist der Eine Vater, Mutter, Freund, Geliebte und Gemahl. Aber unbestreitbar existiert Leid auf Erden. Eine geliebte Person verlässt uns, und wir sind unglücklich. Solange wir uns daran erinnern, dass wir Gottes Kinder sind und uns auf IHN besinnen, werden wir glücklich sein. Aber wenn wir IHN vergessen, gibt ER uns manchmal einen Schlag, um uns an IHN zu erinnern, ebenso wie eine liebende Mutter ihrem Kind manchmal zu seinem eigenen Besten einen Klaps gibt.

‚Welt' bedeutet Dualität, die Welt besteht aus Gegensatzpaaren, und so gibt es immer abwechselnd Glück und Leid. Ohne das HÖCHSTE zu suchen, kann man unmöglich dauerndes Glück und Frieden finden. Der Körper deines Mannes existiert nicht mehr, aber sein Selbst (Âtmâ) ist ewig eins mit dir. Er ist nicht von dir getrennt. So wie du getragene Kleider ablegst und neue anziehst, so muss der Körper sterben, damit du DAS erkennst, was ewig ist und niemals verloren werden kann. Dein Mann hat dich nicht wirklich verlassen, nur sein Körper ist gegangen, damit du deine Bindung verlierst und das wahre Selbst findest, in dem du mit ihm eins bist.

Es ist natürlich für Menschen zu weinen. Wenn du Tränen wegen weltlichen Dingen weinst, festigt es nur deine Bindung an sie, und immer mehr Unreinheit sammelt sich an. Aber wenn du nach Gott weinst, wird alle Unreinheit abgewaschen. Du solltest stets daran denken, dass Gott den Körper deines Mannes genommen hat, um dir den Weg des Brahmacârya zu zeigen, damit du das eigentliche Wesen deines Mannes erkennst und dadurch begreifst, dass du ewig eins mit ihm bist.

Glück und Leid gehören dem Bereich des Denkens an; wenn das Denken im EINEN aufgeht, hast du beide transzendiert. Um wirkliches und dauerhaftes Glück zu finden, muss der Mensch das HÖCHSTE kontemplieren. Glück, das von irgendetwas abhängig ist, sei es von einer Person, Geld, Komfort oder dergleichem, kann nicht von Dauer sein. Wenn wir die gewohnten Bequemlichkeiten entbehren müssen, fühlen wir uns verdrießlich. Aber wenn wir alles, was kommt, fröhlich akzeptieren, werden wir uns immer wohlfühlen."

Verschiedene Fragen und Antworten

Ein römisch-katholischer Priester aus Frankreich, der nach Indien gekommen war, um die indische Spiritualität einmal selber direkt kennenzulernen, hatte ein Interview mit Mâ.

Er fragte: „Was hält Mâ für das Wichtigste im Leben?"

Mâ: „Herauszufinden ‚wer bin ich?' – nach Erkenntnis dessen zu streben, was den Körper erschaffen hat – die Suche nach Gott. Aber zuerst muss man den Wunsch entwickeln, sich selbst zu erkennen. Wenn man sein eigenes Selbst findet, hat man Gott gefunden – und hat man Gott gefunden, so hat man sein eigenes Selbst, den einen Âtmâ, gefunden."

Frage: „Gibt es viele Menschen, denen das gelingt?"

Mâ: „Ziemlich viele erreichen eine gewisse Vervollkommnung (Siddhi) oder Befreiung (Mukti). Aber völlige Verwirklichung kommt tatsächlich sehr, sehr selten vor – bei einem von zehn Millionen."

Frage: „Glaubt Mâ, dass sie selbst jene völlige Verwirklichung erreicht hat?"

Mâ (lachend): „Was immer du glaubst, das bin ich."

Der Priester zum Übersetzer: „Das heißt, dass sie der Ansicht ist, sonst würde sie ‚nein' gesagt haben."

Zu Mâ: „Seit wann hast Du diese Verwirklichung?"

Mâ: „Wann war ich nicht?"

Frage: „Du kannst zweifellos ins Innere der Menschen sehen. Kannst Du mir sagen, ob ich ein Fortgeschrittener auf dem Pfad bin oder bloß ein Anfänger?"

Mâ: „Viele stellen ähnliche Fragen, aber für gewöhnlich beantwortet dieser Körper solche Fragen nicht. Jedoch kommt es manchmal vor, dass dieser Körper zu jemandem sagt: ‚Du hast den und den Zustand erreicht.' Es hängt vom Kheyâla dieses Körpers ab."

(Die nächste Frage über das Christentum findet sich im Kapitel „Die Einheit der spirituellen Wege": Ein französischer Priester …)

Frage: „Ist technischer Fortschritt eine Hilfe im spirituellen Leben oder ein Hindernis?"

Mâ: „Technische Erfindungen an sich sind weder gut noch schlecht. Heutzutage fliegt man mit dem Flugzeug; in früheren Zeiten flogen die Menschen auch, aber in besonderen Wagen (Pushpaka Ratha[92]). Das ist das unaufhörliche Spiel der Welt. Alles, was einem bei der spirituellen Suche hilft, sollte man annehmen, und was ein Hindernis darstellt, sollte man meiden."

Frage: „Zum Beispiel die Erfindung des Druckens – Bücher können manchmal den Menschen bei ihrer Suche helfen."

Mâ: „Wenn jemand wirklich Gott will und nur Gott, trägt er sein Buch in seinem eigenen Herzen. Er braucht keine gedruckten Bücher. Aber es schadet nicht, moderne Erfindungen zu nutzen, vorausgesetzt sie sind eine Hilfe bei der Suche nach Gott."

Frage: „Ist Freiheit eine Illusion?"

Mâ: „Nein, der Mensch ist frei."

Frage: „Aber der Mensch ist ein Individuum, ein Ego, und das Ego ist eine Illusion. Wie kann er da frei sein?"

Mâ: „Der Durchschnittsmensch, der sich mit dem Denken und dem Körper identifiziert, ist natürlich nicht frei. Aber der Mensch – der *wirkliche* Mensch (Atimânush) ist frei."

Frage: Lässt sich die Wissenschaft sowohl auf die äußeren als auch auf die inneren Welten anwenden?

Mâ: Die materielle Welt ist mit den feinstofflichen Welten verbunden. Das Feinstoffliche ist im Grobstofflichen enthalten und das Grobstoffliche im Feinstofflichen. Die Erkenntnis der Wahrheit wird auf dem Weg zu euch kommen, der euch innerlich entspricht. Alles ist in seiner Gesamtheit in allem anderen enthalten. Wenn du die Entwicklung der Pflanzen oder des Menschen studierst, wirst du feststellen, dass sie einerseits alle Geschöpfe sind, die zu Sinneswahrnehmungen fähig sind, doch auf der anderen Seite sind sie auch rein spirituelle Wesen. Das Spirituelle ist das Zentrum, um

---

[92] im heiligen Epos Râmâyana erwähnt

das herum sich die ganze Manifestation, alle Veränderungen, bewegen. Da der Mensch trennt und unterscheidet, muss er die Folgen seiner guten und schlechten Taten ernten, ansonsten wäre da ununterbrochene, permanente Glückseligkeit. Wähle das Höchste und gib bloßes Vergnügen auf und du wirst vom grobstofflichen Materiellen zum Feinstofflichen vordringen. Eine Blume verströmt Duft; vom Teil musst du zur Gesamtheit weitergehen.

Frage: Im Zeitalter der Wissenschaft ist es schwierig, an Gott zu glauben.

Mâ: Durch das Studium der Wissenschaft wird der Wissensdurst geweckt und auf diese Weise wird man zur Suche nach Wahrheit motiviert. Doch die Wahrheit, die Gott und alle Gottheiten verleugnet, ist eine partielle, einseitige Sichtweise, keine umfassende Schau. Eine integrale, vollständige Sichtweise vereint den wissenschaftlichen Standpunkt mit dem des Glaubens. In einer umfassenden Sicht begegnen sich die Standpunkte des Gläubigen und des Nichtgläubigen. Rechtschaffenheit und Ethik zu betonen, wird euren Charakter bilden und irgendwann zu Vervollkommnung führen. Eine vollständige, unverstellte Schau wird sich öffnen. Wenn ihr euren eigenen Weg ganz und mit allen Implikationen annehmt, werdet ihr irgendwann alle Wege verwirklichen.

Frage: Wenn man etwas als Grundannahme akzeptiert hat, warum erheben sich immer noch Fragen?

Mâ: Solange man kein unmittelbares Wissen erlangt hat, müssen Fragen auftauchen. Solange du dich auf der Ebene des denkenden Geistes befindest, werden Fragen da sein. Hier gibt es Zeit und Tod. Zeit und Tod gehören dem denkenden Geist an, dem Bereich, auf dem gelehrt und gelernt werden kann. Jenseits des denkenden Geistes gibt es weder Raum noch Zeit noch Tod. In der höchsten Ausgewogenheit wird die Grundannahme zu einer unbestreitbaren Wahrheit.

Frage: Man spricht vom Shabda Brahman und sagt, es könne mit dem Ohr vernommen werden; die moderne Wissenschaft hingegen sagt, die Ultraschallwelle könne man nicht hören. Was ist Shabda Brahman wirklich? Ist es sowohl der wahrnehmbare Klang als auch der nicht wahrnehmbare Klang?

Mâ: Je nachdem wie ihr es auffasst – weder das eine noch das andere kann ausgeschlossen werden. Donner begleitet den Blitz; der Klang hängt von dem Instrument ab, durch welches er erzeugt wird. Klang ist immer da, weil Bewegung als solche ihn erzeugt. Reibung führt zu Feuer und auch darin ist Klang enthalten. Akshara (das Unteilbare) ist das, was nicht herausgenommen oder geteilt werden kann, deshalb ist es das Shabda Brahman. Der ewige Klang ist das Shabda Brahman.

Frage: Kann er von einem gewöhnlichen Menschen gehört werden?

Mâ: Jeder hört das, was ihm möglich ist. Verschiedene Menschen hören verschiedene Klänge. Solange der Geist nicht unter Kontrolle gebracht wurde, kann er das Shabda Brahman nicht wahrnehmen. Jemand, der schläft, kann nicht einmal normale Geräusche hören und ein umherschweifender Geist kann keine feinstofflichen Töne aufnehmen. Das Individuum ist begrenzt und die Welt ist ständiger Wandel. Das Hören des einzelnen Menschen ist kein vollständiges Hören, aber jemand, der die inneren Qualifikationen hat, d.h. ein Yogi, wird hören können. Dieser Körper hat oft gehört, wie jemand von weit entfernten Ländern „Mâ" gerufen hat. Wo keine Vorstellung von Entfernung ist, stellen Ort und Zeit keine Hindernisse dar.

Nârâyana, der Herr der Menschen, kommt in Gestalt jedes Menschen, um Dienst von dir zu akzeptieren.

Wie auch immer du dich Ihm näherst, ER wird antworten. Alle Sâdhanâs sind verschiedene Wege, die dich für die Verwirklichung von IHM vorbereiten.

Frage: „Wie ist das Böse in der Welt aufzufassen?"

Mâ: „Wenn du Gott erkannt hast, sind Gut und Böse wie zwei Arten, dein Haar zu frisieren." (Mâ streicht ihre Haare erst auf die rechte, dann auf die linke Stirnseite). „Gut und Böse existieren für dich nicht mehr, wenn du deine Einheit mit Gott erkannt hast."

Frage: „Heißt das, dass ich das Böse in meiner Umwelt nicht mehr bekämpfen sollte?"

Mâ: „Diene den Menschen so sehr du kannst, aber identifiziere dich nicht mit ihren Nöten und Bedürfnissen. Du musst dich jenseits von all dem begeben und Gott suchen."

Frage: „Wo liegt der Ursprung des Bösen? Wenn alles in Brahman enthalten ist, wie der Hinduismus lehrt, muss auch das Böse von IHM stammen und sich in IHM abspielen."

Mâ: „Gut und Böse sind Unterscheidungen, die durch Denken und Erfahren der Menschen bedingt sind. Nur wenn wir in die Welt der Dualität eintreten, beginnen wir zwischen Gut und Böse zu unterscheiden."

Ein amerikanischer Offizier stellte Mâ 1945 einige Fragen: „Gibt es einen Unterschied zwischen Christ und Hindu?"

Mâ: „Es gibt keinen Unterschied zwischen einem wirklichen Hindu und einem wirklichen Christen."

„Ist der gegenwärtige Krieg auf das Wirken Gottes oder des Teufels zurückzuführen?"

Mâ: „Wie kann hier die Rede von einem Teufel sein? Ist er nicht Teil von Gottes Schöpfung? Gott ist für Gutes *und* Schlechtes verantwortlich, ansonsten gäbe es so etwas wie gut oder schlecht gar nicht. Solange wir zwischen den dualen Aspekten unterscheiden, solange wird es verschiedene Auffassungen von Gut und Böse geben. Sobald diese Dualität schwindet, gibt es Frieden auf Erden. Denn wer würde dann gegen wen kämpfen, wer würde wen hassen? Der Mensch ist durch eigene Bindungen gefesselt. Im fließenden Wasser sammelt sich kein Schmutz, doch sobald es eingedämmt ist, brüten Insekten darin. Wenn ihr verstrickt sein, ist auch eure Sicht getrübt. In einer Menschenmenge können wir niemanden außerhalb des Gedrängels sehen, weil unsere Sicht auf allen vier Seiten durch andere Leute verdeckt ist. Verlassen wir jedoch die Menge und blicken von einer höheren Ebene aus, können wir nicht nur die Menge, sondern auch andere Dinge darüberhinaus erkennen. Dann sehen wir mühelos alles um uns herum. Solange also kein vollständiges Wissen da ist, werden wir noch vom Unterschied zwischen Gut und Böse, Gott und Teufel verwirrt sein.

Ihr solltet auch einmal darüber nachdenken, dass sich jedes Wesen verbessern und weiterentwickeln möchte. Sogar wenn man selber lügt, wird man wahrscheinlich darüber entrüstet sein, wenn andere einen belügen. Von daher lässt sich annehmen, dass sogar ein Mensch, der selbst böse ist, doch einen Hang zur Wahrheit hat. Außerdem lieben es alle Wesen, in Frieden zu leben und sich am Leben zu erfreuen. Deshalb bestehe ich darauf, dass alle guten Eigenschaften Gottes im Menschen liegen, doch für gewöhnlich sind sie von Unwissenheit verhüllt und deshalb nicht sichtbar ausgedrückt. Wenn der Schleier beseitigt ist, erkennt man, dass Gott allein in allem existiert. Er ist der Herr und Diener zur gleichen Zeit. Dies ist Sein Geheimnis im Leben. Wenn ER allein lebt, kann ER nicht mit anderen spielen, und um Sein Lîlâ (göttliches Spiel) auszuführen, hat ER Sich in vielen manifestiert. Obwohl ER viele sein kann, ist Sein Wesen *eins*. Deshalb kann es auf dieser Ebene keine Debatte geben. Doch jene Existenz Gottes kann nicht in Unwissenheit erkannt werden. Solange die Dualität nicht schwindet, kann man kein wirkliches Wissen über Sein Lîlâ haben.

1974 hielt sich Graf von Dürckheim in Mâ's Âshram in Delhi auf. Er bat um Erlaubnis, sich zu einer stillen Meditation vor Mâ hinzusetzen. Dürckheim sagte später, er habe einen unaussprechlichen Frieden empfunden, der von Mâ ausging, und er sei augenblicklich fähig gewesen, „loszulassen". Als er sich vor ihr verneigte, hatte Mâ ihm gesagt: „Der Ozean ist in einem Wassertropfen enthalten und der Wassertropfen im Ozean."

Es war in der Zeit des zweiten Weltkriegs. Ein Devotee von Mâ hatte ihr folgenden Brief geschrieben: „Mâ, wir sind abgrundtief betroffen vom Grauen dieses Krieges. Bitte beende Dein Lîlâ (Spiel) der Zerstörung." Mâ diktierte folgende Antwort. „Schreibe an Bâbâ", sagte sie: „Herr, Du hast Dich Dir Selbst in Form von Gebeten und Wehklagen gezeigt. In Erhörung Deiner eigenen Gebete wirst Du Selbst das Lîlâ Deiner Zerstörung beenden, das sich in Angst und Entsetzen vor dem unberechenbaren Tod äußert. Es ist wirklich alles in einem selbst vorhanden; man muss sich nur selbst erkennen. Nenn es ‚sich selbst' oder ‚das eigene Selbst' – man muss aus dem Zustand des Gefesseltseins in Begrenzungen befreit werden. Wo auch immer du bist und in was für Umständen, konzentriere dich auf die Lotusfüße des Gurus. Verlass dich einfach auf Ihn. Versuche einfach, die Anweisungen des Gurus mit ununterbrochener Aufmerksamkeit auszuführen. Unterschätze nicht die Kraft deines Geistes, indem du furchtsam und ein Opfer der Schwäche wirst, dich in Gesprächen über diese Zustände verlierst, kleinmütig wirst, Herzklopfen bekommst usw. und Nahrung und Schlaf aufgibst. Sei heldenhaft. In welcher Erscheinungsform Er Sich auch zeigen mag, es ist einzig Seine Offenbarung. Um dieses Verstehen ununterbrochen zu bewahren, solltest du Zuflucht bei Mahâshakti Mâ (der Göttlichen Mutter des Universums) nehmen."

Ein tschechischer Ingenieur fragte Mâ: „Ich glaube nicht an Wiedergeburt – spielt das eine Rolle?"

Mâ antwortete: „Du glaubst an dieses Leben, nicht wahr? Es gibt nur *ein* wirkliches Leben, nämlich das, welches der Suche nach Gott geweiht ist, und nur *einen* wirklichen Tod, welcher der Tod des Todes ist. Danach gibt es keine Geburt und keinen Tod mehr."

Frage: „Ist die Beschreibung der Formen von Göttern und Göttinnen in den heiligen Schriften wahr?"

Ma: „Jetzt wo du gefragt hast, muss dieser Körper sagen – alle Gottheiten, die beschrieben wurden, sind genau so.

... Für die Erfahrung jedes Menschen gibt es eine göttliche Form. Die Erfahrung hängt von den Samskâras eines jeden ab. Deine Erfahrungen wandeln sich, je gereinigter dein Geist ist. Jeder Strebende hat seine eigene Erfahrung. Dabei bleibt der Erfahrende getrennt von der Erfahrung. Von einem anderen Gesichtspunkt aus scheinen Erfahrung und Erfahrender eins geworden zu sein. Wer erfährt wen? Er ist der einzig Existierende. Nichts anderes existiert. Die göttliche Existenz allein durchdringt alles."

Als der Fragesteller Ma drängte, von ihren eigenen Erfahrungen zu erzählen, sagte sie:

„Lasst die Erfahrungen dieses Körpers beiseite. Diejenigen, die solche Erfahrungen hatten, haben sie in so vielen Büchern beschrieben! Das nützt überhaupt nichts, solange man nicht selber eine wirkliche Erfahrung gemacht hat."

Als sie merkte, dass der Fragesteller nicht zufrieden war und intensiv nach einer Antwort suchte, sagte sie: „Sâdhanâ hat sich in diesem Körper auf vielerlei Weise ausgedrückt. Alles, was ihr erfahren habt, hat sich in diesem Körper gezeigt. Mehr bleibt nicht zu erkennen."

Frage: „Ist es nicht schwierig, in diesem Zeitalter der Wissenschaft an Gott zu glauben?"

Ma: „Aus der Wissenschaft wird jenes Wissen hervorgehen, aus dem ein Interesse an der höchsten Wahrheit erwächst. Die Wahrheit, welche Götter und Göttinnen oder Gott ausschließt, ist eine unvollständige Sicht. Die vollständige Sicht wird jene sein, die die Götter und Göttinnen mit einem wissenschaftlichen Hintergrund sieht, die Vision des Glaubens an Gott. Die Sichtweisen des Atheisten und des Theisten bilden zusammen die vollständige Sicht."

Frage: „Mâ, sind Träume wirklich?"

Mâ: „So real wie diese Welt ist, ebenso real sind Träume. Allerdings seht ihr manchmal in euren Träumen etwas aus der Vergangenheit, und zu anderen Zeiten mögt ihr sehen, was in Zukunft geschieht. All das ist ein Spiel von Samskâras (Eindrücken und Tendenzen, die sich im jetzigen Leben geformt haben oder aus früheren Leben mitgebracht wurden)."

Frage: „Was ist richtig für mich – ein aktives Leben in der Welt oder ein kontemplatives Leben in Abgeschiedenheit?"
Mâ: „Der richtige Weg von beiden ist der, dem du dich mit Herz und Seele hingeben kannst."

Frage: „Warum wird der Mensch auf Erden geboren?"
Ma: „Um seine eigenen Wünsche zu erfüllen, um Glück und Leid zu erfahren."

Frage: „Kann eine befreite Person Wünsche haben?"
Mâ: „Befreit zu sein und Wünsche zu haben ist ein Widerspruch in sich selbst. Befreiung bedeutet Wunschlosigkeit. Wie kann jemand befreit sein und noch einen Wunsch haben?"
Frage: „Aber hat Gott Sich nicht in Vielfalt geteilt, weil ER es so wünschte?"
Mâ: „Ja, so ist es."
Frage: „Aber Du hast gerade gesagt, dass jemand, der befreit ist, keine Wünsche haben kann."
Mâ: „Es besteht ein großer Unterschied zwischen Gottes Wunsch und persönlichem Wunsch. Göttlicher Wunsch ist Göttlicher Wille und somit etwas völlig anderes."

Frage: „Wenn die Welt eine Einbildung ist, wie ist es möglich, dass sie wahrgenommen werden kann?"
Ma: „‚Einbildung' trifft es nicht. Denn wenn die weltliche Wahrheit keine praktische Wahrheit wäre, hätte sie nicht wahrnehmbar sein können."

Frage: „Wenn alles von Gott getan wird, warum sollten wir überhaupt etwas tun?"
Mâ: „So einen Glauben wirklich zu haben, verlangt schon sehr viel Arbeit."

Frage: Gott sagt in der Bhagavad Gita „Wann immer die Rechtschaffenheit nachlässt und das Böse überhand nimmt, oh Arjuna, manifestiere ich mich." Warum manifestiert sich Gott dann nicht in dieser Zeit, wo doch das Dharma so bedroht ist?

Ma: „Es ist wahr, dass Gott dies gesagt hat. Gott ist gekommen und wer Ihn sehen soll, sieht Ihn."

Frage: „Mâ, ich habe gehört, dass bei Pralaya (dem Ende eines Schöpfungszyklus) nicht alles zerstört wird, sondern in feinstofflicher Form weiterbesteht."

Mâ sagte: „Weißt du, wie es sich verhält? Wie bei einem Baum, der Früchte trägt und dann stirbt. Seine Samen enthalten unzählige Bäume in unmanifestierter Form, die später zu allen möglichen Bäumen werden. In Wirklichkeit wird nichts auf der Welt jemals zerstört. Schöpfung, Erhaltung und Zerstörung gehen ständig vor sich."

Eine Frau aus Australien fragte Mâ einmal, ob es ratsam sei, Ärzte zu konsultieren und Medizin einzunehmen, da Leiden doch die Folgen unserer Taten aus diesem oder früheren Leben seien. Wäre es nicht angebrachter, alles, was uns zustößt, zu erdulden, ohne in den natürlichen Ablauf einzugreifen?

Mâ antwortete, es sei richtig, alles zu tun, was in unseren Kräften liege, um unseren Körper gesund zu erhalten, denn ein Mensch, der Schmerzen hätte, könne nicht gut Sâdhanâ üben. Dennoch müsse man selbstverständlich auch lernen, Schmerzen zu ertragen, da Leid nicht immer vermieden werden könne. In solchen Fällen sollten wir das Leid als eine Erscheinungsform von Gott Selbst betrachten.

Einige Monate später brach sich die Frau den Arm. Sie befand sich im Gebirge, wo es weit und breit keinen Arzt gab und hatte heftige Schmerzen. Darüberhinaus fing es so stark an zu regnen, dass sie den Ort erst nach drei Tagen verlassen konnte. Die Frau blieb die ganze Nacht wach und konzentrierte sich auf Göttliche Liebe in Form von Christus und Mâ. Zu ihrem eigenen Erstaunen vergaß sie ihre Schmerzen völlig und fühlte sich am nächsten Morgen gesund und frisch. Drei Tage lang blieb sie in einem Zustand der Glückseligkeit und erklärte, dass sie dieses Erlebnis um nichts in der Welt hätte missen wollen. Hatte Mâ das im Sinn gehabt, als sie sagte, man müsse lernen, Leid zu ertragen, wenn es komme?

Später versuchte sie sich immer, wenn sie Schmerzen hatte, auf ähnliche Weise zu konzentrieren, aber es gelang ihr nie wieder, diesen Bewusstseinszustand zu erreichen. Als sie Mâ ein Jahr später nach der Ursache ihrer Unfähigkeit fragte, sagte Mâ lächelnd: „Deine Schmerzen waren nicht heftig genug. "

Ein bekannter Industrieller fragte, was für einen Sinn es habe, einen Arzt zu rufen und sich medizinisch behandeln zu lassen, wenn ohnehin alles von vorneherein durch das Schicksal bestimmt sei.

Mâ: „Die Tatsache, dass du einen Arzt konsultierst und dich medizinischer Behandlung unterziehst, gehört auch zu deinem Schicksal. Wenn es dir nicht bestimmt ist, geheilt zu werden, ist der Arzt hilflos. Aber wenn du gesund werden sollst, wird die richtige Medizin gegeben und du wirst genesen. "

Frage: „Angenommen, man hat festen Glauben an Gott und überlässt IHM alles und konsultiert keinen Arzt. Kann man auch dann geheilt werden? "

Mâ: „Es gibt zwei Wege. Entweder man glaubt fest daran, dass Gott alles Notwendige tun wird, und man bittet IHN, geheilt zu werden. Wenn man wirklichen Glauben entwickelt hat, wird dieser die Macht haben, die Heilung zu bewirken. Wenn der Glaube jedoch nur oberflächlich ist, wird er nicht wirksam sein.

Oder: Man erbittet nichts von Gott, sondern überlässt IHM alles. Ob man dann gesund wird oder nicht, es bleibt sich völlig gleich. "

Frage: „Wie kann ich es vermeiden, zu unpassender Gelegenheit zu sprechen bzw. etwas Falsches zu sagen? "

Mâ: „Indem du wartest, bevor du sprichst. Wenn du eine Weile innehältst, kannst du es dir besser überlegen und brauchst es eventuell dann gar nicht zu äußern. "

Frage: „Was ist eine Segnung? "

Ma: „Eine Segnung ist die Belohnung einer Tat, die im vergangenen Leben verdient wurde. Alle guten Taten des vergangenen Lebens kommen als Segnungen in diesem Leben zu einem.

Abgesehen davon kommt im Laufe des Sâdhanâs des Schülers eine Zeit, in der ihm alles, was ihn umgibt, als Segnung erscheint. Alles, was in der

Welt geschieht, ist die Frucht von Gottes Segen. Ziel oder Mittel spielen keine Rolle. Das ist wirklicher Segen."

Frage: „Was ist dann Segnung ohne Absicht?"

Ma: „Grundlose Segnung."

Frage: „Wäre Gott dann nicht launisch?"

Ma: „Gott hat auch ‚Launen'. Er ist in allen Aspekt vollständig, weshalb sollte Er also ohne Launen sein?"

Frage: „Ist die Erleuchtung durch Segnung vorläufig?"

Ma: „Nein."

Frage: „Ist sie das Ergebnis des Karmas aus früheren Leben?"

Ma: „Nein, nicht bei grundloser Segnung. – Der Sinn des Handelns besteht darin, den Schleier zu zerstören. Ihr sollt mithilfe der euch gegebenen Vernunft vorgehen. Sein Segen ist grundlos. Segnet Er nicht, so ist es Sein süßer Wille, beziehungsweise letztlich unser eigener … welches Ergebnis? Unsere eigene Handlung, unser eigenes Ergebnis. Unser eigener Gott, ein Âtman … Du bist Gott in dieser Form … Habe die Einstellung von ‚TAT' (die Ausrichtung auf das Transzendente) bei allen Handlungen. Das Selbst wird durch alle Handlungen erscheinen. Betrachte all die Handlungen nicht als abgetrennt – darum geht es. Wer ist die Kraft der Handlungen? Du. Wer ist die Kraft? Das Selbst."

Eine Französin fragte Mâ u.a.: „Wie entwickelt sich Liebe zu Gott?"

Mâ: „Kommt es nicht vor, dass du dich mit völlig Fremden anfreundest und beginnst, sie zu lieben? Gott zu lieben, der dein eigenes Selbst ist, ist natürlich. Wenn du dich von einer bestimmten Form Gottes angezogen fühlst, wie von Christus oder Krishna, kontempliere über jene Form, wiederhole ständig SEINEN Namen, denke an IHN, lies über SEINE Größe und SEINE Herrlichkeit, beschäftige dich ständig in Gedanken mit IHM."

Frage: „Angenommen, man fühlt sich von keiner bestimmten Verkörperung Gottes angezogen, wie soll man vorgehen?"

Mâ: „Sitze vollkommen still, gehe in dich, und versuche herauszufinden, wer du bist. Dein Selbst zu finden, bedeutet Gott zu finden, und Gott zu finden, bedeutet, dein Selbst zu finden."

Frage: Welcher Ebene gehört der Glaube an?

Mâ: Dem Bereich des denkenden Geistes. Alles, was sich auf das Leben des Menschen bezieht, gehört dem denkenden Geist an. Wenn man jedoch zur Wurzel der Dinge vorstößt, gibt es nur den Einen, Ihn allein.

Frage: „Warum ist das Denken so rastlos?"

Mâ: „Dein Denken ist so von der Welt in Anspruch genommen, dass es nicht von ihr lassen möchte. Es hat dort eine „Rast-Stätte" gefunden. Wenn es völlig rastlos wird, wird es das Selbst (Âtmâ) erkennen. Arjuna[93] war verzweifelt rastlos geworden, und er erkannte Gottes Macht."

Frage: „Manchmal scheint es mir, als ob ich mich hier in Deiner direkten Gegenwart immer mehr zum Nachteil entwickle. Ich wusste noch nie, wieviel Neid in mir verborgen war. Meine Selbstsucht nimmt ständig zu, d.h. ich verlange mehr Beachtung von Dir, als ich bekomme."

Mâ: „Es ist heilsam, wenn deine negativen Impulse ans Licht gebracht werden. Sie müssen herauskommen. Nur auf diese Weise kannst du frei davon werden. Aber ich kann nicht sehen, dass du schlecht bist. Ich sehe nur dein göttliches Selbst."

Mâ sprach einmal über das Schreiben von Briefen, die manchmal nicht ankommen oder zerrissen wurden, bevor sie fortgeschickt werden konnten. Sie sagte dazu: Die Botschaft, die jemandem durch das Schreiben eines solchen Briefes mitgeteilt werden sollte, wird der Betreffende auf irgendeine Weise empfangen. Selbst wenn nur das Gefühl da ist, einen Brief zu schreiben, kommt die Botschaft auf irgendeine andere Weise an, selbst wenn er dann doch nicht geschrieben wird. Ein reiner Gedanke kann sich ohne andere Hilfsmittel offenbaren. Das merkt ihr vielleicht nicht, da eure „Pforten" geschlossen sind, aber ihr empfangt das Resultat des Gefühls. Vielleicht wird euer Herz auf einmal weich und Tränen kommen. Das kann auf drei Gründe zurückgeführt werden: durch den reinen Gedanken an das, worüber wir eben sprachen; durch Samskâras aus einem früheren Leben oder durch Ahnung von etwas, das eintreten kann. Egal was, es gibt grenzenlose Möglichkeiten, nichts ist umsonst.

Mâ sagt oft: „Alles, was passiert, ist notwendig – man kann niemandem die Schuld geben."

---

[93] der Held aus der Bhagavad Gîta, der in der Schlacht bei Kurukshetra von Krishna unterwiesen wurde, in welcher Geisteshaltung er kämpfen sollte.

Der erste Stock des Âshramgebäudes in Varanasi war in Bau. Um ein neues Stockwerk zu bauen, wurden einige Teile des oberen Erdgeschosses abgebrochen. Mâ zeigte darauf und sagte: „Schaut, um etwas Neues zu machen, muss soviel von der alten Struktur beseitigt oder verändert werden. Natürlich bleibt das Fundament dasselbe – so wie das Sein immer in ein und derselben Position, immerwährend, unveränderlich, bleibt, während der Vorgang der Veränderung und Zerstörung des Alten weitergeht, um den Weg für das Neue freizumachen. Bevor man etwas Neues bildet, muss man das gewohnte System sprengen, nur dann kann das Neue geschaffen werden."

Frage: „Viele kommen zu erleuchteten Weisen. Einige machen Fortschritte, andere fallen zurück. Ist das durch Handlungen ihrer früheren Leben bedingt?"

Mâ: „Wenn man einem erleuchteten Weisen nahekommt, gibt es so etwas wie ‚Rückfall' nicht. Meinst du, man kann sich einem Feuer nähern, ohne auch nur etwas versengt zu werden?"

Frage: „Ich bin sicherlich Gott ergeben, doch muss ich auch meinen Haushalt aufrechterhalten. Neulich machte ich 3.000 Rupien Schulden für die Hochzeit meiner Tochter. Sollte ich die Schulden bezahlen oder mich Gottes Verehrung widmen?"

Mâ: „Selbst wenn du deine Schulden nicht bezahlst und dich der Verehrung Gottes zuwendest, werden dich deine Gedanken an diese Schuld erinnern. Wenn du jedoch einen Zustand erreichst, in dem kein Unterschied mehr zwischen dem besteht, der den Schuldbetrag erhält und dem, der ihn zurückzahlt, so ist das natürlich etwas völlig anderes. Aber solange dieser Zustand nicht eingetreten ist, musst du weiterhin sowohl deine Gebete verrichten als auch deine Schulden zurückzahlen."

Frage: „Darf ich Gott bitten, dass ER es mir ermöglicht, die Schuld zurückzuzahlen?"

Mâ: „Wenn du so beten möchtest, kannst du es tun. Aber man kann auch eine andere Haltung einnehmen: ‚Oh Herr, ich bitte Dich um keinen Gefallen. Ich möchte nur DICH SELBST.' Wenn noch ein Wunsch da sein muss, lass es der Wunsch nach IHM allein sein!"

Frage: „Angenommen, ich habe geschäftlich mit jemandem zu tun, und er betrügt mich, indem er mir nicht das gibt, was dem Wert meines Geldes entspricht. Ist es richtig, vor Gericht zu gehen oder sollte ich mit den Achseln zucken und schweigen?"

Mâ: „Einige haben das Gefühl: Wenn ich dieser Person keine Lehre erteile, wird sie weiter betrügen und noch schlimmer werden, und so gehen sie vor Gericht.

Aber man kann es auch anders sehen: Wer ist es, der mich betrogen hat? Sind nicht alle Formen, alle Wesen SEINE Erscheinungsformen? Was mir unterschlagen wurde, stand mir offensichtlich nicht zu – Gott ist es, der es mir weggenommen hat.

Eine dritte Möglichkeit, mit dem Missetäter umzugehen, wird durch folgende Geschichte veranschaulicht: Ein Dieb brach in die Hütte eines Sâdhus ein und stahl alles, was er finden konnte. Als er mit seiner Beute entfloh, kehrte der Sâdhu heim. Aus Entfernung sah er den Einbrecher, wie er seine Bürde auf dem Kopf forttrug. Er folgte ihm geschwind und rief: ‚Warte einen Augenblick, Bruder, da sind noch ein paar Dinge, die du vielleicht gern haben möchtest. Würdest du nicht dies oder das und vielleicht auch dies mögen?' Der Dieb war so von der erstaunlichen Reaktion des Sâdhus überwältigt, dass er ihm zu Füßen fiel, das Stehlen aufgab und selbst ein Sâdhu wurde.

Von einem vierten Standpunkt, das Problem zu sehen, fragt man sich: Ist es *meine* Aufgabe, den Übeltäter zu strafen? Hört eine weitere Geschichte: Einst wanderte ein glühender Verehrer Shrî Krishnas, versunken in die Kontemplation seines Geliebten, umher und hatte seine Umgebung dabei völlig vergessen. Ohne es zu bemerken, trat er auf einige frischgewaschene Kleider, die ein Wäscher auf dem Boden zum Trocknen ausgebreitet hatte. ‚Hast du keine Augen im Kopf?' rief der Wächter wütend, dessen Arbeit nun umsonst war. Einen Stock ergreifend, wollte er auf den Devotee losschlagen. – Zu jenem Zeitpunkt speiste Shrî Krishna gerade mit Seiner Gemahlin Rukminî. Ganz plötzlich sprang Er auf und eilte ohne Erklärung davon. Nach einer kurzen Zeit kam Er wieder. ‚Mein Herr', fragte Rukminî, ‚warum standest Du so plötzlich von der Mahlzeit auf, und wie kommt es, dass Du so rasch zurückgekehrt bist?' Shrî Krishna antwortete: ‚Einer meiner Bhaktas, der mir sehr lieb ist, war in Gefahr, mit einem Stock verprügelt zu werden, so eilte ich zu seiner Rettung. Aber als ich sah, dass er einen Stein aufgehoben hatte und im Begriff war, seinen Gegner damit zu bewerfen, kehrte ich unverzüglich hierher zurück. Da er sich selbst schützte, war es für mich nicht notwendig, einzugreifen.'

Noch ein anderer Aspekt der Sache ist zu bedenken: Ein Heiliger wurde einst grundlos von jemandem schwer beleidigt. Er überlegte: ,Was für eine furchtbare Strafe hat dieser Mann durch sein schwerwiegendes Unrecht auf sich geladen!' Er gab ihm daher einen leichten Schlag, um das ungute Schicksal zu mildern, das sein Vergehen unweigerlich bewirken würde.

Und zu guter Letzt – wenn der Betrüger dein eigener Bruder wäre, würdest du sein Handeln Betrug nennen? Etwas aus seinem eigenen Heim zu entfernen, wird nicht Diebstahl genannt: Man nimmt sein Eigentum. Sind nicht alle Menschen Brüder, Kinder Eines Vaters? Wer kann wen bestrafen?

Welcher dieser Standpunkte dir am meisten zusagt, danach solltest du handeln."

Frage: „Angenommen, man hat das Gefühl, dass dem Übeltäter eine Lektion erteilt werden muss, und man geht vor Gericht, schadet man sich dadurch nicht selbst, insbesondere wenn man ein Sucher nach Wahrheit ist?"

Mâ: „Ja, auf jeden Fall, denn durch so ein Handeln wird das eigene Ego verstärkt."

Frage: „Sollte man jemanden wegen Unterschlagung eigener Besitztümer gerichtlich anklagen, wenn man sich Gott ganz ergeben hat?"

Mâ: „Die Tatsache, dass du fragst, ob du vor Gericht gehen solltest, weist darauf hin, dass du es tun solltest. Momentan fühlst du vielleicht, dass es schöner wäre, nichts zu unternehmen. Doch nachher, wenn du den Verlust des unterschlagenen Geldes wirklich spürst, wirst du bedauern, nichts getan zu haben und dich darüber ärgern. Wenn du jedoch dein Recht willst, so tue es vollkommen legal, spreche immer die Wahrheit usw. Hättest du dich Gott wirklich ganz ergeben, würdest du nie so etwas fragen."

Frage: „Einige Leute sagen, ein Dieb stiehlt nur von einem Dieb. Bin ich ein Dieb?"

Mâ: „Wenn jemand heimlich etwas wegnimmt, was dir gehört, so nennst du ihn einen Dieb. Aber es gibt eine Ebene spiritueller Verwirklichung, wo Gott in allen Formen und Handlungen wahrgenommen wird. Was für eine Rolle spielt ,ich' und ,mein' dort? Finde heraus, wer du bist und was dir gehört. Wenn dann jemand ohne dein Wissen etwas wegnimmt, wirst du nicht das Gefühl haben, dass es gestohlen wurde. Wie kann es einen Dieb geben, wo doch nur ein Âtmâ existiert?

Dann ist noch ein Zustand möglich, in dem du sagst, der und der ist ein Dieb, ohne Werturteil und ohne Groll, denn gleichzeitig erkennst du auch, dass es der EINE ist, der sich auf unendlich vielfältige Weise offenbart, dass Gottes Willen in allem Geschehen waltet."

Solange man sich im Königreich des denkenden Geistes aufhält, haben alle Aussagen ihre Richtigkeit.

Frage: „Warum versteht Gott nicht unsere Probleme, warum ist ER so gefühllos?"

Mâ: „Er ist nicht gefühllos. Er möchte euch durch die Erfahrung von Freude und Leid vollkommen machen, deshalb lässt ER euch durch Glück und Unglück hindurchgehen. Und abgesehen davon ist es ebenso wahr, dass ER mit Sich Selbst spielt – all dies ist Sein Lila."

Gleichnisse

Die kostbare Halskette

Tief auf dem Grund eines Sees konnte man einst eine kostbare Halskette funkeln sehen. Viele tauchten aus Begierde nach dem schönen Schmuck hinunter, aber das Seltsame war, dass kein einziger Taucher die Halskette auf dem Grund finden konnte. Vom Ufer jedoch war sie für jeden klar zu sehen, es konnte kein Irrtum vorliegen. Schließlich kam ein Heiliger vorbei, und man schilderte ihm das Problem. „Die Halskette kann nicht auf dem Grund des Sees liegen, sie muss woanders sein", sagte er. „Was ihr seht, ist ihr Spiegelbild im Wasser." Er schaute empor und entdeckte bald den kostbaren Schmuck, der von einem Baum herabhing. Ein Vogel hatte ihn irgendwo aufgelesen und dort zurückgelassen ...

„Das Ewige", folgerte Mâ, „ist die Schatzgrube wirklichen Glücks. In den Sinnesobjekten wird dieses Glück bloß gespiegelt. Das Individuum, das viele Leben hindurch von flüchtigen Anblicken dieser Widerspiegelung irregeführt wurde, glaubt, dass das einzig Wahre in den Sinnesobjekten zu finden ist. Solange man glaubt, in dieser Welt wirkliches Glück erfahren zu können, ohne im Innern zu suchen, wird man gebunden bleiben."

Ein Tongefäß erzählt seine Geschichte

Manchmal wird in Indien bei einer religiösen Verehrung anstatt einer Statue, die die Gottheit darstellt, ein Tongefäß mit Gangeswasser als Ersatz benutzt. Vor Beginn der eigentlichen Pûjâ muss das Gefäß durch das entsprechende Ritual und durch Mantren in eine lebendige Beziehung zu dem jeweiligen Aspekt Göttlicher Kraft gebracht werden, damit es ein lebendiger Sammelpunkt für diese Kraft wird. Diese Zeremonie, „Leben einzuhauchen", wird „Prâna Pratishtha" genannt.

Mâ sagte: „Ein Tongefäß, dem von einem Mahâtmâ *Prâna Pratishtha* gegeben worden war, erzählte seine Lebensgeschichte. ,Zuerst', sagte es, ,war ich ein Teil der Erde. Ich war glücklich und in völligem Frieden. Aber eines Tages kam ein Mann mit einem Spaten und grub mich aus. Du liebe Zeit, es tat furchtbar weh! Dann trug er mich fort und ließ mich auf einem Haufen in einer Ecke liegen. ‚Nun', dachte ich, ‚werde ich wieder meinen Frieden haben.' Aber wie sehr hatte ich mich getäuscht! Früh am nächsten Morgen stellte ich fest, dass er einen Hammer mitgebracht hatte, um mich zu feinem Pulver zu zerstoßen. Welch entsetzliches Leid ich durchmachte! Als ich jedoch zu Pulver geworden war, stiegen meine Hoffnungen sehr. ‚Nun werde ich sicher in Frieden gelassen.' Aber nein, noch mehr stand mir bevor. Am nächsten Tag wurde ich mit Wasser vermischt und gestampft. Als diese Qual vorbei war, nahm ich an, dauerhaften Frieden gefunden zu haben. Doch vergeblich – war denn kein Ende des Elends abzusehen? Ich kam auf eine Töpferscheibe und wurde mit rasender Geschwindigkeit herumgedreht, bis ich zu einem Gefäß geformt war. Nun fühlte ich mich ganz sicher, ab jetzt allein gelassen zu werden. Aber wieder irrte ich mich, denn eine neue Marter sollte mein Los werden. Jeden Tag wurde ich den sengenden Strahlen der Sonne ausgesetzt und jede Nacht im Haus gelagert. Dies setzte sich eine Zeitlang fort, nur um in noch größerem Unglück zu enden. Oh Gott, eines schönen Morgens wurde ich ins Feuer gestellt und gebrannt. Ich fühlte mich total entzündet, doch ich tröstete mich: ‚Was können sie mir nun noch mehr antun? Dies bedeutet zweifellos das Ende meiner Drangsal, und von nun an werde ich ungestörten Frieden genießen.' Doch alles andere als das! Seht, ich wurde einer neuen Prüfung unterworfen. Ich wurde auf den Markt getragen, und viele Leute kamen und klopften auf mir herum, um zu sehen, ob ich auch kein Loch hätte. Schließlich kaufte mich jemand und nahm mich mit nach Hause. Er füllte mich mit Gangeswasser, stellte mich auf eine Erhöhung und vollzog *Prâna Pratishtha*, und so kommt es, dass ich jetzt sprechen kann.'"

Mâ fügte hinzu: „Wenn man auf diese Weise reif geworden ist und vervollkommnet wurde, wird man mit den Wassern des Ganges (d.h. der Weisheit) erfüllt und zu Göttlichem Leben erweckt. Dann wird man imstande sein, zu sprechen."

Der schlaue Kaufmann

Ein reicher Kaufmann schickte sich an, auf Geschäftsreise zu gehen. Ein Dieb, der darauf erpicht war, den Reichen zu berauben, kam zu ihm in feinen Kleidern und gab sich ebenfalls als Kaufmann aus. Er sagte: „Ich muss auch die gleiche Strecke reisen. Es ist unsicher, sich alleine loszuwagen, wenn man Geld bei sich hat. Lass uns zusammen reisen!" Und darauf einigten sie sich.

Jeden Morgen, bevor sie vom Gasthaus aufbrachen, nahm der Kaufmann sein ganzes Geld heraus, zählte es sorgfältig und steckte es dann wieder in seine Tasche. Er tat dies ganz offen, während der Dieb ihn beobachtete und plante, das Geld noch in derselben Nacht zu stehlen. Nach einem anstrengenden Tag legten sie sich bis zum Sonnenaufgang zur Ruhe, und schon bald war der Kaufmann fest am schlafen. Der Dieb war wach geblieben. Er erhob sich von seinem Bett und durchsuchte das Gepäck seines Gefährten, sein Lager und ihn selbst. Der Kaufmann öffnete niemals auch nur die Augen, sondern schnarchte friedlich weiter. Wie er es auch anstellte, der Dieb vermochte nicht einen einzigen Heller zu entdecken. Dies ging tagelang so weiter. Jeden Morgen zählte der Kaufmann sein Geld, dass dem Dieb das Wasser im Mund zusammenlief, aber des Nachts konnte er kein Geld finden. Endlich entschloss sich der Dieb in seiner Verzweiflung, den Kaufmann zu fragen. „Freund", sagte er, „ich muss es bekennen, ich habe dich betrogen. In Wirklichkeit habe ich deine Gesellschaft gesucht, um dein Geld zu ergattern. Jede Nacht habe ich mich angestrengt, doch alle meine Bemühungen, deines Schatzes habhaft zu werden, erwiesen sich als vergeblich, obwohl ich sehr gründlich nachsuchte. Sag mir bitte, durch welchen Zauber du dein Geld vor mir verbirgst." „Das ist ganz einfach", erwiderte der Kaufmann unter herzlichem Lachen. „Von Anfang an hatte ich deine bösen Absichten im Verdacht, doch war ich ganz frei von Besorgnis, weil ich wusste, dass du mein Versteck nie erraten würdest. Jede Nacht lag das Geld sicher unter deinem eigenen Kopfkissen. Ich war mir sicher, dass dies der einzige Ort sein würde, an dem du niemals suchen würdest, und so konnte ich völlig beruhigt schlafen."

„Gott ist im Innern eines jeden", kommentierte Mâ, „aber der Mensch sucht außen nach IHM. Das macht Gottes Spiel und Gottes Schöpfung aus."

Mâyâ

Einst kam der große Weise Nârada zu Shrî Krishna und fragte: „Was ist eigentlich Deine Mâyâ?" „Mâyâ?" erwiderte Shrî Krishna. „Nun gut, komm, lass uns spazieren gehen." Nachdem sie einige Zeit mühsam gewandert waren, kam ein Dorf in Sicht. Shrî Krishna sagte: „Ich bin sehr durstig. Holst du mir bitte ein Glas Wasser?"

Nârada ging zu dem Dorf, während Shrî Krishna auf ihn wartete. Nâra-
da ging in ein Haus hinein, und die Hausfrau schickte ihre schöne, junge
Tochter Wasser holen. Als sie damit zurückkam, sagte die Frau zu dem
Fremden: „Warum heiratest du sie nicht? Sie wird dir eine gute Frau sein."
Nârada dachte: ,Sie ist wirklich wunderschön' und willigte ein.

Sie bekamen einen Sohn und eine Tochter und lebten einige Jahre sehr
glücklich, bis eines Tages ein Wolkenbruch eine Überschwemmung verur-
sachte. Wasser drang ins Haus ein. Nârada stapelte den Hausrat übereinander und setzte seine Familie oben darauf. Doch es war nutzlos, die Flut
stieg weiter, und das Haus kam unter Wasser. Sie stiegen alle auf das Dach,
doch das Wasser stieg immer höher. Schließlich musste Nârada seine ganze
Familie schützen und über Wasser halten. Die Lage war bedenklich. Zuerst
verlor seine Schwiegermutter ihre Kraft und ertrank. Nârada tröstete sich:
„Nun, sie war alt und hätte ohnehin sterben können." Als nächstes wurde
seine kleine Tochter von den heftigen Fluten fortgerissen. „Mein Sohn lebt
noch!" dachte Nârada. Bald jedoch verlor auch der Junge seinen Halt und
verschwand in dem rauschenden Strom. „Solange ich eine Frau habe, kann
ich weitere Kinder bekommen", überlegte Nârada und versuchte, zuversichtlich zu bleiben. Doch seine Frau konnte nicht länger standhalten, und
nach einiger Zeit teilte auch sie das Los der anderen.

Nârada wurde verzweifelt und erschöpft. Nach Luft schnappend und nahe
daran, den Geist aufzugeben, merkte er auf einmal, dass er bei Shrî Krishna
stand. „Was ist mit dir?" fragte Shrî Krishna, „und wo ist mein Glas Wasser?" – Nârada antwortete: „Nun weiß ich, was Deine Mâyâ ist ...!"

Der Frosch und der Lotos

Mâ erzählt manchmal folgende Geschichte, um zu veranschaulichen, dass
es nicht entscheidend ist, sich nur in der physischen Nähe von Heiligen und
Weisen aufzuhalten:

„Auf einem Teich wuchs einst ein großer Lotos. Eines Tages kam ein
Wanderer des Weges, der noch nie zuvor so eine Blume gesehen hatte. Er
bemerkte, dass ein Frosch und ein Fisch im Wasser unter dem Lotos lebten.
,Was ist dies für eine wunderschöne Pflanze über dir?' fragte er den Frosch.
,Nun, was sollte sie schon sein? Sie ist nichts Besonderes, nur eine ganz
gewöhnliche Blume', war seine Antwort, und er wandte sich ab, um nach
Insekten zu jagen. Enttäuscht fragte der Mann nun den Fisch, der ihm er-

widerte: ‚Hast du nicht gehört, was mein Freund, der Frosch, dir sagte? Es ist eine ganz gewöhnliche, alltägliche Pflanze und nichts Besonderes.' In dem Augenblick sah der Wanderer eine Biene, die mit großer Geschwindigkeit auf den Lotos zuflog. Er versuchte, sie anzuhalten, doch sie sagte: ‚Ich habe jetzt keine Zeit, warte ein Weilchen!' und ließ sich geradewegs inmitten der kostbaren Blüte nieder und saugte lange an ihrem Nektar. Endlich flog sie zu dem Mann zurück: ‚Nun kannst du mit mir reden.' Der Mann wiederholte seine Frage und fügte hinzu: ‚Sag, was hast du die ganze Zeit über dort getan?' ‚Weißt du nicht', sagte die Biene freudig, ‚dass das ein Lotos mit köstlichem Nektar ist, den ich gesaugt habe? Nun bin ich ein verwandeltes Wesen.'

Es ist möglich, lange Zeit in der Nähe von Heiligen und Weisen, Sâdhus und Mahâtmâs zu leben, ohne fähig zu sein, ihre wahre Natur zu erkennen, während jemand, der das Adhikâra (die Fähigkeit, innere Reife und das Recht) hat und innerlich bereit für so einen Kontakt ist, von weither kommen mag und in einer Minute die Heiligen als solche erkennt und in kurzer Zeit großen Nutzen zieht. Es hängt von der jeweiligen Fähigkeit ab, ins Wesen der Dinge zu dringen."

Gnade und Bemühung

Gottes Gnade strömt ständig wie ein Wolkenbruch herab. Wenn ihr aber euer Gefäß verkehrt herum haltet, wird die Gnade an den Seiten hinunterfließen. Haltet euer Gefäß gerade mit der Öffnung nach oben, und es wird gefüllt werden.

Gnade ist mit Sicherheit immer bedingungslos. ER kann dich auf vielerlei Weise anziehen und zu Sich ziehen, um sich selbst zu zeigen. Wer hat dir den Wunsch eingegeben, Ihn zu erkennen? ER hat nicht nur den Willen verliehen, sondern auch den Prozess, durch den du IHN erreichen kannst.

Frage: „Mâ, warum erkennen wir nichts? Gibt es denn überhaupt keine Gnade?"

Mâ: „Doch, es gibt Gnade, denn ohne sie könntet ihr keinen einzigen Schritt machen. Doch im Handeln selbst verbirgt sich Gnade. Aktive Beteiligung ist notwendig – so wie jemand seine Hand ausstreckt, um einem anderen etwas zu geben, der auch seine eigene Hand ausstreckt, um es zu empfangen. Somit finden Handlung und Gnade zur gleichen Zeit statt. Handlung selbst ist Gnade – wäre gottgeweihte Handlung ohne Gnade möglich?"

Frage: „Wenn ich das Selbst (Âtmâ) bin, warum soll ich mich bemühen, es zu erkennen?"

Mâ: „Derjenige, der die Frage stellt, hat sein Selbst nicht erkannt."

Frage: „Wird alles durch SEINE Gnade erreicht oder aufgrund meiner Bemühungen?"

Mâ: „Weißt du, wie sich Gnade und eigene Bemühung zueinander verhalten?" Sie nahm eine Blume in ihre Hand und zeigte darauf: „So wie ich dir diese Blume reiche und du deine Hand ausstreckst, um sie zu empfangen – ebenso wird das Ziel durch Gnade und eigene Handlung zusammen erreicht. Genauso!"

Es gibt zwei Arten von Gnade: Gnade, die auf eine Ursache zurückzuführen ist und grundlose Gnade. Die erste wird aufgrund der eigenen Handlungen erlangt. Wenn man jedoch begreift, dass man nichts durch eigene Bemühung vermag, dann empfängt man Gnade ohne Ursache (Ahetuk Kripâ). ER hebt den Menschen aus dem Zustand äußerster Hilflosigkeit empor.

Frage: Hängt die Manifestation von Gottes Gnade von der Durchführung bestimmter Handlungen oder Riten ab?
Mâ: Nein.
Frage: Hängt sie von Verdiensten aus früheren Leben ab?
Mâ: Nein, Seine Gnade ist grundlos. Ihr handelt oder führt ein Ritual durch und erhaltet ein bestimmtes Resultat, aber wenn ihr von Seiner Gnade sprecht, dürft ihr es nicht von diesem Standpunkt aus sehen. Eure Bemühung ist dafür bestimmt, den Schleier der Unwissenheit herabzureißen. Gott hat euch Intelligenz geschenkt, deshalb müsst ihr eure Pflichten weiter erfüllen. Aber Seine Gnade ist ohne Grund. Die Frage mag auftauchen: „Warum kommt Seine Gnade nicht auf alle herab?" Das ist eben Seine göttliche Fügung. Die ganze Schöpfung ist Sein – ER kann tun, was ER will. Wo das Gefühl: „Ich bin für meine Handlung verantwortlich, ich bin der Handelnde" ist, wird es immer Ursache und Wirkung geben.

Wo Gnade wirkt, ist keine Bemühung vergeblich. Es gibt keinen Grund zur Verzweiflung. Denkt immer daran, dass der Erfolg gewiss ist. Erlaubt euch niemals, das Gegenteil zu denken. Zweifel und Verzagtheit sind nicht gerechtfertigt. Verfolgt euer Ziel mit größtmöglichem Optimismus. Ich versichere euch, es ist so, wie ich sage.

Um zu seiner HEIMAT zurückzukehren, bedarf es sowohl eigener Entschlossenheit als auch der Gnade des Gurus. Es gibt zwei Möglichkeiten: allmähliche Offenbarung und Offenbarung durch Gnade – wie wenn ein dunkler

Raum plötzlich von Licht überflutet wird. Die spirituellen Übungen zur allmählichen Offenbarung sind von unendlicher Vielfalt. Die intensive Sehnsucht nach eurem wahren (inneren) Schatz (Svadhana) ist tatsächlich das Sâdhanâ. Fleht IHN an: „Lass mich DEIN werden, nimm mich an!" – das ist Sâdhanâ. ER Selbst erscheint als unendlich viele Sâdhanâs. In Handlung manifestiert sich SEINE Gnade nach und nach, durch fortgesetzte Reibung wird Feuer entzündet, und der Weg zur Erleuchtung öffnet sich. Zum anderen aber gibt es Gnade ohne Ursache oder Rechtfertigung, da gibt es keine Methode, keine allmähliche Entwicklung. Deshalb heißt es, dass man nie weiß, wo und wie ER gefunden wird. Folglich ist Gnade nötig. Bittet um SEINE Barmherzigkeit!

Solange ihr noch nicht völlig in jenem Höchsten Wissen gegründet seid, befindet ihr euch im Bereich der Wellen und des Klanges. Es gibt Klänge, die den Geist nach außen führen und andere, die ihn nach innen ziehen, doch die Klänge, die nach außen ziehen, sind ebenfalls mit jenen verbunden, die nach innen führen. Deshalb, aufgrund ihrer wechselseitigen Beziehung, ist es möglich, dass sich zu einem glücklichen Augenblick jene vollkommene Vereinigung ereignet, die in die große Erleuchtung, die Offenbarung DESSEN, WAS IST, mündet. Warum sollte dies nicht möglich sein, da Er ständig Selbst-offenbar ist? Und da Er Sich Selbst offenbart, warum sollte man also etwas dagegen einwenden, dass es Fälle von Erleuchtung ohne die Hilfe der äußeren Welt gibt? In einigen Fällen besteht eine Abhängigkeit von der äußeren Welt (durch Lehrer, hl. Schriften usw.; Anm. d. Übers.), in anderen nicht. Wo es nicht der Fall ist, erklärt es sich aus den Unterweisungen und Tendenzen aus früheren Leben. Auch das ist sicher möglich. Und warum sollte es darüberhinaus nicht vorstellbar sein, dass Erleuchtung sogar eintreten kann, ohne in früheren Leben Unterweisung erhalten und eine Neigung in jener Richtung entwickelt zu haben? Wenn ER selbstleuchtend ist, wie kann irgendeine Möglichkeit ausgeschlossen werden? Verschiedenheit ist eure Verschiedenheit; jeder sieht und spricht entsprechend seinem Bewusstsein.

Die Einheit der spirituellen Wege

Alle Religionen der Welt sind gleichviel wert. Worauf es ankommt, ist ein beständiges und absolut zielgerichtetes Streben.

Warum muss es so viele verschiedene Religionen und religiöse Lehren geben? Durch jede von ihnen verschenkt ER Sich Selbst an Sich Selbst, so dass jeder sich entsprechend seiner individuellen Eigenart entwickeln kann ... Die vielen verschiedenen Glaubensrichtungen und spirituellen Bewegungen dienen dem Zweck, dass ER Sich Selbst durch verschiedene Kanäle an Sich Selbst verschenken möge – jeder Weg besitzt seine eigene Schönheit – auf dass man IHN, der Sich auf endlose Weisen in allen Formen und im Formlosen manifestiert, als allgegenwärtig erkennen kann. Als Pfad zieht ER jede Person zu einer bestimmten Richtung an, im Einklang mit ihren inneren Neigungen und Tendenzen. Der EINE ist in jeder Glaubensrichtung gegenwärtig, obwohl manchmal, aufgrund der Begrenzungen des Egos, Konflikte aufzutreten scheinen. Dieser Körper jedoch schließt nichts aus. Derjenige, der einem bestimmten Glauben oder einer spirituellen Richtung folgt, muss bis zu dem Punkt vordringen, an dem er all das in der Gesamtheit erkennt, was diese Glaubensrichtung in ihrer Lehre vertritt. Wenn ihr einer bestimmten Religion oder einem Glauben folgt, den ihr als herausragend und allen anderen Richtungen widersprechend auffasst, so müsst ihr zuerst einmal die Vollkommenheit erreichen, auf die sein Gründer hinweist, und dann wird euch das, was jenseits ist, von selbst offenbart werden.

Was immer einen näher zu Gott bringt, egal aus welcher Quelle es kommen mag, sollte man annehmen.

Es ist unwesentlich, ob wir die Einstellung von Dvaita oder Advaita haben. Wir sollten mit der Einstellung leben „alles ist Ich" oder „alles ist Du". Wenn diese Haltung dauerhaft verinnerlicht ist, stellt man fest, dass später nicht mehr zwei da sind – nur das „Ich" oder das „Du" bleibt. Alles geht in ein Kontinuum ein.

Das Ziel von Bhakti ist „Liebe", während das Ziel von Jñâna die Offenbarung des Selbst ist, also „Weisheit". Gott ist die Verkörperung von Liebe und von Weisheit. Die Verkörperung der Liebe ist auch die Verkörperung von Weisheit. Beide sind identisch. In der Bhakti ist es: „Wo mein Blick auch hinfällt, da offenbart sich Krishna." In der Weisheit zeigt sich „nichts anderes als Brahman". Folge einem der Wege, das Ziel wird dasselbe sein. Auf dem Weg der Weisheit wird das Ego durch „Soham" („Ich bin Das") ersetzt, auf dem Weg der Bhakti wird das gelegentliche Dienen in den „ewigen Diener" verwandelt.

Nehmt an den religiösen Feiern und Belehrungen der verschiedenen spirituellen Richtungen teil und betet zu Gott, zum Guru: „Geliebter Gott, oh mein Guru, lass mich fühlen und verstehen, wie wunderbar Du Dich auch hier offenbarst."

Da alles in diesem Universum die Schöpfung Eines Großen Vaters ist, sind alle miteinander verwandt. So wie die Söhne und Töchter einer großen Familie ein Dutzend verschiedener Berufe wählen, um ihren Lebensunterhalt zu verdienen, so wie sie sich an einem Dutzend verschiedener Orte niederlassen und ein eigenes Heim bauen, so sind auch alle menschlichen Wesen, obwohl im eigentlichen eine Einheit, auf verschiedene Weisen und um verschiedene Bereiche gruppiert, entsprechend den Anforderungen ihrer vielfältigen Tätigkeiten.

Zur Heilung des kranken Körpers existieren viele Systeme der Medizin, so wie Allopathie, Homöopathie, Âyurveda und andere. Jeder Mensch macht von der Methode Gebrauch, die am besten für ihn geeignet ist. Ebenso gibt es, um den Menschen von dem krankhaften Zustand zu heilen, der die ständige Wiederkehr von Geburt und Tod verursacht, ausführliche Anleitungen in den heiligen Schriften und viele Regeln, die direkt von Weisen und Heiligen erlernbar sind, doch haben alle den gleichen Zweck. Die verschiedenen Pfade, denen Hindus, Mohammedaner, Vaishnavas, Shâktas usw. folgen, führen letztlich alle zur Schwelle des Ewigen.

Am Eingang eines Bahnhofs ist viel Unruhe und Lärm, Stoßen und Drängen; aber wenn einmal der richtige Bahnsteig erreicht ist, so ist das Reiseziel eines jeden entschieden.

Frage: Die Wahrheit ist eine. Wenn wir einer bestimmten Lehre folgen, warum erscheinen uns alle anderen als falsch?

Mâ: Es gibt viele Wege zur Wahrheit. Aber die Wahrheit selbst ist eine, sie kennt keine Unterteilungen. Je nach seinen Vorlieben und seinem Temperament wählt der Mensch den Weg, der ihm am meisten entspricht. Es heißt: „ Es gibt so viele Lehren wie Weise.“

Frage: Sind Kâlî, Durgâ, Chandî, Krishna voneinander verschieden oder eins? Wenn sie eins sind, warum haben sie verschiedene Formen?

Mâ: Gott ist einer, so wie der Mensch ein Wesen ist, aber verschiedene Formen hat. Ebenso sind Kâlî, Krishna usw. eins als Brahman, aber auf der Ebene der äußeren Manifestation (Shakti) sind sie verschieden. Die Menschen unterscheiden sich in Charakter und Temperament und erscheinen deshalb in verschiedenen Formen. Durch Seine Gnade zeigt Gott dir die jeweilige Form, in der du Ihn erkennen wirst. Aber von der Essenz her ist Gott einer. Es gibt nur einen Âtmâ – sei es mit Form oder formlos – beide sind nichts als der Âtmâ. Mit Form (Sâkâra) bedeutet Er Selbst als Form. So wie Wasser und Eis immer aus einer Substanz sind, ebenso erscheint Gott Selbst in verschiedenen Formen und ist doch Einer. Auf der Ebene der Aktivität erscheint ER als geteilt, als Âtmâ ist Er Eins ohne ein Zweites.

Frage: „Mâ, könnte es eine gemeinsame Religion für alle Menschen geben?“

Mâ: „Wie sollte das möglich sein? Betrachte nur zwei Blätter, die nebeneinander aus einem Zweig eines Baumes wachsen. Wenn du sie sorgfältig in allen Einzelheiten vergleichst, wirst du feststellen, dass sie nicht genau gleich sind. Irgendwo wird man immer noch bestimmte Unterschiede bei beiden Blättern finden. Ebenso gibt es nirgendwo zwei Personen, die sich völlig gleich sind. So viele von euch haben sich hier versammelt. Ihr alle befindet euch auf verschiedenen Plätzen. Wenn also zwei von euch versuchen, zu mir zu kommen, können die beiden Wege, die zu mir führen, niemals dieselben sein, da ihr von verschiedenen Ausgangspunkten kommt. Ebenso kann der Weg zu Gott für zwei Menschen, wie sehr sie einander auch ähneln mögen, nie der gleiche sein. Somit können auch die Pfade der Gottsuchenden, d.h. ihre Religionen, niemals gleich sein.“

Wenn ihr über Glaubensrichtungen und spirituelle Wege diskutiert, denkt daran: Nur solange man sich noch auf dem Weg befindet, spricht man von „Wegen" … Doch *da*, wo so etwas wie Lehren oder Meinungsverschiedenheiten nicht hinreichen, ist ER der Ursprung – ER, der in all diesen zahllosen Formen gegenwärtig ist.

Ein französischer Priester fragte Mâ: „Kennt Mâ das Christentum und was hält sie davon?"

Mâ: „Wenn das Christentum eine Sonderstellung für sich beansprucht und sich isoliert, erschüttert es damit alle anderen Religionen. Wir erkennen Jesus Christus an, aber im Rahmen der Einheit aller Religionen. ER Selbst steht über diesem alleinigen Anspruch."

Frage: „Als Christ ist es meine erste Pflicht, Gott zu suchen, aber auch meinen Nächsten wie mich selbst zu lieben. Es herrscht soviel Armut in Indien. Es ist meine Pflicht, den Armen zu dienen. Was ist Mâ's Meinung?"

Mâ: „Genau die gleiche Lehre verkündet der Hinduismus. Gott in jedem menschlichen Wesen zu dienen, ist mit Sicherheit ein Pfad zur Reinigung des Geistes (Citta Shuddhi)."

Frage: „Du sagst ‚ein Pfad', während es für uns der einzige Pfad ist. Gibt es andere Wege zur Vollendung?"

Mâ: „Es gibt unendlich viele Wege, und Dienen ist einer davon."

Ein junger Journalist aus Irland fragte Mâ: „Was hast Du zu jenen Menschen zu sagen, die darauf bestehen, dass nur eine Religion die richtige ist?"

Mâ: „Alle Religionen sind Wege zu IHM."

Der Journalist: „Ich bin Christ …"

Mâ: „Ich auch, ich bin Christ, Moslem, was immer dir gefällt."

Frage: „Wäre es für mich richtig, ein Hindu zu werden oder liegt mein Zugang im christlichen Weg?"

Mâ: „Wenn es dir bestimmt ist, Hindu zu werden, wird es ohnehin geschehen. Ebenso wie du nicht fragen kannst: ‚Was wird im Fall eines Autounfalls geschehen?' Wenn sich der Unfall ereignet, wirst du es sehen."

Frage: „Wenn ich den Drang in mir fühle, Hindu zu werden, sollte ich ihm nachgeben oder ist es richtig, ihn zu unterdrücken, da man sagt, dass jeder dort geboren wurde, wo es für ihn am besten ist?"

Mâ: „Wenn du wirklich den Drang fühltest, Hindu zu werden, würdest du nicht diese Frage stellen, sondern es einfach *tun.*

Doch hat dieses Problem noch einen anderen Aspekt. Es stimmt, dass du ein Christ bist, aber es ist auch etwas von einem Hindu in dir, sonst könntest du gar nichts über Hinduismus wissen. Alles ist in allem enthalten. Wie ein Baum Samen hervorbringt und sich aus einem einzigen Samen Hunderte von Bäumen entwickeln können, so ist der Same im Baum und der ganze Baum potentiell im winzigen Samen enthalten."

Wirkliches Wissen (Jñâna) und Bhakti sind eins, wirkliches Wissen ist gleichbedeutend mit Bhakti. In bestimmten Fällen und auf bestimmten Ebenen herrscht mehr das eine oder das andere vor.

Jeder einzelne wird auf *dem* Weg zu seinem Gott kommen, der seinem Wesen am meisten entspricht. Mâ sagt: „Ihr solltet Feuer durch jedes beliebige Mittel entflammen, sei es mit Butterfett, Sandelholz oder selbst mit einem Strohhalm. Einmal entzündet, brennt das Feuer weiter, und alle Sorgen, Unwissenheit und Trübsal schwinden allmählich. Das Feuer wird alle Hindernisse verbrennen."

Wo sich Advaita (Nicht-Dualität) offenbart, offenbart sich ebenso Dvaita (Dualität) in vollständiger Form. Wenn der Akshara Purusha (formlose Gott) erkannt wird, wird auch der Kshara Purusha (gestalthafte Gott) vollständig erkannt.

Wenn man sich mit dem zufriedengibt, was man bei *einem* Weg erreichen kann, hat man das Ziel menschlichen Lebens noch nicht erreicht. Das Ziel ist eine Verwirklichung, die alle Gegensätze und Abweichungen verschiedener Meinungen ausmerzt, die in sich selbst vollkommen und frei von inneren Widersprüchen oder einer feindseligen Haltung ist. Ist das nicht der Fall, so ist die Erfahrung noch einseitig und unvollkommen. Hat man echte Verwirklichung erreicht, so kann man mit niemandem mehr streiten. Man hat völliges Verständnis für alle Glaubensbekenntnisse und Lehren und sieht alle Pfade als gleichwertig. Das ist absolute und vollkommene Verwirklichung. Solange noch Ablehnung da ist, kann man nicht von Verwirklichung sprechen. Dennoch sollte man in jedem Fall festen Glauben an sein gewähltes Ideal (Ishta, die göttliche Erscheinungsform, die man am meisten liebt) haben und den begonnenen Weg beharrlich und zielgerichtet weitergehen.

Frage: „Mâ, es gibt so viele Glaubensrichtungen, es ist verwirrend, wenn jeder seinen eigenen Glauben zu predigen beginnt und den der anderen herabsetzt."

Mâ: „Den spirituellen Weg eines anderen zu verurteilen, ist wirklich unangebracht und nutzlos. Stell dir einen Mann auf Pilgerfahrt vor. Wenn er seine Reise wiederholt unterbricht, ohne Rücksicht darauf, ob es von Wert ist oder nicht, dann wird das unweigerliche Ergebnis eine große Verzögerung beim Erlangen seines eigenen Ziels sein. Am besten ist es, fest entschlossen in eine Richtung voranzuschreiten."

Einerseits konnte Ma sagen: „Gib alles Vergängliche, alles, was nicht ewig ist, auf."

Im nächsten Moment aber sagte sie zu jemand: „Wer sollte aufgeben und was sollte er aufgeben? Ob ewig oder nicht, Er ist in allen Formen, du bist in allen Formen."

Jeder muss einen besonderen Weg gehen, und so sollte man nicht voreilig folgern, dass der eigene Weg der Weg für alle ist. Und warum nicht? Weil man im Zustand des Strebens natürlicherweise noch in der Dimension von Bedürfnissen und Unwissenheit wirkt. Dieser Zustand der Unvollkommenheit sollte uns auf die Unermesslichkeit der Bereiche aufmerksam machen, die noch unbekannt und unerreicht sind. Eine endgültige Lösung kann nicht wie ein Gesetz festgelegt werden, sondern ist ein Überfließen der Erleuchtung, die das Licht umfassender Schau mit sich bringt. Seht ihr nicht, wie ein Gefäß, während es gefüllt wird, großen Lärm macht? Aber wenn es voll ist, wird es ruhig, sogar das Überfließen geschieht geräuschlos nach allen Seiten hin. Das Recht zu sprechen und ein Zustand überfließender Fülle sind das Gleiche.

Bei einer Veranstaltung, bei der verschiedene Vorträge zu spirituellen Themen gehalten wurden, bemerkte Mâ: „Ihr seid hier, um Selbstbeherrschung zu lernen, daher solltet ihr alles, was hier geboten wird, dankbar akzeptieren, d.h. nehmt das auf, was eurem Weg innerlich entspricht und was ihr nicht annehmen könnt, lasst auf sich beruhen. Was sich nicht als Hilfe bei eurem Sâdhanâ erweist, darf jedoch nicht mit einer feindseligen Haltung abgelehnt werden. Hört einfach nicht zu, wenn es eurer inneren Einstellung nicht entspricht. Außerdem solltet ihr das Gefühl entwickeln: ‚Mein eigener göttlicher Geliebter ist der geliebte Gott der ganzen Welt, und der göttliche Geliebte der ganzen Welt ist mein Geliebter.‘ Über welches Thema auch gesprochen wird, welche Meinung auch immer zum Ausdruck kommt, ihr solltet es so auffassen, dass alles eure geliebte Gottheit betrifft, dass auch dies euer Geliebter ist, der euch in eben dieser Gestalt erscheint."

Das Höchste Wesen muss *erfahren* werden. Man darf seine Schlussfolgerungen nicht auf der Lektüre heiliger Schriften oder dem, was man hört, aufbauen.

In den heiligen Schriften existieren verschiedene Meinungen. Sie alle sind wahr. Die Weisen haben in den heiligen Schriften alles niedergelegt, was sie durch ihr Sâdhanâ erfuhren. Dabei handelt es sich um die Beschreibungen eines jeden entsprechend ihren jeweiligen Entwicklungsstufen. Insofern können sie nicht durch bloßes Lesen oder Hören erfasst werden. Sie können nur angemessen verstanden werden, wenn diese Ebene erreicht wurde. Von diesem Standpunkt aus sind daher alle heiligen Schriften wahr.

Als die Gelehrten unter Mâ's Schülern mit diesen Ausführungen nicht zufrieden waren, weil dadurch jegliche vernünftige Kritik und damit klare Lösungen ausgeschlossen wurden, sagte Ma:

„Jeder hat recht mit dem, was er sagt – das sagt dieser Körper nicht einfach, um jeden zufriedenzustellen. Es kommt ein Zustand, wo man erkennen kann, dass alles, was man von einem bestimmten Standpunkt aus sagt, tatsächlich für jenen Zustand stimmt. Wenn jemand zu einem bestimmten Punkt ‚Ja‘ sagt und jemand anders zum selben Punkt ‚Nein‘, haben sie beide recht von ihrem jeweiligen Standpunkt aus. Dann wird auch erkannt, dass beides, Ja und Nein, gleichzeitig wahr ist. Das ist ein Zustand jenseits von Widerspruch. Hier wird nichts geäußert, um jemanden zu beschwichtigen."

Ein Pandit, der einen Vortrag im Âshram hielt, sagte: „Es genügt nicht, nur ‚Aham brahmasmi – ich bin Brahman‘ zu sagen." Daraufhin sagte ein Schüler: „Wenn nicht ‚Aham brahmâsmi‘, genügt es dann ‚Râm Râm‘ zu sagen?"

Ma: „Diejenigen, die dem Weg der Bhakti folgen, behaupten, dass das bloße Aussprechen von Gottes Namen das ganze Potential besitzt, da der Name und das Benannte identisch sind. Diejenigen wiederum, die dem Jñâna-Weg folgen, behaupten, es reiche nicht aus, nur ‚Aham brahmâsmi' zu sagen, man müsse dies vielmehr tief verinnerlichen.

Das sind verschiedene Wege, um Gott zu erreichen, deshalb widersprechen sie sich nicht. Einige sagen, nur Brahman existiere und nichts anderes, während andere sagen, nur ER sei in allen Formen und Zuständen gegenwärtig.

Im getrennten Zustand nehmen wir den Namen Gottes fragmentiert wahr und sagen dann, Gott könne durch diesen Namen erlangt werden und nicht durch jenen! Aber es heißt auch, wenn das einzige Ziel Gott ist, kann Er durch jeden Namen erreicht werden, da alle Namen Seine Namen sind! Wo ist Er nicht und in welcher Form ist Er nicht?"

Es gibt keinen grundlegenden Unterschied zwischen dem „Ich" des Jñâna-Marga, dem „Du" des Bhakti-Marga und dem „Ich und Du" des Yoga und des Karma-Marga. Selbst diejenigen, die auf eine Beziehung zwischen „Ich und Du" pochen und sich eifrig für die Urheber aller Handlungen und Zustände halten, werden irgendwann im selben großen Meer aufgehen. Diese wechselseitigen Unterschiede auf der weltlichen Ebene herrschen nur, so lange man noch „schwimmt". Welchen Weg man auch immer geht, es stand immer fest, dass es nur Ein Höchstes Wesen gibt und auch nur Einen Zustand der Wahrheit.

Frage: „Sind Karma Yoga, Bhakti Yoga und Jñâna Yoga drei verschiedene Wege oder sind sie ein Weg?"

Ma: „Wenn wir zu einem Tempel gehen, warum sollten wir hingehen wollen, wenn wir nichts über ihn wüssten (Jñâna)? Und warum sollten wir hingehen, wenn wir keine Hingabe (Bhakti) an die Bildgestalt hätten? Und das Hingehen zum Tempel selbst ist ein Tun (Karma) – insofern sind Jñâna, Bhakti und Karma nicht zu trennen."

Karma, Bhakti und Jñâna sind alle eins. „Ich werde das Selbst erkennen" ist Jñâna, der Wunsch es zu erkennen ist Bhakti und dann kommt Karma, die Seife anzuwenden und sie mit dem Fluss des Jnana abzuwaschen. Insofern sind alle drei eins.

Vorträge über Gott, über die Wahrheit zu hören, ist in jedem Fall förderlich, vorausgesetzt, man lässt sich nicht dazu bewegen, Fehler zu suchen oder etwas herabzusetzen, wenn die vorgetragene Ansicht nicht mit dem eigenen Standpunkt übereinstimmt. An anderen etwas auszusetzen zu haben, schafft für alle Beteiligten Hindernisse: für den, der kritisiert, sowie für den Beschuldigten und jene, die der Kritik zuhören. Was man jedoch in einer Haltung der Wertschätzung sagt, ist für jeden fruchtbar, denn nur, wenn es nicht darum geht, irgendetwas als wertlos oder tadelnswert (*asat*) zu betrachten, kann man es *Satsang*[94] nennen.

Keine Mühe ist vergeblich, alles erfüllt einen Zweck. Angenommen, ihr reist mit dem Zug. Um den Zug zu erreichen, werdet ihr zuerst von eurem Dorf aus ein Boot zur Stadt nehmen, dann mithilfe eines Stocks das Boot verlassen und eine Pferdekutsche besteigen, die euch schließlich zum Bahnhof bringt. Obwohl euer Ziel also die Zugreise ist, könnt ihr nicht sagen, dass das Boot, der Stock, die Pferdekutsche usw. unnütz sind. Ebenso solltet ihr wissen, dass alles, was ihr tut, um Gott zu verwirklichen, förderlich ist. Absolut nichts ist vergebens. Mit welchem Namen ihr IHN auch anruft, eure Bemühungen werden erfolgreich sein. Das Wichtigste ist, ständig in die Wiederholung Seines Namens vertieft zu sein.

In der Gegenwart von spirituellen Menschen, Heiligen und Weisen sollte es euer Grundsatz werden, euch das Beste anzueignen und das, was nur dem Anschein nach angenehm ist, aufzugeben. Ihr solltet nichts, was ein Mahâtmâ sagt, kritisieren oder beurteilen. Die Worte von Heiligen und Weisen fördern eure Konzentration auf Gott und sollten daher akzeptiert und befolgt werden. Unnützes Gerede schadet euch nur. In welchem Ton ihr auch etwas über jemanden sagen mögt – in Wirklichkeit seid ihr mit allem verbunden! Somit sprecht ihr in dem Augenblick nur über euch selbst. Solange man sein wahres Wesen nicht erkannt hat, sollte man bestrebt sein, im Herzen die Haltung zu entwickeln, dass unser wirkliches, in allem gegenwärtiges Selbst, Gott ist. Nimm das wahrhaft Gute an, und gib bloßes Vergnügen auf. Die ganze Welt ist eine spirituelle Familie. Deshalb ist es die

---

[94] Ein Wortspiel: „Sat" bedeutet Sein, wahres Wesen, das Gute; „Satsang" ist die Gemeinschaft mit Gutem oder guten Wesen und auch religiöse Zusammenkunft. „Asat", das Gegenteil von „Sat", bedeutet Nicht-Sein, Falschheit, Übel. Bei einem religiösen Treffen (Satsang) an irgendetwas Fehler (Asat) zu finden, ist daher ein Widerspruch in sich.

Pflicht eines Wahrheitssuchers, alles, was ein Sâdhu auf seiner Suche nach der Wirklichkeit tut, als eine der vielfältigen Ausdrucksweisen seines eigenen Gurus, seiner geliebten Gottheit oder seines Höchsten Ideals zu betrachten. Diese Haltung sollte man entwickeln. Für die, denen ER Mutter, Vater, Freund und Geliebter, alles in allem ist, und auch für die, die im Sinne von Âshrams denken, ist im Grunde die ganze Welt ein einziger universeller Âshram. Grenzen existieren nicht – er ist unbegrenzt. Alle kommen vom EINEN, sind das EINE. Wo es zwei gibt, wird es ganz natürlich Konflikt geben. Ein Schleier verursacht eure Blindheit – ihr solltet begreifen, dass ihr selbst dieser Schleier seid.

Jemand erzählte Mâ, die Schülerin eines bekannten Lehrers habe ihn über sieben Bewusstseinsstufen belehrt. Er wollte nun von Mâ wissen, ob diese Stufen für jeden spirituellen Sucher gültig seien oder nur für Anhänger einer bestimmten Glaubensrichtung. Mâ wich seinen Fragen zuerst aus, doch schließlich sagte sie lächelnd: „Schau, was immer man über die verschiedenen Stufen eines spirituellen Weges hören mag, wird immer in gewissem Maße mit dem übereinstimmen, was die heiligen Schriften aussagen. Vielleicht kann man nicht alle Stufen in den heiligen Schriften finden, doch einige sind sicherlich dort beschrieben. Und das Merkwürdige ist: Was auch immer verschiedene Menschen behaupten mögen, dieser Körper wird immer ihre gegensätzlichen Auffassungen versöhnen. Doch wohlgemerkt, jene, die Jñânis (Verwirklichte, Wissende) sind und die ihr für allwissend haltet, neigen für gewöhnlich nicht dazu, Wahrheit zu enthüllen. Selbst wenn sie dazu bereit sind – und unter bestimmten Bedingungen ergibt sich so eine Situation von Zeit zu Zeit – offenbaren sie bestimmten Personen nur soviel, wie es notwendig für sie ist. So eine Erklärung bezieht sich dann natürlich nur auf einen Teil des Ganzen. Wahrheit wird nicht als Ganzes offenbart. Deshalb heisst es, dass Höchste Wahrheit nie enthüllt wird. Ich habe zuvor mit dir über die verschiedenen Stufen von Sâdhanâ gesprochen. Du solltest verstehen, dass auch dies nur einen Teil des Ganzen offenbart.

Einem Sucher mag der Weg, dem er folgt, als die einzige Wahrheit erscheinen, weil er von den anderen Wegen keine Ahnung hat und deshalb noch nicht mal eine Meinung darüber formulieren kann. Deshalb heißt es, alles was von einem bestimmten Standpunkt aus geäußert wird, gilt für eben diesen Standpunkt.

Die Meinungsunterschiede würden sich alle aufheben, wenn man davon ausgehen würde, das „mein Weg der Weg aller ist" und „der Weg aller anderen mein Weg ist".

Der Zustand jenseits von Konflikt tritt ein, wenn man erkennt: „Meine geliebte Gottheit ist die Gottheit eines jeden anderen" und umgekehrt; erst dann kann man davon ausgehen, dass der Schleier entfernt wurde. Solange der Schleier da ist, bedeutet das, es sind „zwei" da, und in dem Zustand sind Dinge unvereinbar.

In der indischen Geistesgeschichte haben sich die verschiedenen Âchâryas (Lehrer) philosophischer Richtungen oft widersprochen. Ein neuer Âchârya hat die Prinzipien eines vorangegangenen Âchâryas dementiert und seine eigenen Prinzipien als auf Erfahrung basierend, vernünftig und mit den heiligen Schriften übereinstimmend erklärt. Das macht es für den Sucher schwierig, zwischen wahren und falschen Prinzipien zu unterschieden und jemand fragte Ma, ob diese Âchâryas jemals den Zustand jenseits von Konflikt erlangt haben konnten.

Ma sagte dazu: „Auch wenn die Acharyas in einem Zustand jenseits von Konflikt waren, ist es möglich, dass sie eine bestimmte Theorie vertreten haben, weil das einem bestimmten Zweck diente. Die Meinungsverschiedenheit war ihnen egal. So wie Verneinung für sie einer Seiner Formen ist, genauso ist für sie Akzeptanz ebenfalls eine Seiner Formen. Der Eine, der verneint wird, ist ebenso Wahrheit wie der Eine, der akzeptiert wird. Insofern haben sie nie die Wahrheit verleugnet, selbst wenn sie eine bestimmte Theorie verkündet haben. Die Theorien von Dvaita, Advaita usw. können den Umständen entsprechend gültig für bestimmte Situationen sein. Das ist ein Aspekt.

Außerdem kann man sagen, jeder Lehrer konnte entsprechend seiner Verwirklichung Erleuchtung schenken.

Und noch ein Aspekt: Gott ist einer und unendlich. Die verschiedenen Theorien sind Dimensionen Seiner Unendlichkeit. Er kann auf unendliche Art und Weise erfahren werden. Das wird durch die verschiedenen Theorien gezeigt.

Vielleicht habt ihr bemerkt, dass die Erfahrungen von Schüler zu Schüler verschieden sind, selbst wenn sie derselben Richtung angehören. Die verschiedenen Schüler desselben Âchâryas erreichen das Tattva auf verschiedene Weisen. Nicht alle von ihnen erlangen es gleich. Das zeigt, dass Gott auf unendliche Weise offenbart wird und auch auf unendliche Weise erreicht wird.

Und wenn es um Eines geht, muss gesagt werden, dass alles, was existiert, nur ER ist."

Fragesteller: „Das sagst Du."

Ma: „Nicht nur ich, alle, die den Zustand jenseits von Konflikt erreicht haben, würden dasselbe sagen. Die Meinungsverschiedenheiten werden dauern, solange wir in der sichtbaren Welt bleiben. Sonst gibt es nichts außer IHM. Was auch immer jemand sagt, ist wahr entsprechend den gegebenen Umständen."

Frage: „Ist Gott in allen Religionen derselbe?"

Ma: „Gott, sei er gestalthaft oder formlos, gehört jedem. Das Höchste Wesen ist dasselbe, doch werden in den verschiedenen Religionen – Hinduismus, Islam und Christentum usw. – verschiedene Namen und Formen dafür gebraucht."

Frage: „Den Christen wurde gelehrt ‚Mein Wort (das Wort Jesu Christi) ist die einzige Wahrheit.' Das würde ja bedeuten, dass die, die nicht dem christlichen Weg folgen, dem Untergang geweiht sind?"

Ma: „Die Aussage ‚Mein Wort ist die einzige Wahrheit' gilt nur für die Anhänger jener spirituellen Richtung, für die sie bestimmt war. Diese Frage selbst ist aus einem verwirrten Geist entstanden. Doch selbst solchen Menschen erscheint Gott zum gegeben Zeitpunkt in Form einer Lösung. Egal um welchen Erleuchtungspfad es geht, du solltest davon ausgehen, dass du den Weg und die Form der Erleuchtung, die Gott darin für dich geschenkt hat, in der Haltung annehmen solltest: ‚Der Pfad selbst ist Gott.' Die gewöhnlichen Menschen sind sich nicht der Samskâras der spirituellen Sucher bewusst. Der genaue Moment (Muhurta) oder Einfluss, durch den die Wahrheit in den verschiedenen Religionen in Form von ‚Mein Wort ist die einzige Wahrheit' erkannt werden wird, hängt von den entsprechenden Umständen ab."

Frage: „Heute erklärte jemand, dass Hingabe (Bhakti) nicht notwendig sei, jeder solle einfach nur Yoga üben."

Mâ: „Gott zu erkennen, der ewig mit Seiner Schöpfung verbunden ist, ist das Ziel von Yoga. Yoga muss gewiss auf die eine oder andere Weise praktiziert werden. Jeder Weg, dem du folgst, kann fruchtbar sein. Gott ist unendlich, und die Wege zu Seiner Verwirklichung sind ebenso unendlich und vielfältig. Jeder sollte dem Weg folgen, den ihm sein Guru weist.

Zwei Männer stritten sich einst. Einer sagte: ‚Mein Weg ist richtig‘, der andere entgegnete: ‚Nein, mein Weg ist der richtige.‘ Dieser Körper sagte: ‚Was immer der bevorzugte Weg sein mag, er ist richtig für das betreffende Individuum.‘ Wie bewundernswert ist der Glaube eines Menschen, der – solange er seinem speziellen Weg folgt – fest davon überzeugt ist, dass dieser Weg allein und kein anderer richtig ist. Wer an den Weg der Hingabe glaubt, behauptet, Bhakti sei die höchste Wahrheit und alles andere sei falsch, während die Vertreter des Advaita⁹⁵ ihren Weg für allein richtig halten. Verschiedenheit tritt nur auf, solange man sich noch auf dem Weg befindet. Wenn das endgültige Ziel erreicht wurde, erkennt man, dass alle Wege zu dem einzigen ZIEL geführt haben, das existiert.“

Frage: „Sollte man den Weg eines anderen nicht für falsch halten?“

Mâ: „Wer hat ‚ja‘ und ‚nein‘ geschaffen?“

Yogesh Brahmachâri: „Gott.“

Mâ: „Deshalb kann es so etwas wie Unvereinbarkeit gar nicht geben. Kein Weg existiert außerhalb von IHM. DU bist sowohl im ‚Nein‘ als auch im ‚Ja‘. DU bist im Allerkleinsten und Subtilsten ebenso wie im Allergrößten – über etwas ungehalten zu werden, ist da einfach gar nicht möglich. Vater, werde nicht ärgerlich! Was auch immer jemand sagt, ist von seinem Standpunkt aus richtig. Du solltest bedenken, dass es dein eigener geliebter Gott ist, der in dieser Form zu dir gekommen ist.“

Was auch immer dein Weg ist, für dich stimmt er. Es wird ein Stadium kommen, in dem alle Wege zusammenfließen. Wenn man das Ziel erreicht, wird man erkennen, dass unzählige Wege zu ihm führen. In Übereinstimmung mit den verschiedenen inneren Qualifikationen der Strebenden existieren viele verschiedene Wege oder Methoden der spirituellen Übung. Gott zu finden, bedeutet unser Selbst zu finden, den Âtmâ zu erkennen. Dann erwacht man zu der Erkenntnis, dass der Eine die einzige Wirklichkeit ist, auf der die Welt ruht. Der denkende Geist kann nur zufriedengestellt werden, wenn unser wirklicher Schatz, der Âtmâ, gefunden wird.

---

⁹⁵ wörtlich: ‚ohne ein Zweites‘ – die nichtdualistische Philosophie Shankaras: Es gibt nur eine letzte Wirklichkeit, die alles durchdringt, was ist. Brahman, die Höchste Allseele, ist identisch mit den Einzelseelen.

Befreiung

Brahmânanda (die Glückseligkeit der Brahman-Verwirklichung) kann nicht in Worten beschrieben werden. Sie ist unbeschreiblich und unveränderlich. Selbst wenn man alle Freuden der Welt zusammennimmt, kommt es diesem Zustand nicht im geringsten nahe.

Apne ko jana, maine apne ko pana. Bhagavan ke jana, maine apke ko pana – wenn ihr Gott erkannt habt, dann habt ihr euer Selbst erkannt. Wenn ihr euer Selbst erkannt habt, habt ihr Gott erkannt.

Der Glaube, dass Gott nicht in dir wohnt, ist die Kette, durch die der Jîva gebunden ist, der Nebelvorhang von Mâyâ, der dein wahres Selbst bedeckt. Entferne ihn und Gott wird in all Seiner Herrlichkeit offenbar.

Frage: Teilt sich der Âtmâ oder nicht? Inwiefern wird der Âtmâ mit dem Paramâtmâ vereint?
Mâ: Wenn der Jîvâtma mit dem Paramâtmâ vereint wird, werden sie eins. Wenn ein Wasserkrug in den Ozean entleert wird, bleibt das Wasser Wasser, nur wird es dann nicht mehr Krugwasser, sondern Meerwasser genannt. Ähnlich ist es, wenn der Jîvâtma mit dem Paramâtmâ vereint wird.

Auf Glück folgt zwangsläufig Trauer. Die Verwirklichung von Brahman ist ein Zustand jenseits von Freude und Trübsal. Wenn ihr ein nasses Tongefäß von weitem seht, vermutet ihr, dass es mit Wasser gefüllt ist, weil ein mit Wasser gefüllter Tontopf im allgemeinen nass aussieht. Ähnlich erwecken die Kenner Brahmans den Eindruck, von Freude durchdrungen zu sein. Aber das ist keine gewöhnliche Freude oder gewöhnliches Glück. Wie jener Zustand ist, kann nicht mit Worten beschrieben werden.

Frage: „Was ist der einfache Weg zur Befreiung vom Hin und Her?"

Ma: „Nach wo und von wo? Es gibt kein Hin und Her. Es gibt keinen Weg zur Befreiung. Befreiung ist selbstoffenbar und allgegenwärtig. Der Weg oder wie man ihn nennen mag, wird im Hinblick auf den Schleier erwähnt. Ein Weg wird bereitgestellt, um den Schleier zu zerstören und auch dieser Weg ist unendlich. Wo ist Gott nicht? Überall und ständig offensichtlich."

Frage: „Was ist die Natur von Samâdhi?"

Mâ: „Es ist ein Zustand, in dem keine Frage mehr auftaucht, gekennzeichnet von völligem Gleichmut und vollkommener Lösung (aller Widersprüche)."

Samâdhi ist der Zustand, in dem Handlungen, der Wunsch nach Handlungen, der Impuls zu Handlungen, Wünsche und Wunschlosigkeit alle enden.

Samâdhâna (völlige Absorbierung) oder das Ende jeglichen Bhâvas (Einstellungen, Gemütsbewegungen) und Karmas (Handlungen) ist Samâdhi.

Wenn wirkliches Samâdhi eingetreten ist, verlässt man diesen Zustand nicht mehr.

Wenn ein Same geröstet wurde, kann er nie wieder keimen. Ebenso ist es nach der Verwirklichung des Einsseins; egal, was man tut – es enthält nicht mehr den Samen des Karma. Wo dieser Same nicht existiert, dort sind alle Formen und Verschiedenheiten nur DAS. Seht, sowohl durch intensive Hingabe wie durch vedantische Unterscheidung ist man zur Einen Essenz gelangt. Bedeutet dann „in ES verschmelzen" wie Stein zu werden? Wahrlich nicht! Denn Form, Verschiedenheit, Manifestation sind nichts anderes als DAS.

Die charakteristischen Merkmale des persönlichen spirituellen Weges werden natürlich bleiben, doch was erlangt wurde, ist das EINE, in dem kein Zweifel, keine Ungewissheit mehr bestehen kann. Was ist denn überhaupt zu erlangen? Wir *sind* DAS – ewige Wahrheit. Weil wir meinen, dass ES erfahren, erkannt werden muss, bleibt es uns fern. Auf manchen Ebenen ist dieser Standpunkt berechtigt, auf anderen wiederum nicht. Das Ewige *ist* ständig. Was der Schleier der Unwissenheit genannt wird, bedeutet immerwährende Veränderung. Bewegung heißt Veränderung, unaufhörliche Wandlung. Und doch findet keine Veränderung statt, wo Nicht-Handeln im Handeln ist. Für einen solchen Menschen existiert keine Dualität; wer isst dann, und was kann er essen? Wie kann es in diesem Zustand Theorien oder Meinungsverschiedenheiten geben? Wenn jemand einwendet, dass ein bestimmter Mensch diesen Zustand nicht erreicht hat, weil er spricht – was spricht er und zu wem? Wer ist derjenige, zu dem er spricht? So ist es, wenn volle Verwirklichung erreicht wurde.

Wenn man dies anderen zu erklären versucht, stellt man fest, dass sie es nicht verstehen. Beinhaltet die Erkenntnis, dass jemand nicht verstanden hat, den eigenen Rückfall in die Unwissenheit? Man hat beides verwirklicht: die Fähigkeit zu verstehen und die Unfähigkeit zu verstehen. Wer durch den Standpunkt der Welt begrenzt ist, befindet sich in Bindung. Aber wo DAS geschaut wird, ist das Wissen über Unwissenheit und das Wissen über WISSEN in der Gesamtheit offenbar. Dort besteht einfach keine Möglichkeit, Wissen und Unwissen getrennt zu sehen. Handlungen wie Essen usw. sind Handlung in Nicht-Handlung geworden. Ob man dann noch Zeremonien vollzieht oder nicht, was für einen Unterschied macht es? Wissen und Nicht-Wissen sind nun in ihrer Gesamtheit in einem selbst enthalten. Doch ist es wirklich schwierig, diesen Zustand zu verstehen! Es ist leicht, eine bestimmte Methode der Annäherung oder eine bestimmte Ebene zu begreifen. Aber hier ist nicht die Rede von Erreichen oder Nicht-Erreichen, und deshalb ist selbst ein Nicht-Erreichen keine Unzulänglichkeit. Wenn jedoch nur das geringste Anhaften übriggeblieben ist, bedeutet es, dass dieser erhabene Zustand noch nicht erreicht wurde. Durch den Verkauf nachgemachter Waren können Leute zu Reichtum kommen. Warum werden die imitierten Waren überhaupt gekauft? Weil sie den echten ähneln, das ist das Erstaunliche daran! Doch wenn man sie benutzt, wird der Betrug ans Licht kommen, und man wird wieder die echte Ware suchen. Wenn man das EINE SELBST verwirklicht und erkannt hat, dass nichts außer IHM existiert, weiß man, dass das Standbild, dem man huldigte, DAS in einer bestimmten Form ist. Nachdem man die WIRKLICHKEIT gefunden hat, nimmt man sie in dieser bestimmten Erscheinung wahr: Die Gottheit, die ich verehrte, ist nichts anderes als das EINE SELBST, das Brahman – es gibt kein Zweites. Der EINE ist somit der HERR, den ich verehrte. Wenn man in die Tiefe des Meeres getaucht ist, wird Wasser als ER in einer Form erfahren. Der Sucher auf dem Weg der Hingabe (Bhakti) wird ein wahrer Diener werden, wenn ihm der Anblick seines Meisters zuteil geworden ist. Die Methoden von ‚nicht dies, nicht dies'[96] und ‚dies bist DU, dies bist DU'[97] führen zum EINEN ZIEL. Wenn man in die eine Richtung geht, erreicht man ES, und wenn man die andere Richtung nimmt, gelangt man ebenfalls zum gleichen Ziel. Die, die den Weg der Hingabe an Shakti, die Göttliche Energie, gehen, und die, die Shiva verehren, müssen beide letztlich zur *einen* Shakti, zum *einen* Shiva gelangen. Diejenigen, die gemäß dem Vedânta vorgehen, werden erkennen, dass Wasser Eis ist, dass keine Form, sondern nur das Formlose existiert, während der Bhakta erkennt, dass sein Geliebter nichts anderes als das Brahman selbst ist. Jeder hat seinen eigenen Weg. Gleichheit, Einheit muss dauerhaft verwirklicht werden. Wenn man dann sagt: „Ich verzichte auf Befreiung" oder „ich gebe die zeremonielle Verehrung meiner Gottheit auf", so wird selbst, wenn man sie aufgibt, nichts verloren gehen, denn in diesem Zustand gibt es kein „Verzichten" oder „Beibehalten" mehr.

Man mag fragen, warum es nicht ein und denselben Weg für alle geben kann? Weil ER Sich in unendlichen Wegen und Formen offenbart, wahrlich, der EINE ist sie alle. In jenem Zustand gibt es kein „Warum?" Streitigkeiten und Meinungsverschiedenheiten existieren nur auf dem Weg. Mit wem sollte man streiten? Nur solange man noch auf dem Weg ist, sind Dispute und Meinungsverschiedenheiten möglich.

Was bedeutet Âtmâ Darshana, direkte Erkenntnis des Absoluten? Wenn der Erkennende, der Vorgang des Erkennens und das Objekt der Erkenntnis nur als Erscheinungsweisen erkannt werden, die vom Denken geschaffen wurden und die das eine alldurchdringende Bewusstsein überlagert haben, so wird diese Erkenntnis Brahmasthiti genannt. Âtmâsthiti, Gegründetsein im Selbst, liegt jenseits von Handeln oder Nicht-Handeln. Und für jene, die Gott als Person verehren, bedeutet direktes Sehen des Absoluten, IHN überall wahrzunehmen. So wie es heißt: „Wohin mein Blick auch fällt,

---

[96] die Methode der Unterscheidung im Vedânta, nach der alles Relative als unwirklich ausgeschieden wird (dies ist nicht absolut, dies ist auch nicht absolut usw.), bis man schließlich zum Absoluten gelangt.

[97] die Methode der Hingabe, bei der der Göttliche Geliebte als alldurchdringend (dies bist DU, dies bist DU) vergegenwärtigt wird.

da erscheint Shrî Krishna." Solange noch irgendetwas wahrgenommen wird, was nicht Krishna ist, kann man nicht von wirklicher Schau sprechen. Vollkommene, allumfassende Sicht bedeutet die unverhüllte Gegenwart des GELIEBTEN.

Wirklicher Darshan eliminiert alle Gefühle der Getrenntheit von Gott.

Frage: „Im Vicâra Sâgara[98] lesen wir von einem königlichen Minister namens Bharju, der – obwohl er die Erkenntnis der WAHRHEIT erlangt hatte – dennoch nicht frei von Täuschung war. Und auch wenn jemand mithilfe der Mahâvâkyas die Verwirklichung des Brahman erlangt hat, so würde das noch nicht zu seiner Befreiung führen, solange Unbeständigkeit und irrige Auffassungen noch weiterbestehen. Ich verstehe nicht, wie es möglich ist, dass sich etwas nochmals verdunkelt, wenn es offenbar wurde. Und wo kommt in so einem Fall die Notwendigkeit der Unterweisung hinzu?"

Mâ: „Eine Sache ist die volle und endgültige Verwirklichung des Unverhüllten Lichtes, doch etwas anderes ist eine Verwirklichung, die auf eine Ursache zurückgeht und in der die Möglichkeit, dass sie wieder überschattet wird, noch besteht. In der Zeit, als das Spiel des Sâdhanâ sich durch diesen Körper offenbarte, konnte er diese verschiedenen Möglichkeiten klar wahrnehmen.

Du solltest es so verstehen: Wenn ein Schleier der Unwissenheit gleichsam verbrannt oder aufgelöst wurde, wird der Suchende eine Zeitlang eine ungetrübte Sicht haben. Später verschleiert sie sich wieder. Trotzdem – was wird das Ergebnis so eines flüchtigen Einblicks sein? Die Unwissenheit wird nicht mehr ganz so dicht sein, und wahres Wissen wird an Bedeutung zunehmen. Mit anderen Worten werden dadurch, dass sich der Schleier kurz gelüftet hat, die Bindungen des Individuums gelockert werden. Dieser Zustand scheint eine Ähnlichkeit mit dem Zustand wirklichen Wissens zu haben. Er ist tatsächlich auch eine Errungenschaft, die sich jedoch durchaus vom Zustand der endgültigen Verwirklichung des Selbst unterscheidet. Durch die Kraft des Gurus wurde der Schleier in diesem Fall plötzlich aufgelöst oder zerstört – so wie in der Geschichte von den zehn Männern, in welcher der Heilige sagte: ‚Du selbst bist der zehnte!' Es gibt jedoch eine

---

[98] ein Werk über Vedânta in Hindi

Verwirklichung, nach der keinerlei Möglichkeit besteht, dass sie sich wieder durch das Aufkommen des Schleiers der Unwissenheit verdunkelt: Das ist wahre und endgültige Verwirklichung des Selbst. Ein Blitz passiert für einen Augenblick, doch das Licht des Tages bleibt beständig."

Auf der Ebene des denkenden Geistes existiert immer Dualität und daher erfährt man Glück und Leid; die Vernunft des Menschen entscheidet, ob etwas freudig oder schmerzlich ist. In dieser Welt ständiger Bewegung ist das Individuum das, was begrenzt ist. So wie stehendes Gewässer faul wird, aber wieder durch einen Filter gereinigt werden kann, welcher die Mikroben abtötet, ebenso ist es mit dem Individuum und der Befreiung. Der Paramâtmâ kann mit reinem Wasser verglichen werden und das Individuum mit stehendem Gewässer. Doch in Essenz ist das Wasser überall, sowohl in der Individualität als auch im Âtmâ: „Wo immer ein Jîva ist, da ist Shiva." Die Göttlichkeit des Menschen ist ewig, doch seine ständig wandelbare Natur kann nicht ewig dauern.

Frage: „Darf ich Dir eine Frage stellen, Mâ? Aber Du musst eine Antwort geben, die ich auch verstehen kann!"

Mâ: „Gut – wenn sie kommt ..."

Frage: „Wenn Höchstes Wissen (Jñâna) erlangt wurde, erinnert man sich noch daran, dass man einmal in Unwissenheit war?"

Mâ: „Gleichzeitig mit Höchster Erkenntnis wird Ewigkeit offenbar. Wie kann man sagen: ‚Unterhalb des Lichts ist Dunkelheit'? Man befindet sich doch im Licht. Was ist Dunkelheit? Wer? Von welchem Standpunkt aus spricht man so? Aber zu meinen, dass es aufgrund des Lichts keine Dunkelheit gibt und aufgrund der Dunkelheit kein Licht – das ist nicht richtig.

Aus einer bestimmten Perspektive verhält es sich etwa so – man fühlt: Wann war ich wirklich unwissend? Es ist ganz klar ein Irrtum, wenn man sagt ‚ich war'· oder ‚ich wurde'. ES IST – das ist die Wahrheit. Das, was unzerstörbar ist, ist nie zerstört worden, noch wird es jemals zerstört werden. Gut – du erinnerst dich aber noch an die Zeit, bevor du das Alphabet lerntest, nicht wahr? Das heißt, kann man sich während der Vorbereitung auf das Universitätsexamen daran erinnern, wie man einmal für das Abitur lernte? All diese Stufen existieren nicht getrennt, alle sind ER. ER ist Licht aus eigenem Licht. Verstehe dies jetzt! Doch zu sagen ‚Unwissen existiert, und Wissen existiert auch' – das ist nicht richtig.

Es kommt ein Augenblick, wo LICHT ist, so wie bei Sonnenaufgang alle Dunkelheit weicht. Wenn Höchste Erkenntnis eintritt, weiß man: „Ich bin schon immer DAS gewesen, was IST."

Da die GANZHEIT erkannt wurde, begreift man, dass man nie in Unwissenheit war. Wann vollzieht sich Erschaffung, wann Erhaltung und wann Zerstörung? Abtrennungen existieren nicht mehr."

Frage: Ein Karma Yogi, der an den Weg selbstlosen Handelns glaubt, behauptet, man könne ohne Gott, Guru, die Gemeinschaft mit Heiligen und Weisen usw. auskommen. Stimmt das?

Mâ: Die Sankhya-Philosophie ist auch dieser Meinung. Die Existenz Gottes kann nicht mit dem denkenden Geist bewiesen werden. Ihr konzentriert euch auf Gott, um den individuellen denkenden Geist zu transzendieren. Als Lord Buddha gefragt wurde, ob Gott existiere oder nicht, blieb er still. Man muss all das, was jemand vertritt, im Lichte seines jeweiligen Zustandes, seines Sâdhanâs und seiner Erfahrung sehen. Auf der Ebene von Glaube und Erklärung ist das so. Wenn eine Salzpuppe ins Meer fällt, löst sie sich auf und vermischt sich mit dem Wasser. In dem Zustand jenseits des denkenden Geistes und der Intelligenz kommt keine Antwort. Worüber soll man da sprechen und wer spricht? Da sehe ich keine anderen, ich gehe nirgendwohin, ich nehme nichts von jemandem an, ich esse niemandes Essen. Die Frage von Sprechen taucht gar nicht auf. Egal ob ihr es Untätigkeit nennt oder Wandellosigkeit – alles stimmt. Auf dieser Ebene ist es einerlei, ob man Fragen stellt oder nicht. Doch sich damit zufriedenzugeben, dies vom Hörensagen zu wissen, geht nicht an; dadurch würde der Fortschritt im Sâdhanâ angehalten. Man muss es selber erfahren!

Frage: Wenn der Âtmâ unsterblich ist, warum wird er geboren?

Mâ: Das, was unsterblich ist, wird nicht geboren. Wer geboren wird, stirbt.

Frage: Werden selbst dann, wenn man die Wirklichkeit erkannt hat, Glück und Leid erfahren?

Mâ: Zwei Dinge können nicht gleichzeitig am selben Ort sein. Wenn die Erkenntnis der Wirklichkeit aufgegangen ist, werden Glück und Leid nicht mehr erfahren.

376

Frage: Kann die Glückseligkeit der Höchsten Wirklichkeit (Brahmânan-da) überhaupt erfahren werden?

Mâ: Sie ist unmittelbares Wissen.

Frage: Wenn ein Erleuchteter in Schmerzen oder Leid stirbt, wird er trotzdem befreit?

Mâ: Wo Erleuchtung ist, kann von Schmerzen, Leid oder Tod nicht die Rede sein.

Frage: Was für eine Notwendigkeit besteht für den Paramâtmâ, die Gestalt des Individuums anzunehmen, wenn das Individuum doch wieder zum Paramâtmâ zurückkehren muss?

Mâ: Das Spiel ist Sein Entzücken – ihr sprecht doch vom launischen Shankara, vom spielerischen Bhagavân.

Fragender: Sein Entzücken ist für uns Leid und Beschwernis.

Mâ: Wo das Gefühl von „ich und mein, du und dein, er und sein" ist, mit anderen Worten, wo Unterscheidungen sind, da ist Not und Leiden.

Für eine selbstverwirklichte Seele existiert weder die duale Welt, noch der Körper. Wenn keine Welt existiert, kann es selbstverständlich auch keinen Körper geben!

Wer sagt, der Körper existiert? Von Name und Form kann einfach keine Rede sein. Sich zu fragen, ob ein Verwirklichter noch irgendetwas als außerhalb seiner selbst sieht, ist ebenfalls überflüssig. Zu wem könnte er sagen „gib, gib"[98] – sind doch die eigenen Bedürfnisse die Ursache dafür, dass man den Körper für wirklich hält. Da also keine Welt und kein Körper existiert, kann es auch keine Handlung geben, das ist einleuchtend. Um es ganz klar zu machen: Nach der Selbstverwirklichung gibt es keinen Körper, keine Welt und keine Handlung – nicht einmal die winzigste Möglichkeit von all dem – und die Auffassung „es gibt nicht" existiert ebenfalls nicht. Worte zu gebrauchen oder nicht zu sprechen ist genau dasselbe, zu schweigen oder nicht ist identisch – alles ist nur DAS.

Alles ist in allem enthalten. Alles ist in dir. Unendlich!

---

[99] Wortspiel: deo = gib; deho = Körper

Alle die unendlichen Formen sind deine Formen. Jede Form ist eine Form des Selbst.

Raum und Zeit sind allesamt in dir.

Alle Körper auf dieser Welt sind deine Körper.

Wer kann den entscheidenden Moment höchster Einsicht voraussagen? Das Selbst ist auf der Pilgerreise der Suche nach dem Selbst.

Was einen Sâdhaka betrifft, der einem bestimmten spirituellen Weg folgt, so erwartet ihn das Ziel dieses jeweiligen Weges. Doch nur einer unter vielen Millionen erfährt eine Verwirklichung, welche die Gesamtheit *aller* spirituellen Wege einschließt. Das ist Svakriyâ Svaras-Amrita[100].

---

[100] Svakriyâ – Bewegung aus Sich Selbst durch Sich Selbst in Sich Selbst, in der keine Trennung zwischen Handelndem und Handlung besteht; Svaras – der süße Geschmack des Selbst; Amrita – die dem Selbst innewohnende Unveränderlichkeit.

Gott, das Selbst, ist allgegenwärtig

In welche Richtung ihr auch immer blicken mögt, ihr werdet finden, dass sich überall Ein Ewiges, Unteilbares Wesen offenbart. Jedoch ist es keineswegs leicht, diese GEGENWART zu entdecken, weil ER alles so völlig durchdringt. Wie ein König an Seiner Erhabenheit erkannt wird, wie Feuer durch seine Hitze erfahren wird, so offenbart sich der Unmanifestierte durch die Welt der Manifestation. Wird die Analyse der Substanz alles Geschaffenen weit genug durchgeführt, so wird sie die Entdeckung erbringen, dass das, was bleibt, in sich dasselbe und gleichermaßen in allen Wesen gegenwärtig ist: ER ist es, DAS ist es, welches als Reines Bewusstsein (Chetanâ) bezeichnet wird. In den Laboratorien der Universitäten und Krankenhäuser und an vielen anderen Orten auf der ganzen Welt wird Forschung verschiedener Art betrieben, und ständig werden neue Theorien entwickelt. Wenn ihr genauer über diese nachdenkt, werdet ihr erkennen, dass sie nur dazu dienen, die Existenz des Einen Alldurchdringenden Seins zu bestätigen.

So wie eine Blüte Samen enthält, die nur sichtbar werden, wenn sie sich öffnet, und so wie im Samen wiederum der Baum potentiell gegenwärtig ist, so wohnt auch ER in euch. Durch Sâdhanâ kann dies offenbar werden – mit anderen Worten, wenn der Schleier der Unwissenheit zerstört werden kann, wird der EINE, aus Sich Selbst Leuchtende, erkannt. So wie der ganze Baum potentiell im Samen enthalten ist, in ähnlicher Weise thront ER in SEINER Fülle in euch.

Wenn man deinen Finger berührt, hat man dich berührt, obwohl du nicht der Finger bist; indem man deine Kleidung berührt, hat man dich berührt, obwohl du nicht die Kleidung bist. So wie du im kleinsten Teil von dir existierst, so existierst du auch in der Ganzheit deiner selbst. ER ist Eines, und doch ist ER Vielfalt, und obwohl ER Vielfalt ist, ist ER Eines. Das ist SEIN Spiel (Lîlâ). In einem Sandkorn ist ER genauso in Seiner Ganzheit gegenwärtig wie ER im Menschen in Seiner Ganzheit wohnt und wie ER

Selbst in Seiner ganzen Fülle Ganzheit ist – vollständig und vollkommen. Dennoch unterscheidet es den Menschen von allen Geschöpfen, dass er mit der besonderen Fähigkeit oder Kraft ausgestattet ist, diese Vollkommenheit, diese Ganzheit zu erkennen. Dieser Körper nennt den ein menschliches Wesen, der Unterscheidungsvermögen besitzt, der sich dieser Möglichkeit bewusst ist. Jemand, der sich dessen nicht bewusst ist, sondern von den Wünschen nach Sinnesobjekten gefesselt wird – wie soll man ihn nennen?

DU allein existierst in allen Formen, niemand anders. DU existierst in der Behauptung und im Gegenargument.

Nur DU bist und niemand anders. Das Unerreichte, das Erreichte, alle sind Deine Formen. Auch schlechte Eigenschaften und gute Eigenschaften sind nur Deine Formen.

All die unendlichen Formen sind Deine.

DU existierst sowohl in Form von „Nein" als auch in Form von „Ja".

Aus einer Sicht werden sowohl die Erfahrung als auch der Erfahrende in der höchsten Erfahrung eins. Wer erfährt wen? Es existiert nur ER. Es gibt nichts außer IHM. Gottes Reich allein durchdringt alles.

Im Hinduismus wird Gotteserkenntnis gleichgesetzt mit dem Darshan der bevorzugten Gottheit, die man verehrt – beispielsweise sieht man Lord Srî Râm mit Pfeil und Bogen, Srî Krishna mit einer Flöte und mit Pfauenfedern geschmückt, die Göttin Durgâ mit ihren Waffen auf einem Tiger reitend usw. Mâ zufolge ist das noch nicht ein vollständiger Darshan. Sie sagt: „Gott sollte in *allen* Formen verwirklicht werden. Wer ist in jeder Form? Nur Gott. Solange man Ihn nicht in *allen* Formen erkennt, ist es keine wahre Gotteserkenntnis."

Wer Brahman erkennt, wird zu Brahman und dann bleibt nichts mehr zu erkennen oder zu hören.

Frage: Wenn diese Welt Gottes eigene Manifestation ist, wie kann sie als bloße Illusion abgetan werden?

Ma: Wenn diese Frage nicht mehr aufkommt, ist das Selbst offenbar (Svayam Prakâsh). Wenn man das Eine Brahman ohne ein Zweites verwirklicht hat, kann nichts zurückgewiesen werden. Wenn sich die Dreiheit von Erkenntnis, Erkennendem und dem Akt der Erkenntnis in eines aufgelöst hat, ist ein Brahman ohne ein Zweites da, vorher nicht. Solange die Welt wahrgenommen wird, wird diese Dreiheit weiterhin existieren. Die Handlung, das Handeln und der Handelnde sind, obwohl sie eins sind, voneinander getrennt. Derselbe Mensch ist Vater, Sohn und Ehemann. Ebenso gibt es nur ein Brahman ohne ein Zweites. Wenn jedoch die Welt wahrgenommen wird, erscheinen diese drei als voneinander verschieden. Im Feld der Tätigkeit ist zwangsläufig Unterschiedenheit. Die Welt ist in ständiger Bewegung, fortwährender Veränderung. Das, was sich verändert, kann mit Sicherheit nicht ewig sein – Bewegung beinhaltet Unbeständigkeit. Was ist dann Wahrheit? Das, was keiner Veränderung unterliegt; doch wenn nur das Eine Brahman da ist, kann nichts ausgeschlossen werden.

Am Strand von Kap Comorin kann man beobachten, wie sich eine Welle nach der anderen erhebt, gegen die Felsen prallt, sich bricht und wieder im Unendlichen aufgeht – niemand weiß wohin. Auch diese Welt kann einem weiten Ozean verglichen werden. Wieviele Wesen ohne Zahl werden jeden Augenblick geboren und sterben wieder, und wohin sie gehen, wenn sie unserem Auge nicht mehr sichtbar sind, kann der menschliche Verstand nicht fassen. Der ständige Fluss, in dem sich die Natur befindet, veranschaulicht nur die Tatsache, dass Geburt und Tod in Wirklichkeit nicht existieren. Es gibt nur Ein Höchstes Wesen, das sich in unendlichen Formen, in zahllosen Erscheinungsweisen des Lebens manifestiert. Lerne, die Schönheit in den Naturgesetzen zu sehen und ihre unparteiische Gerechtigkeit, und spontan wirst du beginnen, über den Schöpfer aller Dinge zu kontemplieren und erkennen, dass in Wirklichkeit nur ER existiert und nichts außer IHM.

Dieser Körper erklärt immer wieder: „Das Selbst ist *eins*! Wie kann es da Trennung oder Entfernung geben?"

Wenn der Âtmâ ohne ein Zweites (advaita) ist, wer offenbart sich in Form des Zweiten (dvaita)? Er Selbst.

Es existiert nichts außer Gott. Alle Namen und Formen repräsentieren Gott.

Gott erschafft nicht, sondern wird Selbst zu allem.

Paramâtmâ ist reines Wasser, während der Jîva eingedämmtes Wasser ist. Aber da das Wasser in beiden in der Essenz dasselbe ist, ist auch der Âtmâ nur einer.

Was ist der Zustand eines Jîvas? Wie eine Abtrennung, die man in freier Natur geschaffen hat, um ein Haus zu bauen. Der Boden ist bereits da; selbst wenn man ein Haus baut, indem man einen Raum abgrenzt, existiert der Boden weiterhin im Haus und auch außerhalb des Hauses. Wenn das Haus zerstört ist, bleibt der Boden dennoch derselbe.

Der Jîva ist eine Form Gottes. Er wird nur aufgrund seiner Bindung Jîva genannt. Sobald die Bindungen aufgelöst sind, bleibt der Gott, der ist, nur Gott.

Dieser Jîva kann mit den Wellen im Fluss verglichen werden. Die Wellen, die sich im Wasser des Flusses erheben, sind der Jîva, während das Wasser selbst Gott ist. Die Wellen entstehen im Wasser, obwohl sie selbst nur Wasser sind. Ebenso befindet sich der Jîva in Gott und ist Gott. Aufgrund unseres voreingenommenen Intellekts sehen wir die Welle als verschieden vom Wasser an, obwohl sie eigentlich gleich sind. Ebenso gibt es keinen Unterschied zwischen dem Jîva und dem Brahman, nur unsere Unwissenheit erzeugt den Unterschied.

Frage: Wer hat die Welle erschaffen?

Ma: Das ist die Ihm innewohnende Natur. Das Wasser erschuf die Welle von selbst. Gott Selbst wurde der Jîva.

Wer auch immer über etwas spricht, es betrifft letztlich nur IHN.

Gott ist derjenige, in dessen Reich nichts verloren werden kann. Wohin könnte etwas verloren gehen, ist Er doch in allen Formen und überall. Er ist auch der einzig Formlose. Er ist das „Ist" und auch das „Ist Nicht". Und Er ist auch da, wo das „Ist" und das „Ist Nicht" nicht existieren.

Nur das, was nichts ausschließt, ist Gott.

Aus einer Perspektive gesehen teilt sich der Paramâtmâ auf und offenbart sich ständig, auch in Zukunft, in Form der Welt. (Darin bestätigt Mâ anscheinend das Konzept von *Brahma Parinâm* von Râmânuja).

Aus einer anderen Perspektive ist Er unzerstörbar und hat sich nie in die Welt verwandelt, noch wird das jemals geschehen. (Darin lehnt sie sich an Gaudapâdas Konzept von *Ajâta* an).

Doch im Grunde erhebt sich die Frage von Sein oder Nichtsein gar nicht.

Die Welt, Gott und das Individuum sind nicht getrennt. Wo immer ein Jîva ist, da ist Shiva, und jede Frau ist Gaurî. Du bist Vater, Sohn und Ehemann in einem. Ebenso ist Gott sowohl der Meister als auch der Diener. Wasser, Eis und Dampf entstammen ein und derselben Substanz. Das Formlose und die Form sind beide Brahman, Brahmagopâl.

Wenn man das Einssein verwirklicht, wird auch die Dualität in ihrer Gesamtheit erkannt. Wenn es unsterblich geworden ist, wird auch das vergängliche Menschenwesen völlig verstanden. Solange die wirkliche Schau nicht stattgefunden hat, sind Diskussionen unvermeidlich. Aus einer Perspektive hat sich der Paramâtmâ geteilt und war, ist und wird als die Welt in ständigem Fluss sein. Aus einer anderen Perspektive ist ER immer unzerstörbar und es hat nie eine Welt gegeben, noch wird es sie jemals geben. In der Wirklichkeit kann sich die Frage nach Sein oder Nichtsein gar nicht erheben.

Frage: Mâ hat einmal gesagt, jemand, der Brahman verwirklicht hat, sieht keine Vielfalt, sondern eines.

Ma: Wenn jemand in diesem Zustand gegründet ist, sieht er das Eine in hier, dort, in diesem und jenem, in Erfüllung und im Nichterreichen, im Individuum, in der Welt, im Sâdhaka usw. – egal wo und in welchen Zuständen. Wenn man Brahman erkennt, das eine Selbst, dann ist da DAS und nichts anderes, kein Zweites. Was ich dann sage und was ich höre, ist ER in jener Gestalt. Ein Brahman ohne ein Zweites. Ob Manifestation oder Nicht-Manifestation, innen, außen, es ist alles ein Brahman. Wenn man davon ausgeht, dass alles ein Brahman ist, dann steht nicht zur Frage, ob man imstande ist, etwas zu tun oder nicht. Insofern kann das ganze Wesen mit all seinen Ebenen im Sâdhâna eingesetzt werden. Da, wo sich Fragen erheben, ist alles stimmig, was gesagt wird, alles ist möglich. Theorie und Praxis sind Formen von Ihm. DU allein existierst und sonst niemand. Verstehen (Wortspiel: engl. under-standing, unter etwas stehen) bedeutet, eine Bürde gegen eine andere auszutauschen. Man muss sich jenseits des Verstehens, jenseits des Begreifens begeben. Wenn man etwas mit dem denkenden Geist erfasst, wird nichts klar. ER Selbst ist in dieser Form gegenwärtig. Überall wo ein Mann ist, ist Shiva, und überall, wo eine Frau ist, ist Gauri. Ihr seid eure eigene Manifestation und gleichzeitig seid ihr in euch unmanifest. In diesem Leid ereignet sich auch Sein Spiel – ER Selbst als Spiel.

Frage: Wenn wir versuchen, das Eine in der Vielfalt zu sehen, ist das korrektes Wissen?
Ma: Das Wissen der Vielfalt ist kein richtiges Wissen. Nur ER existiert.

Frage: Was ist die Natur des Zeugen?
Ma: Wenn ein Objekt getrennt vom Subjekt zu existieren scheint, ist keine Erfahrung des Zeugen vorhanden.
Egal wer spricht, was er sagt und zu wem, alles ist in der Tat Brahman. Kein Widerspruch existiert. Alles ist wahr. In Zweiheit existiert ein Brahman und in Nicht-Zweiheit existiert auch Er, du. Brahmamaya, Brahmamayî, Brahmgopâl, alles hat seinen Platz, nichts ist ausgeschlossen. Es gibt nur einen Âtmâ, selbst wenn ein Problem auftaucht.

Was ist Leid? Das Gefühl, Gott sei weit weg. Wenn man beginnt, Gottes Gegenwart in allem zu fühlen und die Welt als Sein Spiel sieht, wird man niemals bekümmert sein.

Seien es Bäume, Blumen, Tiere oder welche Lebewesen auch immer auf der ganzen Welt – ihre Geburt ist in der Tat deine Geburt, und ihr Tod ist dein Tod. Auf der Ebene, wo alles in dir enthalten ist und du auch in allem anderen existierst, da ist nur der EINE, ER allein.

Frage: „Welche Form hat Gott? Was ist die Bedeutung von Âtmâdarshana?"

Ma: „Die Form richtet sich nach unseren Wünschen. Man empfängt das, was man sich wünscht. ER hat sowohl Eigenschaften und Form und ist auch eigenschafts- und formlos (saguna-sakar, nirguna-nirakar). Was einem von beidem begegnet, hängt vom Ziel der eigenen Verehrung ab ... Wasser ist formlos, während Eis eine Form besitzt; ebenso existiert der Âtman mit einer Form und auch ohne Form."

Sâkâr (Form) und Nirâkâr (Formlosigkeit) sind beides Formen desselben Âtmâs.

So wie es keinen wesentlichen Unterschied zwischen Wasser und Eis gibt, ebenso gibt es keinen Unterschied zwischen Nirguna Brahman und Saguna Brahman.

Obwohl Gott nirguna (eigenschaftslos), nirakar (formlos) ist, nimmt Er Form und Eigenschaften an, um die Devotees zu segnen.

Man mag sich fragen, woher das Nirguna Brahman die Eigenschaften nimmt? Es kann mit Eis verglichen werden, welches eine Form und Eigenschaften hat. Ebenso spielt auch das eigenschaftlose, formlose Brahman mit der Form und ihren Eigenschaften, das ist Sein Spiel.

Angefangen vom Atom bis zum unendlichen Universum existiert nichts im Kosmos außer Gott und nur Gott und niemand anders. Nur Er, Er, Er!

Zu sagen: Gott ist in der Säule, Nârâyana ist im Felsen, ist eine Haltung. Mit einer anderen Haltung kann man sagen, die Säule selbst ist Gott, der Felsen selbst ist Nârâyana.

In allen Formen, in aller Mannigfaltigkeit und Verschiedenheit ist ER allein. Die unendliche Vielfalt der Erscheinungen und Manifestationen, der Zustände des Wachstums und der Ruhe, der Arten und Typen, all die zahllosen Unterschiede und auch alle Übereinstimmungen, alles ist nur ER. Mit wem seid ihr dann ärgerlich? Was auch immer jemand sagt, entspricht seiner Entwicklungsstufe und Verfassung zu der betreffenden Zeit und ist für ihn daher richtig. Er zeigt doch damit nur, was er an eben jenem Punkt seiner Entwicklung wahrnimmt und versteht. Auch das ist nichts als ein Ausdruck, eine Verkleidung des EINEN.

Das Selbst ist allumfassend. Ob ihr es Gott, Brahman oder das Höchste Wesen nennt, egal welchen Namen ihr benutzt, es meint dasselbe.

Es gibt nichts „anderes", was es zu erreichen gilt – nach oben und nach unten, nach rechts und nach links, rundherum bist nur DU. Die *Wirklichkeit* ist einzig Eins; nur das Selbst existiert und nichts anderes.

Alles, was in dieser Welt wahrgenommen wird, ist nur ER. Es gibt nichts außerhalb von IHM.

Wie könntet ihr das Brahman, das Eines ist, erkennen, solange ihr die Welt wahrnehmt? Es ist unmöglich, sich eine wahre Vorstellung von Brahman zu machen, solange unser Geist von der Dualität von Seher und Gesehenem konditioniert ist.

Unbestreitbar existiert nur ein Brahman ohne ein Zweites. Es gibt nur Brahman. Darin werden der Sehende, der Akt des Sehens und das, was gesehen wird, alle eins.

In wirklicher Erleuchtung ist nur ER offenbar. Wohin der Blick auch fällt, oben und unten, rechts und links, bleibt nur ER, ER allein rundherum, das Höchste Selbst in IHM.

Um das Höchste Sein zu erkennen, muss man noch über den Zeugen (Sâkshî) hinausgehen, denn in dieser dualistischen Wahrnehmung ist notwendigerweise noch die Dreiheit von Beobachtendem, Beobachtetem und dem Akt der Beobachtung enthalten.

In Wirklichkeit sieht der „Seher" nur sich selbst und der Akt des Sehens ist auch er selbst.

Die Aufspaltung und Fragmentierung der Wirklichkeit führt dazu, dass das universelle Selbst als Jîva (die Einzelseele) erscheint.

Der Jîva ist von Natur aus nicht verschieden von der Wirklichkeit selbst; nur aufgrund der Begrenztheit wird er Jîva genannt. Wird die Begrenzung abgeworfen, erstrahlt die eine Wirklichkeit.

Die Schöpfung hat keinen Anfang und kein Ende. Alles IST immerdar.

Der Vorgang von Schöpfung, Erhaltung und Zerstörung geht ständig vor sich; er ist ewig.

Was ist Schöpfung? Das Eine, das zur Vielfalt wird.

Wer nimmt die Form der Schöpfung an? ER Selbst. Gott Selbst wird Schöpfung genannt. Er erschafft nichts, sondern ER Selbst ist zu allem GEWORDEN. Und wenn man trotzdem auf dem Wort „Schöpfung" besteht, würde ich sagen, dass Gott alles aus Sich Selbst erschaffen hat. ER Selbst hat alle Formen der Schöpfung angenommen.

ER Selbst ist in allen Formen und ER führt ein Spiel mit Sich Selbst auf. Alles ist Sein göttliches Spiel (Lîlâ).

Wo in Form von Ursache und Wirkung nur das Selbst ist, wie kann sich da die Frage nach einem abgesonderten Schöpfer oder einem Nichthandelnden erheben?

Jeder Name und jede Form ist nur ER, ER allein. Gott Selbst erscheint in verschiedenen Namen und Formen. Was immer jemand wahrnimmt, ist nur Brahman.

Für den Âtman existiert keine Bindung. Bindung existiert da, wo das Gefühl von „Ich" und „mein", „du" und „dein" sind.

Die Welt selbst ist keine Bindung. Wir haben die Bindung erzeugt, indem wir die Welt zum Objekt unserer Sinnesfreude und Befriedigung gemacht haben.

Die vier Wände eines Hauses sind es nicht, die einen Menschen binden; das Denken bindet uns durch Anhaftung. Die Bindung hält so lange an, wie wir sie bestätigen.

Was ist Bindung? Wo ist der Schleier? Wo ist die Unwissenheit? Das Akzeptieren von Bindung ist die Bindung. Du hast dich selbst verborgen. Du bist – es existiert kein anderer. Befreiung besteht darin, sein wahres Selbst zu erkennen.

Der Âtman, das Selbst ist ewig verwirklicht. Nur der Schleier der Unwissenheit muss entfernt werden. Wer steckt in der Form des Verbergens und des Schleiers? Wessen Form ist die Illusion? ER Selbst. Was ist der Schleier und wo ist er? Der Schleier der Unwissenheit besteht nur daraus, dass ihr seine Existenz annehmt. „Du" und „ich" – das ist der Schleier.

ER kann nur gefunden werden, wenn alle Bemühungen, IHN zu erkennen und zu verstehen, sich beruhigen. Wer kann Ihn erhaschen, wenn ER es nicht will? „Ist", „nicht" und sowohl „ist und nicht" und weder „ist" noch „nicht", es kann wirklich nichts über Ihn ausgesagt werden. Unser eigenes Selbst in sich selbst. Was „ist", IST.

In jenem Zustand kann die Frage von Vervollkommnung und Unvollkommenheit oder Teil und Ganzem gar nicht mehr aufkommen. Die Begriffe relativ und absolut sind da nicht mehr anwendbar. Worte können IHN nicht beschreiben. Das Selbst ruht in sich selbst.

Lîlâ bedeutet die Absorbierung des Ich durch das Selbst.

Was bedeutet „Vishva" (die Welt oder das Universum)? Es bedeutet das Selbst in einer sichtbaren, bestimmten Form (Wortspiel: Vi- bestimmt, sva – Selbst). Diese Welt (Vishva) ist nichts anderes als die Manifestation des eigenen Selbst.

Die Hingabe, der Ergebene, die Gottheit und der Guru – das ist die vierfache Offenbarung einer einzigen Wahrheit.

Zu Beginn der spirituellen Praxis geht man von einer Verschiedenheit zwischen Gott und dem individuellen Selbst im Bereich der Dualität aus. Doch wenn der höchste Zustand unaufhörlichen Selbstgewahrseins erkannt wird, wo sind dann das Ganze und der Teil, der Meister und der Diener? ER Selbst ist in der Identität.

Ihr Menschen neigt dazu, das Ungeteilte auf die eine oder andere Weise zu teilen, aber hier (Mâ zeigt auf sich selbst) erhebt sich die Möglichkeit von Geteiltheit und Ungeteiltheit überhaupt nicht; hier findet das Spiel des „Geschehens" statt – was geschehen soll, geschieht, und das ist alles.

In der höchsten Erfahrung des einen, nicht-dualen Brahman sind die Gegensätze von statisch und dynamisch, Handeln und Nichthandeln aufgehoben. „Ekam Brahma Dvitîyam Nâsti" („Es gibt nur ein Brahman ohne ein Zweites" – ein vedantischer Aphorismus, den Mâ oft wiederholt).

Besitzt Brahman Teile? Das ist die Ansicht des begrenzten Denkens und deshalb eine fragmentierte Erkenntnis. In Wirklichkeit ist ER, was ER ist.

Entsprechend dem Zustand des denkenden Geistes gibt es endlose Erfahrungen. Visionen finden statt, weil ein denkender Geist da ist.

Einige sagen, die Samskâras (Eindrücke und Prägungen durch Erfahrungen) bleiben selbst nach der Erkenntnis. Ja, in einem bestimmten Zustand ist das der Fall. Aber es gibt einen Punkt, wo sich die Frage, ob die latenten Neigungen bleiben, überhaupt nicht mehr erhebt. Kann das höchste Wissen, das alles verbrennen kann, nicht auch die Samskâras des denkenden Geistes verbrennen? Es gibt einen Zustand, in dem Reste bleiben, aber es gibt auch einen Zustand, in dem sich die Frage, ob Reste bleiben, gar nicht mehr stellt.

Im Zustand endgültiger Erleuchtung dreht es sich nicht mehr um Aufstieg und Abstieg. In jenem Zustand sieht man klar, dass nur ER – das Göttliche – als die Schöpfung spielt. Aber wenn jemand von Aufstieg und Abstieg spricht, kannst du dir sicher sein, dass das Endgültige noch nicht erlangt wurde. Natürlich gibt es einen Zustand von Aufstieg und Abstieg, aber ein Sucher nach Wahrheit sollte sich bemühen, jenen Zustand der Verwirklichung zu erreichen, in dem Aufstieg und Abstieg nicht mehr existieren.

Die Wahrheit ist, wie sie ist. Sie ist so umfassend voll, dass man noch nicht mal einen Zentimeter von ihr entfernt stehen kann.

Es gibt keinen Weg zur Weisheit; sie ist aus sich selbst offenbar. Die verschiedenen spirituellen Übungen werden nur gegeben, um den Schleier der Unwissenheit zu heben.

Man sollte einen Unterschied zwischen „Geschehen" (hona) und „tun" (Karna) machen. „Geschehen" offenbart das, was offenbar werden soll, zum festgelegten Zeitpunkt durch die Energie des Prâna. Doch wenn diese Prâna-Energie für einen anderen Zweck eingesetzt wird, dann ist jede Prânaübung wie Sport und sie wird keine Veränderung im Denken bewirken. Sie degradiert zu sinnlicher Annehmlichkeit und wird nicht zum Zustand von Yoga führen, der die Vereinigung des individuellen Wesens mit der universellen Wirklichkeit ist. Im „Geschehen" liegt die Rettung.

Man sollte sich in den Strom des Selbstgewahrseins werfen. Der Strom des Selbstgewahrseins fließt immer zu Gott, was ein anderer Name für Erfüllung ist. Wenn man an die Sinnesobjekte denkt, verstärkt man nur den Hunger nach ihnen.

Nur der Mensch wird von IHM erwählt, der sich Seinen heiligen Füßen bedingungslos ergibt. DAS ständig zu gewahren, darin besteht der Weg der Rettung.

Svakriyâ bedeutet: das Selbst in Form von Aktivität. Ebenso bedeutet „Sakar" (Gott mit Gestalt) einzig die Form des Selbst und „Sagun" (Gott mit Eigenschaften) bedeutet, das Selbst existiert in der Form der Eigenschaften. Daraus geht hervor, dass der Eine, der formlos und eigenschaftslos ist, Selber auch Form und Eigenschaften besitzt. Wie kann es einen Unterschied zwischen Wasser und Eis geben? Eine Substanz erscheint als zwei. Nur ER allein existiert. Verschiedene Formen entstammen nicht einer anderen Wesenheit, sondern nur IHM, der das Höchste Bewusstsein ist. Insofern sind die Handlungen der weltlichen Menschen oder auch die Handlungen der Suchenden alle DAS und nur DAS.

Bindung durch Karma existiert nicht. Es erhebt sich nicht einmal die Idee von Handlung. Erkenne bewusst, dass du ewig frei bist. Wenn Handlung als SEINE Form gesehen wird, kann sie dich nicht binden.

Welches weltliche Band kann dich für immer binden und ist unerschütterlich? Irgendwann wird alles aufgelöst, da das in seiner Natur und Bestimmung liegt. Doch das Band der Liebe zu Gott ist nicht eine solche Bindung, es ist die Freiheit der Unsterblichkeit.

Ihr sprecht von der Kenntnis der absoluten Wirklichkeit und davon, über sie zu wissen, aber ist es ein Prozess, eines durch etwas anderes zu erkennen? Sie ist jenseits der Reichweite des Verstehens und jenseits des Denkens und Sprechens. Zu behaupten, IHN zu „kennen", gleicht dem Vorgang, eine Bürde abzulegen, nur um eine neue auf sich zu nehmen. (Anm.: Gott kann kein Objekt des Erkennens sein, weil Gott Selbst als Erkennender, Erkenntnis und Erkanntes erscheint – wer erkennt dann also wen?)

Wo es um den Höhepunkt der Vervollkommnung und den Gipfel des Erreichbaren geht, warum macht ihr Unterscheidungen wie dual und nicht-dual? Diejenigen, die es wünschen, sehen Dualität. Diejenigen, die sich auf dem Weg befinden und verschiedene spirituelle Übungen praktizieren, nehmen darin auch Dualität wahr, doch das Ziel besteht in der Verwirklichung des nicht-dualen Einen. Denkt daran, dass DAS, was dual ist, auch nicht-dual ist.

Es gibt einen Punkt der Verwirklichung, an dem kein Raum mehr für Streit und Unterscheidung zwischen Dualismus und Nondualismus besteht. Die Wahrnehmung und das Darübersprechen entspricht dem eigenen Standpunkt. Doch wo es nur ein Brahman ohne ein Zweites gibt, kann niemand anders existieren als ER. Die Spaltung zwischen dem Dualen und dem Nondualen ergibt sich aus eurer fragmentierten Wahrnehmung.

Wenn etwas außerhalb von DEM wahrgenommen wird, wisst mit Bestimmtheit, dass da noch Unwissenheit herrscht.

Es wird gesagt, in der Nondualität sei die Welt und das individuelle Selbst enthalten. Aber wenn die Wirklichkeit nicht-dual ist, wie kann da die Welt *und* das Selbst existieren? Wo ist Raum für Dualität? Es bleibt kein Platz für Dualität, wo reines Einssein erstrahlt. Und andererseits ist alles, was man darüber erzählt, wahr. Niemand kann die selbstleuchtende Wahrheit verdecken.

Alle Argumente über das Erscheinen oder Nicht-Erscheinen von Mâyâ werden in jenem Höchsten Zustand sinnlos. Wo DAS (Tat) ist, erhebt sich das Problem eines Standpunkts nicht.

Wer wird zu wem gelangen? ER ist ewiglich erlangt. Was man erlangen kann, wird auch wieder verloren. Um das zu offenbaren, was ewig ist, werden Übungswege nahegelegt. Es gibt verschiedene Wege, die dahin führen, doch merkt euch, dass es keinen Pfad zum Pfadlosen gibt.

Am Ende des Spielens kehrt man nach Hause zurück. Der Spielplatz ist ER, das Spiel ist ER und die Spieler sind auch ER Selbst. Es gibt niemand anderen als nur Ihn – eins und alles.

Wenn Höchstes Wissen aufdämmert, lösen sich alle Zweifel auf. Auch die Körperidentifikation fällt weg. Ebenso verblassen die verschiedenen Namen und Formen der Welt. Man kann nicht einmal mehr sagen, der Erleuchtete habe einen eigenen Standpunkt.

Wird Wissen durch eine Aktivität herbeigeführt? Ein Tun trägt nur dazu bei, Hindernisse zu beseitigen. Sobald die Hindernisse aus dem Weg geräumt sind, wird das offenbar, was aus sich selbst leuchtet.

Der Schleier der Unwissenheit hat nie existiert; weder existiert er jetzt, noch wird er jemals in Zukunft existieren.

Mahâyoga bedeutet, das Universum ist in DIR und DU bist in ihm. Doch ist es auch möglich, dass sich die Existenz des Universums gar nicht erhebt, weder hier noch dort.

Die Höchste Wirklichkeit ist jenseits und über allen vier Kategorien von: „Sie existiert, sie existiert nicht, sie existiert und gleichzeitig existiert sie nicht, und weder existiert sie noch existiert sie nicht." Darüber hinaus kann nichts beschrieben werden.

Leere und Fülle sind beide gleichzeitig in IHM. Was ist Leere und was ist Fülle? Er Selbst – der eine große Same, der in verschiedenen Formen erblüht.

Es gibt einen Zustand der Erfüllung und Vervollkommnung, in dem Dualität oder Einheit oder Unendlichkeit, was immer jemand behauptet, stimmig ist (da es zum Spiel des Einen allein wird).

Der ganze Prozess der Schöpfung, Erhaltung und Auflösung ist nicht außerhalb, sondern in dir (dem wahren Selbst). Das ganze Universum ist in dir. Die Vergangenheit und die Zukunft sind nicht außerhalb, sondern in dir. Alle Welten, ob grobstofflich oder feinstofflich, sind in dir. Und alles ist wiederum auch in allem.

Alle Namen sind Deine Namen und alle Formen sind Deine Formen und Du bist auch das Namenlose und das Formlose. Alles, was sich im Universum befindet, sei es manifest oder unmanifestiert, ist in Dir.

Sich selbst zu erkennen, bedeutet, seine Identität mit allem und jedem zu erkennen, ohne dass irgendetwas ausgeschlossen ist und ohne die geringste Spur eines Zweifels.

Das Vergessen der eigenen wahren Natur und das fälschliche Erscheinen dieser Welt sind auch ER und nur ER.

Jemand, der sagt, dass zwei Gegensätze nicht gleichzeitig existieren können (wie der formlose Aspekt Gottes und Gott mit Gestalt), kennt weder den einen, noch beide – wie kann er folglich das Unendliche erkennen?

Es gibt einen Punkt, wo sich die Frage von Einheit, Dualität oder Unendlichkeit überhaupt nicht stellt. Es ist ein Punkt, wo sich nicht einmal die Frage von Erlangen oder Nichterlangen erhebt. ER ist, was ER ist, und Worte werden nur benutzt, um hinzuweisen und das Verständnis zu fördern.

Es gibt einen Punkt der Erkenntnis, wo man die Einheit, die Zweiheit und das Unendliche alle zusammen an einem Ort und zu einer Zeit erkennt.

Man sagt, Hingabe schmelze das Ego und Erkenntnis verbrenne es. Doch seht, was ist es, das geschmolzen oder verbrannt werden soll? Das Gefühl von Gesondertheit. Und was geschieht dann? Ihr kommt zu eurem Selbst.

Es gibt nichts anderes, alles ist nur DU, Du Selbst.

Die Gleichzeitigkeit der Gegensätze von „ist und ist nicht" ist nur in Gott möglich, der die große Synthese aller Widersprüche ist.

In jenem Zustand höchster Verwirklichung existiert keine Überlegung, kein Prozess des Denkens. Das habt ihr hier, auf dieser Ebene, erfahren, ihr habt euch genug Gedanken gemacht! Jetzt solltet ihr darüber hinaus gehen. Ihr müsst Überlegung und Nichtüberlegung transzendieren. Was geschieht dann? Dann werden sowohl Negierung als auch Zustimmung genau richtig sein (denn dann ist ER die Negierung und ER ist die Zustimmung).

Ein Sucher nach Wahrheit geht auf seinem Weg durch verschiedene Stadien und erlangt dadurch allmählich einen Zustand, in dem er erkennt, dass alles in allem enthalten ist. Er hat eine direkte Erfahrung der Wahrheit: Das, was ich bin, ist auch die Natur aller Dinge. Und dann wiederum gibt es nur Gott. Nichts kommt und nichts geht. Aber in einem anderen Zustand gibt es auch Kommen und Gehen. Wie können Worte vollständig erklären, was jenseits von Worten und von Beschreibbarkeit ist? Das Denken und Sprechen kehren um, noch bevor sie dort hingelangen.

Man sollte denken: Um mir zu helfen, hat Er Sich in dieser Form manifestiert. Er besitzt Form und ist auch formlos. Das ganze Universum liegt in Ihm und ER wohnt dem Universum inne.

DU allein erscheinst in Gestalt und DU bist auch das Formlose.

Weil du das Gefühl hast, du seist der Handelnde, hältst du ihn für den Handelnden. In Wirklichkeit tut ER nichts. Wenn es nur IHN gibt, was gibt es dann für IHN zu tun und wie? Er Selbst ist in Sich Selbst.

In IHM sind sowohl Dualität als auch Nichtdualität enthalten, ebenso wie du in einer Person Vater, Sohn und Ehemann bist.

In IHM erhebt sich die Frage von Eigenschaften oder keinen Eigenschaften überhaupt nicht. Nur dann herrscht absolute, reine Einheit. Schaut, ihr beschreibt IHN als Wahrheit, Wissen und Unendlichkeit, doch wo reine, absolute Nichtdualität herrscht, erhebt sich so etwas wie irgendeine Form, eine Eigenschaft, eine Bestätigung und eine Verneinung überhaupt nicht.

Im eigenschaftslosen Brahman kommt die Frage von Eigenschaft oder Eigenschaftslosigkeit nicht auf.

Das Absolute kann nicht mit Worten gedacht und beschrieben werden. Es ist unbeschreibliche Verschiedenheit in Nicht-Verschiedenheit. Aber auch das ist ein Stadium.

Dieser Körper fordert nicht dazu auf, irgendetwas auszuschließen. Doch wenn man nach dem Erreichen eines bestimmten Zustands sagt, das sei die einzige Wahrheit, solltet ihr wissen, dass die Wahrheit nicht in ihrer Fülle offenbart wurde. Es ist nur eine teilweise Offenbarung. Wenn die Gesamtheit des Ganzen nicht offenbart wurde, dann erfüllt die teilweise Offenbarung nicht den wirklichen Sinn, auch wenn es stimmt, dass man auf dem Weg durch zielgerichtete Hingabe an den eigenen Ishta (Gottheit) voranschreiten soll.

Samâdhi bedeutet die völlige Auflösung der Zweifel hinsichtlich Form und Formlosigkeit, Leere und Fülle usw. All solche Zweifel werden darin für immer aufgelöst. Eine Lösung besteht in Antworten auf Fragen und noch eine andere Lösung liegt in dem, in dem Fragen und Antworten sich gar nicht erheben. Das ist Samâdhi.

Solange Zweifel und Unsicherheiten da sind, wurde nicht einmal der Zustand von Savikalpa Samâdhi erreicht. In Savikalpa Samâdhi besteht nur Gewahrsein der Existenz. Aber in Nirvikalpa Samâdhi hört selbst diese Erfahrung der Existenz auf. Es findet gar keine Erfahrung statt. Was ist und was nicht ist – nichts kann über jenen Zustand gesagt werden. Worte scheitern daran, ihn zu beschreiben. Das ist Nirvikalpa.

Die nicht-duale Natur der Wahrheit ist ewig. Etwas zu erlangen oder etwas zu entsagen trifft es nicht. Ist irgendetwas jemals entstanden, dass man eine Sache erlangen und eine andere aufgeben kann? Nichts, was auch immer es sei, ist entstanden!

Die Wirklichkeit ist so ein Paradox, dass sie sowohl das Vergessen der eigenen wahren Natur als auch die Erinnerung daran beinhaltet. Insofern stellt sich die Frage, sich vom Vergessen zu befreien, nicht. Die Wahrheit ist immer aus sich selbst erlangt. Das sollte man bedenken und den Irrtum aufgeben.

DU existiert in Form des Sehens, DU existierst in Form der Frage, DU existiert in allem, wo und was auch immer sich offenbart und was verhüllt bleibt. Was immer existiert, DU allein bist oder „Ich selbst bin".

Alles, was man positiv behauptet und alles, was man negiert, bist nur DU, nur ER allein existiert.

Selbst da, wo etwas durch Zeit und Raum bedingt ist, da ist die Begrenzung oder Konditionierung auch eine Form des Unbedingten und Unbegrenzten.

ER weilt sowohl in der Verschiedenheit als auch in Ununterschiedenheit.

Wenn man im Einssein der Wahrheit gegründet ist, verschwindet jegliches „Andere". Die Wahrnehmung der Dualität hat keinen Zugang dazu. „Man isst und isst doch nicht" – wenn jemand in dieser Behauptung einen Widerspruch sieht, kann man davon ausgehen, dass die Person die Wahrheit in ihrer Gesamtheit nicht erkannt hat und nur einen Teil der Wahrheit erfasst hat. In umfassender Wahrnehmung ist kein Raum für Negierung. Wenn man Negierung oder Verwerfung von etwas akzeptiert, würde es bedeuten, dass die Wirklichkeit in sich Teile besäße; deshalb sagt man, dass diese Frage sich nicht erhebt.

Wenn Negierung oder Zurückweisung (Vadh) vertreten wird, kann man sagen, dass die Fülle der Wahrheit noch nicht erkannt wurde.

Man sieht Widersprüche, weil die Wahrnehmung fragmentiert ist.

Alles ist Gott und nur Gott – die ungeteilte Existenz. Und was würde der Vedânta sagen? Es gibt nur ein Brahman ohne ein Zweites – das volle „Bad", nach dem nichts mehr trocken bleibt. Wenn man diesen Zustand erlangt hat und seine Gottheit so verehrt wie Mahâvîr (Hanuman) in dem Sinne: „ER und ich sind eins, aber ER ist auch das Ganze und ich bin der Teil; ER ist der Herr und ich bin Sein Diener" – dann wird man in diesem Zustand völliger Hingabe und vollständigen Wissens sowohl das Ganze als auch den Teil und die Dienerschaft verwirklichen.

Wenn nur ein Selbst existiert, was ist dagegen einzuwenden, wenn man sagt: „ER ist der Herr und ich bin der Diener"?

Im höchsten Zustand auf sich selbst gestützter Erkenntnis werden die verschiedenen Verhaltensweisen im täglichen Leben in der Tat zum Spiel des Göttlichen. Ob in diesem Zustand die Verehrung des Herrn bleibt oder nicht – gäbe es irgendeine Unvereinbarkeit? In diesem absoluten Zustand ist der Widerspruch zwischen Wissen und Unwissen aufgelöst. Wissen und Unwissen sind beide in DEM enthalten. Aufgrund der Prägung und der Begrenzung des Denkens mag es schwierig sein, diese Wahrheit zu verstehen. Den Erfahrungszustand einer einseitigen Wahrnehmung oder einer teilweisen Verwirklichung zu verstehen, ist leichter. Doch in jener absoluten Wahrheit erhebt sich die Frage von Unveränderlichkeit oder Veränderlichkeit nicht.

Sowohl die Wege von „nicht dies, nicht dies" als auch „dies bist Du, das bist Du" lassen einen dasselbe Ziel erreichen – die Einheit der Wahrheit. Das formlose Eine und der gestalthafte Eine werden beide gleichzeitig erkannt.

Die Uneinigkeit aufgrund von Meinungsverschiedenheit existiert nur auf dem Weg. Mit wem will man in jenem Zustand der Einheit streiten?

Das ist göttlich (übernatürlich) und dies ist nicht göttlich (naturgegeben) – diese Unterscheidung macht ihr. Aber erkennt, dass alles nur Sein Spiel ist. Man sollte Ihn in jedem und allem erkennen.

In der Verwirklichung werdet ihr erkennen können, dass es nur Vrindâvan gibt, nur Shiva, das Nicht-Duale. Erst dann kann man sehen, dass all das Sein göttliches Spiel ist.

Die Erkenntnis des Höchsten Selbst kann man nicht mit dem Wissen weltlicher Dinge vergleichen. Da ist es nicht so, dass „ich weiß". Zu wissen bedeutet, DAS zu sein, was aus sich selbst offenbar ist.

Die Wahrheit ist immer aus sich selbst offenbar, nie bedeckt. Man muss nur die Wolken der Unwissenheit beseitigen. Und selbst wenn die Bedeckung nicht entfernt ist, ist das Licht da.

Frage: Wenn Gott die Quelle des Guten ist, warum muss es so viel Kampf, Grausamkeit und Sünde geben?

Mâ: ER ist sowohl das Gute als auch das Schlechte. ER ist alles. ER Selbst führt ein Spiel mit Sich Selbst auf und tut alles, was notwendig ist, damit Sein Spiel läuft.

Die göttliche Mutter offenbart sich in allen Gestalten und Erscheinungsformen. Sie besitzt Eigenschaften (saguna) und ist auch jenseits davon (nirguna).

Jemand fragte Mâ: Hast Du Gott gesehen?

Ma: Nun, Er ist ja immer sichtbar. Und doch – wer sieht wen, wo doch alle ER sind? In Wirklichkeit existiert nichts getrennt von Gott.

ER Selbst, der EINE, der das SELBST ist, führt ein Spiel mit Sich Selbst auf – dies wird Nitya Lîlâ (ewiges Spiel) genannt.

Mâ: Alles, was ihr wahrnehmt, ist nur Gottes Spiel. Schau in dich: Wer bist du? Ich bin eins und ich bin auch viele. Er führt das Spiel mit Sich Selbst auf.

Frage: Anscheinend hat sich Gott so ein Spiel ausgedacht, um uns alle zu binden.

Mâ: Nur Gottes Spiel wird überall aufgeführt. Das sollte deine Einstellung sein. Du selbst bist das Eine und du selbst bist die unzählige Vielfalt. Versuche, dich selbst zu finden! Von einer anderen Perspektive gesehen ist es: „Herr, Du bist das Ganze und ich bin ein Teil von dir. Du bist der Meister, ich der Diener." Versuche, dich selbst zu erkennen: „Wer bin ich? Wo bin ich?" Versuche zuerst den Teil zu erkennen und dann wirst du das Ganze finden – den Paramâtmâ. Wie willst du Gott finden, ohne dich selbst zu erkennen? Was im nächsten Moment geschehen soll, ob du es weißt oder nicht, überlasse es Gottes Willen. Versuche der Wahrheit zu folgen. Von Gott zu sprechen, ist das einzige Gespräch, was es wert ist, alles andere ist vergebliches Geschwätz. Wo Râm ist, da Ruhe und Leichtigkeit, wo Râm nicht ist, da ist Ruhelosigkeit und Leiden.

Frage: „Mâ, was beschloss Gott, nachdem ER uns geschaffen hatte, das wir tun sollten?"

Mâ: „Er beschloss, dass ihr genau das tun solltet, was ihr tut."

Frage: „Sieht Gott uns?"

Mâ: „ER sieht uns als Formen Seiner Selbst."

Frage: „Warum schenkt Gott nicht allen Seine Gnade?"

Mâ: „Für Gott gibt es keine ‚anderen'."

Frage eines Europäers: „Du sagst, alle sind Gott, aber sind nicht einige Menschen mehr Gott als andere?"

Mâ: „Für den, der diese Frage stellt, ist es so. Doch in Wirklichkeit ist Gott überall gleichermaßen in Seiner Fülle gegenwärtig."

Frage: „Hat meine Individualität als solche dann gar keine Substanz? Gibt es nichts in mir, was nicht Gott ist?"

Mâ: „Nein. Selbst im ‚Nicht-Göttlichen' ist nur Gott. Alles ist ER."

Frage: „Wenn es nur EINS gibt, warum existieren so viele verschiedene Religionen auf der Welt?"

Mâ: „Weil ER unendlich ist, gibt es unendlich viele verschiedene Auffassungen von IHM und Pfade, die zu IHM führen."

Wenn ihr in der Überzeugung lebt, dass Gott in engster Beziehung zu euch steht, werdet ihr allmählich erkennen, dass es nichts außer Gott gibt.

Seht, wie könnte Gottes Lîlâ (Spiel) weitergehen, wenn es keinen Schleier der Unwissenheit für das Individuum gäbe? Wenn man eine Rolle spielt, muss man sich selbst vergessen – das Lîlâ könnte ohne den verhüllenden Schleier der Unwissenheit nicht stattfinden.

Gott Selbst offenbart sich auf bestimmte Weise selbst in so genannten Sündern, wie auch in scheinbar unerträglichem Leid.

Nur DU existierst in allen Formen, niemand anders.

DU bist gegenwärtig in Form von Logik und auch in Form von Konzepten.

DU bist gegenwärtig in Form des Mangels und in der Form des Selbst.

DU bist gegenwärtig in der Form des Nicht Erreichten und DU bist auch gegenwärtig in der Form des Erreichens.

Du bist gegenwärtig in beiden Formen, in schlechten und guten Eigenschaften.

In allem und in einem jeden ist nur der EINE. Versuche dir ständig der Tatsache bewusst zu sein, dass alles, was du irgendwann und wie auch immer wahrnimmst, nur eine Erscheinungsform des Höchsten Wesens ist. Wie sollte der Wahrnehmende davon ausgenommen sein? Ausschließen und Nicht-Ausschließen sind ebenfalls nur ER und kein anderer. Sogar das Gefühl der Abwesenheit Gottes ist SEINE Erscheinungsform – auf dass SEINE Gegenwart erkannt werde.

Sich Selbst mit Sich Selbst durchdringend, in Sich Selbst ruhend – wahrlich, das ist DAS.

Fremdwörterverzeichnis

Abhâva: Gefühl des Mangels, der Leere und Abwesenheit

Adharma: negative Handlung, die Unruhe und Leid hervorruft

Adhikâra: innere Befähigung, Reife, Autorität

Âdi Shankarâcârya: der berühmte Philosoph des Advaita Vedânta, der Lehre von der Nicht-Zweiheit, welche die Einheit und göttliche Natur allen Seins lehrt; siehe auch Shankara.

Ajñâna: Unwissenheit über die wahre Natur des Selbst oder der Wirklichkeit. Abgesehen von der unmittelbaren Erkenntnis der Wahrheit gehört alles durch die Sinne oder den Geist aufgenommene Wissen zum Bereich von Ajñâna.

Amrita Belâ: Nektarzeit, Zeit der Unsterblichkeit

Ânanda: Glückseligkeit, Wonne, Freude, die den Bereich von Glück und Leid transzendiert und unbeeinflusst davon ist.

Anurâga: ewig neue Liebe

Apaurusha: jenseits des Menschlichen

Ârâma: Ruhe, Frieden, Freude

Âratî: Zeremonie zu Ehren einer Gottheit oder eines Heiligen, bei der Räucherwerk, Lichter, Wasser, Tücher, Blumen, erfrischende Luft durch Fächern eines Wedels, Nahrung usw. kreisförmig geschwenkt und mit Gesang dargebracht werden. In Tempeln wird sie gewöhnlich regelmäßig bei Tagesanbruch und am Abend vollzogen und bildet oft auch den Beginn und das Ende anderer religiöser Zeremonien.

Âsana: Körperhaltung des Yoga, wobei jede Position einem bestimmten Bewusstseinszustand entspricht. Die Körperstellungen unterstützen die Fähigkeit zur inneren Sammlung.

Asat: falsch, unwahr, wertlos, tadelnswert

Âshram: ein Ort, an dem Wahrheitssucher zusammen unter Leitung bzw. in Nachfolge eines Gurus leben, ähnlich einem Kloster oder einer Einsiedelei.

Âshrama: Eines der vier aufeinanderfolgenden Lebensstadien von Brahmacârya (Schüler/Student im Zölibat), Grihastha (Lebensstand des verheirateten Haushälters, der berufstätig ist und Familie hat), Vânaprastha (Stadium, in dem sich die Eheleute zurückziehen und Kontemplation und spirituelle Disziplinen üben) und Sannyâsa (Lebensstand des Mönchs, der Familie, Besitz, Stellung und allem, woran er haftete, entsagt hat, um sich völlig dem Göttlichen hinzugeben).

Âtmâ/ Âtman: Das wahre Selbst. Höchstes Sein, das die Natur von Selbst-Bewusstheit und Glückseligkeit besitzt und hinter allen Manifestationen der Schöpfung liegt.

âyurvedisch: medizinische Methoden, die auf den heiligen Offenbarungen der Veden beruhen.

Bâbâ: Vater

Bhagavân: Gott, die Höchste Wirklichkeit, der alle Füllen (Reichtum, Kraft, Ruhm, Schönheit, Wissen und Entsagung) besitzende Herr.

Bhakti: Hingabe und Liebe zu Gott

Bhajana: hingebungsvoller, religiöser Gesang

Bhâva: 1. Seinszustand, innere Veranlagung 2. spirituelle Gemütsstimmung 3. Hingabe an das Objekt der Verehrung 4. spirituelle Ekstase

Bhâva Samâdhi: spirituelle Ekstase, zumeist gefühlsbetont, die sich für gewöhnlich auf den höheren Stufen des Bhakti-Weges einstellt.

Bhoga: Genuss, weltliche Erfahrung, Vergnügen

Bîja-Mantra: mystische Silbe, die wie ein Same ein ungeheures, spirituelles Kraftpotential enthält und in konzentrierter Form einen Aspekt Gottes repräsentiert (bîja = Same, Keim).

Brahma: siehe *Brahman*

Brahmacârî m./ Brahmacârinî: Schüler(in), der (die) sich spirituellen Übungen und dem Dienen widmet und Zölibat einhält.

Brahmacârya: Das erste der vier Lebensstadien (siehe *Âshramas*), in dem der Schüler im Zölibat lebt und nach Anweisung seines Meisters die heiligen Schriften studiert; allgemein: Leben der Enthaltsamkeit im Streben nach dem Höchsten.

Brahmamuhûrta: die Zeit frühmorgens etwa anderthalb Stunden vor der Morgendämmerung bis Sonnenaufgang, die besonders günstig für spirituelle Übungen ist.

Brahman: Die Eine Höchste Wirklichkeit, die sowohl ruhend als auch dynamisch ist und doch über beidem steht, das Ganze, das mehr ist als die Summe seiner Teile.

Brahmane: jemand, der in der obersten Kaste der Priester und Schriftgelehrten, der Hüter des heiligen Wissens, geboren wurde oder bewusstseinsmäßig geistige Reinheit verwirklicht hat und in seinem ganzen Leben und Streben ausdrückt.

Caitanya: Shrî Caitanya Mahâprabhu, erschienen 1486 in Navadvîp, Bengalen, verschieden 1534 in Purî, Orissa. Er gilt als „verschleierte" göttliche Inkarnation, in welchem sich das göttliche Paar Râdhâ und Krishna in einer Person verkörpert. Er schenkte allen Liebe zu Gott, indem Er das gemeinsame Singen des göttlichen Namens predigte, unabhängig von Kastenzugehörigkeit, und Er zeigte dabei am eigenen Körper zahllose Manifestationen höchster Gottesliebe (Bhâvas).

Cakra: Eines der sechs lotosgleichen feinstofflichen Energiezentren, die sich in einer Art Kette zwischen dem untersten Punkt der Wirbelsäule und dem Punkt über dem Scheitel befinden und durch die die Lebensenergie Kundalinî aufsteigt. Die Cakras repräsentieren verschiedene psychische Bereiche und Kräfte, die der Meditierende im Laufe seiner Entwicklung zu reinigen und beherrschen lernt.

Darshan: Anblick, Schau. Man spricht davon, Darshan eines Heiligen, Weisen oder einer Gottheit zu erhalten, d.h. mit Seinem oder Ihrem Anblick und der Gegenwart gesegnet worden zu sein.

Dehâtma Buddhi: Gleichsetzung von Körper und Selbst, Identifikation

Deho/deha: Körper

Deo: gib!

Devî: Göttin. Die göttliche Mutter des Universums, die mit den Namen Kâlî, Durgâ, Sarasvatî, Lakshmî u.ä. gepriesen wird.

Devotee (engl.): jemand, der sich dem spirituellen Pfad geweiht und einem spirituellen Meister bzw. Gott hingegeben hat.

Dharma: Das Gesetz des Daseins. Es bezeichnet das innere Prinzip der Religion. Das Dharma des Menschen besteht darin, seine ewige Natur bzw. Gott zu erkennen. Auch: Rechtschaffenheit, natürliche Pflicht.

Dhyana: Meditation

Dîkshâ: Einführung, Initiation in das spirituelle Leben, bewirkt durch die Gnade des spirituellen Meisters, der das Göttliche repräsentiert; Übermittlung spiritueller Kraft durch Mantra, Berührung, Anblick usw.

Do ishta / du ishta: zwei Geliebte

Duniya: die Welt, auf Dualität basierende und daher leidvolle Existenz

Durgâ: Name der Göttlichen Mutter, Gemahlin Shivas

Durgâ Pûjâ: Zeremonielle Verehrung der Göttlichen Mutter Durgâ

Dushta: Verderben, Übel, Schlechtes

Ganesha: Der Aspekt des Göttlichen, der das Wachstum und den Fortschritt des Guten fördert und Hindernisse beseitigt (oder große Hindernisse durch kleinere Hindernisse abwendet), bzw. das Böse wiederum durch Hindernisse aufhält. Ganesha ist ein Sohn von Shiva und Pârvatî und wird für gewöhnlich mit einem Elefantenkopf dargestellt, der u.a. seine Klugheit versinnbildlichen soll.

Gâyatrî Mantra: Heiliges Mantra aus dem Rig Veda, welches täglich von allen männlichen Hindus der drei oberen Kasten wiederholt wird, nachdem sie die heilige Schnur erhalten haben: Om bhûr bhuvah svah om tat savitur varenyam bhargo devasya dhîmahi dhiyo yo nah pracodayât.

Ghee/ Ghî: gereinigte Butter

Grihastha Âshrama: zweites der vier Lebensstadien, in dem man verheiratet ist und für eine Familie sorgt bzw. der Gesellschaft dient.

Guru: Meister, spiritueller Führer und Lehrer, Repräsentant des Göttlichen, der dem Strebenden zum Eintritt in das spirituelle Leben Dîkshâ (Initiation) gibt; Vertreiber der Unwissenheit.

Gurudeva: göttlicher Meister

Guru Mantra: die vom Guru erhaltene heilige Klangschwingung, die man wiederholt, um den Geist zu reinigen und Gottverwirklichung zu erlangen.

Guru Shakti: die Kraft des Gurus

Hari: Gott. Auch Name Vishnus (Gott in Seinem Aspekt als Erhalter des Universums).

Hatha Yoga: körperliche Yogaübungen, die dem Zweck dienen, den Körper zu reinigen und zu harmonisieren und damit die geistige Kontrolle und die Höherentwicklung des Bewusstseins zu erleichtern.

Havana: heilige Feuerzeremonie, siehe auch Yajña

Havana Sâmagrî: Zubehör, Material, Utensilien für eine Feuerzeremonie

Hindi: Muttersprache von ca. 140 Millionen Menschen, die vor allem in Indiens nördlichen Provinzen Uttar Pradesh, Madhya Pradesh, Punjab, Rajasthan und Bihar gesprochen wird.

Hindu Sanâtana Dharma: die ewige Religion Indiens, die auf den vedischen Offenbarungen und den Erfahrungen unzähliger Heiliger basiert.

Ishta/Ishtadeva: wörtlich „der Geliebte, Verehrte oder Liebste", der Gegenstand des Höchsten Wunsches, die Gottheit, die unser Herz am meisten anzieht.

Jagadguru: Weltenlehrer

Japa: Wiederholung eines Mantras oder eines Namens Gottes als Mittel fortwährender Erinnerung an Seine Gegenwart. Die Wiederholung, die zur täglichen Disziplin gehört, mag eine bestimmte oder unbestimmte Anzahl von Malen geübt werden. Es gibt drei Arten von Japa: laut ausgesprochen (vâcika), halblaut (upamsu) und geistig (mânasa). Japa kann ohne Rhythmus oder rhythmisch ausgeübt werden, dem natürlichen Atemvorgang folgend oder auch mit Hilfe einer Gebetskette.

Jhulan: einwöchiges Fest, beginnend etwa vier Tage vor dem Augustvollmond, bei dem die Statuen von Krishna oder Râdhâ-Krishna auf Schaukeln hin- und hergeschwungen werden.

Jîvanmukti: Befreiung, während man noch im physischen Körper lebt

Jñâna: Wirkliches unmittelbares Wissen, das unabhängig von den Sinnen und dem Verstand ist, Erkenntnis des Selbst

Kâlî: Die Göttliche Mutter als Zerstörerin der bösen Mächte, die vor allem in Bengalen sehr verehrt wird. Kâlî hat eine dunkle Gestalt, langes, schwarzes Haar und vier Arme, deren Hände ein abgeschlagenes Haupt und ein Schwert halten bzw. Gesten der Segnung und Furchtlosigkeit ausdrücken. Sie lehrt den Menschen auf diese Weise, die Ganzheit der Schöpfung in ihren guten *und* schreckenerregenden Aspekten anzunehmen, ja zu lieben und zu verehren, und zerstört das Vergängliche nur, um den unsterblichen Geist und die Alliebe in jedem Wesen freizulegen.

Kâlî Pûjâ: Fest zu Ehren der Göttin Kâlî in der Neumondnacht des Mondmonats Oktober/November

Karma: Handlung, Resultat der Handlung und Gesetz von Ursache und Wirkung, durch das eine Handlung unvermeidlich ihre Frucht tragen wird. Solange sich die Individuen mit dem Körper und den Handlungen identifizieren, wird Karma erzeugt. Wenn man die eigene wahre Natur, das nichthandelnde, unbeteiligte Selbst erkennt, erzeugt Handlung kein Karma mehr. Es gibt drei Arten von Karma: Sanchita, Âgâmi und Prârabdha. Sanchita Karma ist der riesige Vorrat der in der Gesamtvergangenheit der Seele angehäuften Werke, deren Früchte noch nicht geerntet wurden. Das Âgâmi Karma ist das Tun, das vom einzelnen in der Zukunft ausgeführt werden wird. Das Prârabdha Karma ist das Tun, das Frucht zu tragen begonnen hat, dessen Früchte also in diesem Leben geerntet werden müssen. Das Prârabdha ist ein Teil des Sanchita Karmas, da es ebenfalls dem Handeln der Vergangenheit entstammt. Der Unterschied zwischen beiden ist der, dass das Sanchita Karma noch nicht aktiv ist, das Prârabdha jedoch bereits begonnen hat, sich auszuwirken. Das Erreichen der Selbsterkenntnis mag einen befähigen, sich des künftig Frucht tragenden Handelns (Âgâmi Karma) zu enthalten oder auch den Folgen jenes Vorrats (Sanchita Karma) zu entgehen, dessen Kräfte noch nicht aktiv geworden sind; Prârabdha aber, das begonnen hat, sich auszuwirken, muss geerntet werden.

Karma Yoga: Handlung, die zu bewusster Vereinigung mit Gott führt und die uneigennützig, ohne Anhaftung an das Ergebnis, in einer Haltung des Dienens ausgeführt wird.

Kâshtha Mauna: Völliges Schweigen, wobei man sich gänzlich aller Worte, Zeichen und Gesten enthält, reglos wie ein Stück Holz.

Kheyâl, Kheyâla: Plötzliche und unerwartete psychische Manifestation, sei es Wunsch, Wille, Aufmerksamkeit, Erinnerung oder Wissen. Im Hinblick auf Mâ: spontan aufkommender Willensimpuls, der göttlich und daher frei ist.

Kîrtan: Das Singen von Namen und vom Ruhm Gottes, meist mit Begleitung von Musikinstrumenten wie Zimbeln, Trommeln und Harmonium.

Krishna: Pûrna Avatâr, d.h. vollständige Verkörperung des Göttlichen, der vor etwa 5000 Jahren auf Erden erschien. Seine göttlichen Kindheitsspiele, Seine Liebe zu den Hirtenmädchen von Vraja, Sein Kampf gegen die Dämonen und Seine Offenbarung göttlicher Weisheit an Arjuna auf dem Schlachtfeld zu Kurukshetra (die Bhagavad Gîtâ) sind ein Quell der Inspiration für den spirituellen Sucher.

Kriyâ: Jegliche Art ritueller Bewegung, Handlung zur Reinigung, meditativer Vorgang oder Yogahaltung. Allgemeinere Bedeutung: Schöpferische Handlung, die immer mit Erkenntnis verbunden ist und zum Zustand der Vollkommenheit führt, in dem Wissen und Handlung als identisch erkannt werden.

Kumbha Mela: Eines der größten religiösen Feste Indiens, das alle zwölf Jahre am Zusammenfluss von Gangâ, Yamunâ und Sarasvatî gefeiert wird und Millonen von Pilgern aus allen Teilen des Landes anzieht.

Kumbhaka: Einbehaltung des Atems im Körper oder den Atem ausgestoßen lassen, wobei die entgegengesetzten Bewegungen des Ein- und Ausatmens aufgehoben sind.

Kundalinî: Lebenskraft, die gleichsam wie eine Schlange zusammengerollt am unteren Ende der Wirbelsäule schlummert und durch Yoga erweckt und die Cakren emporgelenkt werden kann. Wenn sie das höchste Energiezentrum am Scheitel erreicht hat, tritt Erleuchtung ein.

Lakshmî: Göttin des Glücks und der Schönheit, Gemahlin Vishnus

Lîlâ: Spiel. Bewegungen und Aktivitäten des Höchsten, die von Natur aus frei sind und keinen Gesetzen unterliegen.

Mahâbhâva: die höchste Stufe transzendentaler Liebe zu Gott, wie sie auch durch Shrî Râdhâs Hingabe an Shrî Krishna symbolisiert wird.

Mahâdeva: wörtlich „großer Gott", auch Name Shivas, des Zerstörers der Unwirklichkeit

Mahâdevî: „große Göttin", Name der Göttlichen Mutter des Universums

Mahâpurusha: außergewöhnlich entwickeltes Wesen, großer Heiliger, Weiser oder Asket

Mahâsamâdhi: endgültiges Eingehen in die Transzendenz, wonach es keine Rückkehr zum Körper mehr gibt. Wenn eine erleuchtete Seele ihren Körper verlässt, sagt man, sie ist in Mahâsamâdhi gegangen.

Mahâtmâ: „große Seele". Jemand, der das Ego tranzendiert hat und die Weisheit von der Einheit allen Seins verwirklicht.

Mahâyajña: große vedische Feuerzeremonie, großes Opfer

Mantra: Klang von großer Macht, klangliche Repräsentation des Ishta, d.h. einer besonderen Gottheit. Name und Form sind unzertrennlich, wenn daher der Name mit Leben erfüllt ist, muss sich die Form, die er repräsentiert, offenbaren, wenn die Übung wirklich intensiv ist. Ein Mantra ist ein Wort der Kraft, göttliche Macht durch ein Wort vermittelt.

Mantra Dîkshâ: Übermittlung spiritueller Kraft durch ein Mantra, welches der Schüler bei der Einweihung durch den Guru erhält.

Mâtâjî: geliebte Mutter, verehrte Mutter

Mâth: Kloster, Tempel

Mauna: Schweigen

Mâyâ: die göttliche Kraft, durch welche sich das Eine verbirgt und als Vielfalt erscheint

mayî: durchdrungen, alldurchdringend, erfüllt

Moha: Täuschung, Anziehung durch Verblendung, Überschattung

Mudrâ: Bestimmte Körperhaltung, welche eine besondere göttliche Kraft (Deva Shakti) ausdrückt, ohne die jene Kraft nicht wirken kann. Mudrâs sind notwendig, um bestimmte Veränderungen im Geist oder Charakter zu bewirken. Oft ist auch eine besondere rituelle Haltung der Hände bzw. Verschränkung der Finger gemeint, die eine bestimmte Bewusstseinsebene ausdrückt.

Mukti: Befreiung, die sich aus der Erkenntnis des Selbst und aus der Reinigung von Körper und Geist ergibt.

Mûrti: Standbild, Statue einer Gottheit

Nâma Japa: Wiederholung von Gottes Namen, siehe auch Japa

Nârâyana: Gott, der Erhalter des Universums

Par Seva: Dienst an anderen

Pâth: Rezitation, Lesung

Pati: Ehemann, Herr

Pîtâjî: verehrter oder geliebter Vater

Pralaya: Auflösung, Zerstörung

Prâna: Lebensenergie, die den Körper aufrecht erhält und eng mit dem Geist verknüpft ist. Eins kann nicht ohne das andere funktionieren.

Pranâm, Pranâma: Huldigung, Ehrerbietung, verehrende Gebärde, Verneigung. Ein Akt der Hingabe, der das Gefühl der eigenen Kleinheit angesichts der göttlichen Gegenwart ausdrückt.

Prârabdha Karma: diejenigen früheren Handlungen, welche sich im gegenwärtigen Leben auswirken müssen und nicht abgewendet werden können, das Tun, das bereits begonnen hat, jetzt Frucht zu tragen

Prasâda: Nahrung, die einer Gottheit oder einem Heiligen dargebracht wird, wird durch ihre Annahme Prasâd, gesegnete Speise, welche die Gottsucher danach zu sich nehmen.

Pûjâ: Zeremonielle Verehrung Gottes, bei der verschiedene Dinge wie Wasser, Räucherstäbchen, Obst, ein Tuch, Blumen, Kampfer u.ä. dargebracht werden, die jeweils Aspekte von uns selbst darstellen.

Puraka: Einziehen des Atems

Purî: Dünner, flacher Weizenfladen, der in Butterschmalz oder Öl frittiert wird.

Pûrna Brahma Nârâyana: Pûrna – Fülle; Brahma – die eine Höchste Wirklichkeit, die sowohl ruhend als auch dynamisch ist und doch über beidem steht, das Ganze, das mehr ist als die Summe all seiner Teile; Nârâyana – Name Gottes

Pûrna Brahma Nârâyanî: Pûrna Brahma – siehe oben; Nârâyanî – Name der Göttlichen Mutter

Râma: Eine Inkarnation Vishnus (Gott in Seinem Aspekt als Erhalter der Schöpfung) und Held des religiösen Epos Râmâyana. Oft ist es einfach ein Name für Gott. Mâ erklärt häufig, dass die eigentliche Bedeutung des Wortes Râma Glückseligkeit ist.

Râmâyana: Neben dem Mahâbhâratam bekanntestes religöses Epos Indiens, welches das Leben der Gottesinkarnation Râma und Seiner Gemahlin Sîtâ beschreibt.

Recaka: bewusstes Ausstoßen des Atems

Rishis: Seher. Es heißt, dass Rishis eine Art von Wesen sind, verschieden von Göttern, Menschen, Dämonen usw., denen Mantras offenbart werden; z.B. wurden die gesamten Veden den Rishis offenbart. Sie waren selbstverwirklichte Seelen, die zwar als Familienväter, jedoch fern von der Gesellschaft lebten.

Sadgati: Zustand der Glückseligkeit

Sadguru: Der vollkommene Meister, der den Weg zur Verwirklichung der Wahrheit zeigt und selbst die höchste Bewusstseinsstufe erreicht hat.

Sâdhaka m./ **Sâdhikâ** f. : Jemand, der spirituelle Übungen zum Zweck der Selbstverwirklichung übt

Sâdhanâ: Spirituelle Übung zum Zweck der Selbstverwirklichung

Sâdhanâ Lîlâ: Spiel spiritueller Übungen, die scheinbar ein Ziel anstreben, obwohl es in Wirklichkeit bereits realisiert ist.

Sâdhu: Jemand, der sein Leben dem spirituellen Streben geweiht hat, frei von Familie und Beruf

Samâdhi: Höchste Sammlung, in der der Geist völlig auf das Objekt der Meditation konzentriert ist (Savikalpa Samâdhi) oder aufhört, tätig zu sein, indem nur reines Bewusstsein übrigbleibt (Nirvikalpa Samâdhi).

Samsâra: Der Kreislauf des weltlichen Lebens mit seiner unaufhörlichen Folge von Geburt und Tod. Dieses ständige Rad beruht auf der Unwissenheit über die wahre Natur des Selbst und die Gesetze des Karma, indem sich das begrenzte Ich fälschlicherweise für den Handelnden hält.

Samskâra: 1) Eindrücke, Neigungen und psychische Prägungen, die jede Erfahrung im Geist hinterlässt und die oft aus früheren Leben mitgebracht wurden. 2) Reinigungsriten, die das Leben des Brahmanen begleiten, so wie die Verleihung der heiligen Schnur, Hochzeit, Bestattung usw., den christlichen Sakramenten entsprechend. 3) Ein mithilfe von Mantras durchgeführtes Ritual, das bezweckt, die ursprüngliche Reinheit eines Dinges wiederherzustellen. Die verwendeten Mantras sollen die unreinen Kräfte, die das betreffende Objekt überschatten, vernichten. Ist diese Unreinheit beseitigt, so offenbart sich seine wahre Natur. Das Wort Samskâra wird auch benutzt, wenn man von der Restaurierung eines Tempels, einer Statue usw. spricht.

Samyam: Disziplin, Beherrschung

Samyam Vrata: „Gelübde der Selbstdisziplin", welches auch einmal im Jahr eine Woche gemeinsam von Mâ's Devotees praktiziert wird in Form von Fasten, gemeinsamen Meditationen, Rezitationen und Kîrtan sowie religiösen Vorträgen (Satsang).

Sanâtana Vaidik Dharma: die ewige Religion Indiens, die auf den Offenbarungen der Veden und den Erfahrungen zahlloser Heiliger beruht.

Sannyâsa: letztes der vier Lebensstadien, in dem man als Mönch lebt, der Familie, Besitz, Stellung und allem, woran er haftet, entsagt hat, um sich völlig dem Göttlichen hinzugeben. Technisch unterscheidet man zwei Arten von Sannyâsa: Vividisha Sannyâsa, welchem das Gefühl der Loslösung von der Welt vorausgegangen ist und Vidvat Sannyâsa, Höchstes Sannyâsa, aufgrund von Brahmanverwirklichung. Vividisha Sannyâsa wird auch Lingasannyâsa genannt, bei dem bestimmte Regeln und Disziplinen eingehalten werden müssen. Vidvat Sannyâsa jedoch ist absolute Freiheit.

Sannyâsî: Jemand, der das Entsagungsgelübde abgelegt hat oder von dem Entsagung Besitz ergriffen hat; siehe: Sannyâsa.

Sarasvatî: die Göttin der Weisheit und Musik, Gemahlin Brahmas, des schöpferischen Aspekts Gottes

Sârî: die traditionelle Kleidung der Frauen in Indien, ein anmutig umschlungenes und gefaltetes langes Stoffstück

Sat: wahres Wesen, das Gute, Seiende, Beständige

Satsang: Die Gemeinschaft mit Weisen, Heiligen und Suchern der Wahrheit, entweder physisch oder geistig durch das Lesen heiliger Schriften bzw. über Leben und Lehren Heiliger; auch: religiöses Treffen.

Seva: Dienen, Dienst

412

Shâkta: Verehrer Shaktis, der Göttlichen Mutter

Shakti: Die dynamische Energie der Schöpfung, die ihrer Natur nach Bewusstsein ist. Diese ewige, höchste Kraft wird zumeist durch die Gestalt einer Frau bzw. die Kosmische Mutter symbolisiert.

Shaktipât: Übertragung spiritueller Energie.

Shankara: großer Erleuchteter und Vertreter der nicht-dualistischen Vedântaphilosophie, die die Einheit von Gott und Seele ausdrückt. Er gründete vier Hauptklöster zur Verbreitung seiner Lehre im Osten, Westen, Norden und Süden Indiens.

Shankarâcârya: Einer der vier lebenden religiösen Führer in der Traditionsnachfolge Shrî Shankaras; siehe auch: Shankara

Shâstras: die Offenbarungen und heiligen Schriften des Hinduismus

Shishya: Schüler

Shiva: (wörtlich „der Gnadenvolle, Gute") wird in Seiner Höchsten Form als immerwährende, alldurchdringende Wirklichkeit und reine Transzendenz jenseits von Zeit und Raum aufgefasst. In Seinem gestaltgewordenen Aspekt wird Er mit der Veränderung und Auflösung des Universums in Zusammenhang gebracht, der alles Unwirkliche, alles Unwissen, zerstört.

Shivarâtri: Fest zu Ehren Lord Shivas am 14. Tag der dunklen Hälfte des Mondmonats Februar/März, an dem 24 Stunden völlig gefastet wird (auch kein Wasser) und in der Nacht bis zur frühen Morgendämmerung vier Zeremonien (Pûjâs) vollzogen werden.

Shraddha: 1. Glaube, 2. Ritual für die Seele eines Verstorbenen

Shrama: Mühsal, Anstrengungen

Shreyas: das, was letztlich zur Befreiung und zum Ewigen führt, auch wenn es zunächst uneinladend und mühsam erscheint, im Gegensatz zu Preyas, dem, was den Sinnen sofort zusagt, aber nicht über sie hinausführt.

Shrî: ein Wort, das vor einen Namen gesetzt wird, wenn man große Ehrerbietung ausdrücken möchte.

Siddhapîtha: ein sehr heiliger Ort, an dem spirituelle Sucher strenge Askese geübt und Siddhi, Vollendung, erlangt haben.

Siddhis: außergewöhnliche psychische Kräfte

Sushumna: Die Hauptleitung für Prâna, die am Rückenmark entlanggeht. Beim Durchschnittsmenschen zirkulieren diese feinstofflichen Energieströme zumeist in zwei Nebenkanälen (Idâ und Pingalâ), die sich um die Sushumna winden. Bei einem Erleuchteten fließt die Kundalinî jedoch durch die Hauptleitung der Sushumna, die durch Yoga geöffnet wurde.

Sva: selbst

Svadhana: eigener Besitz, Reichtum, Schatz

Svakriyâ Svarasâmrit: Svakriyâ = Bewegung aus Sich Selbst durch Sich Selbst in Sich Selbst, in der keine Trennung zwischen Handelndem und Handlung besteht; Svaras = der süße Geschmack des Selbst; Amrit = die dem Selbst innewohnende Unveränderlichkeit

Swâmî(jî): Anrede von Heiligen, Mönchen und Asketen, wörtlich „Herr"

Tapas/Tapasya: „Hitze" oder Glut der intensiven spirituellen Übung

Tilak: Zeichen der Vaishnavas aus heiligem Ton oder Lehm, womit der Devotee zwölf Stellen des Körpers mit dem Symbol des Vishnu-Tempels zeichnet und jeweils ein bestimmtes Mantra an Vishnu dabei ausspricht.

Tripundra: Drei waagrechte Linien auf der Stirn, die sich die Verehrer von Shiva und Shakti (der Göttlichen Mutter) auftragen

Triputi: Die dreifältige Manifestation des EINEN innerhalb von Zeit und Raum: als Subjekt, Objekt und die Beziehung zwischen beiden – oder als Erkennender, Erkenntnis und Vorgang des Erkennens – als Liebender, Geliebter und Liebe usw.

Tyaga: Verzicht

Vairâgya: Loslösung von der Welt, Entsagung, Verzicht. Aparâ Vairâgya (Entsagung der niederen Ebene) bezieht sich auf die Gegenstände des Vergnügens; Parâ Vairâgya (höhere Entsagung) bezieht sich auf die Gunas, d.h. die materielle Natur überhaupt. Vairâgya wird als Feuer aufgefasst, da in jenem Zustand schon der geringste Kontakt mit weltlichen Dingen oder Sinnesobjekten ein brennender Schmerz ist.

Vaishnava: Verehrer Vishnus, die Ihn als persönlichen, gestalthaften Gott in Seinen Inkarnationen als Shrî Krishna, Shrî Râma u.ä. verehren.

Vanaprastha: Drittes Lebensstadium, in dem sich die Eheleute zurückziehen und Kontemplation und spirituelle Disziplinen üben.

Vâsanâ: Geistige Neigungen, die wie Samen sind, welche die Tendenz haben, zu Handlung heranzukeimen. Sie werden verbrannt, wenn das Licht der Erkenntnis (Jñâna) aufgeht; siehe auch Samskâra 1).

Veda/Veden: Heilige Offenbarungen der Hindus, welche der Überlieferung gemäß nicht von Menschen verfasst sind, sondern direkt vom Höchsten offenbart wurden und daher Shruti (Gehörtes oder Geoffenbartes) genannt werden im Gegensatz zu Smriti (Erinnertes, Überliefertes, menschliches Werk). Die vedischen Hymnen gehen auf eine Anzahl von Rishis zurück, die Seher (keine Verfasser) waren.

Vedânta: wörtlich „Ende des Veda", vor allem die Lehre der Upanishaden, der Brahma Sutras und der Bhagavad Gîtâ über die Höchste Erkenntnis und die Einheit von Gott und Seele. Vedânta bildet auch eins der sechs Systeme der indischen Philosophie, formuliert von Veda Vyâsa.

Viraha: Gefühl der Trennung vom Göttlichen Geliebten, nachdem man Ihm bereits begegnet ist.

Virât: das Höchste, Universelle. Göttliche

Virât Darshan: Schau der Universellen Form, des Höchsten Göttlichen

Vishnu: Gott in Seinem Aspekt als Erhalter des Universums

Yajña: Opfer, insbesondere vedische Feuerzeremonie zur Reinigung der Lebensenergie (Prâna) und der ganzen Atmosphäre. Während eines Yajñas wird zumeist ein Mantra längere Zeit wiederholt, während gleichzeitig Ghî (gereinigte Butter), Reis oder ähnliche organische Substanzen in das Feuer gegeben werden. Feuer (Agni) ist das vollkommenste Medium zwischen uns und den Kräften, welche die gesamte Natur lenken. Die alten vedischen Seher betrachteten das ganze Geschehen im Kosmos als ein großes Opfer und waren der Ansicht, dass die spirituelle Entwicklung des Menschen am meisten beschleunigt wird, wenn er sich mit jener kosmischen Ordnung in Einklang bringt. Somit kann der äußere Vorgang der Opferung auch zum Symbol des Verbrennens unserer niederen Natur im Feuer der Gottesliebe oder des wahren Wissens werden.

Yajñasthalî: Feuerstelle für das heilige Opferfeuer

Yoga: Vereinigung. Der Vorgang, das individuelle Bewusstsein mit dem Höchsten zu verbinden, z.b. durch Bhakti Yoga – liebende Hingabe, Râja Yoga – Geisteskontrolle, Karma Yoga – dienendes, uneigennütziges Handeln u.a.

Yoga-Mudrâs: siehe Mudrâs

Yogî: jemand, der Yoga praktiziert, d.h. sich mit dem Höchsten verbinden will oder der bereits Meisterschaft darin erlangt hat.

Yadaksharam paribhrashtam mâtrâhînancha yad bhavet
pûrnam bhavatu tat sarvam tvatprasâdan maheshvari.

„Oh Maheshvarî, sollte ich eine Silbe, ein Wort oder mehr
ausgelassen haben, mögest Du es in Deiner Barmherzigkeit
vervollständigen."

Weitere Bücher
erhältlich im Buchhandel oder direkt beim Verlag

Edition Maitri, Tel. 06220-3140531 – info@edition-maitri.de
www.edition-maitri.de
www.anandamayi.de

Matri Darshan
Ein Photo-Album über Shri Anandamayi Ma
Text dreisprachig (Englisch/Französisch/Deutsch) 7. überarbeitete Auflage 176 Seiten
Großformat mit ca. 80 ganzseitigen, z.T. farbigen Photos, gebunden
ISBN 978-3-9820260-2-2; 20,– Euro

Selten schöne Photos der Heiligen, wirkungsvoll ergänzt durch ihre tiefgehenden Aussagen, fügen sich hier zu einem bewegenden Gesamtbild zusammen. Bilder und Worte vermitteln dem Betrachter den faszinierenden Eindruck einer Verwirk-lichung, die nur ein Mensch leben kann, der völlig im göttlichen Bewusstsein gegründet und frei ist.

Die Photos und Aussagen führen uns biographisch durch mehr als 60 Lebensjahre Anandamayi Ma's. Eindrücke von Schönheit und Zartheit, spielerischer Kindlichkeit und fürsorgender Mütterlichkeit, der Seligkeit, Transparenz und Hingabe sprechen eindrücklich zu Augen und Herz des Betrachters.

Mein Leben mit
Anandamayi Ma
Aus den Tagebüchern von Atmananda

Mein Leben mit Anandamayi Ma
Aus den Tagebüchern von Atmananda
Hrsg. von Ram Alexander

348 Seiten, kartoniert 22,00 EUR (D)
2. Auflage des Buches: Der Weg der Göttlichen Mutter
ISBN 978-3-9820260-9-1

Der spirituelle Weg einer westlichen Schülerin
von Shri Anandamayi Ma

Der Weg der Göttlichen Mutter ist der fesselnde Bericht der Österreicherin Blanca (Atmananda) über ihre spirituelle Suche in Indien, die sie in den Jahren 1925 bis 1963 in Kontakt zu einigen der bedeutendsten Heiligen Indiens brachte. Nachdem sie ihre Jugendzeit im Wien der 20er Jahre als aktives Mitglied der Theosophischen Gesellschaft verlebt hat, siedelt sie 1935 nach Benares um, wo sie als Pianistin und Lehrerin arbeitet.1945 begegnet sie dann jener außergewöhnlichen Frau, die schließlich ihre geistige Lehrerin wird: *Shri Anandamayi Ma.*

Atmananda war ebenfalls eng mit *Jiddu Krishnamurti* verbunden und vermittelt uns einen einzigartigen Eindruck von ihm und seinen indischen Zeitgenossen. Sie lernt auch *Sri Ramana Maharshi* und andere herausragende Heilige kennen, bis sie schließlich bei Anandamayi Ma bleibt, mit der sie sich auf das große spirituelle Abenteuer ihres Lebens einlässt, das in Sannyasa, der endgültigen Entsagung, gipfelt.

Durch dieses Buch können wir die Gegenwart von Anandamayi Ma erfahren (Darshan) und die einzigartige Weise, wie sie Menschen zur Selbsterkenntnis führte. Darüber hinaus ist dieser Text ein Zeugnis von Atmanandas intensiver spiritueller Arbeit an sich, ihrem Konflikt zwischen Unabhängigkeit und Tradition, ihrer Lösung von Krishnamurti und ihrer inneren Transformation durch die Beziehung zu Anandamayi Ma.

Der Herausgeber Ram Alexander, der ein enger Freund Atmanandas und ebenfalls Schüler von Anandamayi Ma war, beschreibt die Meister-Schüler-Beziehung einfühlsam auf der Basis seiner eigenen Erfahrung und deutet auch die Probleme an, die auftauchen, wenn ein westlicher Mensch sich auf diese Beziehung im traditionellen indischen Kontext einlässt.

Das verborgene Feuer
Die erstaunliche Lebensgeschichte von Shriman Tapasviji Maharaj, einem Asketen, der 185 Jahre lebte (1770 – 1955)

2. neu überarbeitete Auflage,
400 S. mit 23 z.T. farbigen Photos

ISBN 978-3-9820260-8-4 | 26, – €

Dieses Buch schildert uns einen Weisen, dessen glühende Askese (Tapas) in der heutigen Zeit kaum ihresgleichen findet und uns gleichsam in die Zeit der alten Rishis (vedischen Seher) versetzt. Im Laufe seiner langen Wanderschaften durch Indien erlebt Tapasviji nicht nur außerordentliche Ereignisse, sondern hat auch wiederholt Begegnungen mit Gottheiten und Geistwesen, die wir für gewöhnlich als eine von uns getrennte, schwer zugängliche oder gar mythologische Wirklichkeit auffassen.

Die Hitze der Askese entsteht durch eine gezielte Entfaltung der Verzichtkräfte. Im höchsten spirituellen Sinn geübt, kann sie den Menschen zur Erleuchtung führen, doch nicht jeder, der Tapas übt, ist auch ein Heiliger oder gar ein Erleuchteter – und umgekehrt muss nicht jeder Erleuchtete auch ein ausgesprochener Asket sein.

Tapasvijis Hingabe an Krishna, seine drei ayurvedischen Verjüngungskuren (Kaya Kalpa) und seine außerordentlichen Begegnungen mit Göttern, historischen Persönlichkeiten, ungewöhnlichen Menschen und Tieren künden von der konkreten Realität einer Welt, der das moderne Denken allzu gern nur „innerseelischen, symbolischen" Wirklichkeitsgehalt zugesteht, um dem „sichtlich Unmöglichen" nicht allzu frontal gegenübertreten zu müssen. Sie zeigen, wie sehr unser Lebensraum umgeben und durchdrungen ist von höheren und niedrigeren Welten und von Bewohnern und Wesenheiten derselben, die gleichsam wie „vertikale Nachbarn" an unserem Alltag teilnehmen können. Über die fesselnden Abenteuer des indischen Asketen hinaus kann das vorliegende Buch somit ein Appell an den westlichen Leser sein, seine hergebrachten Vorstellungen über die Grenzen von Geschichtlichkeit, Legende und Mythologie von Grund auf zu revidieren!